# एक अनोखा लड़का

करण जौहर

*सहलेखन*

पूनम सक्सेना

प्रभात
पेपरबैक्स
www.prabhatbooks.com

*प्रकाशक*

**प्रभात पेपरबैक्स**

4/19 आसफ अली रोड, नई दिल्ली-110002

फोन : 23289777 • हेल्पलाइन नं. : 7827007777

इ-मेल : prabhatbooks@gmail.com ❖ वेब ठिकाना : www.prabhatbooks.com

*संस्करण*

प्रथम, 2017



*मूल्य*

तीन सौ पचास रुपए

*अनुवाद*

नितिन माथुर

अ.मा.पु.स. 978-93-5266-328-6

*मुद्रक*

आर-टेक ऑफसेट प्रिंटर्स, दिल्ली

**EK ANOKHA LADKA**

*by* Karan Johar with Poonam Saxena

(Hindi Translation of 'An Unsuitable Boy')

Published by **PRABHAT PAPERBACKS**

4/19 Asaf Ali Road, New Delhi-110002

by arrangement with Penguin Random House India Pvt. Ltd.

ISBN 978-93-5266-328-6

₹350.00

# प्रस्तावना

आज आखिरकार मैं स्वयं को स्वतंत्र महसूस कर रहा हूँ। लग रहा है, जैसे मैं कैसे भी हालातों और किसी का भी सामना कर सकता हूँ। मैं ऐसा व्यक्ति नहीं बनना चाहता, जो सिद्धांतों, नैतिकता या वास्तविकता में बँधा हो, कोई ऐसा, जिसे किसी भी तरह के सामाजिक नियमों पर खरा उतरना हो। मेरी जुबान तब बंद हो जाती है, जब मुझसे मेरी सेक्सुअलिटी के बारे में पूछा जाए। यह मेरा निजी मामला है और मैं इस बारे में कोई बात नहीं करना चाहता। जब मैं इसके लिए तैयार हो जाऊँगा, तो ऐसा जरूर करूँगा। फिलहाल मैं इस बारे में बात नहीं करना चाहता। मेरा केवल यही एक भाग है, जहाँ मैं खुद को जकड़ा हुआ पाता हूँ। इसके अतिरिक्त मैं हर मामले में खुद को जीवंत महसूस करता हूँ। मैं चवालीस साल का हो गया हूँ और नई चुनौतियों व नए लोगों के लिए तैयार हूँ। मैं अपनी जिंदगी से अस्त-व्यस्तता को कम करने के लिए तैयार हूँ। अपने ऑफिस में दाखिल होते ही मुझमें इतनी ऊर्जा आ जाती है कि मैं निरंतर कुछ नया करते रहना चाहता हूँ। मैं जिंदगी की ट्रेडमिल पर निरंतर दौड़ रहा हूँ। इसके सभी गेयर और लीवर मेरे हाथ में हैं। मैं कभी भी पहले से दसवें गेयर पर जा सकता हूँ। यह मेरी इच्छा पर निर्भर है। लेकिन मैं रातोरात तो इस स्तर पर नहीं पहुँचा। यह मेरी कई वर्षों की मेहनत का नतीजा है। कुछ दिन पहले किसी ने मुझसे मेरी नई फिल्म ऐ दिल है मुश्किल के बारे में सवाल किया। मुझे लगता है कि अब सच बताने का समय आ गया है। वास्तव में यह मेरी अपनी कहानी है। मुझे जिंदगी में दो बार इकतरफा प्यार हुआ। पहला मेरी उम्र के बीसवें दशक में और दूसरा जब मैं तीस के दशक में था। दोनों बार मुझे प्यार के बदले प्यार नहीं मिला, और यह बेहद चोट पहुँचानेवाला था। यह बहुत कष्टकारी था। यह अनुभव दिमाग में ट्यूमर होने से भी ज्यादा खराब था। यह अक्ल दाढ़ निकलवाने से भी अधिक कष्टप्रद था। इसमें दिल दुखता है। इस अवस्था को कुछ लोग घबराहट कहते हैं तो कुछ के लिए यह दम घुटने के जैसा है। दूसरी बार जब मेरे साथ ऐसा हुआ, उस समय मेरी उम्र अधिक थी। मुझे मनोचिकित्सक से पास जाना पड़ा और कुछ महीने मैं दवाओं पर रहा। मुझे अकसर घबराहट के ऐसे दौरे पड़ते रहते हैं। मेरी डॉक्टर को लगता है कि इस घबराहट का कारण ऐसा अवसाद है, जिसे मैं स्वीकार नहीं कर पाया। इस दूसरे प्रेम का प्रभाव मुझ पर लंबे समय तक बना रहा। जीवन की मध्यावस्था में निजी जीवन में कुछ न होने

का एहसास उत्पन्न हो ही जाता है। हाँ, पेशेवर विकास होता है, लेकिन इसके अपने तनाव व असुरक्षाएँ हैं। आमतौर पर इस दौरान अकेलेपन, रिक्तता, अन्य मनस्कता और प्रेम की कमी के बोझ का एहसास होता है या लोगों से घिरे होने पर भी एक साथी की कमी महसूस होती है। मुझे लगा कि मैं किसी ऐसी चीज से गुजर रहा हूँ, जिसके लिए दवाओं की आवश्यकता होगी। सिर्फ बातचीत से कोई मदद नहीं मिलेगी। डॉक्टर ने मुझे दवाएँ दीं, मेरा ध्यान रखा, और धीरे-धीरे मुझे इससे बाहर निकाल लिया। अब मैं इससे पूरी तरह मुक्त हूँ।

इसे पहचानना बहुत आवश्यक है। कई बार हम इसे केवल एक अवस्था मान लेते हैं। हमें एहसास भी नहीं होता कि किस तरह तनाव और घबराहट आज हमारी जिंदगी में शामिल होकर इसका हिस्सा बन गए हैं। मैं इसे 'चिकित्सकीय उदासी' कहता हूँ। इसका उपचार आवश्यक है, फिर चाहे वह थेरेपी हो या मनोचिकित्सा, और इनके बीच का अंतर समझना भी जरूरी होगा। मुझे बस यह पता था कि मुझे मनोचिकित्सक की आवश्यकता है। मैं अपने हालातों से परिचित था। इन परिस्थितियों में मुझे केवल बात करनेवाला ही नहीं चाहिए था। मुझे लग रहा था कि मुझे केवल चर्चा की ही नहीं, बल्कि निदान की भी आवश्यकता है।

आज मुझे चिकित्सकीय सत्रों की आवश्यकता नहीं, लेकिन फिर भी मैं अपने डॉक्टर के संपर्क में हूँ। मैं महीने में एक बार उनसे अवश्य मिलने जाता हूँ। व्हाट्सएप्प पर भी हम दोस्त हैं। मैं उन्हें बार-बार संदेश भेजकर तंग नहीं करता। लेकिन 'ऐ दिल है मुश्किल' लिखने के दौरान एकतरफा प्यार के उसी बोझ को फिर से अनुभव करते समय वे हमेशा मेरे साथ रहीं। वे नियम से मुझे संदेश भेजतीं, 'मैंने प्रोमो देखे। सच्चाई के बेहद निकट है, ऐसा लगा जैसे मैं भी उसका हिस्सा रही हूँ।' और वे थीं।

मुझे लगता है कि 'ऐ दिल है मुश्किल' द्वारा मैंने पहली बार अपने निजी अनुभवों को पेश किया है। मैं इसे अपनी जीवनी नहीं कहूँगा, क्योंकि इसमें बहुत से काल्पनिक प्रसंग भी हैं, लेकिन फिर भी इसके कुछ दृश्य और वार्त्तालाप मेरे साथ सचमुच हुए हैं। फिल्म में रणबीर कपूर का काम बेहतरीन है। यह पूरी फिल्म उनकी और उनके टूटे हुए दिल की कहानी है। इसमें एक डायलॉग है, 'रिश्ते जब जिस्मानी हो जाते हैं तो कहीं-न-कहीं दोस्ती मिट जाती है। प्यार में जुनून है, पर दोस्ती में सुकून है और मैं नहीं चाहती कि हमारे बीच का यह सुकून चला जाए।' मुझसे यह बात एक ऐसे व्यक्ति ने कही, जिससे मैं प्रेम करता था, और मुझे खुशी है कि हमारे बीच जिस्मानी रिश्ते नहीं रहे। लेकिन उसने मुझसे यह भी कहा था कि आप मेरी जिंदगी में बेहद अहम इनसान हैं, आप मेरे लिए परिवार के जैसे हैं, आप मेरे सबकुछ हैं, बस आप मेरे प्रेमी नहीं हैं। उस समय मैं पैंतीस साल का था। इससे उबरने में मुझे कई साल लग गए। तब मुझे एहसास हुआ कि कई बार दिल टूटना भी विलासिता हो जाता है। लोग महीनों तक टूटे दिल के स्पा में पड़े रहते हैं।

प्रेम एक बेहद आसक्तिपूर्ण भावना है। लेकिन मैंने इससे बाहर आने के लिए हर संभव प्रयास किया। अपने भीतर इसे तर्कसंगत सिद्ध करने की कोशिश की, दोस्तों के साथ बैठकर इस पर

बात करने की कोशिश की (उन्होंने कहा कि मैं बेवकूफ, मूर्ख व अतार्किक था)। लेकिन आपके साथ क्या हो रहा है, इसे केवल आप समझ सकते हैं। इससे फायदा यह हुआ कि मैं अपने को जीवंत महसूस करने लगा। मुझे उन बीते वर्षों पर कोई पछतावा नहीं (इसी दौरान मुझे एक फिल्म भी मिली!)। इस फिल्म में एक डायलॉग था, 'एकतरफा प्यार की ताकत ही कुछ और होती है। और रिश्तों की तरह ये दो लोगों में नहीं बँटती।' मुझे इस पर पूरा यकीन है। मेरे पास भी प्यार की यही ताकत थी। किसी को प्यार करने का एहसास बेहद ताकतवर होता है, क्योंकि बदले में प्यार न मिलने पर भी यह आपके पास ही रहता है। यह आपकी कमजोरी भी बन सकता है और ताकत भी। फर्क इससे पड़ता है कि आप इसे किस तरह लेते हैं। मैं प्रेम को एक महान् शक्ति के स्रोत के रूप में देखता हूँ। मैंने अपनी कंपनी की स्थापना इसी भावना के इष्टतम ईंधन से की है। इससे मुझे अलग तरह की ऊर्जा मिलती है। मैं दुःखी था, मेरा दिल टूट गया था, लेकिन साथ ही इसने मुझे ताकत भी दी, मुझे जिंदा होने का एहसास करवाया। मुझे इस पर कोई पछतावा नहीं। दुःख केवल इस बात का है कि उस समय मुझे इस रिश्ते के हमेशा कायम रहने, किसी के बीच में न आने की बात कही गई थी, लेकिन कोई आ ही गया। इस तीसरे व्यक्ति ने सारे समीकरण बदल दिए। तीसरा व्यक्ति हमेशा अलगाव का कारण बनता है। कई बार भाई-बहनों में भी उनमें से किसी के विवाह के बाद फर्क आ जाता है।

लेकिन अब मैं इससे पूरी तरह उबर चुका हूँ। मैंने इसे व्यक्त कर दिया। मैंने इसे लिख दिया, मैंने इसे जिया, इसे फिल्माया और इसे परदे पर उतार दिया। इस फिल्म के कुछ दृश्य मेरे साथ सचमुच घटित हुए हैं। यह फिल्म प्यार और दोस्ती पर आधारित है। यह ऐसी परिस्थिति के बारे में है, जहाँ हम अपनी दोस्ती को प्यार में बदलने में नाकाम रहते हैं। सेक्स पूरे समीकरण को बिगाड़ देता है। मेरे उन दोनों ही लोगों के साथ काम संबंध कभी नहीं रहे, जिन्हें मैं प्यार करता था। दूसरे व्यक्ति ने विवाह किया और फिर वह विदेश चली गईं, तब से मैं उनसे संपर्क में नहीं हूँ। मुझे सबसे अधिक चोट इस बात से पहुँची कि इतने सारे वादों के बावजूद मुझे दोस्ती तक हासिल नहीं हो सकी। इसका कारण तसवीर में शामिल हुआ, वह तीसरा व्यक्ति था। लेकिन मेरा प्रेमपात्र वह पहला व्यक्ति आज भी मेरे जीवन का हिस्सा है।

आज मैं अपने अंतरतम में महसूस करता हूँ। यह बहुत अजीब है—हमेशा लोगों से घिरा रहनेवाला मैं आज अपने को अत्यधिक अंतर्मुखी महसूस करता हूँ। मुझे अपने आस-पास शोरगुल की जरूरत महसूस नहीं होती। भीड़-भाड़वाली पार्टी में जाने की भी मेरी कोई इच्छा नहीं होती। मैं जाता हूँ, क्योंकि मुझे जाना पड़ता है। लोगों के साथ मेरी घनिष्ठता कम हो गई है। मैं तो अपने टैरेस पर चुनिंदा दोस्तों के साथ शराब की चुस्कियाँ लेते हुए अपनी और उनकी जिंदगी के बारे में बातें करना चाहता हूँ। अब मुझे पार्टियोंवाली जिंदगी रास नहीं आती। मैं ऊब जाता हूँ। बीते पंद्रह वर्षों में मैंने ऐसा खूब किया है। बीस से चवालीस साल की उम्र तक मैं लोगों से घिरा

रहा। आज मुझे वरिष्ठता के प्रति अधिक विनम्रता या युवाओं के साथ अधिक जुड़ाव रखकर अपनी प्रासंगिकता बनाए रखने की जरूरत महसूस नहीं होती। आप इसे उपेक्षा, अनासक्ति या मात्र मुक्ति, कुछ भी कह सकते हैं। यह इस पर निर्भर करता है कि हम जीवन को कैसे देखते हैं। मैं अपने पेशेवर वातावरण में सीमित रहते हुए जरूरत भर का काम करके प्रसन्न हूँ।

काम के प्रति ऐसी लगन तभी हो सकती है, जब बीवी-बच्चे या प्रेममय जीवन न हो। मुझसे अकसर पूछा जाता है, 'क्या आपको पर्याप्त मात्रा में कामसुख मिल पाता है?' पता नहीं क्यों, लेकिन लोगों के लिए मनोरंजन उद्योग का मतलब अत्यधिक सेक्स है। लेकिन मुझे यह बहुत अधिक नहीं चाहिए। वास्तव में मैं इसकी परवाह भी नहीं करता। मैं उन लोगों में से नहीं हूँ, जो रात को सोने से पहले आनंद हेतु पॉर्न देखा करते हैं। लोगों का यह भी मानना है कि चूँकि मैं काफी यात्राएँ करता हूँ तो निश्चित ही मैं सेक्स भी काफी अधिक करता हूँ। लेकिन ऐसा नहीं होता है। बोर्डिंग पास यौन-संबंध बनाने की अनुमति नहीं है। अब मैं किसी के प्रेम में नहीं हूँ। मैं प्रेम-मुक्त हूँ, काम-मुक्त हूँ—सर्वथा मुक्त। मुझे लगता है कि मैं किसी के प्रति जवाबदेह नहीं हूँ। अपनी माँ की बदौलत मैं कह सकता हूँ कि अब मुझपर उनका भी दायित्व नहीं है। मेरे पास एक बच्चा है, जिसकी मुझे देखभाल करनी है और वह बच्चा मेरी माँ हैं। इस घर में अब मैं सबसे बड़ा हूँ, इस घर का स्वामी हूँ और मैं जैसे चाहूँ वैसे इसे चला सकता हूँ। अब मुझे किसी को खुश नहीं करना है। मेरे लिए 'नहीं' कहना अब उतना आसान है, जितना पहले कभी नहीं रहा। साथ ही अब मैं और अधिक समर्पण के साथ 'हाँ' कह सकता हूँ।

मुझे लगता है कि मेरे भीतर ईमानदारी की नई भावना पनप गई है। यह ऐसी चीज है, जो मुझमें बीते एक दशक से अनुपस्थित थी, क्योंकि मुझे लगता था कि अपने वर्तमान निजी व पेशेवर हालातों में मुझे ईमानदार होने की कोई आवश्यकता नहीं है। एक समय था, जब मेरा पूरा ध्यान इस बात पर रहता था कि अन्य फिल्म निर्माता क्या कर रहे हैं। अन्य फिल्म निर्माताओं के मुझसे अच्छी फिल्में बनाने की चिंता मुझे इस कदर थी कि मैं उनसे जलन की हद तक प्रतिस्पर्धा करने लगा। मैं अपने आपसे कहता, 'इसे स्वीकार करो, तभी तुम उनसे बेहतर कर सकते हो।' लेकिन मैं ईमानदार नहीं था। मैं बस वही कर रहा था, जो राजनीतिक रूप से सही था। वास्तव में मैं उनके प्रति ईर्ष्यालु था। मैं अकसर कामना करता कि उनकी फिल्म उतना अच्छा प्रदर्शन नहीं कर पाती, जितना उसने किया था। मैं संजय लीला भंसाली की बुद्धिमत्ता से अकसर परेशान रहता। मुझपर इस बात का प्रभाव पड़ता कि मैं राजू हिरानी जैसी फिल्में नहीं लिख पाता। लेकिन अब मैं इसकी चिंता नहीं करता। आज उनके अच्छी फिल्म बनाने पर मुझे खुशी होगी। आज मुझे इसकी कोई परवाह नहीं। आज किसी फिल्म के चलने की बात सुनकर मैं कहता हूँ 'चलो, बढ़िया हुआ। आपके लिए अच्छा रहेगा। आशा करता हूँ, आप ढेर सारे पैसे कमाएँ। सिनेमा के तीन दिलचस्प घंटे। बहुत अच्छे! शानदार!' और आगे बढ़ जाता हूँ।

पता नहीं क्या हुआ है। इसका विश्लेषण करने पर मैं हैरान हो जाता हूँ, क्या मेरी इच्छाएँ

घट गई हैं? लेकिन यह सच नहीं है। मैं अपने संपादन कक्ष में काम कर रहा हूँ। 'ऐ दिल है मुश्किल' के अंतिम चरणों में भी मेरा जोश कतई मंद नहीं पड़ा, लेकिन मेरी प्राथमिकताएँ बदल गईं। एक अच्छी फिल्म बनाने और इससे जुड़े लोगों के लिए पैसा कमाने के एहसास के बाद मुझे इस बात की कतई परवाह नहीं कि मेरी फिल्म ने 100 से 150 करोड़ कमाए या इससे कम या इससे अधिक की कमाई की है। मुझे अपने पर पैसे लगानेवालों के प्रति जवाबदेही का एहसास है। मैं सुनिश्चित करना चाहता हूँ कि इस कंपनी के प्रत्येक कर्मचारी की निजी, भावनात्मक और पेशेवर सभी तरह की आवश्यकताओं की पूर्ति हो। मेरे लिए बस यही सबसे महत्त्वपूर्ण है। इसके अलावा और कुछ नहीं। मुझे बाकी दुनिया के प्रति जवाबदेही दिखाने में कोई दिलचस्पी नहीं है। क्या मुझे अपने क्षितिज को बढ़ाना होगा? शायद हाँ। देखते हैं कि ऐसा कैसे हो पाता है। क्या मैं किसी स्टूडियो के साथ जुड़ पाऊँगा? पता नहीं। क्या मैं कोई वेब सीरीज शुरू कर सकता हूँ? लेकिन किस पर? मैं बेवजह दिल का दौरा नहीं चाहता। मेरा मन कहेगा तो मैं ऐसा अवश्य करूँगा। अगर मेरी फिल्म बनाने की इच्छा होगी, तो मैं बनाऊँगा, अगर नहीं होगी, तो नहीं बनाऊँगा। कई बार मैं गलत हो जाता हूँ। यह बहुत बुरा है। आशा करता हूँ कि मुझे ऐसी कीमत देनी पड़े, जिससे मैं फिर कभी ऐसा न करूँ। हाल ही में मुझे कुछ असफलताएँ और बहुत सी सफलताएँ मिली हैं। और हैरत की बात है, दोनों ही परिस्थितियों में मेरी प्रतिक्रिया सामान्य ही रही।

मैं अपने पेशेवर क्षेत्र के प्रति पहले से अधिक अनासक्त हो गया हूँ। इसका मतलब यह नहीं कि मेरी इसमें दिलचस्पी समाप्त हो गई है। मुझे अपने काम से प्यार है। लेकिन मैं इस उत्पाद की परिणति और जिस सफलता को पहले बहुत अधिक महत्त्व देता था, उससे अनासक्त हो गया हूँ। अगर यह फ्लॉप रहती है तो कोई बात नहीं, कुछ और काम कर जाएगा। अगर यह हिट रही, तो बहुत अच्छा, बस आगे बढ़ो। अब मुझे सफलता और असफलता दोनों से ही फर्क नहीं पड़ता। मुझे केवल एक चीज उत्साहित करती है और वह है यात्रा के दौरान किसी होटल में ठहरना और वहाँ अपने साथ कुछ वक्त बिताना।

तो अभी मेरे हालात कैसे हैं? जैसा कि मैंने कहा, आजाद, आनंदित और अपने आगामी जीवन के लिए तैयार। लेकिन कुछ सवाल अभी भी हैं, क्या मैं विवाह करूँगा? नहीं। क्या मैं विदेश जाकर बस जाऊँगा? कभी नहीं। ये वे बातें हैं, जिन्हें लेकर मैं पूरी तरह स्पष्ट हूँ। मैं जानता हूँ कि मैं किस दिशा में बढ़ रहा हूँ। क्या मैं अकेला हो जाऊँगा? शायद। अत्यधिक अनिश्चितता के बावजूद बहुत कुछ स्पष्ट भी है। मैं लगभग उत्साहित हूँ, क्योंकि मैं नहीं जानता कि आगे क्या होनेवाला है। मेरे जीवन में क्या कोई ऐसी मधुर धुन बज सकेगी, जिसपर मैं नृत्य कर सकूँ और पुनः किसी के प्रेम में पड़ जाऊँ? मैं नहीं जानता। ऐसा हो भी सकता है। हालाँकि अब मैं इतना स्वार्थी हो चुका हूँ कि ऐसा होने की संभावना कम ही है। ज्यादातर लोगों से मुझे खीज

आती है और मुझे नहीं लगता कि मैं अपना बेडरूम किसी के साथ साझा कर सकता हूँ। किसी के साथ रिश्ता बनाने पर भी मैं यही चाहूँगा कि हम दोनों अलग-अलग बेडरूम में रहें। और मैं किसी दूसरे के यहाँ रहने नहीं जाऊँगा, बल्कि उन्हें ही मेरे यहाँ आना होगा। और वही करना होगा, जो मैं चाहूँगा। क्या मैं एक प्यारा पिता बन सकूँगा? मुझे कोई आपत्ति नहीं। मैं इसके लिए तैयार हूँ। अगर कोई मेरे इशारों पर नाचने के लिए तैयार है, तो मुझे कोई आपत्ति नहीं। क्या मैं फिर से प्यार कर सकूँगा? मुझे नहीं लगता कि मैं ऐसा पहले जितनी गंभीरता से कर सकूँगा। मेरी उम्र अब काफी हो गई है। प्रेम का नाटक मुझे हमेशा से उत्साहित करता रहा है। लेकिन मुझे नहीं लगता कि अब मुझे इसकी कोई परवाह है। मुझे नहीं लगता कि मैं फिर से उस तरह कभी प्रेम कर सकूँगा। मुझे लगता है कि आप जिंदगी में केवल दो बार ही ऐसा कर सकते हैं। मुझे नहीं लगता कि ऐसा तीसरी बार हो सकेगा। तीसरी बार में आपका विवाह हो जाता है। हर किसी के शुरुआती जीवन में एक प्रेम कहानी तो होती ही है। मेरी कहानी में थोड़ी देर हो गई। अगर इनमें से कोई बात नहीं बनती तो व्यक्ति सीधे तीसरे कदम विवाह या जैसा आजकल लोग करते हैं, संभवत: साथ रहने लगते हैं। मुझे नहीं लगता कि मेरा  तीसरा प्रेम संबंध पहले संबंधों जैसा उत्साहपूर्ण हो सकेगा। अगर कुछ होता है तो उसका स्वागत है और अगर नहीं, तो भी ठीक है। लोग मेरे जीवन में आते-जाते रहें, यही ठीक है। मैं उनसे लगातार संपर्क में नहीं रह पाता। यहाँ तक कि टेक्स्ट संदेश भेजने में भी मैं बहुत आलसी हूँ। पहले मैं काफी सजग रहता था। आज मैं अपना फोन नंबर बदल देना चाहता हूँ। मैं सामाजिक रूप से असंतुष्ट व्यक्ति बन गया हूँ। शायद यह मेरे डी.एन.ए. में शामिल है। लेकिन मेरी फिसलन अभी भी जारी है। यह भी संभव है कि पचास साल का होने तक मैं बैरागी हो जाऊँ। अगर ऐसा हुआ तो यह मेरे लिए भी चौंकानेवाला साबित होगा।

लेकिन एक बात पर मैं सुनिश्चित हूँ। 'ऐ दिल है मुश्किल' के निर्माण के बाद लगता है कि मुझे हर वर्ष एक फिल्म तो बनानी ही चाहिए। फिल्म बनाना मेरा सबसे बड़ा और एकमात्र जुनून है। मुझे इसमें सबसे अच्छा यह लगता है कि फिल्म बनाने के दौरान आप ईश्वर की भूमिका में आ जाते हैं। आप दूसरों को निर्देश देते हैं, नियंत्रण में रखते हैं, अब ये मेरे व्यक्तित्व का हिस्सा बन गए हैं, बल्कि अब तो किसी दूसरे के सेट पर भी कमान अपने हाथ में लेने का मन करता है। मैं नियंत्रण प्रेमी नहीं हूँ, लेकिन मुझे पता है कि यह अधिकार मुझे सहज ही प्राप्त हो जाता है। मुझे हमेशा से लगता है कि मैं वह व्यक्ति हूँ, जिसकी बात लोगों को सुननी चाहिए।

# अनुक्रम

# बचपन

मैं हमेशा से मुंबई में ही रहा हूँ। मेरा जन्म और परवरिश मालाबार हिल में हुई। हम एक्रोपोसिल नामक बिल्डिंग में रहते थे, जो दक्षिणी मुंबई के पड़ोस में स्थित अभिजात और महँगा क्षेत्र है। यह पता मेरे दिमाग पर छाया रहता है। आपको अपना पहला पता हमेशा याद रहता है—यह है 92 एक्रोपोलिस, लिटिल गिब्स रोड, मालाबार हिल, बंबई-46। अगर आप मुझसे मेरे नए घर का लिखित पता पूछें तो वह मुझे इतनी आसानी से याद नहीं आएगा।

यह बिल्डिंग एक कंपाउंड में स्थित थी, यह बाकी बिल्डिंगों जैसी ही थी, जिसमें कुछ खास नहीं था। इसकी नवीं मंजिल पर हमारा 1000 वर्ग फुट का दो बेडरूम का मकान था। दरवाजा खुलते ही सामने एक सँकरा रास्ता था। अंदर बाईं तरफ मेरे माता-पिता का कमरा था और उससे कुछ ही फुट आगे मेरा कमरा था, जिसमें एक सोफा-कम-बेड और एक डेस्क था। इसके ठीक बाईं तरफ एक छोटी सी रसोई थी। और इसके बाद एक हॉल और छोटा सा भोजन कक्ष था। यहाँ से क्विंस नैकलेस का शानदार नजारा दिखाई देता था। यहाँ से पूरा मुंबई शहर देखा जा सकता था।

मेरा कमरा साधारण सा था। इसकी दीवारों पर मैंने पोस्टर वगैरह नहीं लगाए थे। मुझमें किसी मूवी स्टार के लिए इतनी दीवानगी नहीं थी कि उसके पोस्टर अपने कमरे में लगाऊँ। मैंने ऐसा कभी नहीं किया।

घर छोटा होने के बावजूद मेरे माता-पिता बेहद सामाजिक थे। उनके दोस्त अकसर आते रहते थे। मेरी मौसियाँ भी काफी आती थीं। मेरे माता-पिता अकसर शानदार पार्टियाँ दिया करते थे। उस घर की तरंगें बेहद लुभावनी थीं, उनमें कुछ ऐसी गर्मजोशी थी, लोगों का अधिक देर तक रुकने का मन करता। मुझे स्थान की ऊर्जा पर पूरा विश्वास है। मैं ऐसी ऊर्जाओं को लेकर बेहद ग्रहणशील हूँ। किसी के घर में प्रवेश करते ही मैं फौरन जान जाता हूँ कि वह मेरे लिए सहज रहेगा या नहीं। कई बार किसी दोस्त का घर असहज महसूस होता है, वहीं किसी अजनबी का घर लुभावना लगता है। यह सब वहाँ की ऊर्जा पर निर्भर है।

इकलौता होने के कारण मेरे माता-पिता मुझे बहुत प्यार करते थे। मैं अपनी माँ से बहुत प्रभावित था, पंजाबियों में ऐसा अकसर होता है। मेरी माँ सिंधी थीं, जबकि मेरे पिता पंजाबी थे और वे उम्र में मेरी माँ से काफी बड़े थे। मेरे जन्म के समय उनकी उम्र चालीस वर्ष थी और उस

समय तक उनके बाल सफेद होने व गिरने लगे थे। मेरे जन्म के समय उनकी उम्र लगभग उतनी ही थी, जितनी कि आज मेरी है। इसलिए मेरे अपने पिता के साथ ऐसे संबंध रहे, जैसे वे मेरे दादाजी हों। वे मुझसे कुछ अधिक ही स्नेह करते थे, बिल्कुल वैसा जैसा एक दादा अपने पोते से करता है। आमतौर पर पिता सख्त मिजाज के होते हैं, लेकिन मेरे पिता ऐसे नहीं थे। वे मेरे गालों पर चुटकी भरते और मैं उन्हें गले लगकर चूम लेता। यह पिता व पुत्र की आम छवि से बहुत अलग था, बल्कि मेरे माता-पिता दोनों ही अपनी भावनाएँ खुलकर प्रकट करते थे।

मैं अच्छा, खामोश रहनेवाला और आज्ञाकारी बच्चा था। मैंने कभी किसी के साथ मारपीट नहीं की। मैं कभी चोटिल होकर घर नहीं आया। मेरे पास सुनाने के लिए ऐसी कोई कहानी नहीं है। एक बार मैं अपने घर के ठीक सामने स्थित हैंगिंग गार्डन में गिर गया था। मैं झूले पर से गिरकर चोट लगा बैठा था। आज जब मैं उस बारे में सोचता हूँ तो मुझे लगता है कि जैसे मैं एक आवरण में रहा करता था। वह बेहद रक्षात्मक और सुरक्षित जीवन था।

मुझे हमेशा दूसरों से अलग महसूस होता था। मैं अपने आस-पास के अन्य लड़कों या लड़कियों जैसा नहीं था। मैं समझ नहीं पाया कि वह क्या था। ऐसा नहीं है कि मेरा बचपन उदासी में बीता। लेकिन इसमें काफी कुछ धुँधला हो गया है, शायद मैंने यही चाहा होगा। संभवत: यदि उस समय थेरेपी जैसा कुछ होता या कोई बात करनेवाला होता, तो निश्चित ही मैं बेहतर महसूस करता। लेकिन मैंने सब-कुछ चुपचाप झेला। मैं इसे कभी समझ नहीं पाया।

मैं अपनी माँ से बहुत डरता था, वे कॉन्वेंट शिक्षित थीं और पढ़ाई का महत्त्व समझती थीं। लेकिन अपने पिता से मुझे कभी डर नहीं लगा, बल्कि मेरा मानना है कि उनके बिगाड़ने के कारण ही मैं गोल-मटोल मोटा बच्चा था (मेरे पिता इसे पिल्ले जैसा गुदगुदा होना बताते थे), लेकिन माँ को हमेशा मेरी चिंता लगी रहती। मेरी हर समय कुछ खाने की इच्छा बनी रहती।

मैं मौसियों का भी बहुत लाड़ला था। माँ की रिश्तेदारी में उनकी बहुत सारी बहनें थीं और वे सभी एयर इंडिया में एयर हॉस्टेस थीं। उन दिनों एयर हॉस्टेस का पेशा अत्यंत आकर्षक हुआ करता था। अभिनेत्री का कार्य इसके बाद आता था। मेरी एक पप्पू मौसी हैं, जिनका असली नाम ज्योति है। एक नलिनी मौसी हैं, जो बाल काटती थीं। वे बालों को स्टाइलिश बनानेवाले शहर के शुरुआती लोगों में से एक थीं। और इनके अलावा एक शोभा मौसी भी थीं। ये तीनों मौसियाँ माँ के बहुत निकट हैं। मैं इन मौसियों के बीच पला-बढ़ा और मेरे जीवन पर इनका बहुत प्रभाव रहा। वे सभी बेहद स्टाइलिश, बढ़िया कपड़े पहननेवाली और आधुनिक थीं। वे बहुत अच्छे ढंग से बातचीत करतीं और उन्होंने खूब यात्राएँ भी की थीं। माँ भी ऐसी ही थीं, हालाँकि वे उन सबमें पारंपरिक थीं, वे उन सबके लिए उनकी संकटमोचक बहन थीं। माँ के सगे भाई-बहन नहीं थे। उनकी ये रिश्ते की बहनें ही उनका परिवार हैं। इन मौसियों की वजह से ही कला और तड़क-भड़क के प्रति मेरा रुझान हुआ। यह ऐसी बात है, जिसे मैंने कभी स्वीकार नहीं किया। वे सभी सिगरेट पीती थीं और बेहद ग्लैमरस थीं। उन सबमें माँ संभवत: सबसे सीधी-सादी थीं।

वे अकसर यात्राओं से वापस लौटने पर अपने साथ बेहतरीन शराब की बोतलें और चीज जैसी वस्तुएँ लाया करती थीं।

मैं चाहता था कि मेरे भी भाई-बहन हों। दूसरे बच्चों के भाई-बहनों को देखकर मैं निराश हो जाता था। इस बात को लेकर सचमुच परेशान रहता। लेकिन माँ दूसरे बच्चे को जन्म नहीं दे सकीं। उन्होंने कोशिश की, लेकिन मेरे गर्भ में होने के दौरान आई कठिनाइयों को देखते हुए दूसरी बार गर्भवती होने पर उन्हें गर्भपात करवाना पड़ा, क्योंकि डॉक्टर ने कहा था कि वे ऐसा कर नहीं सकेंगी और इससे उनकी सेहत खराब होने की भी आशंका थी।

मेरे विचार से उन्हें इस पर पछतावा था, क्योंकि उन्हें लगता था कि भाई या बहन होने पर बतौर बालक मेरी स्थिति कुछ अलग होती। मैं बहुत अकेला था। मुझे अपने वजन व स्त्रैण स्वभाव को लेकर हीनभावना थी। ये मेरी परेशानियाँ थीं, हालाँकि उस समय मैं इन्हें पहचान नहीं सका। मेरे पिता काफी बड़ी उम्र के थे और हमारे बीच आम पिता-पुत्र जैसे संबंध नहीं थे। और अकसर वे अपने काम में डूबे रहते थे। मेरी उम्र के बाकी बच्चों के पिता बहुत युवा थे। जब मैं आठ या नौ साल का था, उस समय मेरे पिता लगभग पचास साल के थे। बाकी बच्चों के पिता उनसे अधिक नहीं तो दस वर्ष छोटे थे। वे अपने पिता के साथ खुशी-खुशी खेला करते थे। लेकिन मेरे साथ ऐसा नहीं था। मैं अपनी माँ से बहुत प्रभावित रहा, क्योंकि मेरा ज्यादातर वक्त उन्हीं के साथ बीतता था। मुझे वह सब अच्छा लगता, जो उन्हें पसंद था। लेकिन हाँ, इसके बावजूद अकेलापन बहुत था। मैं हमेशा लोगों से कहता हूँ कि वे केवल एक ही बच्चे को जन्म देने की गलती न करें। ऐसा करना उचित नहीं है।

आज टेक्नोलॉजी मौजूद है, जो आपकी बड़ी दोस्त साबित हो सकती है, लेकिन उन दिनों ऐसा कुछ नहीं था। आज एक अकेले बच्चे का निबाह हो सकता है, लेकिन मुझे लगता है कि उन दिनों भाई या बहन का न होना बेहद असामान्य बात थी।

बचपन में मैं काफी गंभीर रहा करता था। अच्छा श्रोता होने के कारण मैं बहुत से लोगों का अच्छा दोस्त था। इकलौता बच्चा होने पर आपमें यह गुण विकसित हो ही जाता है। अपने परिवार में और किसी के न होने से आप दूसरों की परवाह करने लगते हैं। इस कारण अन्य लोगों की पारिवारिक कहानियाँ, भाई-बहनों की आपसी प्रतिद्वंद्विता, उनका आमोद-प्रमोद, उनकी हर बात में आपकी दिलचस्पी बढ़ जाती है। लोगों से उनके जीवन और परिवार के बारे में पूछना मैं कभी नहीं भूलता। मेरी आदत थी, मैं अकसर दूसरों से अपने घर की तुलना किया करता, और माँ इसे लेकर परेशान रहतीं। मैं अपने हालातों की आलोचना नहीं कर रहा, लेकिन दूसरों के घर जाने पर जब कभी मैं वहाँ भाई-बहनों को दौड़-भाग करते या घर में इतने सारे लोगों को देखता तो अकसर इससे प्रभावित हो जाता। हमने भी अपने घर में बेहतरीन समय बिताया। लेकिन फिर भी मैंने हमेशा थोड़ा अकेलापन महसूस किया। मुझपर इसका कुछ ज्यादा ही असर रहा। शायद

इसका कारण मेरा सामान्य बच्चा न होना भी रहा। मैं कोई खेल नहीं खेलता था, मेरी ऊर्जा को विस्तारित होने का कोई अवसर नहीं मिला। वे भीतर ही दबी रहीं।

बचपन में मेरा वजन काफी ज्यादा था। अपने मोटापे पर मुझे शर्म आती थी। सब लड़के गली में फुटबॉल या क्रिकेट खेला करते थे। लेकिन मैं इनमें से किसी खेल ग्रुप का हिस्सा नहीं था। इसलिए मैं लड़कियों के साथ घूमता रहता था। लड़कियाँ मुझे पसंद करती थीं, मुझे लगता है कि मेरे साथ वे काफी सहज महसूस करतीं थीं, संभवत: मैंने उन्हें अपने स्त्रैण स्वभाव का बोध करवा दिया था। मुझे याद है कि इस शब्द से मैं कितना परेशान रहा। इसके अलावा मुझे मोटू कहे जाने से भी चिढ़ थी।

सबसे अधिक चिढ़ मुझे पैंजी कहे जाने से थी। इसे सुनकर मुझे बहुत गुस्सा आता। मुझे इस शब्द से घृणा हो गई। आजकल यह शब्द सुनाई नहीं देता, लेकिन अस्सी के दशक में स्त्रैण स्वभाव के माने जानेवाले लोगों के लिए इसे खूब उपयोग किया जाता था। किसी के द्वारा मुझे पैंजी कह देने पर मेरा वह पूरा हफ्ता खराब जाता। इस वजह से मैं खुद को दूसरों से हीन या कमतर व्यक्ति समझने लगा। बड़े लड़के ऐसा अकसर कहते थे। ये मेरे स्कूल के नहीं थे। लोगों के ऐसा कहने के बावजूद मैं बहुत से दयालु बच्चों से घिरा रहता। लेकिन बाहर के बच्चों की बात और थी। जैसे एक बार हम अंतर-विद्यालय वाद-विवाद के लिए गए थे, वहाँ कैंपियन स्कूल का एक लड़का था। प्रतिस्पर्धा का शुरुआती दौर था और मैं बाहर बैठा अपने भाषण के बिंदुओं पर नजर डाल रहा था। वह मेरे पास आया और बोला, 'अरे, तू तो बिल्कुल पैंजी है।' इससे मेरा आत्मविश्वास डगमगा गया। मेरा दिमाग खराब हो गया। मैं अच्छा प्रदर्शन नहीं कर सका। मेरा भाषण कमजोर और प्रभावहीन रहा और मैं समझ गया कि वह शब्द मुझ पर हावी हो गया था।

बिल्डिंग में मेरे कुछ दोस्त थे। इनमें एक पारसी लड़की फरजाना मनचंगजी से मेरी निकटता अधिक थी। वह अपनी बहन, माता-पिता और दादी के साथ सातवीं मंजिल पर रहती थी। वे मेरे लिए परिवार जैसे थे। मैं घर आने के बाद अकसर उनके साथ खेलने जाया करता। फरजाना मेरी जरूरत को समझती थी इसलिए वह मुझे अधिकार में रखती। कई बार वह इसका फायदा भी उठाती। आज भी वह मेरे जीवन का हिस्सा है। वह मेरी राखी बहन है और हमारे बीच गहरा रिश्ता है। वह फिल्मों से नहीं है। वह दक्षिण बंबई बॉम्बे में अपने पति के साथ रहती है। वह कुछ समय सिंगापुर और हांगकांग रहने के बाद वापस लौटी है। वह मेरे रोजमर्रा के जीवन का हिस्सा नहीं है, लेकिन हम साल में दो बार तो मिल ही लेते हैं।

मैं फरजाना के साथ पला-बढ़ा हूँ। उसने मुझे हर दौर में देखा है। उसका अब तक मेरे साथ जुड़े रहना हैरानी की बात है। बल्कि वह आज भी मेरे साथ अशिष्ट और बुरी हो सकती है और क्योंकि ऐसा वे कर रही है, इसलिए मैं भी सह जाता हूँ। वह एक अलग ही तरह के उत्साह से अपनी बात कहा करती थी। मैं फरजाना को बहुत पसंद करता था। एक तरह से उसने मेरी बहन की कमी को पूरा कर दिया था। वह मुझ पर धौंस जमाया करती। जब भी वह मुझे छोड़कर अपने

घर वापस जाना चाहती, मैं रोने लगता। हम अकसर एक-दूसरे के घर आया-जाया करते। उसके परिवार की सोहबत का असर है कि आज भी मुझे पारसी खाना बेहद पसंद है।

❖

मैं अधिक धार्मिक नहीं हूँ, हालाँकि मैं ऐसा दरशाता अवश्य हूँ। मेरे पिता रोज सुबह नंगे बदन मात्र एक तौलिया पहनकर तीन मिनट प्रार्थना करते थे। यह 'मिश्रित प्रार्थना' बेहद दिलचस्प थी, क्योंकि वे सिख प्रार्थना से शुरुआत करते और आगे चलकर किसी तरह का हिंदू मंत्र पढ़ते हुए अंत में डियर जीसस तक पहुँच जाते। उनकी प्रार्थना तीन धर्मों के बीच डोलती रहती।

इसे वे हमारे घर के छोटे से मंदिर के सामने दोहराते थे। और ऐसा केवल वे ही करते थे। माँ, मेरी ही तरह धार्मिक होने का दिखावा तो करतीं, लेकिन वास्तव में वे ऐसी थीं नहीं। वे साल में एक बार गुरुद्वारे जातीं। मेरी नानी की परवरिश मुंबई स्थित श्याम निवास बिल्डिंग में हुई, जिसमें शहर का सबसे मशहूर गुरुद्वारा स्थित था। मेरे माता और पिता के धर्मों में गुरुद्वारा समान वस्तु थी। लेकिन मेरे पिता अधिक सक्रिय धार्मिक व्यक्ति थे। वे आर्यसमाजी थे। कर्मकांड में विश्वास नहीं रखते थे। वे पूजा-पाठ में नहीं मानते थे। अपितु धर्म की व्यवहारिकता पर विश्वास करते थे। लेकिन छोटी सी प्रार्थना वे नियमित रूप से करते थे और मैं कौतूहल से उसे तीन धर्मों के बीच डोलते हुए देखा करता।

हमारा घर सर्वदेशवाद प्रकृति का था। हम सब एक-दूसरे से अंग्रेजी में बात किया करते थे। हमारे साथ कोई बुजुर्ग नहीं रहता था। मेरे पिता कई जगह घूम चुके आधुनिक व्यक्ति थे, हालाँकि दिल से वे पंजाबी व्यापारी और फिल्म निर्माता थे, और मुझे लगता है, इसका कारण उनका अपने दम पर आगे बढ़ना था।

❖

मेरे पिता का पालन-पोषण शिमला में हुआ। फिर वे दिल्ली चले गए (इस बीच वे कुछ समय लाहौर में भी रहे।) मेरे पिता की पढ़ाई पूरी होने के बाद, मेरी दादी ने उन्हें बुलाया और कहा, "भाग जाओ, चले जाओ। अपनी किस्मत खुद बनाओ। तुम इससे बेहतर काम करने के लिए बने हो।"

उन्होंने मेरे पिताजी को कुछ पैसे और आभूषण देकर कहा, 'बंबई चले जाओ और अपनी जिंदगी खुद बनाओ।'

ऐसा करने से एक हफ्ता पहले दादीजी ने घर में चोरी होने और अपने गहने गायब होने की अफवाह उड़ा दी थी। उन्होंने सारी योजना पहले ही बना रखी थी। एक कर्मचारी को चोरी के आरोप में निकाल दिया गया। इसकी पूरी सूत्रधार मेरी दादी थीं। मेरी दादी द्वारा मेरे पिता को खुद यह बताने के पूर्व वे भी इससे अनजान थे। उन्होंने कहा कि वे नहीं चाहती थीं कि उनके द्वारा मेरे पिता को कुछ देने की बात किसी को भी पता चले। वे बस उन्हें गायब कर देना चाहती थीं।

उन्होंने कहा कि दादाजी को वे सँभाल लेंगी।

तो इस तरह मेरे पिता ने ट्रेन पकड़ी और मुंबई पहुँच गए। वहाँ उन्होंने सबसे पहले जो चीज देखी, वह टाइम्स ऑफ इंडिया बिल्डिंग थी। वे अंदर दाखिल हुए और नौकरी होने की बाद पूछी। उन्हें दूबे साहब के पास भेजा गया, जो उन दिनों टाइम्स ऑफ इंडिया में फोटोग्राफर थे। नाममात्र की राशि पर मेरे पिता ने उनके साथ काम करना आरंभ कर दिया। इस तरह वे दूबे साहब के साथ मुगल-ए-आजम के सेट पर पहुँच गए, जहाँ वे तसवीरें उतारने गए थे। मेरे पिता वहाँ अकसर जाने लगे। एक दिन दूबे साहब के बीमार होने पर मेरे पिता सेट पर गए और उन्होंने मधुबाला की तसवीरें लीं। चालीस के दशक में उन दिनों मधुबाला किसी भी फोटोग्राफर को अपनी फोटो लेने नहीं देती थीं, लेकिन उन्हें किसी कारण मेरे पिता पसंद आ गए—वे उन्हें बातचीत में कुशल और सुसंस्कृत मानती थीं, इसलिए उन्होंने मेरे पिता को तसवीर लेने की अनुमति दे दी। वे उन्हें अपने बगीचे में ले गईं और वहाँ पर फोटो खिंचवाईं। मधुबाला की उन तसवीरों के कारण उन्हें कंपनी से और काम मिलने लगा। मुंबई में उनकी पहली नौकरी टाइम्स ऑफ इंडिया के फोटोग्राफर के रूप में थी।

इसके बाद वे फिल्मों से जुड़े और प्रोडक्शन कर्मचारी बन गए। उन्होंने इस उद्योग के लगभग सभी लोगों के साथ काम किया। अंतत: उन्हें प्रोडक्शन कंट्रोलर की नौकरी मिली, जिसमें उन्होंने सबसे अधिक समय तक काम किया। उन्होंने देव आनंद और विजय आनंद की कंपनी नवकेतन में लगभग बारह वर्षों तक काम किया। उनके देव साहब के साथ सबसे महती, लंबे और निष्ठापूर्ण संबंध रहे।

निस्संदेह एक वर्ष बाद वे अपने घर वापस गए, तब तक उनके अपने पिता के साथ रिश्ते सुधर चुके थे। वे समझ गए थे कि मेरे पिता ने मुंबई में अपने जीवन का निर्माण कर लिया है।

शुरुआत में वे पी.जी. में रहा करते थे, इसके बाद वे माहिम में मरीना नाम के होटल में रहने लगे। वहीं पर उनकी राशिद अब्बासी के साथ नजदीकी मित्रता हुई, जिन्हें मैं राशिद अंकल कहता हूँ। वे दोनों उस होटल में करीब नौ साल तक साथ रहे। बाद में वे दक्षिणी मुंबई में एक किराए के घर में शिफ्ट हो गए। तब तक उनका विवाह नहीं हुआ था।

साल 1977 में फिल्मों से तीस वर्षों तक जुड़े रहने के बाद आखिरकार उन्होंने फिल्मों से नाता तोड़कर निर्यात फर्म आरंभ कर दी। उनके लिए संभवत: इसमें व्यापारिक संभावनाएँ अधिक थीं। लेकिन गोल्डी बहल और सृष्टि आर्या के पिता रमेश बहल (जिनकी रोज मूवीज नामक कंपनी थी) ने उन्हें फिर से फिल्मों में लौटने के लिए प्रोत्साहित किया। मेरे पिता ने फिल्म बनाने का निर्णय लिया। उन्होंने फिल्म के निर्देशन हेतु गुलजार साहब से बात भी कर ली थी, लेकिन इस प्रोजेक्ट का आगाज नहीं हुआ। इसके बाद वे राज खोसला के संपर्क में आए और उनके साथ मिलकर 'दोस्ताना' के लिए अमिताभ बच्चन को चुना। इसकी कहानी सलीम-जावेद ने लिखी थी। 'दोस्ताना' उनकी पहली फिल्म थी। यह बहुत बड़ी हिट साबित हुई। लेकिन यह उनकी एकमात्र हिट फिल्म है।

विवाह के बाद उन्होंने महालक्ष्मी रेसकोर्स के नजदीक अपना ऑफिस खोला। उन्होंने

गोदाम को ऑफिस के रूप में परिवर्तित किया था। हर बार बारिश आने पर उसमें पानी भर जाता। इस ऑफिस से रेसकोर्स देखा जा सकता था। यह बहुत अजीब सा ऑफिस था, गोदाम होने के बावजूद इसमें कालीन बिछा हुआ था तथा दो एयर कंडीशनर और एक फैक्स मशीन भी थी। इस ऑफिस के साथ मेरी बहुत सी यादें जुड़ी हुई हैं।

बचपन में मैं वहाँ खूब जाया करता था। मैं वहाँ सबसे मिलता-जुलता और सभी लोग स्नेहवश मेरे गाल खींचते। कॉलेज खत्म होने के बाद मैंने वहाँ एक या दो साल तक काम भी किया, लेकिन बुरी तरह ऊब गया। हालाँकि मैंने अपनी पहली फिल्म 'कुछ कुछ होता है' का निर्माण इसी ऑफिस से किया।

यह जगह किराए की थी और आखिरकार हमने इसे उसी परिवार को लौटा दिया, जिसका इस पर अधिकार था। वैसे भी बीते दस सालों में हमने इसे गोदाम के तौर पर इस्तेमाल करना शुरू कर दिया था। इसे अपने पास रखने का कोई कारण नहीं था, चूँकि हम वहाँ कुछ नहीं कर रहे थे। लेकिन हाँ, वह हमारा पहला ऑफिस था।

मेरी माँ का लालन-पालन कानपुर और लखनऊ में तथा पढ़ाई नैनीताल में हुई। वे कॉलेज के दिनों से अमित अंकल (अमिताभ बच्चन) को जानती थीं। अमित अंकल शेरवुड में पढ़ते थे और मेरी माँ सेंट मैरी में थीं। वे दोनों एक ही मित्रमंडल में थे।

मुझे याद है, उन्होंने बताया था कि जब अमित अंकल ने उन्हें फिल्मों में अभिनय करने की बात बताई तो उनकी हँसी छूट गई। माँ ने कहा, 'तुम हिंदी फिल्मों में काम करोगे?' वे उनकी पारिवारिक पृष्ठभूमि से परिचित थीं। वे एक मशहूर कवि के पुत्र थे और उस परिवेश में सांस्कृतिक रूप से हिंदी फिल्मों को बहुत अच्छा नहीं माना जाता था।

मेरे नाना-नानी बेहद रूढ़िवादी थे। मेरे नाना ने माँ को एयर हॉस्टेस बनने की अनुमति नहीं दी; यह उनकी रूढ़िवादी मानसिकता के लिए संभव नहीं था। इसलिए माँ आलिटालिया में बतौर ग्राउंड स्टाफ कार्य करने लगीं। तत्पश्चात् वे रोम गईं और वहाँ इतालवी भाषा सीखीं। यह उनके विवाह से पहले की बात है।

मेरे माता-पिता की मुलाकात रेसकोर्स में हुई और उनमें तुरंत प्रेम हो गया। मेरे देखने से यह सबसे त्वरित है। उस समय माँ सत्ताईस साल की थीं और उन्हें रेस देखने जाना अच्छा लगता था। वे हर रविवार वहाँ जाती थीं। मेरे पिता उनतालीस साल के थे और उनकी मुंबई के 'सोशल समाज' के बहुत से लोगों से गहरी दोस्ती थी। वे सभी फिल्मी सितारों को जानते थे। वे सी लिंक जैसे थे, वे एक सिरे से दूसरे सिरे तक सभी लोगों को जानते थे। वे बेहद लोकप्रिय, भला करनेवाले और हर जरूरत को पूरा करने का एकमात्र सहारा थे। ऐसे थे मेरे पिता। अगर आपको संसार की कोई भी चीज चाहिए तो आपको बस यश जौहर को फोन करना था और आपका काम हो जाएगा।

उन्होंने माँ को देखा और हिंदी फिल्मों की तरह तीन दिन तक उनका पीछा करते रहे।

शुरुआत में माँ को लगा कि वे फँस गई हैं, मेरे पिता फिल्मी दुनिया से थे और फिल्मों में प्रोडक्शन कंट्रोलर थे (तब तक वे नवकेतन में काम करने लगे थे।)

वे फरवरी में मिले थे और 18 मार्च को माँ का जन्मदिन था। मेरे पिता ने उन्हें फोन किया और कहा कि वे उनके लिए पार्टी देना चाहते हैं। किसी तरह वे मान गईं। मेरे पिता ने पाली हिल के भल्ला हाउस में बहुत बड़ी पार्टी दी। इस जगह के मालिक सतीश भल्ला पाली हिल के मशहूर व्यक्ति थे। दिलीप कुमार से लेकर देव आनंद व राज कपूर तक सभी का उनके घर आना-जाना था। मेरे पिता ने वहाँ शानदार पार्टी दी। वहीदा रहमान और साधना मेरे पिता की राखी बहनें थीं, इसलिए उस पार्टी में सभी मशहूर अभिनेत्रियाँ भी शामिल हुईं, बल्कि फिल्म उद्योग की सभी हस्तियाँ वहाँ उपस्थित थीं। मेरे पिता ने सबके सामने माँ के समक्ष शादी का प्रस्ताव रखा। माँ को समझ नहीं आ रहा था कि वे क्या कहें! अंततः उन्होंने कहा, 'इसके लिए आपको मेरे पिता से मिलना होगा।' और इस तरह माँ से तेरह साल बड़े मेरे पिता अपने संभावित श्वसुर से मिलने चल दिए।

मेरे पिता इतने अच्छे आदमी थे कि कुछ चीजों के प्रति सख्त रवैया रखने वाले मेरे नाना तुरंत पिघल गए। 20 मई, 1971 को उसी भल्ला हाउस में मेरे माता-पिता का विवाह हो गया। उनके विवाह की तसवीरें फिल्मी सितारों से भरी हुई हैं। फिल्मों की कॉस्ट्यूम स्टाइलिस्ट लीना दारु ने माँ को दुलहन के रूप में तैयार किया। यह पूरी तरह से फिल्मी विवाह था। फिल्म उद्योग का लगभग हर व्यक्ति इसमें उपस्थित था। माँ के परिवारवालों के लिए यह दुनिया उससे बिल्कुल अलग थी, जिसे वे अब तक देखते आए थे।

इसके ठीक एक साल बाद मेरा जन्म हुआ।

मेरे पिता फिल्मों में काम करते थे, फिर भी माँ को फिल्म देखना पसंद नहीं था। लेकिन विडंबना देखिए कि हिंदी फिल्मों के प्रति मेरा प्यार मुझे माँ से मिला है। आज भी वे मेरी या किसी और की फिल्में तभी देखती हैं, जब उनका कोई निकट का व्यक्ति उन्हें ऐसा करने के लिए कहता है। लेकिन उन्हें हिंदी फिल्मों का संगीत बहुत पसंद है। उनकी यही बात मुझमें भी है और मैं भी हिंदी फिल्मों और उनके संगीत का पूरा दीवाना हूँ।

एक दौर ऐसा था, जब मैं भी बाकी बच्चों की तरह मैडोना, जॉर्ज माइकल आदि का संगीत सुना करता था। उस दौरान वॉकमैन पर संगीत सुनना बड़ी बात मानी जाती थी। लगभग दो साल तक मैं बाकी बच्चों जैसा होने का झूठा दिखावा करता रहा और कुछ समय बाद हिंदी फिल्मी गीतों पर लौट आया। उन दिनों मैं खूब पढ़ा करता था। मैं एनिड ब्लायटन का दीवाना था।

मेरी परवरिश मोबाइल फोन या कंप्यूटर युग में नहीं हुई। मुझे याद है मैंने अपने टी.वी. पर विंबलडन के दौरान पहली बार रंग देखे थे। स्क्रीन पर उस हरी पट्टी को देखकर मैं स्तब्ध रह गया। मुझे खेल देखने से घृणा थी, लेकिन उस हरी पट्टी के कारण मैं स्क्रीन से नजरें नहीं हटा पा रहा था। मैं उस पीढ़ी से हूँ, जिसने वी.एच.एस, सी.डी. और उसके बाद डी.वी.डी और एल.डी.

का उदय देखा है। वह आविष्कारों का युग था। आज के बच्चों को देखकर मैं हैरान रह जाता हूँ कि उन्हें इसकी चिंता नहीं करनी पड़ी, उन्हें यह सब बस यों ही मिल गया।

लेकिन उन दिनों आर्ची कॉमिक्स खरीदने के लिए ठेले पर जाने की बेकरारी! विदेशी चॉकलेट बेचनेवाले छोटे किराना स्टोर्स पर जाकर विस्मयपूर्वक मार्स बार या किटकैट या कोक की बोतल खोजना, और अपनी गुल्लक में, उन दिनों हम सबके पास गुल्लक हुआ करती थी, 20 रुपए जमा करना और इन्हें खरीदने के लिए खाली करना बेहद उत्साहजनक था। कोक की केन खरीदना, उसे घर लेकर जाना, थोड़ी देर तक निहारना, फिर बहुत ध्यान से खोलना और छोटे-छोटे घूँट भरना तथा उसकी फिज्ज निकलने से रोकने के लिए उस पर प्लेट रखना। यह सब मेरी बालपन की यादें हैं। माफी चाहूँगा कि ये खान-पान से जुड़ी हैं, लेकिन उन दिनों ये विदेशी चॉकलेट और कोक केन बड़ी चीज हुआ करते थे।

मेरे पिताजी को काम के सिलसिले में यात्राएँ करनी पड़ती थीं। उनके वापस लौटने पर सुबह उनके उठने से पहले मैं उनका सूटकेस खोलकर देखने लगता कि वे मेरे लिए क्या लाए हैं। वे रात को इतनी देर से आते थे कि तब तक मैं सो चुका होता था। पापा का वापस लौटना और उनके सूटकेस में मेरे लिए चीजें होना, मुझे आज भी अच्छी तरह याद है। हमारी पीढ़ी उन छोटी बातों से उत्साहित हो जाती थी, जिन्हें आज सहज स्वीकार्य माना जाता है।

❖

मुझे खाने से बेहद प्यार था। हमारे खान-पान पर माँ की तरफ का सिंधी प्रभाव अधिक था। हम ज्यादातर सेव भाजी, खिचड़ी और सिंधी शैली में बना मटन खाया करते थे। यह बुनियादी भारतीय आहार था। कई सालों तक हमारे यहाँ एक बेहतरीन खानसामा केदार काम करता था, जिसका मटन दुनियाभर में विख्यात था। सब लोग इसके दीवाने थे। और मुझे तो खाने का जुनून था।

मैं बहुत मोटा था, इसलिए बच्चे अकसर मुझे 'मोटू' कहा करते थे। इस कारण मैं अपने आवरण में और अधिक छिपता गया। इससे उत्पन्न परेशानियाँ भी मुझे अधिक खाने से नहीं रोक सकीं। मुझे लगता था कि मैं इसे रोक नहीं सकता और मुझे अपनी खुशी के लिए खाना होगा। आज मुझे लगता है कि उन हालातों में अवचेतन या मानसिक रूप से खाना ही मेरा एकमात्र दोस्त था। खाने के साथ मेरे रिश्ते ने मुझे अपनी सभी दिमागी परेशानियों से निजात पाने में मदद की। अपने को सहज और संतुष्ट रखने के लिए खाना मेरी आवश्यकता थी। मुझे आज भी याद है कि आठवीं कक्षा के दौरान मैं स्कूल से आते ही उसी सड़क पर स्थित शालीमार नामक होटल से खाना मँगवाया करता था। वहाँ बेहतरीन मक्खनवाला चिकन और नान मिलता था। उस खाना के सामने आते ही मेरी खुशी का पारवार नहीं रहता और मैं उसे अकेला ही खा जाता। इसके अलावा कैंप्स कॉर्नर में चाइनीज रूम नाम का एक छोटा सा रेस्तराँ था। मैं यहाँ से चिकन फ्राइड राइस, स्वीट ऐंड सॉर चिकन (मेरा पसंदीदा) और चिकन स्वीट कॉर्न सूप मँगवाया करता था। खाने का इंतजार करना मेरे लिए आनंद की बात थी। एक महिला अजरा बुर्यावाला घर में ही चॉकलेट बनाने का काम करती

थीं। कई बार मैं उनसे झूठे ही कह देता, 'आंटी, आज मेरा जन्मदिन है और मुझे आपका चॉकलेट केक चाहिए।' वह एक किलो का पूरा केक मैं अकेला खा जाता। मैं जितनी बार भी केक मँगवाता, हर बार उस पर 'हैप्पी बर्थडे करण' लिखा होता, जबकि उस रोज मेरा जन्मदिन नहीं होता। मैं केक को अपने कमरे में छिपा देता और उसे समाप्त कर देता। वह 300 रुपए का होता था और उसे खरीदने के लिए मैं दीवाली और अन्य अवसरों पर मिले पैसों का उपयोग करता।

एक घटना क्वालिटी स्ट्रीट चॉकलेट के एक बड़े डिब्बे से जुड़ी है। डिब्बा पूरी तरह सीलबंद था, लेकिन मैंने उसमें एक छोटा सा छेद खोज लिया। मैंने वहाँ से सैलोटेप हटाया और डिब्बे को थोड़ा सा खोलकर उसमें से कुछ चॉकलेट्स निकाल लीं। महीना समाप्त होने तक उसमें केवल एक चॉकलेट बची थी, जबकि डिब्बा अभी भी सीलबंद था। माँ को पता लगा तो उन्होंने मुझे एक चाँटा लगाया। मुझे पूरे जीवन में पड़े दो चाँटों में से एक यही था। दूसरा चाँटा मुझे तब पड़ा, जब मेरी माँ को यह ज्ञात हुआ कि बारह साल का होने के बावजूद मैं अपने जूते के फीते नहीं बाँध सकता। यह कार्य मैं अपनी घरेलू सहायिका से करवाता था। यह देखने पर माँ ने मुझसे पूछा, 'क्या तुम अपने फीते अपने आप नहीं बाँध सकते?'

मैंने जवाब दिया, 'हाँ, बाँध सकता हूँ।'

उन्होंने कहा, 'बाँधकर दिखाओ।'

मुझे स्वीकार करना पड़ा कि मैं यह नहीं कर सकता। मुझे गाँठ बाँधना नहीं आता था। माँ ने मुझे जोरदार चाँटा लगाया और कहा, 'आज तुम यह करना सीखोगे। चलो फीते बाँधो!'

मैंने उन्हें पता चले बिना चुपचाप अपनी घरेलू सहायिका से फीते बँधवा लिये। ये मेरे बस की बात नहीं थी। आज भी मुझे गाँठ बाँधने में परेशानी होती है। मैं ऐसा कर लेता हूँ, लेकिन मेरे लिए ऐसा करना आसान नहीं होता। 'कभी खुशी कभी गम' में, मैंने यह दृश्य शामिल किया है। फिल्म का वह मोटा लड़का कुछ हद तक मुझ जैसा ही था।

निस्संदेह मेरे पिता ने मुझे कभी भी डाँटा या मारा नहीं। मैं उनकी आँख का तारा था। मुझे बस आँसू बहाने होते और वे फौरन पिघल जाते। वहीं दूसरी ओर माँ सख्त रहते हुए मुझे अनुशासन में रखना चाहती थीं। मुझे बस उन्हीं से डर लगता था।

हमारे घर के निकट ही डब्ल्यू.आई.ए.ए. क्लब था, जिसमें एक तरणताल, टेबल टेनिस की टेबल और बैडमिंटन कोर्ट था। मेरी जिंदगी का एक बड़ा हिस्सा उसी क्लब में बीता। हमारे इलाके की क्लब संस्कृति बहुत मजबूत थी। मैं शाम के समय क्लब जाता, वापस लौटता, टी. वी. देखता, थोड़ा-बहुत काम करता, जल्दी डिनर कर लेता और सोने चला जाता। स्कूली दिनों में मेरी यही दिनचर्या थी।

मैं कभी नहीं रूठता, लेकिन माँ को ऐसा करना बहुत पसंद है। उनके ऐसा करने पर मुझे गुस्सा आता, बल्कि आज भी मैं इस पर असहज हो जाता हूँ। उनका खामोश होना मुझे परेशान

करता है, मैं इसे सह नहीं पाता। अब मैंने उन्हें भी ऐसा न करने के लिए प्रशिक्षित कर दिया है, लेकिन उस समय वे अकसर ऐसा किया करती थीं।

मैं सिर्फ उस समय रोता था, जब मुझे किसी हिंदी फिल्म का प्रीव्यू देखने जाना होता था। माँ के साथ मेरा सबसे बड़ा नाटक तब होता, जब मैं फिल्म देखने जाने के लिए रोया करता था। अगर प्रीव्यू रात नौ बजे का है और अगले दिन मेरा स्कूल है, तो मेरे माता-पिता वहाँ जाने से मना कर देते थे। मुझे याद है, इसी के साथ मेरा फिल्म देखने जाने के लिए रोना-बिलखना और चिड़चिड़ाना शुरू हो जाता! वहाँ तक मेरी पहुँच सिर्फ प्रीव्यू या माँ की अनुमति से हमारी घरेलू सहायिका का मुझे सिनेमा दिखाने ले जाना था। जहाँ माँ को फिल्में देखने में कोई रुचि नहीं थी, वहीं मेरे पिता भी फिल्म इंडस्ट्री का होने के बावजूद फिल्मों के दीवाने नहीं थे। कई बार मैं समझ नहीं पाता कि मुझमें सिनेमा के प्रति यह रुझान कहाँ से प्राप्त हुआ, हालाँकि मैं यह जानता हूँ कि इसकी शुरुआत मेरी संगीत में रुचि से हुई थी।

माँ अपने अकाई के म्यूजिक सिस्टम पर कैसेट्स से गाने सुनती थीं। मुझे उनमें से दो गाने बेहद पसंद थे—'लग जा गले' और 'अजीब दास्ताँ है ये'। मेरी माँ शम्मी कपूर की बहुत बड़ी फैन थीं, उन्हें उनके 'आजा-आजा मैं हूँ प्यार तेरा' और अन्य सभी हिट गाने बहुत पसंद थे।

हिंदी फिल्म संगीत के 1940, 50 और 60 के दशक की जानकारी मुझे अपनी माँ से मिली है। वे अकसर मोहम्मद रफी, किशोर कुमार और लता मंगेशकर के पुराने एल.पी. सुना करती थीं। आप 1950 के दशक का कोई भी गाना उठा लीजिए, मैं उसके बोल बता दूँगा। माँ मेरा हाथ पकड़कर एल्विस प्रेस्ली के गीतों पर नृत्य करती थीं। मेरे पिता के साथ हनीमून पर लास वेगास में एल्विस प्रेस्ली के कॉन्सर्ट के दौरान वे बेहोश हो गई थीं। मेरे पंजाबी प्रोड्यूसर पिता के लिए अपने हनीमून पर उत्पन्न इन हालातों को सँभालना मुश्किल हो गया था। मेरी माँ एल्विस की दीवानेपन की हद तक फैन थीं। इसके अलावा उन्हें बीटल्स भी पसंद थे। वे फिल्में नहीं देखती थीं, लेकिन उन्हें रॉक हडसन और डोरिस डे की फिल्में पसंद थीं। इस तरह उन पर हॉलीवुड का भी प्रभाव था। मेरी माँ 1960 के उस दशक में काफी चुलबुली लड़की थीं।

मेरे माता-पिता कई सालों तक प्रतिवर्ष 18 मार्च को वहीदा आंटी के घर पार्टी पर जाते रहे। यह एक रिवाज जैसा था। आज सलमान खान जहाँ रहते हैं, वहीदा आंटी का घर उसके ठीक पीछे था। आज भी उनका बांद्रा में बँगला है। उस पार्टी में बहुत से फिल्मी सितारे आया करते थे। मैं पड़ोस में रहनेवाले अपने दोस्त को साथ लेकर प्रवेश द्वार पर अपनी ऑटोग्राफ बुक लेकर बैठ जाता।

लेकिन उन दिनों किशोरों के बीच हिंदी फिल्में अधिक लोकप्रिय नहीं थीं। तब आज जैसा माहौल नहीं था, जहाँ बच्चे रणबीर कपूर या शाहरुख खान को पसंद करते हैं। लेकिन फिल्मी दुनिया से होने के कारण मैं जानता था कि वे लोग कितने खास हैं। हालाँकि मेरे आस-पास के बच्चे ऐसे नहीं थे। मेरी परवरिश ऐसे पड़ोसियों के बीच हुई है, जो हिंदी फिल्मों के बारे में ज

यादा नहीं जानते थे। वहीं मैं ? मैं कुछ अधिक ही जागरूक था। इस बारे में बहुत कुछ जानता था।

मेरी परवरिश फिल्मी माहौल में नहीं हुई, जबकि माँ की जया आंटी और अमित अंकल से नजदीकी थी और मैं भी अभिषेक और श्वेता तथा फरहान और जोया को जानता था। हम सब एक साथ जन्मदिन पार्टियों में जाया करते थे।

लेकिन मेरा लालन-पालन फिल्मी लोगों के बीच नहीं हुआ। मेरा अधिकांश समय धनवान बच्चों के बीच गुजरा। मैं हमेशा से अपने को धनवान समझता था। लेकिन हम धनी नहीं थे। हमारा परिवार मध्यमवर्ग से था। मेरे पिता फिल्मों में नुकसान उठा रहे थे, जिसकी क्षतिपूर्ति वे अपने निर्यात व्यापार से करते , जिसे उन्होंने साथ में चला रखा था। वे अमेरिका और फ्रांस निर्यात होनेवाले हस्तशिल्प में बिचौलिये का काम करते थे। मेरे पिता के आर्थिक हालात कभी ठीक नहीं रहे। फिर भी मैं हमेशा खुद को उससे कहीं अधिक धनवान मानता था, जितना हम सचमुच थे। इकलौता बच्चा होने के कारण मेरा जीवन हमेशा से ही अपने स्तर से अधिक रहा है (और ऐसा आज भी जारी है)।

□

# स्कूल और कॉलेज

मेरी सबसे बड़ी इच्छा कैथेड्रल स्कूल जाने की थी, क्योंकि स्कूलों के मामले में यह शीर्ष पर था। लेकिन इंटरव्यू के दौरान मैं घबरा गया और सब गड़बड़ हो गई। मैंने कुछ भी करने से इनकार कर दिया। मैं पत्थर की तरह जड़ हो गया था। उन्होंने मुझसे ब्लॉक्स से खेलने को कहा, मैंने इनकार कर दिया। उन्होंने मुझसे मुँह खोलने को कहा, मैंने नहीं खोला। मैं बस केवल अपनी माँ का हाथ पकड़े खड़ा रहा। मुझमें सामाजिक कौशल जरा भी नहीं था, आज मुझे जाननेवाला कोई व्यक्ति इस बात पर विश्वास नहीं करेगा!

मैं तब पाँच या छह साल का था, जब कैथेड्रल स्कूल ने मुझे दाखिला देने से इनकार कर दिया। इसके बाद माँ मुझे कैंपियन स्कूल ले गईं, जो सिर्फ लड़कों का स्कूल था। वहाँ फिर से मैंने कुछ नहीं किया। इसके बाद उन्होंने मुझे एक लेक्चर दिया और कहा, 'तुम्हें बोलना ही होगा।' मेरा अगला इंटरव्यू सेंट मैरी स्कूल में था। नलिनी मौसी बाल काटती थीं, मैंने उन्हें अपनी माँ के बाल काटते देखा था। उस दृश्य से मैं इतना प्रभावित था कि जब स्कूलवालों ने पूछा कि मैं बड़ा होकर क्या बनना चाहता हूँ तो मैंने कहा, 'बाल काटनेवाला। मेरी माँ ने मुझे डाँटते हुए कहा, 'क्या तुम यह नहीं कह सकते थे कि तुम पायलट बनना चाहते हो?' बाकी सभी बच्चे पायलट बनना चाहते थे, लेकिन मैं नहीं।

पता नहीं माँ को एहसास था या नहीं, लेकिन शुरू से ही मेरा कला की ओर रुझान अधिक था। मुझे माँ की साड़ियाँ पसंद थीं। मैं अपनी मौसियों के कपड़ों को देखता रहता था। मुझे उनके हैंडबैग बहुत आकर्षित करते थे।

मुझे सबसे पहले बाल काटनेवाला बनने का विचार आया, क्योंकि मुझे वह संसार का सबसे मजेदार काम लगता था। छह साल के बच्चे का ऐसी इच्छा रखना बेहद अजीब था, खासतौर पर उन दिनों में।

जाहिर है, मेरा इनमें से किसी स्कूल में दाखिला नहीं हुआ। माँ रोने लगीं, क्योंकि उनके लिए शिक्षा सबसे महत्त्वपूर्ण चीज थी। वे टूट गई थीं। मुझे आज भी याद है कि वे खिड़की के पास बैठी रोते हुए मेरे पिता पर चिल्ला रही थीं, 'इसे किसी अच्छे स्कूल में दाखिला कैसे मिलेगा?'

एक और विख्यात स्कूल था ग्रीन लॉन्स। मेरे पिता ने कहा कि वे स्कूल के मालिक हिंदूजा

परिवार से मेरे दाखिले की बात करेंगे। इस तरह मेरा ग्रीन लॉन्स स्कूल में दाखिला हुआ। यह सह-शिक्षा स्कूल था। मुझे स्कूल की वरदी पहनने की पूरी प्रक्रिया आज भी याद है। मैं बहुत मोटा था और मेरी तोंद बाहर निकल रही थी।

बड़े होते समय बिल्डिंग में मेरे कुछ दोस्त थे। मैं बहुत मजाकिया था और अकसर मजाकिया बातें किया करता था। मेरे माता-पिता का हास्यबोध गजब का था, मुझे यह उनसे ही मिला है। लेकिन शर्मीला होने के कारण मैं इसे अधिक प्रकट नहीं कर सका। माँ हमेशा मुझे और अधिक दोस्त बनाने के लिए प्रोत्साहित करतीं, क्योंकि मैं दोस्त बहुत मुश्किल से बनाता था। मेरे अत्यधिक अंतर्मुखी स्वभाव और उन पर निर्भरता को लेकर वे चिंतित रहती थीं।

नलिनी मौसी की नताशा नाम की बेटी थी और उस समय मुझे और नताशा को बोर्डिंग स्कूल भेजने पर बात चल रही थी। मुझे यह विचार पसंद आया, क्योंकि मैं अपने जीवन को पुन: खोजने की जरूरत महसूस कर रहा था। उस समय मैं ग्यारह साल का था। माँ जब बोर्डिंग स्कूल गई थीं, उस समय वे साढ़े आठ साल की थीं। इस बातचीत की शुरुआत के दौरान मैं भी इसी उम्र का था। नताशा और मैं हमउम्र और एक-दूसरे के बहुत निकट थे।

पहले दून स्कूल में हमारे दाखिले का प्रयास किया गया। मैंने प्रवेश परीक्षा दी। उस समय गुलाब रामचंदानी साहब स्कूल के प्रधानाचार्य थे। वे माँ के अंकल थे। मैंने परीक्षा दे दी। मैं गणित में बहुत कमजोर था, लिहाजा मुझे इसमें शून्य मिला। यह बहु-विकल्प परीक्षा थी, जिसमें शून्य नहीं आता था। पता नहीं मैंने ऐसा कैसे कर दिया था। मेरे परिणाम से संबंधित पत्र मिलने पर एक बार फिर मैंने माँ को रोते देखा। बाद में मुझे ज्ञात हुआ कि मैं प्रश्नों के प्रारूप को ठीक से समझ नहीं सका। मैं समझ नहीं सका कि हमें उसमें से केवल एक विकल्प चुनना है या शायद मैं बिल्कुल ही मूर्ख था।

प्रधानाचार्याजी ने माँ को बहुत ही भावनापूर्ण पत्र लिखा, जिसमें उन्होंने कहा कि उन्होंने मुझे दाखिला दिलाने का हरसंभव प्रयास किया, लेकिन वे स्कूल बोर्ड के समक्ष शून्य अंक को तार्किक सिद्ध कर मुझे दून में प्रवेश नहीं दिला सकते।

इसके बाद सबने यही कहा कि मुझे मुंबई के निकट पंचगनी के बोर्डिंग स्कूल में दाखिला दिलवाया जाए। इस स्कूल का नाम न्यू इरा था। यहाँ पर डिंपल और राजेश खन्ना की बेटी टीना (ट्विंकल खन्ना) भी पढ़ती थीं, मैं उन्हें जानता था क्योंकि डिंपल माँ की दोस्त थीं। डिंपल ने मुझे और नताशा को वहाँ भेजने की सलाह दी। इस तरह हमें वहाँ भेज दिया गया। साक्षात्कार के दौरान मैं बहुत प्रभावशाली रहा। इस काम में मैं अच्छा था, अपनी मौसियों और माँ की बदौलत मेरी अंग्रेजी मेरी उम्र के अन्य बच्चों से बहुत अच्छी थी। इसलिए जब भी मुझे किसी को प्रभावित करना होता था तो मैं ऐसा ही करता था—वह भी तब, जब मेरे पास सुरक्षा का कोई और साधन नहीं बचता था।

न्यू इरा में मेरा आठवीं कक्षा में प्रवेश हुआ था, इसलिए मुझे सीनियरों के लिए सुनिश्चित

काँगा हाउस छात्रावास में जगह मिली। यह स्कूल बहाई शिक्षा पद्धति पर चलता था और इसमें हर आयु-वर्ग के छात्र थे। कक्षा में प्रवेश करते ही वहाँ अठारह साल के छात्र को भी देखकर मैं हतप्रभ रह गया। मुझे याद है कि मैं पहले दिन ही भ्रमित हो गया था। उस रात मेरी रैगिंग हुई और इसमें कुछ बुरा नहीं था। कुछ बच्चों ने मुझे बाथरूम में बंद कर दिया। लेकिन जल्दी ही वे समझ गए कि मैं बहुत डर गया हूँ, इसलिए उन्होंने मेरे साथ बुरा व्यवहार नहीं किया।

वहाँ अली नाम के एक बच्चे से मेरी मुलाकात हुई; वह एक ही बच्चा था, जिसने मेरी परवाह की।

उसने मुझसे पूछा कि क्या मेरे माता-पिता मर चुके हैं।

मैंने इनकार किया।

उसने पूछा, 'क्या उनका तलाक हो गया है?'

मैंने इनकार किया।

उसने पूछा, 'क्या वे तुम्हें मारते हैं?'

मैंने इनकार किया।

उसने पूछा, 'तो तुम यहाँ क्या कर रहे हो?'

तब मुझे एहसास हुआ कि इस स्कूल में ज्यादातर बच्चे ऐसे थे, जिनके साथ कोई समस्या थी या कहिए कि मैंने ऐसा अंदाजा लगाया। मुझे याद है मैंने नताशा से पूछा, 'क्या तुम ठीक हो?' वह स्कूल के दूसरे सेक्शन में थी। उसने कहा, 'हाँ, यह कुछ अलग है, लेकिन ठीक ही है।'

लेकिन मैं भ्रमित था। अगले ही दिन मुझे यह एहसास हो गया कि मैं यहाँ नहीं रह पाऊँगा। यह मेरे लिए नहीं है। मैं यहाँ क्या कर रहा हूँ? मुझे बहुत बुरा लग रहा था।

मैं वहाँ नहीं रहना चाहता था। मुझे याद है, असेंबली के दौरान में इतनी जोर से रोने लगा कि प्रधानाचार्य का ध्यान मेरी ओर गया। मुझे प्रधानाचार्य के कक्ष में ले जाया गया। उन्होंने मुझसे पूछा कि मैं इतनी जोर-जोर से क्यों रो रहा था। मैंने कहा, 'मैं घर जाना चाहता हूँ। मैं अपनी माँ से बात करना चाहता हूँ।' लेकिन आपको अपने घर फोन करने की अनुमति नहीं होती, क्योंकि बच्चों को घर की याद आने के इस दौर से गुजरना ही पड़ता था। लेकिन मेरी हालत काफी खराब थी। मैं इतना रो रहा था कि उन्होंने मुझे अपनी माँ से बात करने की अनुमति दे दी। माँ ने कहा, 'करण, जानते हो, मैं भी बोर्डिंग स्कूल में पढ़ी हूँ, तुम्हें मजबूत और साहसी बनना होगा।' इसके बाद उन्होंने मेरा जोश बढ़ानेवाली कुछ बातें कहीं।

लेकिन अगले ही दिन मुझे समझ आ गया कि इसका कोई फायदा नहीं हुआ। मैं टीना से मिला, जो बेहद उधमी, पूर्णत: नियंत्रित और स्कूल में काफी लोकप्रिय थीं। वे दो साल से यहाँ थीं।

उन्होंने पूछा, 'करण, क्या तुम्हारे पास कुछ पैसे हैं?'

मैंने कहा, 'हाँ हैं।'

उन्होंने कहा, 'तो यहाँ से भाग जाओ!'

मैंने कहा, 'लेकिन मैं ऐसे कैसे भाग जाऊँ?' मैंने ऐसा उद्दंडतापूर्ण कार्य कभी नहीं किया था।

मैं शरारती बच्चा नहीं था। मैं अच्छा बच्चा था, बल्कि खामोश रहनेवाला ऐसा अंतर्मुखी बालक था, जिसकी कक्षा में मौजूदगी से शिक्षक भी अपरिचित रहता है।

इस पर मैंने कहा, 'नहीं, मैं ऐसा नहीं कर सकता।'

उन्होंने कहा, 'मेरा विश्वास करो, बस यही एक रास्ता है। तुम्हारे पास कितने पैसे हैं?'

मेरे पास करीब 300 रुपए थे।

उन्होंने कहा, 'इस दरवाजे के बाहर एक ढलवाँ सड़क है। उस ढलवाँ सड़क पर सीधे चलते जाने से तुम बस स्टॉप पहुँच जाओगे। वहाँ से बस पकड़ो, जो तुम्हें पंचगनी से महाबलेश्वर ले जाएगी। वहाँ से तुम्हें ट्रेन लेनी होगी। बंबई का टिकट लेना और दादर पर उतरकर टैक्सी से अपने घर चले जाना।'

मैं लगातार इनकार किए जा रहा था।

लेकिन उसने फिर कहा, 'मेरा विश्वास करो, बस यही एक रास्ता है।'

उस रात मैं सो नहीं सका। फिर मैं यह करने के लिए तैयार हो गया। मैं घर जाना चाहता था। मुझे जरा भी अंदाजा नहीं था कि मूर्खतापूर्ण योजना पर चलने से मेरे साथ कुछ भी हो सकता है। इस तरह निकलकर भागनेवाले बच्चे की कल्पना कीजिए। मैं तो आज भी ऐसा न करूँ। मुझे नहीं पता कि मैं इसके लिए कैसे तैयार हो गया।

अगली सुबह उठने के बाद मैंने अपने पैसे निकाले, उन्हें अपने बैग में रखा, काँगा हाउस छात्रावास से बाहर निकला और दरवाजे की ओर चल दिया। मैंने उसे खोला और अकारण ही भागना शुरू कर दिया। मुझे नहीं पता था कि वहाँ इतनी अधिक ढलान होगी। मैं फिसला और लुढ़कता चला गया। दूसरे दरवाजे पर तीन चौकीदार खड़े थे। मैं पकड़ा गया। मुझे वापस छात्रावास लाया गया। उस सुबह, असेंबली के दौरान प्रधानाचार्य ने साफ लफ्जों में बताया कि काँगा हाउस का एक लड़का भागने का प्रयास कर रहा था, जिसे वापस ले आया गया है। उन्होंने बच्चों से कहा, 'अगर आप भागने की कोशिश करते हैं, तो आप पकड़ लिये जाएँगे।'

उन्होंने मुझे उदाहरण के तौर पर पेश किया। मेरा वह दिन बेहद खराब निकला। मैं अपने प्रयास में असफल रहा। मुझे खुद पर शर्म आ रही थी। स्कूलवालों ने मेरे माता-पिता को बुलाया। मेरे पिता आए; माँ को तो जैसे दिल का दौरा पड़ गया। उन्हें अस्पताल ले जाना पड़ा। मेरे पिता कार से पंचगनी आए। मुझे आज भी वह लम्हा याद है। मैं उसी ढलान पर खड़ा था, बिल्कुल वैसे ही जैसा 'तारे जमीन पर' में दिखाया गया है। वैसे यह दृश्य उसी स्कूल में फिल्माया गया था। उस फिल्म को देखकर मैंने घड़ों आँसू बहाए, इसने मेरी उन दिनों की यादें ताजा कर दीं। मैंने अपने पिता को उनकी लाल रंग की सेकेंड-हैंड टोयोटा कोरोला में आते देखा (यह कार मुझे पिताजी की याद दिलाती है)। मैं दौड़ता हुआ उनके पास पहुँचा, मोटा होने के कारण मैं हाँफ रहा था, मैं

लगातार कहे जा रहा था, 'मैं हाथ जोड़ता हूँ, प्लीज मुझे यहाँ से ले चलो।'

उन्होंने कहा, 'नहीं, तुम्हें यहीं रहना होगा, माँ ने कहा है कि तुम्हें कोशिश करनी होगी।'

उस सप्ताहांत मैं और नताशा उनके साथ होटल हिल प्लाजो गए। वास्तव में मेरे पिता मुझे घर ले जाने के लिए उतने ही उत्सुक थे, जितना मैं घर जाने के लिए था। लेकिन वे डर गए थे, क्योंकि माँ ने उन्हें चेतावनी दी थी, उन्हें कमजोर नहीं पड़ना है और मैं बहुत बिगड़ गया हूँ।

उन्होंने मुझे खाना खिलाया, मुझे प्यार किया, मुझसे बातें कीं, मुझसे कक्षा में या स्कूल में किसी तरह की परेशानी होने की बात पूछी। इस तरह शनिवार बीत गया। रविवार आ गया। सोमवार को, मुझे वापस स्कूल लौटना था। रविवार की रात करीब सात बजे, मेरे पिता ने कुछ आम निकाले, जो वे घर से लाए थे। उन्होंने आम काटा और उसकी फाँक मुझे खाने को दी। अत्यधिक तनाव के कारण मुझे तेज बुखार हो गया था। मुझे तकरीबन 101 डिग्री बुखार था। मैं आम खाते हुए रोने लगा। बेचारे पिताजी भी रोने लगे। मैंने उन्हें गले लगाया और कहा, 'पापा, प्लीज मुझे घर वापस ले चलिए। मैं यहाँ नहीं रह सकता। मैं आपके साथ रहना चाहता हूँ, मैं माँ के साथ रहना चाहता हूँ, और मैं वादा करता हूँ कि मैं कुछ भी नहीं खाऊँगा।'

बहुत मोटा होने के कारण मेरी कही बातों में मेरे एक महीने तक कुछ न खाने की बात भी शामिल थी। मूर्खतावश, मुझे लगा कि शायद मेरे एक महीने कुछ न खाने की बात से वे खुश हो जाएँगे। आखिर वे कौन से माता-पिता होंगे, जो अपने बच्चे के एक महीने कुछ न खाने की बात से खुश होंगे!

मेरे पिता ने मेरी मौसी को फोन करके पूछा, 'मैं करण को वापस ला रहा हूँ, क्या मैं नताशा को भी वापस ले आऊँ?' उन्होंने साफ मना कर दिया। नताशा मुझसे ज्यादा मजबूत थी। नताशा ने कहा, 'मैं घर वापस नहीं जाना चाहती।' तो नताशा वापस स्कूल लौट गई। मेरे पिता अगले दिन माँ को बताए बिना मुझे वापस मुंबई ले गए।

घर पहुँचने पर हमने घंटी बजाई। माँ ने दरवाजा खोला, मुझे देखा, और अपने कमरे में जाकर जोर से दरवाजा बंद कर लिया। मैं वह लम्हा कभी नहीं भूल सकता, मेरे दिल व दिमाग से लेकर रीढ़ तक भय की लहर दौड़ गई। वे स्वयं भी बीमार थीं। मेरे पिता ने कमरे का दरवाजा खटखटाया। लेकिन उन्होंने नहीं खोला। मैंने भी खटखटाया, रोया और बोला, 'माँ, प्लीज दरवाजा खोल दो।' उनकी हामी मेरे लिए सबकुछ थी। थोड़ी देर बाद मैं अपने कमरे में जाकर बैठ गया।

आखिरकार, उस शाम उन्होंने मुझे आवाज दी। मुझे नहीं लगता कि उस शाम की बातचीत को मैं कभी भी भूल सकूँगा। उनका आरंभिक वाक्य था, 'क्या तुम जिंदगी भर आम आदमी बने रहना चाहते हो?' फिर उन्होंने कहा, 'तुम पढ़ाई में औसत हो। तुम्हारी खेलों में भी कोई दिलचस्पी नहीं है। तुम्हारे कोई दोस्त नहीं हैं। क्या मेरा बच्चा दुनिया में अपनी कोई पहचान नहीं बना सकेगा?' वे आगे बोलीं, 'तुम दुनिया में अपनी पहचान बनाना चाहते हो या नहीं? करण, तुम चाहे जो कुछ भी करो, लेकिन तुम्हें किसी एक काम में अच्छा बनना ही होगा। फिर तुम चाहे

गाना गाओ या बतौर छात्र कड़ी मेहनत कर अर्थशास्त्र में माहिर बनो या खेल में अच्छा प्रदर्शन करो। लेकिन तुम किसी भी चीज में अच्छे नहीं हो। तुम होना ही नहीं चाहते। तुम बस मुझसे चिपके रहना चाहते हो। मुझे यह पसंद नहीं है। मुझे यह बात अच्छी नहीं लगती कि मेरा बच्चा किसी भी काम में अच्छा न हो।'

'तुम किस काम में अच्छे हो?' वे लगातार मुझसे सवाल किए जा रही थीं। 'बताओ मुझे, तुम किस काम में अच्छे हो?'

मैं चुपचाप उनकी ओर देखता रहा, मैं कह भी क्या सकता था? वे ठीक कह रही थीं। वे हमेशा से सकारात्मक रही हैं, वे मुझे हर चीज को आजमाने के लिए प्रोत्साहित करती थीं, फिर चाहे वह स्पोर्ट्स कैंप हो या कला की कक्षाएँ, लेकिन मैं हर जगह से भाग आता। किसी कारण से मुझमें कुछ भी करने का उत्साह नहीं था। मोटा व स्त्रैण होने की बात मेरे दिमाग में इस तरह घर कर गई थी कि मैं बाहरी दुनिया से बिल्कुल कट गया था।

मेरे घर के एक स्थान से क्वींस नैकलेस दिखाई देता था। वह बेहद खूबसूरत दृश्य था। हमारी सभी महत्त्वपूर्ण चर्चाएँ इसी खिड़की के पास होती थीं। इस समय भी माँ वहीं बैठकर मुझसे बात कर रही थीं। मैं कुरसी पर बैठा रो रहा था। माँ जब भी मुझसे कुछ कहतीं, मैं अकसर रोने लगता था। ऐसा नहीं था कि वे मुझे डाँट रही थीं या मुझपर चिल्ला रही थीं, लेकिन मैं रोए जा रहा था। बचपन में मैं बहुत रोता था। अंत में उन्होंने कहा, 'ठीक है, मैं तुम्हारा दाखिला फिर से उसी स्कूल (ग्रीन लॉन्स) में करवा दूँगी।'

मैंने बोर्डिंग स्कूल जाने के लिए ग्रीन लॉन्स छोड़ दिया था। माँ को मुझे वापस लेने और मेरा स्कूल छोड़ने का प्रमाण पत्र फाड़ने के लिए प्रधानाचार्य से सचमुच भीख माँगनी पड़ी। वैधानिक रूप से मैं स्कूल छोड़ चुका था और अब मेरा नया दाखिला होना था। लेकिन तब तक स्कूल की प्रधानाचर्या के बदलने का समय आ गया था। फिलहाल मुंबई में चैरिटी कार्यों में सक्रिय सारा डी मेलो की जगह किरण बजाज नामक महिला नई प्रधानाचर्या बननेवाली थीं। सारा डी मेलो बताती हैं कि मैं बहुत अच्छा, शर्मीला, शांत और सभ्य व्यवहारवाला बच्चा था, सो उन्होंने मान लिया कि करण स्कूल छोड़कर कभी गया ही नहीं था। उन्होंने मेरे स्कूल छोड़ने का प्रमाण पत्र फाड़ दिया। इस तरह मैं फिर से ग्रीन लॉन्स में लौट आया।

आठवीं कक्षा में पहले दिन मैं मजाक का पात्र था। सब कहते, 'लेकिन तुम तो स्कूल छोड़ गए थे!' मुझे फेयरवेल पार्टी दी गई थी और पाँच दिन के भीतर ही मैं वापस लौट आया था!

आठवीं कक्षा समाप्त होने और मेरे बोर्डिंग स्कूल जाने तक ग्रीन लॉन्स में मुझे घमंडी माना जाता था। मैं अपना टिफिन अकेले खाता और किसी से बात नहीं करता था। मेरे सिर्फ एक या शायद दो दोस्त थे।

मैं हमेशा से 'ए' डिवीजन में रहा था (2ए, 3ए, 4ए, 5ए), लेकिन किसी तकनीकी गलती के कारण उन्होंने मुझे 6 'सी' में डाल दिया। यहीं पर पहली बार मेरी अपूर्व से मुलाकात हुई,

जो आज मेरी कंपनी धर्मा प्रोडक्शंस के सी.ई.ओ. और मेरे बहुत करीबी दोस्त हैं। ग्रीन लॉन्स में किसी कारण से स्तर या नस्ली भेदभाव के कारण नहीं, लेकिन 'ए' और 'बी' सेक्शन में, कहना चाहिए कुछ अधिक 'समृद्ध' बच्चे थे। वहीं 'सी' तथा 'डी' सेक्शन में गुजराती बच्चे थे। उन्होंने गलती से मुझे 6 'सी' में प्रवेश दे दिया। जबकि मैं 'ए' और 'बी' सेक्शन के बच्चों को जानता था।

जीवन के इस दौर में, मैं अपनी निजी परेशानियों से जूझ रहा था। गलती से 6 'सी' में दाखिला होने से मेरी स्थिति और दयनीय हो गई। मेरे बोर्डिंग जाने का एक कारण मेरा उस डिवीजन में होना भी था। 6 'सी' के बच्चे बहुत मिलनसार थे, बल्कि आज मैं जितने भी लोगों को जानता हूँ, वे उसी डिवीजन में थे। वहाँ मुझे एक लड़की अमीशा जवेरी और निस्संदेह अपूर्व मेहता भी मिले। 6 'सी' के सभी बच्चे अपना टिफिन—खांडवी और ढोकला, मिल-बाँटकर खाते थे। जबकि माँ मुझे हैम और चीज सैंडविच दिया करती थीं। अन्य बच्चे मुझसे पूछते कि मैं क्या खा रहा हूँ, तो मैं कहता, 'नॉनवेज!' वे सभी शाकाहारी थे। वे सब साथ बैठकर खाते थे। मैं उनमें से किसी के साथ बात नहीं करता था। इससे मैं कक्षा में पिछड़ने लगा। माँ प्रधानाचार्या से मिलीं और कहा कि करण खुश नहीं है (क्योंकि मैं घर जाकर रोया करता था)। मैं हमेशा यही कहता कि मैं 6 'ए' में जाना चाहता हूँ।

6 'सी' के छात्र बेहद जीवंत थे। वे सब ग्रुप बनाकर एलिफेंटा केव्स जैसे स्थानों की यात्रा पर जाते थे। वास्तव में वे सब बहुत मजेदार थे। बस एक मैं ही वैसा नहीं था। मैं दक्षिणी मुंबई के अभिजात मालाबार हिल का घमंडी लड़का था। मेरे इस अभिमान के कारण कोई मुझसे बात नहीं करता था। सच तो यह है कि मैं हीनभावना से ग्रस्त था। इसे ढकने के लिए मैं घमंडी होने का आवरण ओढ़े रहता।

मुझे याद है, जब सारा डी मेलो ने कक्षा में कहा था, 'करण जौहर कक्षा में नया है और यहाँ इसका कोई दोस्त नहीं है। कौन इसका दोस्त बनेगा?'

थोड़ी देर कोई हाथ नहीं उठा और फिर अपूर्व ने हाथ उठा दिया। मैं आगे बढ़ा और जाकर उसके पास बैठ गया। उसने कहा, 'क्या तुम अपना टिफिन हमारे साथ बाँटोगे?'

मैंने हामी भर दी।

तब उसने कहा, 'लेकिन शाकाहारी खाना लाना, ठीक है?'

अब माँ मुझे शाकाहारी सैंडविच और रोल तथा ब्राउनी देने लगीं और मैं उन्हें अन्य बच्चों के साथ बाँटने लगा। धीरे-धीरे मैं कक्षा में सबके साथ घुल-मिल गया और अपूर्व से मेरी दोस्ती और भी गहरी हो गई।

इसके बाद मैं बोर्डिंग स्कूल चला गया। बोर्डिंग स्कूल से वापस लौटने तक मैं करीब बारह साल का हो चुका था, अपूर्व और मैं पक्के दोस्त बन गए थे।

उसने कहा, 'मुझे तुम्हारी बहुत याद आई, तुम क्यों चले गए थे? क्या हो गया था?'

मेरा, उसका और एक लड़के संजीव बिनाकिया का एक मजबूत ग्रुप जैसा बन गया। संजीव

कक्षा का टॉपर था। अपूर्व भी बहुत होशियार था और मुझमें भी सुधार हो रहा था। अपूर्व हर समय मुझे हँसाता रहता था। वह सचमुच बहुत मजाकिया था। आज हम दोनों रोजाना साथ काम करते हैं, इसलिए मैं उसे सहज स्वीकार्य मानता हूँ। लेकिन उन वर्षों में अपूर्व ने मेरा जीवन खुशियों से भर दिया था। स्कूल के बाद अकसर मैं उसके साथ फोन पर बातें करने का अवसर खोजता रहता और हम शिक्षकों और बाकी छात्रों की बुराइयाँ करते व उनका मजाक उड़ाते। हम फोन पर बिल्कुल स्कूली लड़कियों की तरह बातें बनाते।

ग्रीन लॉन्स में एक क्लब था, इंटरेक्ट क्लब। इसे मिस डोरिस चलाती थीं। इसमें भाषण, वाद-विवाद और ड्रामा जैसी चीजों में दिलचस्पी रखनेवाले लोग शामिल होते थे। स्कूल दो बजे खत्म होता था और हर गुरुवार और सोमवार को दोपहर दो से चार इस क्लब की मीटिंग होती थी। मैं लगभग एक साल से इस क्लब को देख रहा था, लेकिन मुझे इसमें शामिल होने में शर्म आती थी। मैंने सोमवार से पुनः स्कूल आना आरंभ कर दिया। मैं क्लब की ओर गया, मैं अंदर जाना चाहता था, लेकिन किसी कारण उसके शीशे के दरवाजे पर रुक गया, जिसके आरपार दिखाई देता था। मिस डोरिस क्लास ले रही थीं, उन्होंने मुझे देख लिया।

उन्होंने मेरी ओर इशारा किया और कहा, 'तुम!'

मैं क्लास को घूरे जा रहा था, वहाँ अंदर तकरीबन तीस बच्चे बैठे थे।

उन्होंने फिर कहा, 'तुम अकसर गलियारे में क्यों घूमते रहते हो, तुम अंदर क्यों नहीं आते? या तो अंदर आ जाओ या चले जाओ! वहाँ खड़े रहकर केवल यह मत देखते रहो कि हम क्या कर रहे हैं। क्या तुम इंटरेक्ट क्लब में शामिल होना चाहते हो?'

मैंने कहा, 'पता नहीं।'

उन्होंने कहा, 'ठीक है, बस मेरे सामने आकर बैठ जाओ। आज की हमारी एक्टिविटी का नाम है, जस्ट ए मिनट।'

उन्होंने एक बड़ा सा कटोरा निकाला, जिसमें छोटी-छोटी चिटें रखी थीं ('कुछ कुछ होता है' का एक दृश्य इसी पर आधारित था)। सब बच्चों को उसमें से एक चिट उठानी होती और उसपर एक मिनट बोलना होता, वह भी बिना किसी तैयारी के। आप रुक नहीं सकते। समय का ध्यान रखने के लिए मिस डोरिस के पास हॉवरग्लास था। मुझे आखिरी में बोलना था। मिस डोरिस ने कहा, 'यहाँ आओ और बोलो, कोशिश करो।'

मेरी चिट पर लिखा था 'माँ'—जैसा 'कुछ-कुछ होता है' में दिखाया गया था। मेरी हालत खराब थी, लेकिन मैंने बोलना आरंभ कर दिया। मुझे याद नहीं कि मैंने क्या बोला था, मैं बस इतना जानता हूँ कि इसपर खूब तालियाँ बजीं। तब तक किसी ने भी मेरी आवाज नहीं सुनी थी। लेकिन उस समय मैं बेहद मजाकिया और भावुक हो गया था।

और मिस डोरिस ने पूछा, 'क्या तुम क्लब में शामिल होना चाहते हो?'

मैंने हाँ कह दिया।

उन्होंने कहा, 'ठीक है, लेकिन फिर तुम्हें यह बैज पहनना होगा।' उन्होंने मुझे एक बैज दिया और सबको बताया कि हमारे क्लब में एक नया सदस्य शामिल हुआ है—करण जौहर।

इस तरह मैं इंटरेक्ट क्लब में शामिल हो गया और मुझे यह बहुत पसंद आया। बाकी बच्चों में तपन मेहता, रोहन ऑर्थर और बर्नार्ड पेस भी शामिल थे। वाद-विवाद में हम सबका प्रदर्शन अच्छा रहता।

करीब दो महीने बाद, एक दिन जब मैं क्लास में था तो चपरासी ने आकर कहा कि प्रधानाचार्या मुझसे मिलना चाहती हैं। उस समय डेढ़ बज गया था और स्कूल दो बजे खत्म होता था। मेरी आखिरी क्लास छूट जाती। मैंने कहा कि मेरी क्लास है। उन्होंने कहा कि प्रधानाचार्या मुझसे तुरंत मिलना चाहती हैं। मेरा दिल तेजी से धड़कने लगा, मैं कुछ नहीं हूँ; मुझे कोई नहीं जानता और अब प्रधानाचार्या मुझसे मिलना चाहती हैं? और ये नई प्रधानाचार्या थीं। वहाँ जाने पर मैंने मिस डोरिस को श्रीमती बजाज के साथ बैठे देखा। उन्होंने कहा, 'करण, डोरिस तुमसे कुछ पूछना चाहती हैं।'

मिस डोरिस ने पूछा, 'क्या तुम्हें कोई भी कविता याद है?'

मैंने कहा, 'हाँ, मुझे 'द हाइवेमैन' याद है।'

उन्होंने कहा, 'क्या तुम्हें उसका हर शब्द याद है? क्या तुम उसे दोहरा सकते हो?'

मैंने हामी भर दी।

उन्होंने कहा, 'ठीक है, अभी सुनाने की जरूरत नहीं है। रोहन ऑर्थर बाहर बैठा है, उसे अंदर बुला लाओ।'

मैं रोहन को बुला लाया।

उन्होंने कहा, 'आज अंतर-विद्यालय वक्तृत स्पर्धा प्रतियोगिता का पहला चरण है। तपन मेहता को टाइफाइड है, इसलिए उसने अपना नाम वापस ले लिया है। मैं चाहती हूँ कि रोहन ऑर्थर और तुम इसमें हिस्सा लो।'

मैंने कहा, 'अभी?'

उन्होंने कहा, 'हाँ, स्कूल की कार तुम्हें वाई.एम.सी.ए चर्चगेट ले जाएगी। अब जाकर उस कविता को दोहरा लो, देखते हैं कि तुम क्वालीफाई कर पाते हो या नहीं।'

मेरी घबराहट चरम पर थी। मैंने स्कूल से ही माँ को फोन किया और उन्हें बताया कि वे मुझे अंतर-विद्यालय स्पर्धा में भेज रहे हैं।

उन्होंने कहा, 'ठीक है।'

तो रोहन ऑर्थर और मैं चल दिए। उस प्रतियोगिता में भाग लेने के लिए बंबई के कैथेड्रल, सेंट मैरी, कैंपियन, बॉम्बे स्कॉटिश जैसे सभी बड़े स्कूल मौजूद थे (संयोगवश इन सभी ने मुझे दाखिला देने से इनकार कर दिया था)।

तभी एक जाना-पहचाना सा लड़का मेरे पास आया और बोला, 'हेलो, मैं स्कॉटिश से हूँ, आप किस स्कूल से हैं ?'

मैंने कहा, 'ग्रीन लॉन्स'

मैं उसे याद करने की कोशिश कर ही रहा था कि उसने कहा, 'तुम यश अंकल और हिरू आंटी के बेटे हो न ?'

मैंने हाँ कहा।

उसने कहा, 'मैं यश अंकल और पैम आंटी का बेटा हूँ।'

मैंने कहा, 'अरे, तुम आदि हो।'

मैंने उसे जन्मदिन की पार्टियों में देखा था, लेकिन पिछले दो वर्षों में मेरी उससे मुलाकात नहीं हुई थी।

उसने कहा, 'मैं 'द ग्रेट डिक्टेटर', सुनानेवाला हूँ।'

मैंने कहा, 'अच्छा, मैं 'द हाइवेमैन' सुनाऊँगा।'

आश्चर्यजनक रूप से वह मेरे पास बैठ गया और जिंदगी में आगे चलकर यह घटना एक दिलचस्प मोड़ लेनेवाली थी। उस दिन मैंने पहली बार आदि के साथ आमने-सामने बात की।

खैर, मैंने 'द हाइवेमैन' सुनाई। मुझे और रोहन को अंतिम राउंड के लिए चुन लिया गया। आदि समेत विभिन्न स्कूलों से करीब तीस बच्चों को चुना गया था। लेकिन अगले राउंड की तारीखें आदि की फाइनल परीक्षाओं से टकरा गईं और आदि इसमें भाग नहीं ले सका।

हमारे पास भाषण तैयार करने के लिए पूरा एक महीना था। इसका विषय—ड्रग्स किस तरह समाज के लिए हानिकारक है या ऐसा ही कुछ था। मुझे लिखना पसंद है, इसलिए मैंने इसे लिखा। अच्छा भाषण लिखना मेरा मिशन बन गया था।

फिर वह खास दिन आया। वहाँ विभिन्न स्कूलों के सभी शिक्षक मौजूद थे। मुझे याद नहीं कि अभिभावकों को वहाँ आने की अनुमति थी या नहीं, लेकिन मेरे माता-पिता वहाँ नहीं थे। मैं और रोहन ग्रीन लॉन्स का प्रतिनिधित्व कर रहे थे। हम अपनी बात कह चुके थे। मैं अपने काम से संतुष्ट था। वस्तुतः सभी ने अच्छा बोला था। उनके मानक बहुत उच्च थे। यह एक बड़ी प्रतियोगिता थी। इसके निर्णायकों में पर्ल पदमसी और शेर्नाज पटेल जैसे लोग शामिल थे। उस समय के हिसाब से किसी स्कूल स्तर की प्रतियोगिता के लिए यह बहुत बड़ी बात थी। परिणामों की घोषणा आरंभ होने के साथ ही मैंने जाने की तैयारी शुरू कर दी। उन्होंने पहले तृतीय, फिर द्वितीय और इसके बाद प्रथम पुरस्कार की घोषणा की। तभी अचानक मेरे कान जैसे सुन्न हो गए, मुझे लगा मैंने अपना नाम सुना है।

वे कह रहे थे, 'ग्रीन लॉन्स हाई स्कूल के करण जौहर।'

मुझे आज भी याद है, मैं कुरसी पर बैठा चकित दृष्टि से छत को ताक रहा था। मुझे भारी बोझ का एहसास हो रहा था। मैं खड़ा हुआ और मुरदा कदमों से चलता हुआ मंच पर पहुँच गया।

मुझे याद है कि मेरे हाथ में एक बड़ा सा कप थमा दिया गया। मुझे यह भी याद है कि किसी जज ने मुझे गले भी लगाया था। लेकिन इसके बाद सब जैसे धुँधला सा हो गया।

हम बाहर निकले और उस टैक्सी में बैठ गए, जिसमें रोहन की नौकरानी हमारी प्रतीक्षा कर रही थी। इस तरह रोहन, मैं और वह बड़ा सा कप उस टैक्सी में प्रविष्ट हो गए। हम चर्चगेट से घर पहुँचे। मैंने दरवाजे की घंटी बजाई। मेरे माता-पिता ने दरवाजा खोला। मुझे बहुत देर हो गई थी और वे मेरे लिए चिंतित थे (उन दिनों मोबाइल नहीं होते थे)। मैं अपना कप लिये खड़ा था। मेरी माँ मुझे देख रही थीं और मैंने जोर से कहा, 'हम फर्स्ट आए।'

मेरी माँ की रुलाई फूट पड़ी।

मैंने तब तक कभी कुछ नहीं जीता था।

मेरे पिता ने मेरी तसवीरें लीं और दुनियाभर को फोन करने लगे। मुझे आज भी याद है, वे एक-एक व्यक्ति को फोन करके बता रहे थे कि करण फर्स्ट आया है। मेरी माँ इससे उबर नहीं पाई थीं, दोनों में से किसी को भी यकीन नहीं आ रहा था। उस रात मेरे पिता ने वह कप मेरे बेड के सिरहाने रख दिया। मैं रात भर उसे निहारते हुए यही सोचता रहा कि इस इतने बड़े कप को मैंने जीता है! अगले दिन श्रीमती बजाज ने असेंबली को संबोधित किया। आमतौर पर वे असेंबली को संबोधित नहीं करती थीं, यह कार्य हेडबॉय या पर्फेक्ट या क्लास हेड का था। लेकिन इस बार वे ऐसा कर रहीं थी। उन्होंने कहा कि स्कूल के इतिहास में पहली बार हमने अंतर-विद्यालय वक्तृत स्पर्धा जीती है, और हमें यह अवसर एक छात्र करण जौहर के कारण हासिल हुआ है। उन्होंने मुझे मंच पर बुलाया और उसी क्षण मैं मशहूर हो गया। उस कप ने मेरी जिंदगी और भाग्य को बड़ा मोड़ दिया। संयोग से दो दिन बाद ही हमारे स्कूल की इंटर-हाउस वक्तृत स्पर्धा थी। शामिल न होने के बावजूद मैं अंतर-विद्यालय प्रतियोगिता जीत गया था! मेरे हाउस पर्फेक्ट ने मुझसे कहा, 'परसों तुम भाषण दोगे।'

उसके बाद से मैं केवल भाषण ही नहीं, बल्कि वाद-विवाद और ड्रामा से जुड़ी प्रत्येक इंटर-हाउस और अंतर-विद्यालय प्रतियोगिता में शामिल रहा। यह मान लिया गया कि अगर करण जौहर भाग ले रहा है, तो वह अवश्य जीतेगा। मैं हर जगह जीत रहा था। मैं कक्षा का सबसे लोकप्रिय लड़का था। खेल के मैदान में मैं जो नहीं कर सका था, उसे मैंने मंच पर कर दिखाया। मैं हिंदी भाषण, अंग्रेजी भाषण, इंटर-हाउस वाद-विवाद, अंतर-विद्यालय वाद-विवाद सब जगह जीत रहा था। मेरा पूरा व्यक्तित्व परिवर्तित हो गया था। मैं अधिक मित्रवत हो गया था। हालाँकि मेरी मोटापे और स्त्रैणता जैसी पुरानी समस्याएँ अब भी थीं। लेकिन वे मेरे कुछ हासिल करने की उपलब्धि और गर्व के एहसास से दबकर धूमिल हो गई थीं।

दसवीं कक्षा की बोर्ड परीक्षाएँ आने तक एक छात्र के रूप में मैं काफी बेहतर हो चुका था। मेरा आत्मविश्वास बढ़ गया था। और यह बात मेरे परिणामों में भी दिखाई दी। मैं कई विषयों में शीर्ष पर था (सिवाय गणित के, जो मेरे सिर के ऊपर से गुजर जाती थी)।

मेरे बहुत से दोस्त थे। मुझे सभी पार्टियों में आमंत्रित किया जाता। मेरी जिंदगी पूरी तरह से बदल गई थी। मैं बदल गया था।

आज जब मैं पीछे मुड़कर देखता हूँ तो मेरी जिंदगी में बदलाव लानेवाली घटनाओं में मेरा बोर्डिंग स्कूल से वापस आना, मेरी माँ का लेक्चर और वह पहला कप जीतना शामिल है।

फिर वह क्षण आया, जब मैं स्कूल की भाषण प्रतियोगिता में अंतिम बार शामिल हुआ। मुझे याद है, हेडबॉय ने कहा, 'आज हम आखिरी बार करण जौहर को बोलते सुन रहे हैं।' बतौर वक्ता मैं सुपरस्टारडम के स्तर तक पहुँच गया था। मेरे भाषण परिहासपूर्ण होते। मेरा अंतिम भाषण समाप्त होने के बाद वहाँ उपस्थित सभी लोगों ने तालियाँ बजाईं। मुझे याद है, मंच से उतरते समय मुझे पूरी तरह यकीन हो चला था कि मैं अवश्य मशहूर होऊँगा। यह विचार मेरे दिमाग पर पूरी तरह से हावी था। पता नहीं क्यों, मुझे लग रहा था कि मुझमें ऐसी आभा है, जो स्व-प्रतिभासित है। मुझे एहसास हो रहा था कि मुझमें ऐसी ऊर्जा या तरंग विकसित हो गई है, जो लोगों को मेरी ओर खींचती है। दरअसल, हुआ यह था कि जिंदगी में आए इस बदलाव ने मेरी अपने को देखनेवाली ऊर्जा को परिवर्तित कर दिया था। कहीं जाने पर मुझे महसूस होता कि पहले से अधिक लोग मुझे देख रहे हैं या मेरी ओर खिंचे चले आ रहे हैं। मुझे नहीं पता कि इसका कारण मेरा भाषण या वाद-विवाद की सफलता थी या नहीं, लेकिन मेरी आभा अवश्य परिवर्तित हो गई थी। अपने स्तर पर मेरा आत्मविश्वास भी बढ़ गया था।

मंच पर परफॉर्म करते समय मुझे अपने मूवी स्टार होने का एहसास होता। मंच पर अपनी क्षमता के कारण मुझे मिले गोल्ड मेडल, मेरे जीते प्रथम पुरस्कार या सर्टिफिकेट मेरे लिए सबसे बड़ा प्रोत्साहन थे। मुझे एहसास हो गया था कि मुझे लाइमलाइट में रहना अच्छा लगता है। मैं तब भी उतना ही शरमीला व अंतर्मुखी और कुछ चीजों को लेकर अटपटा जानेवाला था। लेकिन मंच पर मैं आत्मविश्वास से भरा होता। मुझे मंच का भय कभी नहीं रहा। मैं परफॉर्म करते हुए सामने बैठे दर्शकों को बिल्कुल भूल जाता हूँ। मुझमें यह क्षमता है, अब आप इसे उपहार या जो चाहे वह कह सकते हैं।

मुझे दूसरा मुकाम तब हासिल हुआ जब मैंने बोर्ड की परीक्षाओं के बाद एक टीवी धारावाहिक में काम किया। वहाँ पहली बार मेरी मुलाकात शाहरुख खान से हुई। माँ ने कहा, 'अपनी गर्मी की छुट्टियों में तुम कुछ करते क्यों नहीं हो?' तो मैंने कुछ कोर्स में दाखिला ले लिया। उन दिनों कंप्यूटर नए-नए आए थे, इसलिए मैंने कंप्यूटर कोर्स में दाखिला ले लिया। उस दौरान धारावाहिकों का निर्माण करनेवाले टीवी लेखक आनंद महेंद्रू एक अन्य धारावाहिक 'इंद्रधनुष' का निर्माण कर रहे थे। उन्होंने माँ को फोन करके कहा, 'मैंने सुना है कि आपका बेटा काफी मोटा है।'

माँ ने कहा, 'हाँ, वह थोड़ा मोटा तो है, लेकिन वह अपना वजन कम कर लेगा।'

उन्होंने कहा कि उन्हें एक किरदार के लिए मोटा लड़का चाहिए, क्या वह इसके लिए ऑडिशन देने आ सकता है।

वे लोखंडवाला में कहीं थे। मैं मालाबार हिल का लड़का था। मेरे लिए वह शहर के दूसरे कोने जैसा था। माँ ने कहा कि वे मुझे ड्राइवर के साथ भेज देंगी। माँ को इस धारावाहिक के विषय वगैरह के बारे में कुछ नहीं पता था। मैं अगले दिन सुबह दस बजे वहाँ पहुँच गया। आनंदजी अपने एडिट रूम में थे। मुझे इंतजार करते हुए दस से दो बज गए। एक सहायक ने मुझे याद करने के लिए लाइनें देते हुए कहा कि आनंदजी बाद में मेरा ऑडिशन लेंगे। मेरे सामने बैठा युवक धूम्रपान करते हुए क्रॉसवर्ड सुलझा रहा था और इस दौरान वह कॉफी के कई कप पी गया। मुझे वह देखा हुआ तो लग रहा था, लेकिन पहचान में नहीं आ रहा था। मैं खुद भी काफी शरमाया हुआ और अजीब सा महसूस कर रहा था, इसलिए मैंने इस दिशा में अधिक विचार नहीं किया। ठीक दो बजे आनंद बाहर आए और सीधे उस व्यक्ति के पास गए और बोले, 'माफ कीजिएगा⋯' लेकिन उस व्यक्ति ने कहा, 'कोई बात नहीं, मैं क्रॉसवर्ड करता रहा। मैं आपको बताना चाहता था कि मैं टी.वी. पर काम नहीं करना चाहता।'

आनंदजी ने कहा, 'आप यहाँ चार घंटे तक मुझे यह बताने के लिए बैठे रहे कि आप इस धारावाहिक में काम नहीं करना चाहते?'

उसने कहा, 'हाँ, मैं नहीं करना चाहता। मैं फिल्मों पर केंद्रित रहना चाहता हूँ।'

मैं यह सब देख रहा था। मुझे समझ नहीं आ रहा था कि मैं क्या करूँ। क्या मैं किसी और तरफ देखने लगूँ? मैंने ऐसा ही किया।

आनंद मेरे पास आए और बोले, 'आप ही हिरू के बेटे हैं। मेरे साथ आइए।' उन्होंने आगे कहा, 'जरा इन लोगों को देखिए, इन्हें अपने बारे में कुछ नहीं पता। आप इन्हें जानते हैं? यह शाहरुख खान है, यह फौजी में था, बल्कि दिखनें में भी कुछ खास नहीं है। मैंने जॉन गार्डनर चुना है। मैंने उसे अक्षय आनंद नाम दिया है। वह मेरे धारावाहिक में काम करेगा। वह इससे कहीं बेहतर है। क्या तुम्हें नहीं लगता कि वह ज्यादा अच्छा दिखता है?'

देखने में शाहरुख खान से अक्षय आनंद कहीं बेहतर थे! लेकिन मैं क्या कह सकता था?

आनंदजी ने मेरा ऑडिशन लिया और मुझे धारावाहिक मिल गया। लेकिन मुझे एक बात याद है, जिसने मुझे सचमुच भ्रमित कर दिया, उस धारावाहिक में एक अभिनेता लिलिपुट भी थे। एक दिन वे मुझे एक ओर ले गए और कहा, 'आप बहुत अच्छे कलाकार हैं, लेकिन आपमें स्त्रैणपन भी है। लोग आपका मजाक उड़ाएँगे। आपके हाथ की मुद्राएँ बहुत हद तक स्त्रैण हैं।'

यह मेरे साथ चिपकी हुई थी और मैंने अभिनय करना छोड़ दिया। इसके बाद मुझे जब भी टीवी पर काम मिला, मैंने इनकार कर दिया। मैं एक स्त्रैण के रूप में मशहूर होना नहीं चाहता था। मैं इसे विकृति से जोड़कर देखता था। उन दिनों 'समलैंगिक' शब्द नहीं था, बल्कि इसकी जगह स्त्रैण की व्यंग्योक्ति चलती थी। मुझे पैंजी भी कहा जाता था, जिसका अर्थ पुरुष न होना है।

इसके बाद कॉलेज में दाखिले का समय आया। मुझे सेंट जेवियर में प्रवेश मिला। लेकिन

मेरी माँ का मानना था कि लड़कों को कला विषय नहीं पढ़ना चाहिए। अपूर्व ने मुझसे कहा, 'एच.आर. कॉलेज ऑफ कॉमर्स ऐंड इकोनॉमिक्स में आ जाओ। हमारे सभी दोस्त वहीं हैं।' 6 'सी' के मेरे सभी दोस्त एच.आर. में थे। अगर मुझे जेवियर में कला नहीं पढ़नी तो मैं एच.आर. में चला जाऊँगा। मेरे पिता ने अपने राजनीतिक संबंधों का उपयोग किया और मुझे एच.आर. में दाखिला मिल गया। एक बार फिर अपने स्कूल के दोस्तों के साथ था। अपूर्व और मैंने कॉलेज के वह पाँच साल एक साथ बिताए।

कॉलेज के आरंभिक दिनों में रंगीन कपड़े मेरे लिए बड़ी परेशानी का कारण बन गए। रंगीन कपड़े पहनने से आपकी शारीरिक संरचना स्पष्ट दिखाई देती है। जबकि स्कूल यूनिफॉर्म में भिन्न आकार-प्रकार का होने के बावजूद सभी एक जैसे दिखाई देते हैं। वहीं रंगीन कपड़े पहनकर जूनियर कॉलेज में घूमते हुए आपका मोटापा और अधिक दिखाई देता है। मैं समझ चुका था कि मुझे अपना वजन कम करना होगा। इसलिए मैंने हास्यास्पद एट्किंस डाइट लेना आरंभ कर दिया और मुझे लगता है कि आज भी मेरे चपापचय उस मूर्खतापूर्ण आहार का हानिकारक प्रभाव बाकी है।

अपूर्व और अन्य दोस्तों के कारण कॉलेज का समय बहुत मजेदार गुजरा। उस समय तक मैं और अधिक मिलनसार हो गया था। बदलाव पूरा हो चुका था। मैं कॉलेज में बेहद लोकप्रिय था। हम सबमें अपूर्व ने सबसे पहले ड्राइविंग सीखी थी (मैंने प्रयास किया, लेकिन बुरी तरह नाकाम रहा) और हम अकसर लंबी ड्राइव पर जाया करते थे। उन दिनों यह बहुत बड़ी बात थी। हम अकसर घूमने जाते और आइसक्रीम खाने जैसे सीधे-सादे कार्य किया करते। आज जब मैं बच्चों के ड्रग्स लेने की बात सुनता हूँ तो सोचता हूँ कि हम कितने भोले-भाले हुआ करते थे। मैं शराब नहीं पीता। मैंने कभी धूम्रपान नहीं किया है। ड्रग्स तो छुई भी नहीं है। ये मेरे एजेंडे में कभी नहीं थे। हमारा बचपन और जवानी कितनी मासूमियत के साथ गुजरी! हम सही मायने में 'शाकाहारी' लोग थे। हम काफी मित्रवत थे, हम पिकनिक, बीच और महाबलेश्वर की यात्राओं पर जाते थे और स्ट्रॉबेरी व क्रीम खाते थे। हम फिल्में और नाटक देखने जाया करते थे। हम शराब या ड्रग्स या ऐसी ही कोई अन्य पतनशील बातों या लंपटपना से दूर रहते थे। हम भी ऐसे हो सकते थे! मुझे पूरा भरोसा है कि हमारे समय में भी शराब व सिगरेट पीनेवाले या ड्रग्स लेनेवाले बच्चे हुआ करते होंगे। लेकिन हम हमेशा उन्हें बुरे लड़के माना करते थे। मेरे दिमाग में यह अजीब सा विभाजन हमेशा बना रहा। अगर आप सिगरेट या शराब पीते हैं, तो आपकी परवरिश ठीक से नहीं हुई है।

मैं बहुत लोकप्रिय था और बहुत सी पाठ्येत्तर गतिविधियों में शामिल होता था। मैं कॉलेज बंक नहीं करता था। सब ऐसे नहीं थे, लेकिन मैं इसे लेकर विशेष रूप से सावधान रहता। मैं यह अनुभव लेना चाहता था। मुझे शहर भर की किसी भी संस्कृति या उप-संस्कृति के व्यक्ति से मिल सकने का यह विचार बहुत पसंद था।

इसके साथ ही मेरे पिताजी का फिल्मी कॅरियर जारी था, हालाँकि यह बहुत बढ़िया नहीं जा रहा था। उनकी चार या पाँच फिल्में फ्लॉप हो गई थीं और मैं जानता था कि आर्थिक रूप से

हमारी स्थिति ठीक नहीं है। मेरे कॉलेज के दौरान मेरे पिता ने अग्निपथ बनाई, जो हिट की शेखी बघारने के बावजूद बड़ी फ्लॉप साबित हुई। उसी बीच मेरी नानी का देहांत हो गया और हमें अपने नुकसान को पूरा करने के लिए उनका घर बेचना पड़ा।

जहाँ कॉलेज में मेरे दिन अच्छे बीत रहे थे, वहीं मैं अपने पिता को पेशेवर स्तर पर खराब दौर से गुजरने के कारण टूटते हुए देख रहा था। वे फिल्मों में हुए नुकसान को अपने निर्यात व्यापार से पूरा करने का प्रयास कर रहे थे। लेकिन मैं उन्हें अवसाद से गुजरते हुए देख रहा था। मुझे फिल्म उद्योग से उनका रिश्ता टूटता दिखाई दे रहा था। मैं देख रहा था, लोग उन्हें पार्टियों और कार्यक्रमों में आमंत्रित नहीं करते, प्रीमियर के दौरान उन्हें महत्त्वपूर्ण स्थान पर नहीं बैठाया जाता। वे मुझे सिनेमा हॉल में सीट के बारे में पूछने के लिए कहते थे। उन्हें उचित स्थान पर सीट नहीं दी जाती। और आखिरकार मैं अपने किसी दोस्त के साथ वहाँ चला जाता। मैं उन्हें बता देता कि सीट ठीक स्थान पर नहीं है और वे वहाँ नहीं जाते थे। मैंने फिल्मी भाईचारे के प्रति उनकी निराशा को देखा है। हालाँकि वे इसे हमारे सामने प्रकट नहीं करते थे। वे एक मजबूत व्यक्ति थे, जो दूसरों को अपनी परेशानियों के बारे में नहीं बताना चाहते थे।

मैंने अलायंस फ्रांचेस से फ्रेंच सीखना आरंभ किया। मुझे लगा कि मेरे पिता के बहुत से ग्राहक फ्रांस से होने के चलते इससे उन्हें मदद मिलेगी। मुझे अपने लिए यही मार्ग ठीक लगा कि मैं अपने पिता के व्यापार में शामिल होकर उनकी निर्यात फर्म में काम करूँ। मेरी माँ ने मुझे अच्छी तरह समझा दिया था कि वे मुझे फिल्मों में काम करते नहीं देखना चाहतीं। इसका कारण हमें हाल में हुआ भारी नुकसान और पैसे के मामले में हमारा कठिन दौर से गुजरना था। उन्होंने पूरी तरह मन बना लिया था कि वे मुझे इस क्षेत्र में कभी नहीं जाने देंगी। इसलिए अब मेरा पूरा ध्यान अपने पिता के निर्यात व्यापार में शामिल होने पर था।

इसके साथ ही मैंने नजारथ पब्लिक स्पीकिंग अकादमी में भाषण देना सीखने के लिए दाखिला ले लिया, जो सुदूर दादर में स्थित थी। वहाँ एक वृद्ध सज्जन व शिक्षक एंड्रयू डिसूजा और उनकी पत्नी क्लारा वाक् नियंत्रण कक्षाएँ चलाते थे। एक दिन बातचीत के दौरान उन्होंने कहा कि मेरे हाव-भाव बहुत स्त्रियोचित हैं। मेरे हाथ बहुत हिलते हैं और मेरी आवाज बहुत तीखी है। उन्होंने कहा कि वे और उनकी पत्नी बहुत समय से भाषण कला सिखा रहे हैं। उन्होंने कहा, 'हम तुम्हें सिखाएँगे कि किस तरह तुम अपनी आवाज को मध्यम स्वर का बना सकते हो।'

तो मैंने उनकी वाक् कक्षाओं में जाना आरंभ कर दिया। मैंने अपने माता-पिता को इस बारे में कुछ नहीं बताया। मुझे नजारथ अकादमी की फीस देनी थी इसलिए मैंने उन्हें बताया कि मैं कंप्यूटर सीख रहा हूँ। मुझे लगा कि शायद वे समझ नहीं पाएँगे कि मैं इन कक्षाओं में क्यों जाना चाहता हूँ। करीब ढाई से तीन साल तक मैं वहाँ हफ्ते में दो दिन जाता रहा। मेरे शिक्षक कहते, 'कल्पना करो कि तुम एक डिब्बे में बंद हो, अब ध्यान रखो कि तुम्हारे हाथ इस डिब्बे से बाहर न निकलें।' उन्होंने मुझे रोज गरारे करने के लिए कहा, उन्होंने मुझे अपनी आवाज को प्रोजेक्ट करना

सिखाया और धीरे-धीरे मेरी आवाज बदलने लगी। आवाज को मध्यम स्वर तक पहुँचाने की उन कोशिशों की बदौलत आज भी मैं उसी मध्यम स्वर में बोलता हूँ। यह मेरी असली आवाज नहीं है, मुझे इस मध्यम स्वर तक पहुँचाना इसी दंपती के प्रयासों का नतीजा है। मैं उन्हें बहुत मानता हूँ, इसका कारण उनका कार्य या संगीत (वे मुझे ऑपेरा सुनने के लिए कहते थे) मात्र नहीं, बल्कि मुझे कुछ अधिक पौरुषपूर्ण बनाना है। यह उस प्रक्रिया का हिस्सा है, जिसे हम सब समझते हैं, लेकिन इसके बारे में कभी बात नहीं करते। इसी के साथ मेरी भाव-भंगिमा भी बदल गई, इसमें कुछ अधिक प्रबलता आ गई। डिसूजा साहब का कहना था कि ऐसा किए बिना मेरे लिए बाहर की दुनिया का सामना करना कठिन हो जाएगा। किसी तरह उनकी बात मेरे दिमाग में बैठ गई। आज भी भले ही मुझमें पूर्ण पौरुषत्व नहीं है, लेकिन मेरी आवाज बदल चुकी है, मेरे हाव-भाव में सुधार हुआ है और इससे मुझे सबके सामने आने का आत्मविश्वास हासिल हुआ है। मैंने अपने जीवन के इस हिस्से को लगभग सभी से छिपा रखा था। मुझे लगता था कि यह मेरी परेशानी है और अन्य कोई भी व्यक्ति इसे समझ नहीं सकेगा कि मैं क्या और क्यों कर रहा हूँ। मैंने इस बारे में किसी को नहीं बताया। वे बेहद शानदार दंपती थे। फिर बीमारी के चलते श्रीमती क्लारा का देहांत हो गया। मैं सन्न रह गया। गरमियों की छुट्टियों के कारण मैं उनसे करीब एक महीने तक नहीं मिला। पत्नी के देहांत के बाद डिसूजा साहब शोक में डूब गए और उन्होंने कक्षाएँ लेनी बंद कर दीं। लेकिन उन्होंने मेरी भरपूर सहायता की। इसमें सबसे मनोरंजक बात यह रही कि मेरे पिताजी सबसे यही कहते थे कि मैं कंप्यूटर सीख रहा हूँ!

अपूर्व और मेरे बाकी दोस्त हिंदी फिल्मों के दीवाने थे। हम फिल्में देखने एक साथ जाया करते। मुझे याद है 1988 में छुट्टियों के दौरान हम किस तरह 'कयामत से कयामत तक' देखने गए थे। उसे देखने के बाद मैं आमिर खान और जूही चावला का दीवाना हो गया। सन् 1989 में हमें 'चाँदनी' के प्रीमियर का आमंत्रण मिला और मैं वहाँ गया। यश अंकल और मेरे पिता में काफी निकटता थी। 'चाँदनी', 'मैंने प्यार किया' और बाद में 'हम आपके हैं कौन' ने मुझे मंत्रमुग्ध कर दिया। आमिर और सलमान दोनों ने सन् 1989 में फिल्मों में शुरुआत की। शाहरुख 1991 में आए, और मैं उनका कतई फैन नहीं था, बल्कि वे मुझे सबसे कम पसंद थे। लेकिन अपूर्व को वे अच्छे लगते थे। मैं टीम आमिर में और अपूर्व टीम शाहरुख में थे। कुछ लड़कियों को शाहरुख पसंद थे तथा मुझ जैसे भी बहुत से लोग थे, जो आमिर के पीछे पागल थे। मुझे शाहरुख इसलिए पसंद नहीं थे कि मुझे लगता था वे ओवरएक्टिंग करते हैं। उनकी फिल्म 'दीवाना' मुझे जरा भी पसंद नहीं आई। वहीं अपूर्व अकसर कहा करते थे, 'आमिर बहुत उबाऊ हैं, पता नहीं तुम्हें उनमें क्या पसंद आता है?' आमिर और शाहरुख को लेकर हम ऐसे झगड़ते थे, मानो वे हमारे रिश्तेदार हों और हमें उनका समर्थन करना ही होगा। वे बहुत भावुक झगड़े थे। मेरी एक पारसी मित्र ने कहा था, 'शाहरुख का पृष्ठ भाग और उनकी कंठमणी बेहद खूबसूरत है।' बाद में

'दिलवाले दुलहनिया ले जाएँगे' के सेट पर शाहरुख से मुलाकात होने पर उन्हें लेविस की जींस देते हुए मैंने अपनी उस दोस्त की कही बात बताई। वे इसे सुनकर चौंक गए। मैंने उन्हें मशवरा दिया कि वे अपनी कमीज के आगे के बटन खोलकर रखें, क्योंकि मेरी दोस्त ने कहा था कि उनकी कंठमणी बहुत खूबसूरत है। मैंने उन्हें बताया कि उसने कहा था कि उनका पृष्ठ भाग बहुत खूबसूरत है, लेकिन शाहरुख ने इसका कभी प्रदर्शन नहीं किया। मैंने कहा, 'आपको टाइट जींस पहननी चाहिए।' उन्होंने कहा, 'हूँ...'

मुझे याद है, मैंने यह बात इतनी मासूमियत से कही कि आदि सोफे से गिरने को हो गए। शाहरुख शर्म से लाल हो गए थे। यह बहुत अजीब है कि जिंदगी में हालात किस कदर बदल जाया करते हैं। आज आमिर से मुलाकात होने पर मैंने उनसे कहा, 'मैं आपको बता नहीं सकता कि 'कयामत से कयामत तक' के पीछे मैं कितना पागल था!' और श्रीदेवी, हे ईश्वर, मैं उनका दीवानगी की हद तक फैन था। मैंने अपने कमरे की दीवारों पर कभी पोस्टर नहीं लगाए। लेकिन अगर कभी लगता तो वह श्रीदेवी का पोस्टर होता। मैंने 'मिस्टर इंडिया' करीब सौ बार देखी होगी और 'चालबाज' पचास बार।

हम दोनों के बीच एक और युद्ध श्रीदेवी और माधुरी को लेकर भी था। मैं टीम श्रीदेवी और अपूर्व टीम माधुरी में थे। वे हमेशा मेरी विरोधी टीम में होते थे। इस तरह हिंदी फिल्मों के प्रति दीवानगी कॉलेज जीवन का बड़ा हिस्सा रही। हम फिल्में देखते और फिर उनके बारे में लंबी चर्चा करते। बल्कि छिपकर उनके गीतों पर नृत्य भी करते थे। मैं अकसर अपने कमरे में हिंदी फिल्मों के गीतों पर डांस करता था। मैंने अपने कमरे में 'हवा हवाई' गीत पर कई बार नृत्य किया है। मेरे कमरे में एक छोटा सा शीशा था, जिसमें मैं अपने को खुद को नाचते हुए देखा करता था। मैं पूरी तरह बंद कमरे में नाचनेवालों में से हूँ।

माँ के कारण मुझे संगीत की पहचान हो गई थी। जब मैं छोटा था तो वे अकसर मेरा हाथ पकड़कर मेरे साथ नाचती थीं। मुझे लगता है कि नृत्य करना पंजाबियों के डी.एन.ए. में शामिल है।

इस सबके बावजूद मेरे मन में कभी भी फिल्मों में भविष्य बनाने का विचार नहीं आया। कह सकते हैं कि इसका कारण मेरे आस-पास का वातावरण था। मेरे दोस्त फिल्मी दुनिया से नहीं थे। इसलिए फिल्मों के प्रति मेरा रुझान उनके जैसा ही था। मेरे मन में कभी भी फिल्म बनाने या फिल्मों में अभिनय करने का विचार नहीं आया। मैं जानता था कि मैं अभिनेता नहीं बन सकता, शारीरिक संरचना ऐसी नहीं थी। और निर्देशन? मैं सोचता, क्या यह मेरे लिए संभव है? कतई नहीं। लेकिन एक दौर में कुछ ऐसे पल भी आए, जहाँ मेरा मानना था कि चूँकि मैं नाटकों में काम कर चुका हूँ, इसलिए मैं किसी हास्य चरित्र की भूमिका तो निभा ही सकता हूँ। लेकिन यह केवल क्षणिक विचार ही था। मेरा फिल्म निर्देशित करने का निर्णय सुनकर मेरे सभी दोस्त चौंक गए। वे इसे संभव नहीं मान रहे थे।

यह ठीक है कि मेरा बचपन फिल्मी सितारों के बच्चों के बीच बीता। मैं ऋतिक, अभिषेक,

श्वेता, जोया और फरहान को जानता था। श्वेता और जोया से मेरी अच्छी दोस्ती थी। जबकि लड़के बहुत बिगड़ैल थे, खासतौर पर अभिषेक (वे मुझसे चार साल छोटे हैं) और फरहान। मेरी उनसे कभी नहीं बनी। मुझे वे कभी पसंद नहीं आए। तथा आदि और बाकी सब दोस्त ज्यादातर हिंदी में बात करते थे। मेरे लिए इसे झेलना आसान नहीं था। मैं अकसर अपनी माँ से शिकायत किया करता था, 'माँ, वे सिर्फ हिंदी में ही बातें करते हैं! मुझे उनके घर मत भेजो।'

वे कहतीं, 'हिंदी में बोलते हैं से तुम्हारा क्या मतलब है?'

मैं कहता वे फिल्मों के बारे में बातें करते रहते हैं ; वे कहते हैं 'तूने 'क्रांति' देखी है क्या? कितनी अच्छी फिल्म है!'

मुझे उनका लगातार हिंदी में बात करना घटिया और खराब लगता था। मैंने अपनी माँ से कहा कि मैं इन लड़कों से बात नहीं करना चाहता।

मुझे श्वेता और जोया पसंद थीं, क्योंकि वे बेहद अच्छी थीं। जोया खूब मनोरंजक थीं तो श्वेता बहुत प्यारी, नाजुक, स्त्रियोचित, मृदुल और बात करने में बहुत सहज थीं। हम खूब बातें किया करते। जोया के साथ भी मेरा समय अच्छा बीता, लेकिन मैंने श्वेता के साथ अधिक वक्त गुजारा क्योंकि हमारे परिवार अकसर साथ में छुट्टियाँ मनाने जाते थे। दस साल की उम्र में मैं जया आंटी, श्वेता और अभिषेक के साथ आइस स्केटिंग के लिए दुबई गया था। मैं और श्वेता हाथ पकड़कर स्केटिंग करते और अभिषेक अचानक हमपर हमला कर देता। वह हमेशा से ही ऐसा था। मैं और श्वेता अकेले बैठकर उसकी बुराइयाँ किया करते।

मेरे लिए अमित अंकल हमेशा एक देवता जैसे थे। मैं उन्हें चकित दृष्टि से देखा करता। वहीं जया आंटी मुझे मेरी माँ जैसी लगतीं। फिर भी इन सबसे परिचय होने के बावजूद मुझे हमेशा यही लगा कि मैं फिल्मी दुनिया का हिस्सा नहीं हूँ। मैं उनसे बतौर व्यक्ति जुड़ा हुआ था। मुझे उनका साथ अच्छा लगता था। इससे ज्यादा कुछ नहीं। अगर कुछ था, तो यह कि मैं उनके सामने खुद को छोटा महसूस करता था। हम निर्माता थे और उन दिनों निर्माताओं का बोलबाला नहीं था। बतौर निर्माता आपको दूसरों के साथ अच्छा बनकर रहना होता था। मेरे पिता अकसर मेरी माँ से इन लोगों के साथ अच्छा व्यवहार करने को कहा करते थे। क्योंकि वे लोग मेरे पिता के साथ काम कर रहे थे, उन्हें दूसरों के साथ इसलिए अच्छा व्यवहार करने के लिए कहते थे। मेरे पिता उनके साथ काम करते थे और उन्हें उनसे काम निकलवाना होता था। इसलिए उनके साथ मुझे कभी समानता का एहसास नहीं हुआ।

□

## पहला ब्रेक : 'दिलवाले दुलहनिया ले जाएँगे'

मैं बहुत दुःखी था। कॉलेज समाप्त होनेवाला था और मैंने अगले एक साल अपने पिताजी के ऑफिस में काम करने का फैसला किया था। मुझे एहसास था कि मेरे माता-पिता मेरे लिए ऐसा ही जीवन चाहते हैं। लेकिन मैं यह भी जानता था कि ऑफिस के वातावरण में मैं ऊब जाऊँगा। निर्यात की बारीकियाँ, टाइपराइटर, फैक्स मशीन, अपॉइंटमेंट्स, मीटिंग आदि को समझना बेहद नीरस काम था। मैं सोच रहा था कि मैं ऐसा कैसे कर पाऊँगा, मैं यह नहीं करना चाहता। मेरा जन्म ऑफिस कहे जानेवाले इस डिब्बे तक सीमित रहने के लिए नहीं हुआ है। मैं विचारों से परिपूर्ण था। तब तक मैंने फिल्मों के बारे में नहीं सोचा था, लेकिन मैं नाटक या विज्ञापनों में हाथ आजमाना चाहता था। मैं कुछ रचनात्मक करना चाहता था, क्योंकि मैं जानता था कि मैं इसी के लिए बना हूँ।

कॉलेज के आखिरी साल में मेरा एक नया दोस्त बना—अनिल थडानी, जो आज एक विख्यात वितरक और रवीना टंडन के पति हैं। उनकी आदित्य चोपड़ा से गहरी दोस्ती थी, जिनसे मेरी अकसर मुलाकात होती रहती थी। आदि सिड्न्हम कॉलेज में थे। हमारी यदा-कदा ट्रेन में मुलाकात हो जाया करती थी। वे जुहू से ट्रेन पकड़ते थे और मैं भी इसी ट्रेन से घर लौटता था। इस दौरान हमारी बातचीत होती थी। अनिल और मेरी दोस्ती गहराने के पीछे मेरे पिता का फिल्म निर्माता होना और उनके पिता का वितरक होना था, इस तरह हमारे बीच फिल्मी कनेक्शन था। अनिल अकसर मुझे ट्रायल शो या प्रीव्यू के लिए आमंत्रित करते। वहाँ मुझे आदि भी मिल जाते। थोड़े ही समय में मैं, अनिल और आदि एक-दूसरे के काफी करीब आ गए।

हम तीनों की दोस्ती इतनी पक्की हो गई थी कि हम लगभग सारी फिल्में साथ में देखते और डिनर के दौरान उनपर चर्चा करते। अचानक मुझे खुद के हिंदी फिल्मों की दुनिया में प्रविष्ट होने का एहसास होने लगा। मेरी माँ को यह बिल्कुल पसंद नहीं था। वे आदि व उनके परिवार को पसंद करती थीं, लेकिन उन्हें यह समझ नहीं आ रहा था कि मैं क्यों अचानक देर-रात मूवी स्क्रीनिंग और डिनर के लिए जाने लगा हूँ, जहाँ मैं उनके साथ इन फिल्मों पर घंटों बातें किया करता था।

आदि का हिंदी फिल्मों के प्रति प्रेम मुझे हैरान नहीं, बल्कि अचंभित करता था। उन्होंने मुझे बताया कि कैसे बचपन में वे समझते थे कि दुनिया के सभी लोग फिल्में बनाते हैं। उन्हें नहीं पता

था कि इसके अलावा और भी पेशे होते हैं। फिल्म उद्योग से दूर रहने के कारण मेरी सोच उनसे अलग थी। लेकिन मेरे विशाल शरीर के अवचेतन हिस्से में रहनेवाला हिंदी फिल्मों का उन्मादी फैन बाहर निकलने के इंतजार में था। यह तब हुआ जब मेरी आदि से मुलाकात हुई, क्योंकि हिंदी सिनेमा में उनके प्राण बसे थे। यह उनका सबकुछ था, और आज भी है। उन्हें फिल्में बनाने और कहानियाँ सुनाने का जुनून है। मैंने आज तक उनके जैसा और कोई नहीं देखा। दरअसल मैं भी उन जैसा ही हूँ, बस मैंने अपने उस हिस्से को दबा रखा था। आज जब मैं पीछे मुड़कर देखता हूँ, तो मुझपर मेरे माता-पिता का इस ओर न जाने का इतना दबाव था कि मैंने इसे और गहरे दबा दिया था। आदि ने उसे बाहर निकाला और मेरे सामने खड़ा कर दिया। अब वह पूरी तरह सामने आ चुका था। मुझे याद है कि आदि से मिलने के लिए मैं जुहू और बांद्रा इतना अधिक जाता था कि दक्षिणी मुंबई के मेरे अपूर्व जैसे सभी दोस्त अपने को अलग-थलग महसूस करने लगे थे। लेकिन जिंदगी मुझे उस दिशा में खींच रही थी। मुझे अब महसूस होता है कि एक समय ऐसा भी था, जब मैं अपने सभी पुराने दोस्तों से थोड़ा दूर हो गया था। मेरे स्कूल के सभी दोस्त मिलते रहते थे। लेकिन उस समय मैं टैक्सी लेकर आदि और अनिल से मिलने के लिए जुहू या बांद्रा की ओर दौड़ रहा होता था। मुझे उस दुनिया की ओर अपना बढ़ता झुकाव महसूस हो रहा था। फिर मैंने अपने दोस्तों के दोनों समूहों को जोड़ने का प्रयास किया। आज पीछे मुड़कर देखने पर एहसास होता है कि उस दौरान मैं समय के बहाव में बह रहा था। मैं ऐसा सोच-समझकर नहीं कर रहा था, बस सब अपने आप हो रहा था।

वे मेरे प्रति कुछ अधिक ही प्रेम व स्नेह अभिव्यक्त कर रहे थे। जब आपको आपसे प्यार करनेवाले नए उत्साहवर्धक दोस्त मिल जाते हैं, जो आपको आमंत्रित कर रहे हों तो आपका उस ओर खिंचा जाना स्वाभाविक है। आज से पहले किसी ने कभी भी मेरे लिए ऐसा नहीं किया था। आदि ने अपने अंतर्मुखी स्वभाव के बावजूद मेरे लिए अपने दिल और घर के दरवाजे खोल दिए थे। मुझे प्रबल प्रेम का एहसास हो रहा था। वे मुझे एक मजाकिया इनसान समझते थे, जिसकी अपनी राय है और जो फिल्मों के पीछे पागल है।

आज भी जब मेरे सम्मान और सराहना का पात्र कोई व्यक्ति मेरे प्रति इतना अधिक स्नेह, इतना अधिक उत्साह दिखाता है तो मैं समझ नहीं पाता कि इसपर क्या प्रतिक्रिया दूँ। इस भावना को व्यक्त करने में मैं अटपटा जाता हूँ। आदि मुझसे अकसर कहते थे कि मुझमें आत्मसम्मान की भारी कमी है। निश्चित ही आज वे कहेंगे कि मुझमें आत्मसम्मान कुछ ज्यादा ही है, जो सरासर गलत होगा!

आदि और अनिल अकसर फिल्म उद्योग के बारे में बहुत सी बातें किया करते थे। मुझमें फ्लॉप, हिट, यह, वह, वितरक तथा फिल्म वर्ग के पारिभाषिक शब्दों और इसके औद्योगिक रूप की समझ नहीं थी। मुझे ये सब चीजें बहुत बाद में समझ आईं। मैं सारा जीवन इनसे दूर रहा; मेरी माँ ने मुझे इनसे दूर रखा। लेकिन अब अचानक इन दोस्तों की बदौलत मैं हर समय फिल्मों के बारे में ही सोचता और बातें करता था।

अपूर्व और कॉलेज के बाकी दोस्तों के साथ मैं फिल्में देखने अवश्य जाता था, लेकिन आदि और अनिल के साथ फिल्मों पर होनेवाली यह बातचीत बिल्कुल अलग किस्म की थी। वे इसे बहुत गंभीरता से लेते थे। वे इसे उद्योग मानते थे। आखिर वे फिल्म उद्योग से ही थे। अनिल वितरक के पुत्र थे। आदि फिल्म निर्माता के पुत्र थे। उनके लिए फिल्में केवल चर्चा का विषय नहीं थीं, बल्कि वे जानना चाहते थे कि फिल्म हिट रहेगी या फ्लॉप। उन्हें चीजों के बारे में मेरी राय जानना अच्छा लगता था। मैं फिल्म के परिधान, सेट और कला निर्देशन पर प्रतिक्रिया दिया करता। और वे अकसर कहते कि इन चीजों पर कोई ध्यान नहीं देता। उन दिनों वाकई ऐसा ही था। और तब मैं अभिनेताओं और अभिनेत्रियों के बारे में कुछ मजाकिया टिप्पणियाँ कर देता। मैं मुख्यधारा सिनेमा को नीची नजर से नहीं देखता। मैंने हिम्मतवाला के सभी संस्करण देखे हैं साथ ही मैंने इसके तेलुगू और तमिल प्रारूप भी उतनी ही उत्सुकतापूर्वक देखे हैं। लेकिन मेरे आदि और अनिल को ठीक तरह से जानने के पूर्व ही हिंदी सिनेमा कुछ अलग तरह की संवेदनशीलता के साथ नए दौर में प्रवेश कर गया। यह 1992-93 की बात है। वे जिन फिल्मों के दीवाने थे, मुझे वे बेकार लगतीं और मैं यह कह भी देता। जैसे एक फिल्म थी, 'सपने साजन के'—इसमें राहुल रॉय और करिश्मा कपूर थे, मैंने उसे बेकार बताया। उन्होंने कहा कि मुझे यह फिल्म समझ नहीं आई और यह बहुत बड़ी हिट साबित होनेवाली है। जबकि मैंने कहा था कि यह बहुत बड़ी फ्लॉप होगी। और यही हुआ भी।

जल्द ही वे मुझसे मेरे विचार जानने के लिए चिरौरी करने लगे। हम अकसर साथ ही डिनर करते और सुबह तीन या चार बजे तक फिल्मों पर चर्चा करते रहते।

आदि और अनिल को विश्वास नहीं हो रहा था कि दक्षिणी मुंबई का लड़का, जो फिल्म उद्योग से जुड़ा नहीं है, वह हिंदी फिल्मों के बारे में इतनी ठोस राय रखता है। मैं सभी गीतों से परिचित था। मैं उतना ही जानकार था, जितना वे लोग थे। कॉलेज में मेरे दोस्तों का समूह भी फिल्मों का दीवाना था और मैं उनके साथ ही रहता था, मैंने सब फिल्में देखी थीं और मेरी उनके बारे में ठोस राय भी थी। जिंदगी के इस दौर में मुझे एहसास हुआ कि मुझे आदि और अनिल से बातें करना कितना पसंद है। अपूर्व और बाकी सबके साथ ऐसा अकसर होता रहता था। हमारी बातचीत में यह एक आम विषय था। लेकिन यहाँ, यह बड़ी बात थी, किसी फिल्म में कुछ पसंद न आने पर मुझे उन्हें बताना होता था कि वह मुझे क्यों पसंद नहीं आया।

एक फिल्म के सेट पर मनीष मल्होत्रा से मुलाकात के बाद हम काफी निकट आ गए, तो मेरी जिंदगी ऐसे फिल्मी गैंग के प्रभाव में थी। मैंने मनीष को आदि और अनिल से मिलवाया, क्योंकि वे भी फिल्म उद्योग से ही थे। मनीष अभिनेत्रियों के कॉस्ट्यूम डिजाइन करते थे, इसलिए वे अकसर हमें उनके बारे में बताने लगे। इस तरह यह फिल्मों पर चर्चा करनेवालों का एक खुशनुमा गैंग बन गया। यह सब मेरे कॉलेज के आखिरी साल में हो रहा था।

लेकिन अभी भी मैंने फिल्मों से जुड़ने के बारे में सोचा भी नहीं था, न ही आदि ने मुझसे इसके लिए पूछा था।

मैं हमेशा कहता हूँ कि अगर मैं किसी का आभारी हूँ तो वे आदि हैं। क्योंकि उन्होंने मुझमें कुछ ऐसा देखा था, जिसे न तो मैं और न ही मेरे माता-पिता देख सके थे। मुझे अपने बारे में यह जानकारी नहीं थी। आदि वे पहले व्यक्ति थे, जिन्होंने मुझसे कहा था कि मैं एक फिल्म निर्माता हूँ, और मुझे इस सिलसिले में कुछ करना चाहिए। मैं अपनी जिंदगी, कॅरियर, और हर चीज की कसम खाकर कहता हूँ कि मेरे मन में यह विचार भी नहीं था। मैंने कभी नहीं सोचा था कि मैं फिल्म निर्माता बन सकता हूँ। कभी नहीं। मेरे मन में कहीं फैशन डिजाइनिंग करने के बाद कॉस्ट्यूम डिजाइनिंग के क्षेत्र में जाने की इच्छा थी।

❖

कॉलेज की परीक्षाओं के बाद मैं दो महीने के लिए लंदन चला गया। माँ ने सोचा कि मैं घूमने गया हूँ। विचार यह था कि वापस लौटने के बाद मैं पापा के बिजनेस में शामिल हो जाऊँगा। मैं वहाँ दो महीने रहा और मुझे बहुत अच्छा लगा। मैंने लंदन देखा। वहाँ की सड़कों पर घूमा और वहाँ मुझे स्वतंत्रता का एहसास हुआ। मेरे पास कुछ निश्चित रकम थी और मुझे उसी में गुजारा करना था। माँ का मानना था कि मेरे लिए अपने जीवन की बागडोर खुद सँभालना अच्छा रहेगा। मैं वहाँ अपने एक रिश्तेदार के यहाँ रुका। मैं फिल्में और नाटक देखता। तब तक मैंने अधिक यात्राएँ नहीं की थीं, इसलिए इन दो महीनों ने पश्चिम के प्रति मेरे दिमाग को खोल दिया। कॉलेज के दौरान मैं एक साथ सैकड़ों काम करने में व्यस्त था, मैं फ्रेंच सीखने के अलावा बहुत सी कक्षाओं में जाता था। मुझे उनमें से दो कक्षाएँ याद हैं, पहली आयात-निर्यात से संबंधी और दूसरी फोटोग्राफी से। आप मुफ्त तीसरी कक्षा स्वयं चुन सकते थे। मैंने फूलों व फलों की सजावट को चुना। मैं यह देखना चाहता था कि वे कैसे लगते हैं। मैं कोर्स करने का दीवाना था। मैंने बहुत से कोर्स किए हैं। मैं हमेशा एक कोर्स से दूसरे के लिए दौड़ता रहता था। मैं अपने दिनों को व्यस्त रखना चाहता था। मैं आवारागर्दी करनेवाले बच्चों में से नहीं था। मैं हमेशा सीखने की इच्छा पर केंद्रित रहता। मैंने आयात-निर्यात और आवाज संशोधन सीखे। मैं रोजाना कॉलेज जाने के अलावा तीन घंटे फ्रेंच पढ़ता था। अपने कॉलेज के आखिरी साल में ही मेरी आदि और अनिल से मुलाकात हुई और मेरा सिनेमा की ओर झुकाव होने लगा।

मैं लंदन गया और अपने परीक्षा परिणाम के लिए तय समय पर लौट आया। कॉलेज पहुँचने पर हमारी प्रिंसिपल इंदु शहानी ने मुझे बुलाया, वे बाद में मुंबई नगरपाल भी बनीं (मेरी माँ के चचेरे भाई की पत्नी होने से वे हमारी रिश्तेदार भी थीं)। उन्होंने कहा, 'बैठ जाओ, मेरे पास तुम्हारे लिए एक खबर है। तुमने महाराष्ट्र बोर्ड में टॉप किया है।'

मैंने कहा, 'क्या?'

उन्होंने कहा, 'तुम प्रबंधन के छात्र हो (वाणिज्य में आप अकाउंट्स या प्रबंधन में से एक विषय ले सकते हैं), मुझे तुम पर गर्व है। बजाज इंस्टरीट्यूट ऑफ मैनेजमेंट तुम्हें अपने यहाँ दाखिला देना चाहता है।'

मैंने कहा, 'मैं इस बारे में विचार करना चाहता हूँ।'

उन्होंने कहा, 'पूरा समय लो, लेकिन याद रखना कि यह सीट तुम्हें बजाज ने दी है।'

मैं वापस घर लौटा और उस दिन पूरा घर उत्साहित था। माँ ने सोचा, वाह, एम.बी.ए!

घर में इसपर चर्चा जारी थी। इन सबके बीच मैंने कहा कि मैं बजाज इंस्टीट्यूट नहीं जाना चाहता। मैं पापा के बिजनेस में शामिल होना चाहता हूँ।

मेरे पिताजी ने कहा, 'तुम फ्रांस क्यों नहीं चले जाते? तुमने फ्रेंच सीखी है। फ्रेंच भाषा का कोई और कोर्स भी कर लो (तब तक मैं फ्रेंच में डिप्लोमा सुपेरियर कर चुका था) मेरा वहाँ भी बिजनेस है। मैं तुम्हें लोगों से मिलवा सकता हूँ। वहाँ छह महीने रहो। वहाँ हमारा ऑफिस भी है, तुम उसमें बतौर प्रशिक्षु काम क्यों नहीं करते?'

तो मेरे लिए सबकुछ तय था।

इस दौरान, आदि अपनी पहली फिल्म लिखना आरंभ कर चुके थे, 'दिलवाले दुलहनिया ले जाएँगे।' उन्होंने उसके संबंध में मेरी राय पूछी। उस समय मैं पेरिस जाने के लिए अपने कागजात तैयार करवा रहा था।

उन्होंने कहा, 'मैं तुम्हारे विचार जानना चाहता हूँ।'

मैंने कहा, 'मेरे विचार?'

उन्होंने कहा, 'मुझे लगता है, तुम मेरी मदद कर सकते हो। मैं इस बारे में फिल्म जगत् के किसी पुराने व्यक्ति से सलाह नहीं लेना चाहता।'

मेरी माँ ने कहा, 'मुझे आशा है कि तुम इसे बिगाड़ नहीं दोगे; यह उसकी पहली फिल्म है। वह इतने बड़े फिल्म निर्माता का बेटा है। तुम उसे क्या सलाह दे सकते हो?'

मैंने कहा, 'मुझे नहीं पता।'

आदि एक घंटे का सफर तय करके जुहू से मालाबार हिल आते और हम वहाँ रोजाना, पूरा दिन, चार हफ्ते तक सिर्फ बातें करते रहे। मैंने उन्हें अपनी राय बताई, जिसे उन्होंने लिख लिया। यह बहुत मजेदार रहा। उनका फिल्म लिखना स्पष्ट दिखाई दे रहा था।

मेरी पेरिस की फ्लाइट में तीन दिन शेष थे। एक रात आदि ने मुझे फोन किया, हम अकसर रात को फोन पर बहुत देर तक बातें करते रहते थे और कहा, 'करण, मैं तुमसे कुछ कहना चाहता हूँ? तुम पेरिस मत जाओ। फिल्म बनाने में मेरी सहायता करो।'

मैंने कहा, 'फिल्म बनाने में तुम्हारी सहायता?'

उन्होंने कहा, 'क्या तुम्हें अभी तक एहसास नहीं हुआ है कि तुम्हारा जन्म फिल्मों से जुड़ने के लिए हुआ है? तुम थोड़े ओवरड्रामेटिक हो, मेलोड्रामेटिक हो, तुम बेहद मजाकिया भी हो। तुम रुक नहीं सकते, क्योंकि तुम्हारे भीतर पागलपन की यह ऊर्जा कूट-कूटकर भरी है। तुम हमारी फिल्मों के लिए बने हो। तुम हमेशा से फिल्मों को पसंद करते आए हो। एक दिन तुम फिल्म निर्माता अवश्य बनोगे। क्या तुम्हें यह सब दिखाई नहीं दे रहा? तुम्हें मेरी बात सुननी होगी। मेरे सहायक बनो, अनुभव लो और अपनी फिल्म बनाओ।'

मैंने इस बारे में कभी सोचा भी नहीं था।

इसलिए मैंने कहा, 'बेकार की बात है। मैं ऐसा नहीं कर सकता। मैं तुमसे कल बात करता हूँ।'

मैं सारी रात बेचैनी से करवटें बदलते हुए हमारी बातचीत पर विचार करता रहा।

मेरे पिता अकसर सुबह बहुत जल्दी उठ जाते थे। करीब साढ़े सात बजे मैं उनके साथ जाकर बैठ गया। उनसे मैं किसी भी तरह की बात कर सकता था, मुझे बस अपनी माँ से डर लगता था। मैंने कहा, 'पापा, अगर मैं पेरिस न जाऊँ तो? इसमें आपके कितने पैसे लग गए हैं?'

उस समय तक वे इसमें आठ से दस लाख रुपए लगा चुके थे। यह बहुत बड़ी रकम थी। उनकी पिछली बहुत सारी फिल्में असफल रहीं थीं; इसलिए पैसा उनके लिए काफी बड़ी चीज थी।

मैंने कहा, 'अगर मैं वहाँ जाने की जगह आदि को असिस्ट करूँ तो क्या होगा?'

उन्होंने दोहराते हुए कहा, 'आदि को असिस्ट करूँ? लेकिन वह तो खुद अभी अपनी पहली फिल्म बना रहा है। आखिर एक नए फिल्म निर्माता से तुम क्या सीख सकते हो?'

उन दिनों फिल्म निर्माण सीखने के लिए आपको अनुभवी लोगों के साथ काम करना होता था।

मैंने कहा, 'पापा, मैं इसे लिखने की प्रक्रिया का हिस्सा रहा हूँ। मैं इस फिल्म से पूर्णत: जुड़ चुका हूँ। मैं इस अवसर से चूककर बाद में पछताना नहीं चाहता।'

उन्होंने कहा, 'करण, यह बहुत मुश्किल इंडस्ट्री है। बहुत सारे पैसे चले जा सकते हैं। यह विश्वसनीय नहीं है। क्या तुम पक्का यही करना चाहते हो?'

मैंने कहा, 'अगर आप अनुमति देंगे, तो मैं करना चाहूँगा।'

फिर उन्होंने कहा, 'मेरा बहुत सा पैसा उन लोगों पर खर्च हो चुका है, जिन्हें मैं जानता भी नहीं हूँ। तुम तो मेरे बेटे हो। तुम मुझसे अपने जीवन का एक साल माँग रहे हो। तो पैसा क्या चीज है? अगर नुकसान होता भी है तो कोई बात नहीं। अगर इससे तुम्हें खुशी मिलती है तो ठीक है। मैं सिर्फ तुम्हारी खुशी चाहता हूँ। लेकिन अगर एक साल बाद तुम्हें लगे कि कुछ नहीं हो रहा, तो इस उद्योग के बारे में अधिक सोच-विचार नहीं करना। सही समय पर इसे छोड़ देना और अपने बिजनेस या किसी और चीज से जुड़ जाना। बस अधिक सोच-विचार मत करना।'

'माँ को कौन मनाएगा?' मैंने पूछा।

उन्होंने कहा, 'यह तुम मुझपर छोड़ दो।'

उस शाम मेरे पिता ने इसे अपने ढंग से सँभाला। उन्होंने माँ से कहा, 'मैं नहीं चाहता कि करण जाए। पिछली बार भी तुमने इसे भेज दिया था, तुमने देखा कि क्या हुआ। मुझे इसकी बहुत याद आएगी। मैं अब बूढ़ा हो रहा हूँ। मैं अपने बेटे को अपने पास ही रखना चाहता हूँ।'

यह सुनकर मेरी माँ भावुक हो गईं। बाद में जब हमने उन्हें मेरे आदि को असिस्ट करने की बात बताई तो वे आग-बबूला हो गईं।

लेकिन मेरे पिता ने कहा, 'हिरू, इसे एक साल दो न, कुछ नहीं होनेवाला है। यह इस इंडस्ट्री में जम नहीं पाएगा। इसके लिए सेट सँभालना आसान नहीं होगा।'

लेकिन चूँकि आदि, यश अंकल और पैम आंटी का बेटा था, इसलिए अंततः माँ भी राजी हो गईं।

इस तरह आदि के सहायक निर्देशक के तौर पर मेरी बॉलीवुड यात्रा आरंभ हो गई। मैंने टैक्सी ली और आदि के यहाँ, यश चोपड़ा की घरेलू दुनिया में पहुँच गया। वे केवल फिल्मों के बारे में ही बातें करते थे। मैं हिंदी फिल्मों की इस दुनिया को देखकर पूर्णतः मंत्रमुग्ध हो गया था। यश अंकल को खाने और फिल्मों का जुनून था। यही बात पैम आंटी पर भी लागू होती थी। आदि और उदय के लिए हिंदी फिल्मों के अलावा और कुछ नहीं था। मैं इस दुनिया में डूबता जा रहा था। जल्दी ही मेरा अपने कॉलेज के दोस्तों से संपर्क समाप्त होने लगा।

मैं अपने सहायक के, शिड्यूल, योजना व तैयारी जैसे कार्यों में व्यस्त हो गया।

तब मेरी शाहरुख से मुलाकात हुई। आनंदजी के ऑफिस के बाद मैं शाहरुख खान से एक बार और मिला था। उस समय मैं उनसे अपने पिता के साथ 'करण अर्जुन' की शूटिंग के दौरान मिला था।

उस समय उन्हें निर्णय लेना था कि वे 'दिलवाले दुलहनिया ले जाएँगे' करेंगे या नहीं। उन्होंने हामी भर दी। मैंने उनके साथ एक या दो मीटिंग और कीं और फिर वह बड़ा दिन आ गया जब मैं पहली बार शूटिंग के लिए सेट पर पहुँचा। सभी तरह की पूर्व तैयारियों के बावजूद मैं आनेवाली घटनाओं के लिए तैयार नहीं था। हम फिल्मिस्तान स्टूडियो में थे और वहाँ काजोल के साथ, 'मेरे ख्वाबों में जो आए' गीत की शूटिंग कर रहे थे। मैं काजोल के काफी निकट था और वे भी मेरे साथ काफी सहज रहतीं। लेकिन मैं सेट पर नया था। सेट पर अगर आपके पास कोई काम न हो या आपको यह न पता हो कि आपको क्या करना है तो ऐसा लगता है जैसे आप दूसरों के काम में बाधा बन रहे हैं। यह कुछ ऐसा है जैसे आप स्टेशन पर बैठे हैं, आपके आस-पास के लोग दौड़-भाग में लगे हैं और आपको पता भी नहीं है कि आपको कहाँ जाना है। ऐसा होने पर आप बाधा बन जाते हैं, आपके कारण काम रुक सकता है या आप स्वयं भ्रमित हो जाएँगे।

मैंने आदि के साथ मिलकर सारा रचनात्मक कार्य पूरा कर लिया था। लेकिन सेट के कामों के लिए मैं नया था। क्लैप देते हुए मुझे यह भी नहीं पता था कि मुझे कहाँ खड़ा होना है। इसके चलते छायाकार मुझपर बीच में आने के लिए चिल्लाने लगते। इसके बाद मुझे निरंतरता बनाए रखने के लिए लिखने की जिम्मेदारी सौंपी गई। लेकिन मुझे यह नहीं पता था कि मुझे कौन सा कॉलम लिखना है, क्योंकि मुझे न तो कैमरे के बारे में कुछ पता था, न लैंस के बारे में और न ही मुझे यह पता था कि शॉट के बारे में लिखते कैसे हैं। इसमें उदय ने मेरी बड़ी मदद की। वे इससे पहले फिल्म 'आईना' में ए.डी. (असिस्टेंट डायरेक्टर) का कार्य कर चुके थे। इस कारण

उन्हें पता था कि क्या करना है। लेकिन मैं भ्रमित था। दोपहर तीन बजे तक मुझे लगने लगा कि यह मेरी दुनिया नहीं है, मैं यह नहीं कर सकता। मेरे पिता सही कह रहे थे। मेरी माँ ठीक थीं।

उस शाम मैं उदय के साथ बैठा ड्रिंक कर रहा था, उदय ने पूछा, 'आप इतने खोए हुए से क्यों लग रहे हो?'

मैंने कहा, 'क्योंकि यह काम मेरे बस का नहीं है। मैं आदि को बतानेवाला हूँ कि उनसे गलती हो गई है। मैं पेरिस नहीं गया, हमें पैसों का भी नुकसान हुआ, लेकिन मैं इस कार्य के लिए नहीं बना हूँ। मुझे नहीं लगता कि मैं यह कर सकूँगा।'

उन्होंने कहा, 'आज आपका पहला ही दिन था।'

मैंने कहा, 'नहीं, यह मेरे लिए नहीं है।'

मैं अपना मन बना चुका था।

अगली सुबह काम बहुत जल्दी शुरू होना था। मैंने उदय से कहा, 'आदि अभी बहुत थके हुए हैं। लेकिन कल सुबह मैं सबसे पहले उन्हें यह बता दूँगा। ये मेरे बस की बात नहीं है। यह गलती है।'

उन्होंने पूछा, 'क्या आप सुनिश्चित हैं?'

सुबह मैं आदि के पास पहुँचा और उनसे कहा कि मैं आपसे कुछ बात करना चाहता हूँ। वे उस दिन फिल्माए जानेवाले दृश्य को लेकर तनाव में थे। साथ ही, उन्हें यह भी बताया गया था कि एक खास दिन शाहरुख केवल एक ही शॉट देनेवाले हैं; और वह आज ही का दिन था। उस दिन शाहरुख को हाथ लहराने का वह शॉट देना था, जिसकी काजोल स्विट्जरलैंड यात्रा से वापस लौटने के बाद कल्पना करती हैं। वे केवल यही शॉट देने आनेवाले थे। आदि उस शॉट के फिल्मांकन को लेकर सचमुच तनाव में थे। मैंने एक बार फिर उनसे बात करने का प्रयास किया, लेकिन उन्होंने कहा, 'मेरा तनाव क्यों बढ़ा रहे हो, मुझसे शाम को बात करना।'

दोपहर को लंच के दौरान मैंने उदय को बताया, 'मैं अभी उन्हें बता नहीं सका।'

उदय ने कहा, 'भूल जाओ, बस यह दिन और बिता दो। आप पहला दिन निकाल ही चुके हो। एक दिन और गुजार लो। उन्हें अभी मत बताओ।'

लेकिन मैं उसी समय जाने को तैयार था। मैंने पूछा, 'क्या मैं अभी जा सकता हूँ?'

उन्होंने कहा, 'आप ऐसे नहीं जा सकते। वे आपके दोस्त हैं। वे परेशान हो जाएँगे।'

उस दोपहर लंच टाइम में आदि ने मुझे बुलाया।

उन्होंने कहा, 'करण सुनो, शाहरुख को कपड़ों की देखरेख करनेवाला पसंद नहीं आया। क्या तुम कॉस्ट्यूम पेटी से कोई नया परिधान ला सकते हो? 'चाँदनी' के कॉस्ट्यूम में से शाहरुख के इस शॉट के लिए स्वेटर ले आओ।'

मैं उत्साहित हो गया। 'चाँदनी' और ऋषि कपूर! मैं दोनों का ही बहुत बड़ा फैन था।

लंच के बाद मैं कॉस्ट्यूम पेटी पर गया। मुझे वहाँ एक लाल और सफेद स्वेटर पसंद आया।

बाकी स्वेटर मुझे इतने अच्छे नहीं लगे। लेकिन इसमें एक बड़ा सा छेद था। अब क्या किया जाए? उसी पेटी में एक कोट भी था, जिसपर एक बिल्ला लगा था। मैंने कॉस्ट्यूम दादा से उस बिल्ले को निकालकर स्वेटर पर लगाने के लिए कहा, जो मेरे हिसाब से अच्छा लगनेवाला था। उन्होंने ऐसा कर दिया। बिल्ला लगने के बाद वह स्वेटर सचमुच बहुत खूबसूरत लग रहा था। मैं बहुत उत्साहित हो गया था। ऐसा लग रहा था, जैसे वह परिधान मैंने ही तैयार किया हो। मुझे उम्मीद थी कि शाहरुख भी उसे पसंद करेंगे।

थोड़ी ही देर में शाहरुख आ गए और अपने को माहौल के अनुकूल बनाने लगे।

उन्होंने कहा, 'कितना खूबसूरत स्वेटर है! यार, तुम सिर्फ मेरे कपड़ों की जिम्मेदारी क्यों नहीं सँभाल लेते?'

उन्होंने आदि से कहा, 'इतना अच्छा स्वेटर बना दिया है।'

इसके अलावा मैं बाजार जाकर दो या तीन जींस भी खरीदकर लाया।

मैंने शाहरुख से कहा, 'आप बहुत खुली जींस पहनते हैं। आपको थोड़ी टाइट लेविस जींस पहननी चाहिए, इसमें आप अधिक फिट दिखाई देंगे (वे रैंग्लर की जींस पहनते थे), मेरा विश्वास कीजिए, आप बहुत अच्छे दिखेंगे।'

उन्होंने वह जींस पहनी, अपने आपको शीशे में देखा और लगा कि उन्हें वह पसंद आई।

उन्होंने कहा, 'तुम मेरे कपड़े क्यों नहीं सँभाल लेते?'

आदि ने पूछा, 'क्या तुम ऐसा करोगे?'

मैंने कहा, 'हाँ, जरूर।'

उस समय अचानक ऐसा लगा मानो मुझे कोई मिशन मिल गया हो।

मैंने सोचा, 'हे ईश्वर! शायद यही पेशा ठीक रहेगा। मुझे कॉस्ट्यूम डिजाइनर बनना चाहिए। यही अच्छा रहेगा।'

शाहरुख के कपड़े सँभालना मेरे लिए बहुत उत्साहजनक था।

और तब आदि ने कहा, 'सिर्फ वे ही क्यों? तुम फिल्म का पूरा कॉस्ट्यूम डिपार्टमेंट क्यों नहीं सँभाल लेते?'

मैंने हैरान होकर उदय से कहा, 'अब मैं समझ गया हूँ कि मेरी इस फिल्म में क्या भूमिका है। मैं कॉस्ट्यूम सँभाल रहा हूँ।'

उन्होंने कहा, 'आपको सहायक निर्देशक से कॉस्ट्यूम डिजाइनर बना दिया?'

और मैंने कहा, 'मैं सीख लूँगा।'

मुझे एक मिशन मिल गया था। लेकिन उस फिल्म से मेरा जुड़ाव इतना गहरा था कि एक ओर जहाँ मैं रचनात्मक कार्य देख रहा था, वहीं दूसरी ओर कॉस्ट्यूम भी सँभाल रहा था। पैम आंटी और मैंने महिलाओं के कपड़ों पर साथ मिलकर काम किया। मैंने गोरेगाँव के बाजार से चूड़ियाँ और उसकी मैचिंग की बिंदी खरीदीं। उन दिनों ऐसा कोई नहीं करता था। मेकअप आर्टिस्ट

चूड़ियाँ लाते और बाकी सारा सामान केश प्रसाधक लाया करते थे। चूड़ियों को कॉस्ट्यूम से मैच करवाने का काम किसी के जिम्मे नहीं था। 'दिलवाले दुलहनिया ले जाएँगे', में मध्यांतर के बाद के हिस्से में भारतीय परिधानों का काफी उपयोग है। प्रोडक्शन ने मुझे सीमित राशि दी थी। मैंने अपनी जेब से पैसे लगाकर अधिक बेहतर चीजें खरीदीं। मैंने सह कलाकारों—फरीदाजी, हिमानी शिवपुरी के लिए भी चीजें लाईं। काजोल के कपड़ों का काम मेरे दोस्त मनीष मल्होत्रा देख रहे थे। जबकि फिल्म में बाकी सबके कपड़ों की जिम्मेदारी मुझपर थी।

फिर वह समय भी आया, जब अप्रैल के महीने में हमने फिल्म का अंतिम दृश्य शूट किया। यह शाहरुख का काजोल के पिता से कहा गया 'बाबूजी, आप ठीक कहते हैं' वाला डायलॉग था।

आदि ने मुझसे पूछा, 'आपकी राय में यह संवाद कैसे बोला जाए?'

मैंने कहा, 'इसे जूलियस सीजर के भाषण, सम्मानित लोगों⋯ वगैरह की तरह होना चाहिए। यह व्यंग्यात्मक लहजे में होना चाहिए, यह ऐसा हो जैसे, 'हाँ मैं झूठा हूँ, लेकिन उससे क्या फर्क पड़ता है, अगर यह झूठा आपकी बेटी से उस तरह प्यार करता है, जैसे कभी किसी ने नहीं किया होगा। अगर मैं दीवाना हूँ तो क्या हुआ। क्या हुआ अगर यह दीवाना, पागल, झूठा आपकी बेटी से प्यार करता है। मैं झूठा हूँ, और झूठा ही रहूँगा।'

आदि को यह विचार पसंद आया।

उन्होंने कहा, 'इसे तुम ही क्यों नहीं लिखते?'

मैंने उसे लिखा और आदि ने उसमें कुछ परिवर्तन किए। इसमें 80 फीसदी मेरा लिखा था और अपनी ओर से उन्होंने सिर्फ 20 फीसदी ही जोड़ा था। उन्होंने इसे शाहरुख को दिया। अब तक शाहरुख मुझे दक्षिणी मुंबई के सौंदर्यबोधयुक्त व्यक्ति के रूप में जानते थे। वे मुझे पसंद करने लगे थे। मैं बाकी सहायक निर्देशकों जैसा नहीं था। मैं उन्हीं की भाषा बोलता था, उनके मजाक समझता था। उन्हें मैं बेहद मजाकिया लगता था। मैं अकसर उन्हें अजीब और मजेदार चीजें कहा करता था। मैं किस्सागो भी बहुत अच्छा था।

सेट पर आने पर उन्होंने कहा, 'आदि, क्या बढ़िया सीन है यार!'

और आदि ने सबके सामने मेरी ओर इशारा करते हुए कहा, 'उन्होंने लिखा है।'

शाहरुख ने मेरी ओर देखा और कहा, 'तूने लिखा है? हिंदी में लिखा है?' फिर उन्होंने कहा, 'लेकिन तेरी हिंदी तो इतनी खराब है, जैसे तू बात करता है।'

मैंने कहा, 'मेरा हिंदी लेखन अच्छा है, हालाँकि मैं हिंदी ठीक से बोल नहीं पाता।'

उन्होंने कहा, 'यह सीन तुमने लिखा है?'

उन्होंने तीन बार मुझसे यह बात पूछी।

उन्होंने कहा, 'मुझे विश्वास नहीं हो रहा कि यह सीन तुमने लिखा है!'

उन्होंने वह सीन किया, और मुझे लगता है कि उसके बाद से ही मेरे प्रति उनका नजरिया बदल गया। वे मुझे और गंभीरता से लेने लगे। इसके बाद वे मुझे अपना हर सीन दिखाने लगे। वे

मेरे सामने उसे अभिनीत करते और मेरी राय पूछते। और बाद में आदि के लिए उसी तरह करते। उनसे मेरा रिश्ता मजबूत होता जा रहा था।

उन्होंने मुझे उसी क्षण संभावित संसाधन के तौर पर स्वीकार कर लिया था, जिस क्षण आदि ने उन्हें मेरे यह दृश्य लिखने की बात बताई थी। मुझे कहना होगा कि बहुत कम ऐसे फिल्म-निर्माता होंगे, जो किसी सहायक को इस तरह सबके सामने श्रेय देते हों। लेकिन आदि को अपने पर इतना विश्वास था तथा उनका दिल इतना बड़ा था कि उन्होंने ऐसा किया। इस एक घटना ने मेरे प्रति शाहरुख के नजरिए को पूरी तरह से बदल दिया। मुझे अपने सहकर्मियों का साथ अच्छा लगता था। मुझे शाहरुख और काजोल पसंद थे। मुझे आदि पसंद थे। मुझे उदय भी पसंद थे। मुझे सेट का हर व्यक्ति पसंद था। मुझे यश अंकल पसंद थे, जो हर समय सेट पर हमारे साथ रहते। उन्हें देखकर मुझे अपने पिताजी की याद आती थी। यह बहुत अजीब है, लेकिन पहले ही दिन मेरे और यश अंकल के बीच दोस्ताना संबंध बन गए, जो आखिर तक कायम रहे। मेरे लिए वे सचमुच पिता के जैसे थे। मैं उनके बहुत निकट था। बल्कि उनके जाने का सच स्वीकार करने में मुझे लंबा अरसा लग गया। अपने पिता का निधन मेरे लिए इतना बड़ा झटका या हिला देनेवाला नहीं था, क्योंकि उन्हें कैंसर था। लेकिन यश अंकल के देहांत से मैं बुरी तरह टूट गया था। आज भी उनके बारे में सोचने मात्र से मुझपर बेहोशी सी छा जाती है, क्योंकि मेरे लिए वे रोजमर्रा के कार्यों की जानकारी का एकमात्र स्रोत थे। मैं रोज सुबह उनके पैर छूता था। उनके व पैम आंटी के होते मुझे कभी अपने माता-पिता की कमी महसूस नहीं हुई। मैं हमेशा आश्रित व संरक्षित रहा हूँ, उनके साथ घर जैसा महसूस होने के कारण मुझे घर की कमी कभी नहीं खली।

मुझे काम व वहाँ का माहौल पसंद था, लेकिन उससे भी अधिक वहाँ के लोग पसंद थे। काम इसलिए अच्छा लगता था, क्योंकि मैं भी आदि के साथ लेखन प्रक्रिया का हिस्सा रहा था; मैंने उन्हें अपने दिमाग में फिल्म का निर्माण करते देखा है। इसलिए सेट पर मैं केवल उसे अपने सामने साकार होते देख रहा था।

किसी दृश्य को कागज पर पढ़ना और फिर उसे वास्तव में फिल्माए जाते देखना बहुत रोमांचक होता था। मुझे लगने लगा था कि मैं जहाँ के लिए बना था, वहाँ पहुँच गया हूँ। मेरे अकेलेपन और भाई-बहन की कमी की अनुभूति को हिंदी सिनेमा और इन लोगों ने पाट दिया था। मेरे और भी दोस्त थे, जिन्हें मैं प्यार करता था और जिनके साथ कॉलेज में मेरा समय अच्छा गुजरा। लेकिन फिर भी मुझे यह वातावरण घर जैसा प्रतीत होता था। हिंदी फिल्मों और हिंदी गीतों के प्रति मेरा जुनून पूरी तरह सामने आ गया था। शायद यही मेरा भाग्य था। मैंने कभी भी इसे स्वीकारा या इस बारे में कुछ किया नहीं था। मैं बचपन से सुनता आया था कि 'तुम्हारे लिए हिंदी फिल्में ठीक नहीं हैं, तुम्हें पैसों का नुकसान होगा, यह उद्योग विश्वसनीय नहीं है, देखो, तुम्हारे पापा ने कितना नुकसान उठाया है। तुम्हें कोई स्थायी नौकरी करनी चाहिए, कोई ठोस पेशा या तुम्हें बिजनेस करना चाहिए।' मैंने अपनी माँ को यही सब कहते सुना था और वे ठीक भी

थीं। वे कुछ गलत नहीं कह रही थीं; वे मुझे सही दिशा दिखा रही थीं, क्योंकि फिल्म व्यापार में हम अपनी उँगलियाँ जला चुके थे।

मैंने अपने पिता को निराश होते देखा था, मैंने अपने पिता को परेशान देखा था, मैंने उन्हें दुःखी देखा था, मैंने उन्हें लोगों से धोखा खाते देखा था। मैं स्वयं भी फिल्म बिजनेस के प्रति कुछ रूखा था। लेकिन मेरा या मेरे पिता का कभी इस युवा पीढ़ी से वास्ता नहीं पड़ा था। मेरे पिता ने कभी भी शाहरुख खान जैसे सुलझे इनसान के साथ काम नहीं किया, वे ऐसे आम मूवी स्टारों जैसे नहीं थे, जिनके आम सेक्रेटरी होते हैं, जिनकी आपको चिरौरी करनी होती हो या जिनका ध्यान आकर्षित करने के लिए आपको उन्हें घूस देनी पड़े। वे हमारे घर आया करते। वे मुझे गले लगाते। जबकि मैं सिर्फ ए.डी. था। मेरे पिता यह देखकर हैरान रह जाते कि शाहरुख अपनी पत्नी गौरी के साथ अपने ए.डी. के घर डिनर पर आए हैं। मेरे पिता कहते, 'शाहरुख घर पर आया!'

शाहरुख और गौरी मुझे पसंद करते थे। वे अकसर मुझे घर से ले लेते और हम साथ घूमने जाते थे। और मेरे पिता कहते, 'तू कल शाहरुख खान के साथ गया था? बहुत अच्छा। वह तुझे बाहर लेकर गया, उसी ने पैसे दिए?'

मैं उत्तर देता, 'हाँ, उन्होंने ही पैसे दिए।'

मेरे पिता कहते, 'लेकिन पैसे तुझे देने चाहिए थे।'

अब मैं अपने पिता को कैसे समझाता कि आज की पीढ़ी में यही चलता है। लेकिन मेरे पिता के लिए यह बहुत अलग था। पता नहीं क्यों, मुझे हमेशा लगता था कि मेरे पिता का दूसरों की इतनी परवाह करने का कारण यह है कि वे पहले प्रोडक्शन मैनेजर हुआ करते थे। फिल्म निर्माता जैसे बड़े स्तर पर पहुँचने के बावजूद दिल से वे हमेशा एक साधारण प्रोडक्शन कर्मी ही रहे।

उन्हें समझाने के प्रयास में मेरी माँ का गला बैठ जाता कि 'यश, तुम प्रोडक्शन मैनेजर की जगह निर्माता जैसा व्यवहार करना कब शुरू करोगे?'

लेकिन वे कहते, 'मैं वही तो हूँ।'

अगर किसी स्टार के पास बैग होता तो अपनी आदत के अनुसार वे उसका बैग उठा लेते। यह देखकर मेरी माँ शर्म से गड़ जातीं। लेकिन मेरे पिता की सोच ऐसी ही थी। वे दौड़-दौड़कर इस तरह काम करते, जैसे वह उन्हीं की जिम्मेदारी हो, फिर चाहे उनका उससे कोई मतलब न हो। वे इस तरह के आदमी थे, किसी की शादी हो या मृत्यु, वे वहाँ पहुँचकर सबसे पहले जिम्मेदारी लेनेवालों में से थे, फिर चाहे उनका उनसे कोई संबंध हो या न हो। लोगों के लिए बेशर्त और निस्स्वार्थ भाव से काम करने के कारण वे इंडस्ट्री के सबसे पसंदीदा और लोकप्रिय व्यक्ति थे। उनके साथ काम कर चुके इंडस्ट्री के किन्हीं भी दस लोगों से उनके बारे में पूछिए, उन सभी के पास उनसे जुड़ी कोई-न-कोई कहानी अवश्य होगी। आप सलमान, शाहरुख, आमिर या किसी भी पुराने अभिनेता या अभिनेत्री से उनके बारे में पूछिए। उन सभी के पास बताने के लिए यश जौहर की कोई-न-कोई कहानी होगी। 'मैं एक बार फँस गया था और उन्होंने मेरी मदद की',

'मुझे कुछ चाहिए था और उनकी वजह से मिल गया।' यह सुनते-सुनते मेरे कान पक गए हैं कि 'आपके पिता ने मेरे लिए यह किया, आपके पिता ने मेरे लिए वह किया।' दूसरों की भलाई करने में वे सबसे आगे रहते थे और ऐसा वे बिना किसी लालच या यश-प्राप्ति की इच्छा के करते।

पीछे मुड़कर देखने पर मुझे एहसास होता है कि मेरे पास अपनी फिल्मों से अधिक 'दिलवाले दुलहनिया ले जाएँगे' की यादें हैं। यह मेरा फिल्म-निर्माण का पहला अनुभव था। मुझे इससे संबंधित हर कॉस्ट्यूम और चुने जाने के पीछे का विचार याद है। मुझे याद है कि शाहरुख के लिए चमड़े की जैकेट खरीदने में 450 या 300 पाउंड खर्च करने के पूर्व मैंने और आदि ने खूब चिंतन किया था। ये ऐसी चीजें हैं, जिनके बारे में आज हमें सोचना भी नहीं पड़ता! लेकिन उस समय हार्ले डेविडसन जैकेट खरीदना एक बड़ा फैसला था। उस फिल्म के निर्माण का प्रत्येक दिन मेरे दिमाग के खाली कोनों में सुरक्षित है। मुझे उससे जुड़े बहुत से विवरण याद हैं। काजोल का अपना मेकअप खुद करना, क्योंकि पहले पाँच दिन उनके मेकअप के लिए कोई नहीं थीं, आउटडोर शूटिंग पर मेरा काजोल के बाल काढ़ना, क्योंकि उनका हेयरस्टाइलिस्ट नहीं था। मुझे सभी चरित्र अभिनेताओं से बात करना याद है, जो एक चुनौतीपूर्ण कार्य था। फिल्म में एक लड़की छुटकी का किरदार निभानेवाली पूजा रूपारेल की माँ से निपटना मुझे याद है। मुझे याद है कि मैं अमरीश पुरी से कितना डरता था। मेरे पहले दिन उन्होंने पहला सवाल समय के बारे में पूछा था। मैंने उन्हें समय बताया। उन्होंने कहा, 'नहीं, फिल्म के अनुसार क्या समय हो रहा है? मुझे अपनी घड़ी उसके मुताबिक सेट करनी है।' मैंने कहा, 'यह पूजा का दृश्य है, इसलिए यह सुबह साढ़े सात का समय हो सकता है।' उन्होंने फिर पूछा, 'मौसम कैसा है? क्योंकि मुझे अपनी शॉल उसी के हिसाब से पहननी होगी।' मैंने सोचा, 'हे ईश्वर, मुझे आदि से यह सब सवाल पूछ लेने चाहिए थे। क्या मैं इन सभी के उत्तर अपने आप दे सकता हूँ? मुझे शाहरुख खान के साथ बैठकर सीन पढ़ना भी याद है।'

मुझे आज भी गुड़गाँव शिड्यूल की शुरुआत याद है, जहाँ हमने 'तुझे देखा तो ये जाना सनम', गीत शूट किया था।

शाहरुख देर रात आए थे। उन्होंने सुबह तीन बजे मेरा दरवाजा खटखटाया। उस समय मैं गहरी नींद में था।

वे अंदर आए और बोले, 'सुनो, आदि सो रहे हैं, मैं उन्हें डिस्टर्ब नहीं करना चाहता। एक बार सीन को फिर से पढ़ लेते हैं।'

तो सुबह तीन बजे से पाँच बजे तक हम उस शिड्यूल से संबंधित सारे सीन पढ़ते रहे।

मुझे याद है, उस समय काजोल ने अजय को डेट करना शुरू ही किया था। वे मेरे साथ गुप्त रूप से इस बारे में बातें करती थीं। उन दिनों मोबाइल फोन नहीं हुआ करते थे, इसलिए उन्हें बाहर जाकर फोन करना पड़ता था।

मुझे लंदन शिड्यूल और स्विट्जरलैंड शिड्यूल भी याद है। मुझे वह जैकेट याद है, जिसे

मैं पहना करता था, मुझे वह जैकेट भी याद है, जो आदि पहनते थे।

उस दौरान आदि मेरी एक मित्र को डेट कर रहे थे और उसने मुझे चालीस कार्ड दिए थे, मुझे आउटडोर शूट के हर दिन उन्हें उनमें से एक कार्ड देना था। सेट रोमांस से परिपूर्ण था। यह प्रेम से घिरी प्रेम से संबंधित फिल्म थी।

मैं कॉस्ट्यूम डिवीजन का हिस्सा था, इसलिए मैं कॉस्ट्यूम दादा के साथ बैठा रहता था। यह फिट होगा, यह नहीं हो पाएगा? हमारा छोटा सा क्रू था, उन दिनों विदेश जानेवाले क्रू बहुत बड़े नहीं हुआ करते थे। हम हाथों में कॉस्ट्यूम लिये, वहाँ की बर्फ ढकी पहाड़ियों पर चढ़ते थे, कि कहीं अंतिम समय पर कुछ बदलाव न हो जाए या उनका रंग ठीक न लगे।

इसके अलावा मैंने फिल्म में अभिनय भी किया था। मैं इस फिल्म में शाहरुख के दोस्त की भूमिका में था। मुझ पर ऐसा करने के लिए दबाव डाला गया था, हालाँकि मैं इसे लेकर खुश था।

आप किसी ऐसी फिल्म के प्रति निष्पक्ष कैसे रह सकते हैं, जिससे आप इतने गहरे जुड़े हों? यह आदि का विजन था और आदि की फिल्म थी और हम सब आदि से प्यार करते थे। मैं उन्हें दिल से प्रेम करता था; मैं उनके लिए जान भी दे सकता था। मैं उनके विजन को लेकर पागल था। इसलिए फिल्मफेयर अवार्ड के दौरान जब उन्होंने मुझे धन्यवाद दिया तो निस्संदेह मैं अपनी सीट पर बैठा आँसू बहा रहा था। उन्होंने अपने माता-पिता को धन्यवाद दिया, उन्होंने शाहरुख और काजोल का धन्यवाद दिया और फिर उन्होंने मेरा नाम लिया कि मेरा जिगरी दोस्त करण जौहर, जिसके बिना यह फिल्म बन ही नहीं सकती थी। मुझे याद है कि मेरे पास बैठे अभिषेक का मुँह खुला रह गया था। शायद वे यह देखकर हैरान थे कि यह इस तरह क्यों रो रहा है? मुझे 'दिलवाले दुलहनिया ले जाएँगे' पर बहुत गर्व था। इसका प्रीमियर मेरे लिए बहुत बड़ी बात थी। इसके बाद यह बड़ी ब्लॉकबस्टर साबित हुई और आज भी इसे थियेटरों में दिखाया जा रहा है। यह बेहद खूबसूरत यात्रा थी!

हम स्विट्जरलैंड और लंदन के बड़े आउटडोर शूट पर थे। उस समय शाहरुख व मेरा बहुत सा समय साथ बीतता था। आदि ने मुझसे कहा भी, 'तुम्हें पता है, वे तुम्हें पसंद करने लगे हैं। तुम्हें फिल्म करने के बारे में सोचना चाहिए।'

लेकिन मैं कॉस्ट्यूम डिजाइनर बनने की ठान चुका था। निर्देशक बनना मेरे एजेंडे में नहीं था। मेरा मानना था कि निर्देशक बनने के लिए आपको सेट पर करीब छह साल काम करना होगा।

एक दिन हम सब साथ बैठे थे। मुझे याद है, उस दिन ठंड बहुत थी, बाहर बर्फ पड़ रही थी। हम किसी उपकरण के आने का इंतजार कर रहे थे, इसलिए शूटिंग रुकी हुई थी। मैं शाहरुख के साथ बैठा था। वे मुझे अपने माता-पिता, अपने जीवन और गौरी के बारे में बता रहे थे। तब तक हम काफी निकट आ चुके थे। शाहरुख को नींद नहीं आती थी और उनके प्रति मुग्ध होने के कारण मैं हमेशा उन्हें खुश करने की फिराक में रहता था। मेरा मानना था कि 'मैं जितना अधिक

समय उनके साथ गुजारूँगा, उतना ही परिपक्व हो सकूँगा।' इसलिए मैं सुबह पाँच बजे तक उनके साथ रहता, और फिर एक घंटे के भीतर बतौर सहायक अपना काम शुरू कर देता। मेरी नींद की नियमितता बिगड़ चुकी थी, लेकिन मैं अपना काम पूरी मुस्तैदी के साथ करता था। मैं पूरी तरह फिल्म में व्यस्त था। मैं अपने भीतर प्राप्त इस नए पहलू में व्यस्त था।

शाहरुख के साथ मेरे संबंध इतने प्रगाढ़ हो गए थे, जितने और किसी के नहीं थे। गौरी हमारी आउटडोर लोकेशन पर अकसर आया करती थीं। शाहरुख ने मुझे उनसे उनके अब तक मिले सबसे उम्दा और मजाकिया व्यक्ति के तौर पर मिलवाया। मेरे और गौरी के बीच भी बन गई। मैं फ्रेंच बोल सकता था और हम स्विट्जरलैंड के फ्रेंच-भाषी हिस्से में थे। यूनिट के सभी लोग इस बात से प्रभावित थे कि मैं लोगों से स्थानीय भाषा में बात करके खेतों में सस्ते में शूटिंग का इंतजाम करवा देता था। स्थानीय लोग भी भारत से आए लड़के को उनकी भाषा धाराप्रवाह बोलते देखकर प्रभावित हो जाते थे। यश अंकल हर प्रोडक्शन मीटिंग के लिए मुझे साथ ले जाते थे।

शाहरुख के लिए मैं बॉलीवुड में जन्मा ऐसा लड़का था, जो फ्रेंच बोलने के साथ ही विनोदपूर्ण भी था। गौरी फिल्मवालों को पसंद नहीं करती थीं। लेकिन मैं पूरी तरह से फिल्मी नहीं था। मैं बेहद सहज व्यक्ति था।

एक दिन मुझे दिन भर की छुट्टी दी गई, जिससे मैं गौरी को आस-पास की जगह दिखा सकूँ, आखिर वे स्टार की बीवी जो थीं। मेरे लिए यह बेहतरीन दिन रहा, क्योंकि मैंने उनका खूब मनोरंजन किया। मेरी कहानियाँ उन्हें अच्छी लगीं, मैंने बेतुकी बातें भी कीं। वापस लौटने पर उन्होंने कहा, 'मैं इस व्यक्ति को और अच्छी तरह जानना चाहती हूँ। यह इंडस्ट्री का इकलौता व्यक्ति है, जिससे मिलना मुझे इतना मजेदार लगा।' शाहरुख इस बात से खुश थे कि गौरी को इस इंडस्ट्री में कोई तो पसंद आया।

एक दिन हम सब ऐसे ही बैठे थे, तब शाहरुख ने कहा, 'करण, तुम्हें एक फिल्म निर्देशित करनी चाहिए।'

मैंने कहा, 'क्या आपको सचमुच ऐसा लगता है ?'

उन्होंने कहा, 'आप एक फिल्म निर्देशक हैं, आपको फिल्म निर्देशन करना चाहिए। आपकी लेखन क्षमता गजब की है। आप बहुत अच्छा लिखते हैं। आप बेहतरीन निर्देशक बनेंगे, बस इसके लिए आपको लिखना होगा। और जब आप अपनी पहली फिल्म बनाएँगे, मैं उसमें अभिनय करूँगा।'

तभी काजोल भी आ गईं और उन्होंने पूछा, 'आप लोग किस बारे में बातें कर रहे हैं ?'

शाहरुख ने कहा, 'मैं करण से कह रहा था कि उन्हें भी आदि की तरह निर्देशक बनना चाहिए। और जब वे अपनी पहली फिल्म बनाएँगे, मैं उसमें अभिनय करूँगा।'

काजोल ने कहा, 'हाँ, करण की फिल्म होगी तो मैं भी करूँगी।'

शाहरुख ने कहा, 'चल, दिलवाले के बाद यही करते हैं। हम एक साथ जो अगली फिल्म करेंगे, वह करण की फिल्म होगी।'

मुझे लगा कि वे बेतुकी बात कर रहे हैं। वे क्या कह रहे हैं ? मैं, और निर्देशक ? इस फिल्म में मैं केवल एक सहायक भर हूँ। मुझे अभी बहुत लंबी दूरी तय करनी है।

मैंने कहा, 'इसमें पाँच से छह साल लगेंगे।'

'नहीं', शाहरुख ने कहा, 'बहुत जल्द।' उस समय वे मेरे पिता की फिल्म में काम कर रहे थे।

शूटिंग से वापस लौटने पर माँ मुझे देखकर बहुत खुश हुईं। मैं दो महीने से बाहर था। हम डिनर पर पापा का इंतजार कर रहे थे। वापस लौटने पर वे भी मुझे देखकर बहुत खुश हुए। तब उन्होंने कहा, 'तुम्हें पता है, एक बहुत अजीब बात हुई। मैं डुप्लीकेट के लिए शाहरुख से मिलने गया था। और उन्होंने कहा कि मैं आपके साथ एक नहीं बल्कि दो फिल्में करना चाहता हूँ। लेकिन आपकी अगली फिल्म के निर्देशक को मैं चुनूँगा। पता नहीं वे किसका नाम लेंगे ?'

मैंने कहा, 'पता नहीं, मुझे सचमुच अंदाजा नहीं है।'

उन्होंने कहा, 'वह मुझे कल मिल रहा है। वह धर्मा के साथ एक और फिल्म साइन करना चाहता है।'

मेरे पिता बेहद उत्साहित और प्रसन्न थे, क्योंकि शाहरुख बड़े स्टार थे और वे पहले ही डुप्लीकेट कर रहे थे। और अब वे एक और फिल्म साइन करना चाहते थे।

खैर, वह मीटिंग नहीं हो सकी। दो या तीन महीने बाद भी मैं सहायक ही था। 'दिलवाले दुलहनिया ले जाएँगे' रिलीज के लिए तैयार थी। एक दिन मेरे पिता ने मुझसे कहा, 'आज शाहरुख ने मुझे अपने घर मिलने के लिए बुलाया है।'

वे उस मीटिंग के लिए गए।

अगले दिन सुबह जब मैं सोकर उठा तो पिताजी ने मुझे बुलाया और कहा, 'शाहरुख पागल हो गया है।'

मैंने पूछा, 'क्यों ?'

'उन्होंने कहा है कि उनकी अगली फिल्म तुम निर्देशित करोगे। और यह भी कहा कि वह अपना सारा काम पूरे करने के बाद इसे फौरन शुरू करना चाहेगा।'

मैंने कहा, 'मैं ?'

मेरे पिता ने कहा, 'वह गंभीर था।' 'आपकी फिल्म मैं करूँगा धर्मा प्रोडक्शंस के लिए, और आपका बेटा डायरेक्ट करेगा।' 'लेकिन तूने तो एक ही फिल्म की है। क्या सीखकर आया होगा एक फिल्म से ?'

मैंने कहा, 'नहीं पापा, वह ऐसे ही बोल रहा होगा।'

उन्होंने कहा, 'नहीं, बहुत गंभीर था।'

तब तक मेरी माँ भी उठ गईं। मेरे पिता ने उन्हें भी यह बात बताई।

माँ ने कहा, 'क्या ? तुम फिल्म निर्देशित करोगे ? लेकिन तुमने तो अभी तक सिर्फ एक फिल्म की है। क्या बकवास है !'

मैंने कहा, 'मुझे नहीं पता कि उसका यह कहने का क्या मतलब था।'

माँ ने कहा, 'यह तो मजाक है।'

खैर, 'दिलवाले दुलहनिया ले जाएँगे' का प्रीमियर हुआ। शाहरुख ने प्रीमियर के बाद मुझे फोन किया और कहा, 'देखो, आज अक्तूबर 1995 है। मैं तुम्हें अक्तूबर 1997 की डेट्स दे रहा हूँ। तुम्हारे पास फिल्म लिखने के लिए दो साल हैं।'

मैंने कहा कि मैंने अपने पिता को बताया तो उन्होंने कहा, 'क्या बकवास बोल रहा है!' फिर उन्होंने कहा, 'अब सहायक का काम मत करना, लिखो।'

आदि ने मुझसे कहा, 'क्या तुम मूर्ख हो? शाहरुख खान तुम्हारी फिल्म करने के लिए तैयार है। क्या तुम इसका मतलब समझते हो?'

मैंने कहा, 'लेकिन कौन सी फिल्म? कैसी फिल्म? मैं क्या बना रहा हूँ?'

आदि ने कहा, 'शाहरुख ने कहा है कि अब तुम्हें सहायक का कार्य करने की आवश्यकता नहीं है।'

मैं एक और फिल्म में सहायक बनना चाहता था। लेकिन उन्होंने कहा था, 'सहायक मत बनो, लिखो।'

मेरी खुशी का पारवार न था। मैंने सोचा, हे ईश्वर, शाहरुख सचमुच चाहते हैं कि मैं उनके साथ एक फिल्म बनाऊँ। मेरे भीतर का एक हिस्सा इसके लिए तैयार नहीं था, वहीं दूसरा हिस्सा हैरान होने का दिखावा कर रहा था। लेकिन मुझे लगता है कि दिल-ही-दिल में, मैं जानता था कि मैं ऐसा कर सकता हूँ।

अचानक मुझे सब आसान लगने लगा। यह बहुत अजीब था, अब इसमें कुछ भी भयभीत करनेवाला नहीं लग रहा था। मैंने सोचा, एक कहानी लिखो, गीत रिकॉर्ड करो और उनका फिल्मांकन करो, अपना काम करवाने के लिए बेहतरीन लोगों को चुनो और एक फोटोग्राफी निर्देशक रखो। यह इतना मुश्किल भी नहीं था। मैं हिंदी फिल्म बना सकता हूँ। 'दिलवाले दुलहनिया ले जाएँगे', मेरा प्रशिक्षण केंद्र, मेरा फिल्म इंस्टीट्यूट था।

मैं जो कुछ भी जानता था, वह मैंने यहीं से सीखा था। हालाँकि मैं बहुत नहीं जानता था। बल्कि आज भी तकनीकी रूप से मैं बहुत बड़ा जानकार नहीं हूँ। मुझे यह कभी समझ नहीं आया। मेरे लिए यह हमेशा से ही एक कहानी सुनाने के जैसा रहा है। मैं स्तर समझता हूँ, व्यापकता समझता हूँ, मैं यह समझता हूँ कि सिनेमाई अनुभव कैसा होना चाहिए। मैं परदे की संपूर्ण सुंदरता से परिचित हूँ। मैं खूबसूरती से शॉट लेने के जादू को समझता हूँ। मुझे लगता है कि हमेशा से ही मेरा झुकाव सौंदर्य की ओर रहा है। लेकिन हाँ, मेरे प्रशिक्षण का आधार निश्चित ही 'दिलवाले दुलहनिया ले जाएँगे' ही था। इससे पहले मैं पूरी जिंदगी में फिल्म के सेट पर अधिक-से-अधिक दस बार गया हूँगा। वह भी अपने पिता के साथ। वहाँ मैंने सब लोगों को 'हैलो' किया और बस बात खत्म हो गई। चोपड़ा परिवार ने मेरे भीतर इसके प्रति प्रेम और जुनून उत्पन्न करने का कार्य

किया। म्यूजिक सिटिंग या सेट पर किस तरह से काम करना है, यह मैंने आदित्य चोपड़ा और फिर यश चोपड़ा से सीखा है, क्योंकि मैंने उनके साथ भी काफी समय बिताया है।

सौभाग्यवश, जादू एक बार फिर चल गया, और इस बार इसका कारण मेरी फिल्म 'कुछ कुछ होता है' रही। तीन साल के भीतर 1995 से 1998 के बीच मेरी दोनों फिल्में हर बार अक्तूबर महीने में ही रिलीज हुईं।

'दिलवाले दुलहनिया ले जाएँगे' के बाद मेरी और आदि की जिंदगी अद्भुत रही। हमने कहाँ से शुरुआत की और कहाँ पहुँच गए थे। दो गहरे दोस्त, एक-दूसरे के प्रति जिम्मेदारी समझते थे। मैं उनके बराबर नहीं था, फिर भी मैंने फिल्म बनाई और उसे भी बहुत प्यार मिला। आज हम दोनों सक्रिय होकर कार्य कर रहे हैं, हम दो दमदार प्रोडक्शन हाउस चला रहे हैं, और आज भी हम बहुत निकट हैं। हमारा समीकरण बहु-सतही होने पर भी इसमें प्रेम अभी भी बरकरार है।

□

# कुछ कुछ होता है

मुझे शाहरुख के समक्ष जनवरी 1996 तक अपनी इस पहली फिल्म से संबंधित विचार पेश करना था। लेकिन कुछ नहीं हुआ। उसी साल मार्च-अप्रैल में शाहरुख जयपुर में महेश भट्ट के निर्देशन में फिल्म 'चाहत' की शूटिंग कर रहे थे। उन्होंने मुझे फोन किया और कहा, 'यहाँ आकर मुझे अपनी फिल्म के बारे में बताओ।'

लेकिन मेरे पास सुनाने के लिए कुछ नहीं था। मैं सोच में पड़ गया कि क्या किया जाए। मैं विचार करने लगा कि हमने अब तक शाहरुख को किस रूप में नहीं देखा? अचानक मुझे सूझा कि हमने उन्हें पिता की भूमिका में नहीं देखा है। कुछ समय पूर्व मैंने एक अंग्रेजी फिल्म जैक एंड सारा देखी थी। यह एक ब्रिटिश फिल्म थी। इसमें एक व्यक्ति की पत्नी का बच्चे को जन्म देते समय देहांत हो जाता है। वह बच्चे के साथ अकेला रह जाता है। आरंभ में उसे बच्चे से प्रेम नहीं होता, लेकिन समय के साथ उन दोनों के बीच के संबंध प्रगाढ़ हो जाते हैं। फिर पिता को किसी और लड़की से प्रेम हो जाता है। मुझे यह हिस्सा पसंद आया—बीवी मर जाती है और बच्चा आ जाता है और फिर शाहरुख अपने परिवार को पूरा करने के लिए एक नई लड़की को खोजते हैं। मेरे दिमाग में यह विचार था। मैंने सोचा कि मैं शाहरुख को यह कहानी सुना दूँगा, इससे मुझे कुछ समय और मिल जाएगा।

शाहरुख से मिलने जाते समय मैं फिल्म के दृश्यों पर विचार कर रहा था और तभी मुझे माँ और चिटवाला 'जस्ट ए मिनट' वाकया याद आया। मैंने सोचा कि क्या हो, अगर इस बच्चे की चिट पर 'माँ' लिखा हो, जबकि उसकी माँ का देहांत हो चुका है? यह दृश्य कैसा रहेगा? जयपुर पहुँचने और शाहरुख से मिलने तक मेरे पास केवल यही एक दृश्य था। मैंने उन्हें बताया, 'आप पिता की भूमिका में हैं और एक बच्चा है···और यह एक भावनात्मक फिल्म है।'

इसके बाद मैंने उन्हें चिटवाला दृश्य सुनाया। उन्हें बताते समय मैंने इस दृश्य को थोड़ा बदल दिया। मैंने कहा, 'लड़की की चिट पर 'माँ' लिखा है, वह वहीं रुक जाती है, उसके पास कहने के लिए शब्द नहीं हैं और तब पिता उठता है और बताता है कि माँ यह होती है, वह होती है। माँ ताकत है, वह सहारा है। लेकिन हमारे पास माँ नहीं हैं। लेकिन हमारे पास पिता हैं और हम दोनों के लिए वे काफी हैं।

मेरे सुनाने के साथ ही शाहरुख की आँखें भर आईं। मुझे लगा शायद उन्हें अपनी माँ याद आ गई होंगी। मैं सही रास्ते पर था। उनसे बातचीत के दौरान रचे इस दृश्य को सुनकर मैं खुद भी द्रवित हो गया था। मुझे याद है कि वह जयपुर की रामबाग या जो भी जगह थी, वहाँ हम दोनों संगमरमर की सफेद सीढ़ियों पर बैठे थे और मैं उन्हें वह कहानी सुना रहा था, जिससे क्षण भर पहले मैं खुद भी परिचित नहीं था।

'मैं यह फिल्म कर रहा हूँ,' शाहरुख ने कहा। 'तुम इसे एक प्रेम कहानी के रूप में बनाओ। काजोल से बात करो।'

मैं वापस मुंबई लौट आया। काजोल से इस बारे में बात की। उन्होंने कहा, 'ठीक है, तुम जब भी तैयार हो जाओगे, मैं इसे करूँगी।'

मैं सोच में पड़ गया। काजोल और शाहरुख दोनों ने ही हामी भर दी थी। क्या वे पागल हो गए हैं? अब मैं क्या करूँ? एक महीना बीत गया और कुछ नहीं हो सका। लेकिन साल के अंत तक मुझे कहानी तो सुनानी ही थी। इसलिए मैं लंबे समय के लिए लंदन चला गया। जाने से पहले मैं आदि से मिला। उन्होंने पूछा, 'तुम पिता और मरी हुई माँ पर फिल्म क्यों बना रहे हो? युवाओं पर फिल्म बनाओ, आखिर तुम भी युवा हो, और यह तुम्हारी पहली फिल्म है। पिता, मरी हुई माँ और बेटी ,ये सब क्या है?'

इसपर मैंने कहा, 'मैंने इस बारे में भी कुछ सोच रखा है।'

मैंने इसे आर्ची कॉमिक से लिया था। मैंने उन्हें बताया कि मुझे यह विचार आर्ची, बेट्टी और वैरोनिका से मिला है। एक टॉमबॉय टाइप की लड़की, एक और लड़की और एक लड़का।

तो उन्होंने कहा, 'यह ठीक है, इसपर लिखो।'

मैं लंदन चला गया। वहाँ मैंने आर्ची और दो लड़कियों से जुड़ा पहला भाग लिखने का प्रयास किया। लेकिन साथ ही मैं इसके दूसरे भाग पर भी विचार कर रहा था। मैं लंदन में दो माह रहा। मैं यह शहर पहले भी देख चुका था और मुझे यह बेहद पसंद था। मैं एक किराए के घर में रह रहा था। मेरे पिता ने इसे काफी वाजिब कीमत पर दिलवा दिया था। मैं अकेला था, चहलकदमी करता हुआ मैं हाइड पार्क जाता, वहाँ बेंच पर बैठकर विचार करता और धड़ाधड़ लिखता जाता और फिर निरंतर विचार करता रहता। मेरा दिमाग काम नहीं कर रहा था। मेरे पास दो विचार थे, लेकिन वे काम नहीं कर रहे थे। अब मैं क्या करूँगा? मैं शाहरुख और काजोल को क्या सुनाऊँगा।

एक दिन जब मैं ऑक्सफोर्ड स्ट्रीट पर जॉन लेविस के पास से निकल रहा था तो अचानक जैसे सब सुलझ गया। मैंने सोचा, मेरे पास दो कहानियाँ हैं—इनमें से एक फिल्म के पहले भाग में और दूसरी अंतिम भाग में काम आ सकती हैं। दो कहानियाँ होने के बावजूद वस्तुतः फिल्म एक ही होगी। मुझे बस फ्लेशबैक का उपयोग करना होगा। फ्लेशबैक में कॉलेजवाला हिस्सा होगा। और दूसरे भाग में उन सबकी उम्र अधिक हो जाएगी और पत्नी

मर चुकी होगी। मैं फौरन अपने अपार्टमेंट में पहुँचा और चीजों की बिंदुवार सूची तैयार करने लगा। तभी मुझे माँ का बेटी के लिए पत्र छोड़ने का विचार आया और यही फिल्म के दोनों भागों को आपस में जोड़ेगा।

मुझे यह आदि को बताना था।

मैंने एक पाउंड के सारे सिक्के इकट्ठा किए और अपने अपार्टमेंट के ठीक नीचे स्थित लाल टेलीफोन बूथ से आदि को फोन मिलाया। मैं फोन में बार-बार सिक्के डालते हुए उन्हें कहानी सुनाता रहा।

मैंने कहा, 'माँ अपनी बेटी के लिए आठ पत्र छोड़ गई है। यह बेटी बड़ी होकर अपने पिता की दोस्त को वापस उनके जीवन में लाएगी। यह पिता के कॉलेज की वही टॉमबॉय दोस्त होगी, जिसकी जगह उसने दूसरी खूबसूरत लड़की को चुना था। लेकिन तब तक उस लड़की का कहीं और विवाह पक्का हो गया होगा।'

आदि को यह बहुत पसंद आया। उन्होंने कहा, 'करण, शानदार। यह काम कर जाएगी। तुम्हें वापस आकर इसपर काम शुरू कर देना चाहिए।'

वापस लौटने के लिए फ्लाइट लेने तक, मेरे दिमाग में पहले भाग का हर विवरण तैयार हो चुका था। मेरी जिंदगी से जुड़ी सारी बातें, मेरी यादें, ये सभी इस फिल्म का हिस्सा बनीं। राज कपूर के प्रति मेरा प्रेम फिल्म का पहला वाक्य बना— 'मुझसे दोस्ती करोगे?' यश चोपड़ा के प्रति मेरा प्रेम दूसरे भाग में आलीशान बँगले और उन सब चीजों के रूप में सामने आया, जिन्हें देखते हुए मैं बड़ा हुआ हूँ, मैंने जो भी संगीत सुना था, इसमें वह सब दिखाई दिया। मेरा आर्ची कॉमिक्स के प्रति प्रेम, मेरा बच्चे का अपनी माँ से मिलना, मेरे दिमाग में आकार लेनेवाली हर चीज 'कुछ कुछ होता है' के रूप में सामने आई। वापस लौटने के बाद मैंने इसके दूसरे भाग पर काम करना आरंभ कर दिया। इसमें मुझे दो महीने लगे। आखिरकार, शाहरुख और काजोल को यह कहानी सुनाने के लिए मैं पूरी तरह से तैयार था। हमने यह कार्य शाहरुख के पुराने घर अमृत अपार्टमेंट में किया। इसे सुनकर वे दोनों ठगे से रह गए। मैंने उन्हें इसकी हर एक लाइन सुनाई। मेरे साथ दो सहायक भी थे: स्कूल में मेरे सीनियर रहे निखिल आडवाणी, उन्होंने किसी की सिफारिश पर मेरे साथ काम करना आरंभ किया था और एक लड़का तरुण मनसुखानी, जिसने बाद में 'दोस्ताना' बनाई। मेरी टीम में बस ये ही दो लोग थे। वे निरंतर नोट्स ले रहे थे, क्योंकि मैं हर बार विवरणों में बदलाव कर देता। काम करने के साथ ही मैं इनमें सुधार करता जा रहा था, मैं हमेशा से ऐसा ही करता आया हूँ।

शाहरुख और काजोल दोनों को यह बहुत पसंद आई। तब तक मार्च 1997 आ गया था। शाहरुख ने कहा, 'मैं अभी भी अक्तूबर 97 के लिए तैयार हूँ।' पटकथा और किरदार लगभग तैयार थे और इसी के साथ मैंने आधिकारिक रूप से अपनी पहली फिल्म की घोषणा कर दी। आदि ने कहानी सुनने के बाद इसे 'कुछ कुछ होता है', शीर्षक दिया। हमारा दोस्तों

का एक ग्रुप था, जिसमें मेरे व आदि के साथ ही जुगल हंसराज और मनीष भी शामिल थे। इसके शीर्षक गीत की धुन जुगल ने बनाई थी। सब काम बिना बाधा ठीक प्रकार से हो गए।

काजोल और शाहरुख आदर्श प्रेमी जोड़ा थे। अब हमने उस दूसरी लड़की की तलाश शुरू कर दी। मैंने अपनी दोस्त टीना खन्ना से पूछा। वे हमेशा से मुझे आकर्षित करती थीं। उन्होंने कहानी सुनी, तीन दिन इसपर विचार किया और कहा, 'मुझे नहीं लगता कि मैं यह भूमिका कर पाऊँगी, क्योंकि काजोल ही··· मतलब तुम समझ रहे हो न। मुझे नहीं लगता कि मैं यह भूमिका कर सकती हूँ। मैं केवल पहले भाग में आकर फिल्म से गायब नहीं हो सकती। सब लोग इस फिल्म को काजोल और शाहरुख के लिए याद करेंगे, न कि मेरे लिए।'

इसके बाद मैं इस इंडस्ट्री की सभी विख्यात अभिनेत्रियों के पास गया—रवीना टंडन से लेकर तब्बू, ऐश्वर्या राय, करिश्मा कपूर से लेकर उर्मिला मातोंडकर तक। लेकिन कोई भी इस भूमिका के लिए तैयार नहीं थीं। मैं बहुत निराश हो चुका था। अब मैं क्या करूँ? लेकिन बहुत अजीब है कि जिंदगी किस कदर इत्तफाकों से भरी होती है।

एक दिन आदि ने मुझे फोन किया और कहा, 'राजा की आएगी बरात' के प्रोमो में एक नई लड़की है। रानी मुखर्जी। जरा इस प्रोमो को देखो।'

इसके दो घंटे बाद शाहरुख खान ने मुझे फोन किया और कहा, 'रानी मुखर्जी, नाम की एक लड़की है, मैंने अभी उसका एक शॉट देखा है, जहाँ वह कहती है, राजा की आएगी बरात। इसमें उसने ऐसे भाव दरशाए हैं···'

मैंने सोचा, इस लड़की में ऐसा क्या है कि दो लोगों ने अलग-अलग समय पर फोन करके मुझे इसका नाम सुझाया है? मैंने उसे देखने का फैसला किया। मैं इंतजार करता रहा, और आखिरकार वह प्रोमो आया और मैंने उसे देखा। लेकिन मैं कोई फैसला नहीं कर सका। आदि ने मुझसे कहा, 'सुनो, वह आमिर के साथ एक फिल्म कर रही है गुलाम। उसे एक अच्छी फिल्म मिल गई है। यह फिल्म बेहतरीन न भी हो, लेकिन यह आमिर की फिल्म है। तुम जाकर उससे मिलते क्यों नहीं? वैसे भी तुम्हारे पास कोई और विकल्प नहीं है।' मैंने निखिल और तरुण को फिर से साथ लिया और रानी मुखर्जी से मिलने के लिए लोखंडवाला से भी आगे चल दिया। मैंने दरवाजे की घंटी बजाई और एक पाँच फुट की छोटी सी लड़की ने दरवाजा खोला। प्रोमो में उनका कद इतना छोटा नहीं लग रहा था। मैंने उन्हें फिल्म का पहला भाग सुनाया। उन्होंने कहा कि उन्हें इसपर विचार करने के लिए दो दिन चाहिए। मैंने सोचा कि शायद वे भी मना करनेवाली हैं। लेकिन अगर ऐसा होता है तो मुझे खुशी ही होगी, क्योंकि वे मुझे थोड़ी नाटी और मोटी लगीं। मुझे वे फिल्म के लिए ठीक नहीं लगीं। मैंने अपनी खोज जारी रखी।

दो दिन बाद, रानी ने मुझे फोन किया और कहा, 'क्या आप आकर मुझसे मिल सकते हैं?' मैं एक बार फिर उनसे मिला।

उन्होंने कहा, 'आप दर्शकों को ये कैसे यकीन दिलाएँगे कि शाहरुख ने काजोल को छोड़कर मुझे चुना?'

मैंने कहा, 'यह आप मुझपर छोड़ दें।'

तब उन्होंने कहा, 'मुझे यह भूमिका पसंद है। मैं यह फिल्म करना चाहूँगी।'

मैं सोच में पड़ गया, क्या उन्होंने 'हाँ' कहा है? अब मैं क्या करूँ। क्योंकि मैं अभी उन्हें लेकर आश्वस्त नहीं था? मनीष ने कहा कि वे उनके छोटे कद पर काम करेंगे। लेकिन वे उन्हें कॉलेज की खूबसूरत और सेक्सी लड़की कैसे बनाएँगे?

खैर, अब क्योंकि वे 'हाँ' कर चुकी थीं तो मैंने सोचा चलो, हम कड़ी मेहनत करेंगे। अब मुझे दूसरे अभिनेता को खोजना था। दूसरे भाग में विशिष्ट उपस्थिति किसकी होगी? मैं सैफ अली खान के पास गया और उन्हें कहानी सुनाई।

उन्होंने कहा, 'यह एक एन.आर.आई. की भूमिका है। मैं भारतीय प्रकृति की भूमिकाएँ करना चाहता हूँ। मैं पश्चिमी, अंग्रेजीदां, उच्चवर्गीय या सुशांत व्यक्ति की भूमिका नहीं निभाना चाहता। मैं व्यावसायिक रूप से कुछ अधिक भारतीय भूमिका निभाना चाहता हूँ।' उन्होंने इनकार कर दिया। एक अभिनेता थे, चंद्रचूड़ सिंह। 'माचिस' के बाद से वे काफी मशहूर हो गए थे। वे चर्चा में थे और उनके बारे में 'युवा बच्चन' जैसा बहुत कुछ कहा जा रहा था। इसलिए मैंने उन्हें फोन किया। उन्होंने कहा कि वे दो दिन में जवाब देंगे।

उन्होंने मुझे फोन करके कहा, 'क्या आप मेरे घर आ सकते हैं? मैं 7 बँगला में रहता हूँ।'

मैं दक्षिणी मुंबई का लड़का था। मुझे नहीं पता था कि मुंबई में कोई 7 बँगला नाम की जगह भी है। मैंने समझा कि वे सात बँगलों में रहते हैं।

तो मैंने कहा, 'आप उनमें से किसमें रहते हैं?'

उन्होंने कहा, 'मैं 7 बँगला में रहता हूँ, यहाँ आ जाइए।'

मैंने कहा, 'बहुत अच्छा है, लेकिन आप उनमें से किसमें रहते हैं?'

उन्होंने कहा, 'नहीं, नहीं, इस इलाके को 7 बँगला कहते हैं।'

उन्होंने अवश्य सोचा होगा कि मैं कोई पागल हूँ। मैं उनके घर गया और उन्हें कहानी सुनाई। उन्होंने मुझसे दो दिन माँगे। मैं दो दिन बाद फिर वापस गया। लेकिन उन्होंने इनकार कर दिया। मैं निराश हो गया। मैंने लड़की चुन ली थी, लेकिन लड़के की भूमिका कौन करेगा?

एक रात मैं पार्टी में चंकी पांडे के घर गया। उनसे मेरी दोस्ती गौरी ने करवाई थी। गौरी, चंकी की भाभी को जानती थीं। वहाँ हर कोई मुझसे मेरी फिल्म के बारे में पूछ रहा था।

मैंने कहा, 'मुझे दूसरे लड़के की भूमिका के लिए कोई चाहिए और मुझे कोई मिल नहीं रहा।'

सलमान खान भी उस पार्टी में थे।

उन्होंने पूछा, 'क्या हुआ?'

मैंने उन्हें सारी बात बताई।

उन्होंने कहा, 'यह भूमिका कोई नहीं करेगा। कोई हीरो इस भूमिका को स्वीकार नहीं करेगा। इंडस्ट्री में केवल एक ही मूर्ख है, जो यह कर सकता है और वह मैं हूँ। मेरी बहन ने बताया कि तुम अच्छे आदमी हो। कल आओ और मुझे यह कहानी सुनाओ।'

मैंने सोचा, सलमान खान? अब ये किसने सोचा होगा? मेरे पिता ने कहा, 'पागल है? वह कभी नहीं करनेवाला।'

सलमान उन दिनों टीना के साथ 'जब प्यार किसी से होता है', फिल्म की शूटिंग कर रहे थे। मैं उनसे मिलने सेट पर गया।

सलमान ने टीना से पूछा, 'तुमने वह भूमिका क्यों नहीं स्वीकारी, जिसके लिए करण ने तुम्हें पूछा था?'

टीना ने कहा, 'वह अच्छी नहीं थी।'

तब सलमान ने कहा, 'वह मेरे पास भी एक भूमिका लेकर आया है, यह भूमिका भी अच्छी नहीं है।'

मैं पूरा दिन उनके साथ बैठा रहा। वे मुझे अपने घर लेकर गए। मैं उनकी माँ से मिला, जिन्हें मैं अच्छी तरह से जानता था। सबने कहा, 'अरे यश और हिरू का बेटा आया है।'

सलमान ने कहा, 'पिक्चर लिखी है इसने। उसकी कहानी सुनाने आया है।'

मैं उनके कमरे में गया और उन्हें कहानी सुनाने लगा। मैंने पहला भाग पूरी गंभीरता और दिल से सुनाया। मैंने इसे खूब नाटकीय और शानदार ढंग से सुनाया। यह मेरी पहली फिल्म थी, तो मेरा दिल, आत्मा, ताकत, सबकुछ इसमें लगा था।

करीब डेढ़ घंटे बाद सलमान ने कहा, 'तुम पानी लोगे?'

मैंने कहा, 'हाँ।'

वे बाहर गए, पानी लाए और मुझे दिया। जब मैं पानी पी रहा था, उन्होंने मेरी ओर देखा और कहा, 'बढ़िया कहानी है यार!'

मेरा घूँट मुँह में ही अटक गया, मैंने कहा, 'लेकिन आपकी भूमिका तो सेकेंड हाफ में है। आपने अभी अपना हिस्सा नहीं सुना है।'

मैं डर गया। मुझे लगा कि कहीं वे यह तो नहीं सोच रहे कि शाहरुख खानवाली भूमिका उन्हें करनी है।

उन्होंने कहा, 'नहीं, मैं समझ गया हूँ कि तुम्हारी फिल्म कैसी बननेवाली है, लेकिन मैं इसे तुम्हारे लिए करूँगा। और इससे बढ़कर मैं इसे तुम्हारे पिता के लिए करूँगा। क्योंकि वे इस इंडस्ट्री के सबसे बढ़िया आदमी हैं।'

मैंने उनकी ओर देखा और कहा, 'आप यह फिल्म कर रहे हैं?'

उन्होंने कहा, 'हाँ, तुम मुझे उतने ही पैसे देना, जितने काजोल को देनेवाले हो।'

मैंने कहा, 'लेकिन मैं ऐसा नहीं कर सकूँगा।'

इसके बाद हमने एकमत से रकम तय कर ली।

'मैं यह फिल्म तुम्हारे और तुम्हारे पिता की खातिर कर रहा हूँ,' उन्होंने फिर कहा। 'खासतौर पर तुम्हारे पिता के लिए। घर जाओ और यश अंकल से कहो कि मैं उनके लिए यह फिल्म कर रहा हूँ।'

मैं हैरानी के साथ बाहर निकला और आदि को फोन किया। आदि भी चकित रह गए। 'सलमान खान वह भूमिका कर रहे हैं? क्या तुम्हें पता है, तुमने अभी किसे साइन किया है? तुम्हारे पास शाहरुख, काजोल, सलमान और एक नई लड़की हैं।'

और इस तरह सभी किरदार तय हो गए।

शूट के पहले दिन तड़के सुबह साढ़े छह बजे जब मैं अपने कमरे से बाहर निकला तो मेरी माँ हॉल में बैठी थीं। मैंने पूछा, 'आप इतनी सुबह क्यों उठ गईं?'

उन्होंने कहा, 'मैं चाहती थी कि तुम्हारे जाने से पहले उठ जाऊँ।' पापा मेरे साथ जाने के लिए तैयार हो रहे थे।

मैंने माँ से कहा, 'मुहूर्त शॉट के लिए आप भी चलो।'

लेकिन वे बोलीं, 'मुझे नींद नहीं आई । यहाँ आओ, मेरे पास बैठो।' फिर उन्होंने मेरा चेहरा अपने हाथों में लिया और बोलीं, 'तुम्हें पता है न कि तुम क्या कर रहे हो? तुम्हें पता है न कि कैमरा कहाँ लगाना है?'

मैंने कहा, 'हाँ माँ, मुझे पता है।'

उन्होंने कहा, 'अभी भी देर नहीं हुई है। अगर तुम यह नहीं करना चाहते तो मत करो। मुझे बहुत डर लग रहा है। तुम्हें पता होना चाहिए कि तुम क्या कर रहे हो, क्योंकि एक बड़ी फिल्म बनाना बहुत बड़ी बात है। और जरा देखो कि तुम्हारी फिल्म में कौन-कौन हैं। तुम्हें पक्का पता है कि कैमरा कहाँ लगाना है?'

मैंने कहा, 'हाँ।'

उन्होंने मुझे गले लगाया और मैं चल दिया। मैं सेट पर पहुँचा, उस दिन हम 'कोई मिल गया' गीत शूट करनेवाले थे। फरहा खान नृत्य संचालन कर रही थीं। काजोल ने मुझे अपनी वैन में बुलाया और कहा, 'करण, आप बहुत नरम स्वभाव के व्यक्ति हैं और फिल्म बनाना आसान काम नहीं है। तुम्हें एक लीडर बनना होगा। तुम्हें अधिकारपूर्वक काम करवाना होगा। तुम्हें सेट को नियंत्रित रखना होगा। मेरे पास एक जबरदस्त आइडिया है। सेट पर आने के बाद पहले पाँच मिनट तुम मुझपर खूब चिल्लाना। चाहे किसी भी बात के लिए, मुझपर खूब चिल्लाना।'

मैंने कहा, 'इससे क्या होगा?'

उन्होंने कहा, 'तुम्हें पता है कि मुझे बहुत जल्दी गुस्सा आ जाता है। कोई भी मुझपर चिल्लाने की हिम्मत नहीं कर सकता। तुम जानते हो कि मैं कैसी हूँ। तुम्हें मुझपर चिल्लाते देखने पर सब तुम्हें गंभीरता से लेंगे।'

मैंने कहा, 'ठीक है।'

सेट पर हर कोई अपनी रिहर्सल कर रहा था। तभी मैंने काजोल को डाँटना शुरू कर दिया, 'काजोल, ध्यान केंद्रित रखो। अपना ध्यान बनाए रखो, ठीक है? तुम्हें हर स्टेप ठीक से समझना होगा।'

काजोल ने कहा, 'ठीक है, मुझे माफ करना।'

सब लोग हमें देख रहे थे। लेकिन जब काजोल शीशे में से मुझे देखते हुए मुसकराने लगीं तो मेरी हँसी छूट गई।

शाहरुख ने कहा, 'तुम पागल हो गए हो? ऐसे क्यों चिल्ला रहे थे?'

तब मैंने कहा, 'उन्होंने ही कहा था।'

और इसी के साथ हम सब हँस पड़े। इस तरह हमारा पैंतरा खाली गया।

लेकिन इससे हालात काबू में आ गए। मेरे लिए यह मुश्किल नहीं था, क्योंकि मैं हमेशा से ही लीडर रहा हूँ। वाद-विवाद के दौरान अपने स्कूल की टीम के नेतृत्व जैसे कामों से मजबूत हुआ मेरा आत्मविश्वास इस समय बहुत काम आया। मेरे लिए सब ठीक था।

इस समय मैं अपने जीवन के सर्वाधिक उत्साहपूर्ण दौर से गुजर रहा था। काम बढ़िया चल रहा था, अभिनय करनेवाले सभी बहुत सहयोगी थे। फिल्म बनाते समय मुझे कहानी से नहीं जूझना पड़ा, क्योंकि वह बहुत सहज थी। शूट अपने सही समय पर आरंभ हो गया, जिससे फिल्म सही समय पर रिलीज के लिए तैयार हो गई।

इन सबके बीच 'कुछ कुछ होता है' से ठीक पहले डुप्लीकेट रिलीज हो गई। और वह बहुत बड़ी फ्लॉप रही। 'कुछ कुछ होता है', के सभी वितरकों ने इससे हाथ खींच लिये। उन्होंने सोचा कि डुप्लीकेट के सेट पर रहते हुए मैं अपने पिता की कोई मदद नहीं कर सका। मुझमें 'डुप्लीकेट' के प्रति कोई उत्साह या दिलचस्पी नहीं थी। यह मेरे रचनात्मक क्षेत्र की फिल्म नहीं थी। मेरा इससे कोई संबंध नहीं था, सिवाय इसके कि कभी-कभी मैं शाहरुख के कहने पर कुछ कर दिया करता था। इस फिल्म से बहुत नुकसान हुआ। उस समय हम ऊटी में 'कुछ-कुछ होता है' के समर कैंप की शूटिंग कर रहे थे। मेरे पिता बेहद परेशान थे। वितरकों के हाथ खींच लेने के बाद मेरी फिल्म की विषय-वस्तु से परिचित तथा मुझपर विश्वास रखनेवाले यश चोपड़ा सहायता को आगे आए। उन्होंने भारत के बहुत से हिस्सों और विदेशों में वितरण भार सँभाल लिया। उन्हें अंदाजा था कि मैं कुछ खास बना रहा हूँ। आदि ने उन्हें बताया था कि यह फिल्म हिट होनेवाली है। यश चोपड़ा के सही समय पर मदद देने से मेरे पिता का नुकसान काफी हद तक पूरा हो गया।

फिल्म के संपादन में आदि ने बहुत मदद की। संपादन के दौरान पूरा समय वे मेरे साथ ही रहे। मुझे याद है कि पहला भाग कुछ दस मिनट लंबा था। आदि ने इसे छोटा करवाया। इसके बाद मैंने दूसरे भाग पर काम करना शुरू कर दिया। फिल्म के लंबा होने के कारण इसका संपादन मेरे लिए कठिन रहा। मुझे अपनी भावनाओं पर काबू रखकर इसमें काट-छाँट करनी पड़ी। आखिरकार हमने फिल्म को उचित लंबाई दे ही दी। फिल्म के पृष्ठभूमि संगीत और अन्य चीजों के लिए पोस्ट-प्रोडक्शन में जाने के पूर्व अव्यवस्थित-कट की अवस्था में इसे केवल आदि ने देखा था।

हमने माँ और पिताजी के लिए फिल्म की स्क्रीनिंग की। बस हम चारों ही थे- आदि, मैं, माँ और पिताजी। वे बेहद घबरा रहे थे। मेरी इस फिल्म में बहुत पैसा लग चुका था। सब कुछ इसपर निर्भर था, क्योंकि मेरे पिताजी को 'डुप्लीकेट' तथा इसके पूर्व और भी कई फिल्मों में नुकसान हो चुका था। हमारे लिए यह अंतिम प्रयास के जैसा था। अगर यह भी असफल रहता है तो हम आगे कभी फिल्म नहीं बना सकेंगे।

'डुप्लीकेट' की असफलता के बाद मैं भी दबाव महसूस करने लगा था। फिर भी मुझे अपनी फिल्म पर भरोसा सा था, हालाँकि डर मुझे भी लग रहा था। मुझे लगा कि अगर यह फिल्म नहीं चली तो हमें अपना घर बेचने जैसा कोई कठोर फैसला लेना होगा। इस फिल्म के लिए मेरे पिता ने भारी मात्रा में कर्ज लेने के अलावा अपनी भी सारी जमा-पूँजी लगा रखी थी। उस दौर में इसे बनाने में 14 करोड़ रुपए लगे थे। यह बहुत बड़ी रकम थी। खासतौर पर एक नए निर्देशक के लिए।

हम डिंपल थियेटर में फिल्म का प्रीव्यू देख रहे थे। फिल्म समाप्त होने के बाद मेरे माता-पिता अपनी सीट से नहीं उठे। आदि उठ गए, मैं उठ गया, फिर माँ उठीं और अंत में पिताजी उठे। मुझे दिख रहा था कि माँ के हाथ-पाँव काँप रहे थे। यह बेहद भावपूर्ण फिल्म थी और मुझे लग रहा था कि मेरे माता-पिता यकीन नहीं कर पा रहे थे कि अभी उन्होंने जो देखा है, उसे उनके बेटे ने बनाया है।

मैंने अपनी माँ का हाथ पकड़ा, उन्होंने मुझे गले लगा लिया, और मेरे पिता की रुलाई फूट पड़ी। हम तीनों करीब पैंतालीस मिनट तक रोते रहे। मैंने इसके पहले कभी अपने पिता को रोते हुए नहीं देखा। मैंने उन्हें परेशान देखा, उन्हें अवसाद में देखा था। लेकिन कभी भी इस तरह रोते नहीं देखा था। आदि वहाँ से चुपचाप चले गए। उस दिन वहाँ प्रोडक्शन का एक व्यक्ति भी था, वह समझ गया कि यह ऐसा क्षण है, जहाँ हमें अकेला छोड़ देना चाहिए। मेरे पिता को रोता देख माँ और अधिक भावुक हो गईं, क्योंकि इससे पहले हमने कभी उन्हें ऐसे बच्चों की तरह रोते नहीं देखा था।

वे फिर से बैठ गए। हमने उन्हें पानी दिया। लेकिन वे इतना अधिक रो रहे थे कि उनके लिए यह कहना मुश्किल हो रहा था कि 'मुझे तुम पर गर्व है'। हर बार जब वे कुछ कहने

के लिए मुँह खोलते तो उनका गला भर आता। और अंततः जब वे यह बात कह पाए तो फिर से उनकी रुलाई फूट पड़ी। वे करीब पैंतालीस मिनट तक रोते रहे। यह बेहद संकोचपूर्ण स्थिति थी। वे पैंसठ साल के थे और उन्हें इस तरह रोते देखना, मेरे लिए बिल्कुल नई बात थी। मैंने हमेशा उन्हें मजबूत लीडर और सरवाइवर के रूप में देखा है।

आदि कुछ ही देर में वापस लौट आए और पूछा, 'क्या इसका यह मतलब है कि आपको फिल्म पसंद आई?'

मेरे पिता ने उत्तर दिया, 'यह दुनिया की सबसे बेहतरीन फिल्म है। मेरे बेटे ने दुनिया की सबसे बेहतरीन फिल्म बनाई है।'

वे बस यही कहे जा रहे थे, 'यह दुनिया की सबसे बेहतरीन फिल्म है।' और कुछ नहीं।

जबकि मेरी माँ ने कहा, 'मुझे यकीन नहीं आ रहा कि यह फिल्म मेरे बेटे ने बनाई है।' वे लगातार कह रही थीं, 'मुझे यकीन नहीं आ रहा कि यह मेरे बेटे ने किया है! यह दुनिया और यह फिल्म उसकी बनाई हुई है।' उन्होंने आदि को गले लगा लिया, जिन्हें वे हमेशा से पसंद करती आई थीं।

जल्दी ही हमने पोस्ट-प्रोडक्शन का काम पूरा करके फिल्म को रिलीज के लिए तैयार कर दिया। सब ठीक चल रहा था। उसी शुक्रवार को एक और फिल्म 'बड़े मियाँ छोटे मियाँ' भी रिलीज होनेवाली थी। यह दीवाली रिलीज थी।

मेरे पिता ने फैसला किया कि उन्हें इसपर इतना गर्व है कि वे प्रीमियर रखना चाहते हैं। सोमवार को हमने कार्ड लिखे और प्रोडक्शन के माध्यम से उन्हें प्रेषित करवा दिया। मेरी मौसी मदद के लिए हमारे घर आई थीं। मैं उन्हें छोड़ने गया था। उस समय माँ घर पर अकेली थीं। कोई नौकर भी नहीं था, सब जा चुके थे। तभी फोन की घंटी बजी। माँ ने फोन उठाया। यह अंडरवर्ल्ड का फोन था। एक आदमी बोला, 'आपका बेटा मुझे सामने दिख रहा है, उसने लाल रंग की कमीज पहन रखी है। अगर आप लोगों ने इस शुक्रवार यह फिल्म रिलीज की, तो हम उसे गोली मार देंगे।'

किसी कारण से वे नहीं चाहते थे कि यह फिल्म उस शुक्रवार को रिलीज हो। हमें नहीं पता क्यों। यह अबु सलेम का फोन था। माँ भय से काँपने लगीं। उन्होंने फोन रखा और दरवाजे की तरफ दौड़ गईं। उन्होंने लिफ्ट का बटन दबाया और मैं उसी समय ऊपर आ रहा था। मेरे नवें फ्लोर तक पहुँचने का समय उनके लिए बेहद कठिन रहा। मेरे वहाँ पहुँचते ही वे मुझे खींचकर कमरे में ले गईं और बोलीं, 'तुम्हें पुलिस को फोन करना होगा। एक फोन आया था, वे कह रहे थे कि अगर तुमने इस शुक्रवार को यह फिल्म रिलीज की, तो वे तुम्हें गोली मार देंगे…'

उस शाम मेरे पिता, शाहरुख, पुलिस आदि, सब लोग वहाँ थे। पुलिसवालों ने हमें सलाह दी, 'हम आपको सुरक्षा देंगे, लेकिन आपको इसे रोकना नहीं है। आपको अपना डर

नहीं दिखाना है। आपको यह प्रीमियर गुरुवार को ही करना होगा।'

लेकिन माँ ने कहा, 'इसका क्या मतलब है?'

हमारा परिवार साधारण सा था। हमें आज तक कभी भी फिल्म रिलीज रोकने के लिए अंडरवर्ल्ड से फोन नहीं आया था। हमने सपने में भी नहीं सोचा था कि हमारे साथ ऐसा भी कुछ हो सकता है।

माँ ने कहा, 'हमें यह सब गड़बड़ नहीं चाहिए।'

इसके बावजूद हमने लिबर्टी में प्रीमियर किया। उन्होंने सुरक्षा के लिए मुझे एक छोटे से कमरे में बैठा दिया। इंडस्ट्री का हर मशहूर व्यक्ति वहाँ उपस्थित था। मेरे पिता की साख इतनी अच्छी थी कि उनके लिए हर कोई चाहता था कि 'कुछ कुछ होता है' हिट रहे। मुझे लगता है कि यह पहली और शायद आखिरी बार था कि फिल्म इंडस्ट्री किसी फिल्म की रिलीज को लेकर इतनी सकारात्मक थी। ये सब मेरे पिता के कारण था। वे सब उन्हें बहुत प्यार करते थे।

हमेशा से मेरा सपना रहा था कि शम्मी कपूर अपनी कार में बैठकर मेरी फिल्म के प्रीमियर पर आएँ। मैंने माँ से कहा, 'मुझे लगता है कि यह सच हो जाएगा। शम्मी कपूर अपनी मर्सिडीज कार से उतरकर इस प्रीमियर में शामिल होंगे।'

लेकिन उन्होंने मुझे एक कमरे में बैठा रखा था। मेरे माता-पिता बाहर थे। माँ इस बात को लेकर परेशान थीं कि शम्मी कपूर आनेवाले थे और मैं उस क्षण को देखने के लिए वहाँ नहीं हूँ।

वे लगातार कहे जा रही थीं, 'मेरे बेटे का सपना था कि वे शम्मी कपूर को उनकी कार से निकलकर उसके प्रीमियर में आते देखे। लेकिन हालात के चलते उसे कमरे में बंद रखा गया है; वे उसे बाहर नहीं आने दे रहे।'

शाहरुख ने कहा, 'क्या बकवास है!'

वे अंदर गए और मुझे बाहर ले आए। उन्होंने कहा, 'मैं तुम्हारे सामने खड़ा रहूँगा। देखते हैं, तुम्हें कौन गोली मारता है। मैं वहीं खड़ा रहूँगा।'

मैंने कहा, 'नहीं, नहीं, माँ...'

उन्होंने माँ से कहा, 'कुछ नहीं होगा। मैं पठान हूँ। न मुझे कुछ होगा और न ही आपके बेटे को कुछ होगा। यह मेरे भाई के जैसा है। कुछ नहीं होगा।'

तो मैं भी वहाँ खड़ा हो गया। और शम्मी कपूर अपनी मर्सिडीज में बैठकर बिल्कुल उसी तरह आए, जैसी मैंने कल्पना की थी। मुझे अपने हिस्से की खुशी मिल गई थी। लेकिन माँ बहुत डरी हुई थीं।

उन्होंने कहा, 'अब वापस अंदर जाओ। हम ऐसा नहीं कर सकते। मुझे बहुत डर लग रहा है।'

मैं अंदर चला गया। पूरी स्क्रीनिंग के दौरान मेरे सहायक आकर मुझे खबर देते रहे, 'अब

वे सब हँस रहे हैं', 'अब वे ऐसा कर रहे हैं', 'वे वैसा कर रहे हैं।' लेकिन उस धमकी के कारण मैं वहाँ बाहर नहीं जा सका, जहाँ सब फिल्म का आनंद ले रहे थे, मैं उस छोटे से कमरे में अकेला बैठा था, जिसके बाहर दो सुरक्षा गार्ड खड़े थे। मैं जानना चाहता था कि क्या हुआ। फिल्म खत्म हो चुकी थी, लोग जा रहे थे, लेकिन मेरी सुरक्षा कर रहे लोग मुझे इंडस्ट्री के लोगों से मिलने की अनुमति नहीं दे रहे थे। और तभी निखिल और तरुण आए, उनके पीछे पूरी टीम थी। उन्होंने कहा, 'करण, सारी इंडस्ट्री तालियाँ बजा रही थी। वे सब खड़े हुए और तालियाँ बजाने लगे। सबने आपका खड़े होकर अभिनंदन किया।'

और मैंने कहा, 'लेकिन मैं यह सब नहीं देख सका।'

उन्होंने कहा, 'सब अच्छा रहा, वे सब तुम्हारे बारे में पूछ रहे थे।'

वस्तुतः वह 'एक सितारे के जन्म लेने' जैसे पल थे।

उस रात माँ, पिताजी और मैं देश से बाहर चले गए, क्योंकि पुलिसवालों का कहना था कि 'आप सबको मुंबई से बाहर चले जाना चाहिए। कहीं और जाने पर आप सुरक्षित रहेंगे।'

हम लंदन चले गए। फिल्म रिलीज हो गई। सबसे कटे हुए हम सुदूर लंदन में किराए के घर में थे। एक स्थानीय थियेटर में हम यह फिल्म देखने गए, लेकिन यह वैसी नहीं थी। माँ बहुत डर गई थीं। मेरे खयाल से वे उस बिंदु पर थीं कि चाहती थीं, यह फिल्म फ्लॉप हो जाए, जिससे हम उनके निशाने पर न रहें।

फिल्म रिलीज होने के बाद आदि ने सोमवार को मुझे फोन किया।

मैंने पूछा, 'फिल्म कैसी चल रही है? सप्ताहांत में इसका क्या हाल रहा?'

उन्होंने कहा, 'तुम क्या चाहते हो?'

मैंने पूछा, 'क्या मतलब?'

उन्होंने पूछा, 'तुम्हें और क्या चाहिए?'

मैंने पूछा, 'आप क्या कह रहे हैं?'

उन्होंने कहा, 'तुम्हारी पिक्चर हिट नहीं रही।'

मैंने कहा, 'नहीं हुई?'

उन्होंने कहा, 'नहीं, बल्कि यह सुपरहिट भी नहीं रही।'

मैंने कहा, 'अगर हिट नहीं रही, तो सुपरहिट कैसे हो सकती है।'

तब उन्होंने कहा, 'करण, ये ब्लॉकबस्टर है। लोग पागल हो रहे हैं। तुम्हारी फिल्म की अगले हफ्ते की एडवांस बुकिंग की लाइन पहले हफ्ते से भी ज्यादा लंबी है। अपने माता-पिता को जगाओ, यह बहुत बड़ी हिट है।'

मैं अपने माता-पिता के कमरे का दरवाजा पीटने लगा। वे सो रहे थे। यह तड़के सुबह का वक्त था। मैंने अपने माता-पिता को जगाया और कहा, 'अभी आदि का फोन आया था, फिल्म ब्लॉकबस्टर है।'

मेरे पिता ने उठते ही भारत में वितरकों को फोन करना आरंभ कर दिया।

हमारी अब तक कोई फिल्म हिट नहीं रही थी। मेरे पिता की 1980 में बनाई पहली फिल्म 'दोस्ताना' के बाद से एक भी नहीं। 1980 से 1989 तक मेरे पिता की कोई फिल्म हिट नहीं रही। वे सभी फ्लॉप रहीं। बतौर फिल्म निर्माता वे अठारह वर्ष नाकाम रहे। उनकी किसी भी फिल्म के साथ 'ब्लॉकबस्टर' शब्द नहीं जुड़ा।

मुझे समझ नहीं आ रहा था कि मुझे कैसा लग रहा है। मुझे प्रसन्नता की अनुभूति हो रही थी। लेकिन आज जब मैं उसपर विचार करता हूँ तो मुझे गर्व का एहसास होता है। हम लंदन में थे, इसलिए पहले चार हफ्तों का आनंद नहीं उठा सके।

मेरे मुंबई वापस लौटने तक इसका उत्साह ठंडा पड़ गया था। लेकिन कुछ समय बाद लोगों से मिलने पर मुझे उनके प्रेमजीवन तथा बच्चों पर 'कुछ कुछ होता है' के प्रभाव का एहसास हुआ। मैंने लड़कियों को काजोल जैसा हेयरबैंड पहने देखा, लोग शाहरुख जैसी खूबसूरत चेन पहने हुए थे, वे शाहरुख जैसी टी-शर्ट खरीद रहे थे। मैंने जो कुछ भी रचा था, वह मेरे दक्षिणी मुंबई के सौंदर्यबोध और हिंदी सिनेमा के प्रति मेरी संवेदनशीलता का मिश्रण था। इसके साथ ही मेरी भावनापूर्ण कहानी कहने की इच्छा भी जुड़ी थी। निस्संदेह 'कुछ कुछ होता है', मेरा अपना सबसे ईमानदार अभिव्यक्तीकरण था।

□

# फिल्म निर्माण का शुरुआती दौर

पीछे मुड़कर देखने पर मुझे अपने जीवन में 'कुछ कुछ होता है' से लेकर 'कभी खुशी कभी गम' के बीच का हिस्सा सबसे अधिक घटनाहीन लगता है। अंडरवर्ल्ड की धमकी के कारण मैं अपनी फिल्म की रिलीज और इसके शुरुआती परिणामों से जुड़े उत्साह का आनंद नहीं ले सका। अचानक ही मैं युवा फिल्म-निर्माताओं की नई छोटी सी ब्रिगेड का प्रतिनिधि बन गया था। इसमें पहले आए आदित्य चोपड़ा और सूरज बड़जात्या भी शामिल थे। लेकिन वे दोनों ही शांत व अंतर्मुखी व्यक्ति थे। केवल मैं ही आगे बढ़कर बोलनेवाला था। मैं इंटरव्यू देता। मेरे खयाल से पुरस्कार कार्यक्रमों में मेरे स्वीकार भाषणों के बाद ही लोगों को मेरी बोलने की क्षमता का एहसास हुआ। इसके बाद लोगों को समझ आया कि उनके बीच एक स्पष्टवादी युवा निर्देशक आ चुका है। उस समय मैं छब्बीस साल का था। मैं ऐसा व्यक्ति बन गया, जो अनुसरण योग्य था। फिल्म निर्देशक के लिए स्पष्टवादी और संवादात्मक होना नए युग का चलन बन गया। मीडिया में निरंतर प्रकाशित होते रहने से मेरा उनके साथ रिश्ता सा बन गया। मुझे लाइमलाइट में रहना अच्छा लगता था। यह ऐसी चीज थी, जिससे मुझे न कभी शर्म आती थी और न आज आती है। मैंने इसे बड़े ब्रांड के प्रचार का बढ़िया मंच माना। आज जब मैं पीछे मुड़कर देखता हूँ, तो मुझे लगता है कि मैंने बाद में आनेवालों के लिए मानक तय कर दिए थे। मैं निर्देशकों को बंद दरवाजों से बाहर निकाल लाया। मैंने निर्देशकों को केंद्र में लाने का आंदोलन आरंभ कर दिया। 1950 से 60 के दशक के निर्देशक चर्चा का विषय होते थे।

इनमें गुरुदत्त, बिमल रॉय, राज कपूर जैसे बड़े नाम शामिल थे। बल्कि सुभाष घई तक ऐसा जारी रहा। इसके बाद निर्देशक चर्चा से बाहर होने लगे। वे अग्रिम पंक्ति में नहीं रहे। मेरे खयाल से मैंने इसे बदल दिया। मैं बेहद विनम्रता के साथ कहना चाहूँगा कि यह सोचा-समझा कदम नहीं था। यह मात्र मेरे व्यक्तित्व का विस्तार भर था। मुझे बोलना अच्छा लगता है और मैं विवेकपूर्ण बातें बोलता हूँ। मैं बहुत बोलता हूँ। मैं हमेशा अखबारों और विभिन्न टीवी चैनलों पर इंटरव्यू देता रहता हूँ। मुझे याद है, मैंने अपना पहला शो संजना कपूर के साथ किया था। वे अमूल के लिए एक शो करती थीं, जिसमें उन्होंने मुझे आमंत्रित किया। उस इंटरव्यू में मैंने कुछ दिलचस्प, कुछ मजेदार, सच्ची व असंगत बातें कहीं। यह एक शुरुआत के जैसी थी। मैंने अनजाने में साम्यता

विकसित कर ली। मैंने ऐसा सोच-समझकर नहीं किया था, यह बस हो गया था।

इस बीच, 'मैं कुछ कुछ होता है' के लिए पुरस्कार एकत्रित कर रहा था, इसका उत्साह अभी भी जारी था। मुझे लगता है कि मेरा व्यक्तित्व उपलब्धियों को मुझपर हावी नहीं होने देता। ऐसा शायद मेरी परवरिश के कारण है। आज पीछे मुड़कर देखने पर मैं समझ नहीं पाता कि मुझमें घमंड की भावना क्यों विकसित नहीं हुई। मैंने सफलता को बहुत अच्छे से सँभाल लिया। आत्मसम्मान की भावना कम होने पर मिली सफलता, घमंड से अधिक राहत का कारण बन जाती है। इसका असर जिंदगी भर कायम रहना राहत की बात है। अब मुझे यहाँ से कोई भी निकाल नहीं सकता। यहाँ मैं लंबे समय तक टिका रहनेवाला हूँ, क्योंकि मैंने ऐसी ठोस फिल्म बनाई है, जिसे हिंदी सिनेमा में लैंडमार्क का दर्जा हासिल है। मुझे लगता है कि बाहर के लोगों से अधिक इंडस्ट्रीवाले मेरे घमंड के कम स्तर से परिचित हैं। क्योंकि बॉलीवुड के बाहर से आनेवाले संदर्भों को ठीक से समझ नहीं पाते हैं। वे मेरे उसी रूप को वास्तविक मान लेते हैं। यह मैंने किया है और अच्छी तरह सोच-समझकर किया है। बाहर के लोगों में ऐसा आंतरिक घमंड होता है, जो इंडस्ट्री के भीतर के लोगों में इसलिए नहीं होता, क्योंकि उन्होंने यहाँ के सभी उतार-चढ़ाव देखे होते हैं। मैं इतनी बार असफल रहा हूँ कि जानता हूँ कि सफलता व असफलता का चोली-दामन का साथ होता है। एक शुक्रवार आप सफल हो सकते हैं और अगले ही हफ्ते चीजें आपके विरुद्ध जाने लगती हैं और आप सबकी निगाहों से उतर जाते हैं। स्वयं को निरंतर आगे बढ़ाते रहने का केवल एक तरीका है कि आप अपने मार्ग पर चलते रहें।

मुझमें पहले दूसरों से आत्मीय होने की जन्मजात प्रवृत्ति थी। मैं श्रीमान लोकप्रिय बनना चाहता था, जिसे सब प्यार करते हों। मेरे भीतर दूसरों का चहेता बने रहने की प्रबल आकांक्षा और इच्छा थी। इसपर काम करते हुए मैं मीडिया, फिल्म बिरादरी और सभी अदाकारों के साथ अच्छा बना रहा। साथ ही लोगों से मिलते ही मैं पर उनका प्रभुत्व स्वीकार कर लेता। दूसरों से जुड़ने के लिए मैं अति-उत्साहित था, मेरे खयाल से ऐसा करके मैं यही जताना चाहता था। श्रीदेवी से मिलने पर मैं इस बात से बेहद उत्साहित था कि वे जानती थीं कि मैं कौन हूँ। जब मैं बच्चन साहब से मिला तो उन्होंने मुझसे कुछ अधिक देर तक बात की, क्योंकि मैंने कुछ सार्थक कर दिखाया था। बीते वक्त के सुपरस्टारों से मिलने पर वे मुझे आशीर्वाद देते, 'हमें तुमपर गर्व है, हम तुम्हारे पिता को जानते हैं।' और मेरी पीढ़ी के अभिनेता, मैं उनके साथ घूमने जाया करता था। यह बेहद उत्साहवर्धक था। मुझे लगता है कि घमंड आपको अकेला कर देता है। वहीं दूसरों से घुल-मिल जाने पर आप कई चीजों से जुड़ जाते हैं और मैं यही चाहता था। मैं मनमानी का रवैया नहीं रखना चाहता था। मैं सब लोगों के लिए सुलभ, सुशील और मिलनसार व्यक्ति बनना चाहता था और दूसरों के साथ जुड़ने के लिए मैं इसका दिखावा करने को भी तैयार था। मैंने अपने कुछ खास व्यक्तित्वों का निर्माण किया है, जिनके द्वारा मैं दूसरों से घुल-मिल सकता हूँ। मैं सबसे दूर व अलग रहनेवाला फिल्म-निर्माता नहीं बनना चाहता था।

मैं एक सामाजिक फिल्म-निर्माता बनना चाहता था और मैं समझता हूँ कि इसके लिए मुझसे जो संभव हुआ, मैंने वह सब किया। मैं पार्टियों में जाता, लोगों से घुलता-मिलता, लोगों से जुड़े रहने के लिए मैंने डिनर आयोजित किए तथा बाहर घूमने जाने व सामाजिक कार्यक्रमों में शिरकत करने जैसे सचेत प्रयास भी किए। मैं इसमें पूरी तरह समाहित होकर हर क्षण का आनंद ले रहा था। अपने जीवन के उस हिस्से पर नजर डालने से एहसास होता है कि यही वह समय था, जब मैं वस्तुतः अपने उस व्यक्तित्व का निर्माण कर रहा था, जो आनेवाले कई सालों तक मेरा हिस्सा बना रहा।

कुछ कुछ होता है की सफलता के बाद थोड़े ही समय में हमारे आर्थिक हालात बदल गए। हमने बांद्रा में एक बड़ा अपार्टमेंट खरीद लिया। हमारी कारें बदल गईं, और मैंने अपने लिए एक ड्राइवर रख लिया। कुछ कुछ होता है के निर्माण के दौरान मेरे पास ड्राइवर नहीं था। मैं अपनी मारुति 800 खुद चलाकर सेट पर जाता था और मैं बहुत खराब ड्राइवर हूँ। इससे पहले मैं अपने पिताजी के ड्राइवर के साथ जाया करता था। लेकिन अब सब बदल गया था। मेरे कपड़े बदल गए थे। मेरी कलाई पर अब कुछ अधिक महँगी घड़ी बँधी थी। माँ हमेशा कहती हैं कि दिमाग से मैं आज भी मध्यम वर्ग का ही हूँ। मैं इसे नहीं बदल सकता। इसलिए आज भी वे अपने खर्च काफी देख-भालकर करती हैं। लेकिन निस्संदेह हमारी आर्थिक स्थिति में सुधार हुआ। मैं कह सकता हूँ कि यह मेरे माता-पिता का देखा पहला उत्थान काल था। मेरे पिताजी असाधारण रूप से साधारण व्यक्ति थे। वे कभी भी भौतिक चीजों की इच्छा रखनेवाले व्यक्ति नहीं रहे। लेकिन मैं और मेरी माँ अच्छे जीवन का आनंद लेनेवालों में से थे। इसलिए हमने कुछ कुछ होता है, से प्राप्त धनराशि का भरपूर आनंद उठाया। जहाँ तक मूड और नैतिकता की बात है, मेरे पिता गर्वीले व उत्साहपूर्ण होने के साथ ही काफी हद तक शर्मिंदा करनेवाले भी हो गए। पार्टियों में, वे लज्जापूर्ण तरीके से मेरे गाल खींचते और दूसरों को मेरा परिचय देते हुए कहते, 'तूने 'कुछ कुछ होता है' देखी? कितनी बार देखी? दो बार तो देखी होगी।'

मैं उनसे कहता, 'पापा, आप ऐसा क्यों पूछते हैं?'

वे कहते, 'तो क्या हुआ? मुझसे एक बार देव आनंद ने कहा था, यह तुम्हारा ढोल है, इसे तुम नहीं पीटोगे तो कौन पीटेगा?'

मैंने उन्हें फिर कभी नहीं टोका। उन्होंने इस स्तर की सफलता का स्वाद करीब दो दशक बाद चखा था और उन्हें पूरा हक था कि वे इसका मजा लें। माँ अपने लिए डायमंड खरीदने में प्रसन्न थीं। मैं, माँ और पिताजी हम खूब यात्राएँ करते। एक बार फिर हम छह महीने के लिए छुट्टियों पर चले गए। इसी दौरान मैंने अपनी अगली फिल्म लिखना आरंभ कर दिया।

हम लंदन के बाहरी इलाके में आदि की फिल्म मोहब्बतें की शूटिंग कर रहे थे। मैं, माँ और पिताजी इसके आउटडोर शूट पर थे और वहाँ मैंने अपने माता-पिता को 'कभी खुशी कभी गम' का केंद्रीय विचार बताया। मैं रामायण की कहानी को आधुनिक परिवेश में पेश करना चाहता था। एक भाई को घर से निर्वासित कर दिया जाता है। फिर छोटा भाई जाकर अपने भाई और भाभी को घर वापस लाता है। इसमें लक्ष्मण का किरदार ऋतिक ने निभाया।

मुझे लगा, क्यों न एक पारिवारिक फिल्म बनाई जाए। मुझमें फिल्म के पोस्टर पर एक साथ छह सितारों को दिखाने का जुनून सवार था। जिस तरह फिल्म 'कभी कभी' सितारों से सजी हुई थी। मैं यश चोपड़ा का बड़ा फैन हूँ और मैं चाहता था कि मेरे पोस्टर पर भी सितारों की भीड़ नजर आए। सभी बड़े फिल्मी सितारों की एकसाथ एक बड़ी और विशालकाय पारिवारिक गाथा।

मेरे माता-पिता को सभी किरदार बहुत पसंद आए। उन्हें यह विचार भी पसंद आया, मैं जो करने के प्रयास में था, उन्हें वह अच्छा लगा। मैं इसे विकसित करता रहा। फिर मैंने इसे अपनी दोस्त शीना पारेख के साथ मिलकर लिखा। शीना से मेरी मुलाकात एक कॉमन फ्रेंड ने करवाई थी। हार्वर्ड से एम.बी.ए. होने के कारण चीजों के बारे में उनके विचार दूसरों से अलग थे। उनके साथ काम करना अच्छा लगा। हमने इसे साथ मिलकर लिखना शुरू किया। मैं एक या दो महीने की छुट्टी पर लंदन चला गया। मुंबई से बाहर जाकर लिखना अब मेरी आदत बन गई थी। हमने पटकथा पर विस्तारपूर्वक बात की। मेरा विचार था कि माता-पिता का किरदार बच्चन दंपती निभाएँ तथा शाहरुख और काजोल बड़े भाई और भाभी हों। उस समय तक ऋतिक दोस्त की भूमिका में थे। उन्हें मैं बचपन से जानता हूँ। उनसे मेरी मुलाकात आदि और उदय ने करवाई थी। और फिर हमारा यह गैंग और करीब आता गया। ऋतिक और उदय के बीच गहरी दोस्ती थी। इसलिए मैं भी अकसर ऋतिक से मिलता रहता था। मैंने देखा था कि वे अपने काम को लेकर बहुत गंभीर थे। उस दौरान वे 'कहो न प्यार है' के लिए प्रशिक्षण ले रहे थे। एक बार मैं उनसे मनीष मल्होत्रा के स्टोर में टकरा गया। वे वहाँ अपनी माँ के साथ किसी काम से आए थे।

मैंने तरंग में आकर कह दिया, 'सुनो, मैं चाहता हूँ कि आप मेरी अगली फिल्म में शाहरुख के छोटे भाई का किरदार निभाएँ।'

बाद में उन्होंने मुझे फोन किया और पूछा, 'क्या आप सचमुच ऐसा चाहते हैं?'

मैंने कहा, 'हाँ, मैं पटकथा लेकर अभी आपके पास आता हूँ।'

दो रात बाद मैं बॉम्बे टाइम्स की पार्टी में था और वहाँ मुझे करीना कपूर मिलीं। उस वक्त वे अठारह साल की थीं और अभी से मूवी स्टार जैसी लगने लगी थीं। उन्होंने हाल ही में 'रिफ्यूजी' में मुख्य अभिनेत्री की भूमिका साइन की थी। वे 'कहो न प्यार है' करनेवाली थीं, बाद में पीछे हट गईं और 'रिफ्यूजी' में अभिषेक बच्चन की हीरोइन बनीं। लेकिन उस पार्टी में वे जिस तरह खड़ी थीं, उसे देखकर लगता था, मानो अब तक उनकी पाँच फिल्में ब्लॉकबस्टर रही हों। उनमें वह ऐंठ थी, जो मुझे अपने किरदार 'पू' के लिए चाहिए थी। और मैंने अपने आप से कहा, ये

ही सही रहेंगी। और मुझे मेरी पू मिल गई। मैंने फैसला कर लिया कि युवा जोड़े का किरदार ऋतिक और करीना निभाएँगे।

मैं अपने पिताजी के पास गया और कहा, 'मुझे अपनी फिल्म में अमिताभ बच्चन, जया बच्चन, शाहरुख, काजोल, ऋतिक और करीना चाहिए।

उन्होंने पूछा, 'सभी एक ही फिल्म में?'

मैंने कहा, 'हाँ, ये ही लोग होंगे।'

उन्होंने कहा, 'ऋतिक क्यों, अभी तक तो उसकी एक भी फिल्म रिलीज नहीं हुई है। करीना की कितनी फिल्में रिलीज हुई हैं? कुछ अधिक विख्यात लोगों को लो।'

मैंने कहा, 'विश्वास रखिए, ये ही ठीक रहेंगे।'

मैंने ऋतिक को अपनी अंतर्प्रेरणा से चुना था। इसलिए मेरे पिता ने स्वीकार कर लिया।

मैंने इस बारे में सबसे पहले शाहरुख से बात की। उन्होंने कहा, 'हाँ, बढ़िया है, तुम जो करना चाहो, करो, यह तुम्हारी फिल्म है।' वे हर तरह से सहयोग व समर्थन के लिए तैयार थे।

मैंने अमित अंकल को फोन किया और पूछा, 'मैं आपसे मिलना चाहता हूँ।' मैं उनके घर गया और उनसे फिल्म के बारे में बात की।

उन्होंने कहा, 'ठीक है। मैं तैयार हूँ और इसे लेकर बेहद खुश और उत्साहित हूँ।'

उस दौरान वे 'मोहब्बतें' की शूटिंग कर रहे थे। उनका कॅरियर उतार पर था। लेकिन यही वह समय था, जब टी.वी. पर उनका शो 'कौन बनेगा करोड़पति' लोकप्रिय हो रहा था। लेकिन उस दौरान उन्हें अपने मन-मुताबिक फिल्में नहीं मिल रही थीं, यह उनका मध्यकाल था।

उनके घर से निकलते ही मैंने जया आंटी को फोन किया और उनसे कहा कि मैं आधिकारिक रूप से आपसे मिलना चाहता हूँ। मैंने उन्हें उस भूमिका की पेशकश की तो उन्होंने कहा, 'ठीक है, मुझे सोचने के लिए एक दिन दो।'

मैं उनसे एक दंपती के तौर पर नहीं, बल्कि व्यक्तिगत स्तर पर बात करना चाहता था।

शाहरुख का फोन आया और मैंने उन्हें बताया कि बच्चन मान गए हैं।

उन्होंने कहा, 'बहुत बढ़िया।'

मैं केवल काजोल को लेकर सुनिश्चित नहीं था। उनका हाल ही में अजय के साथ विवाह हुआ था और हर जगह यही सुनने में आ रहा था कि अब वे अभिनय नहीं करना चाहतीं। मैंने उन्हें फोन किया और पूछा कि इस समय वे कहाँ पर शूटिंग कर रही हैं। उन्होंने कहा कि वे फिल्मिस्तान स्टूडियो में हैं। लेकिन क्यों? काजोल ने पूछा।

उस दोपहर मैं काजोल से फिल्मिस्तान स्टूडियो में मिला और उन्होंने मुझे मना करने की पूरी तैयारी कर रखी थी।

काजोल ने कहा, 'मुझे पता है कि यह कभी खुशी कभी गम के लिए है।' मैंने पहले ही उन्हें इस फिल्म के बारे में बता रखा था। तब मैंने उन्हें उनकी भूमिका बताई और उन्होंने कहा,

'सुनो, मैं तुम्हें मना नहीं कर सकती। मैं इससे इनकार भी नहीं कर सकती। तुमने किसी और हीरोइन को साइन किया तो मैं मर जाऊँगा।'

मैंने सचमुच फैसला कर रखा था कि अगर काजोल मना कर देती हैं तो मैं सीधे ऐश्वर्या के पास जाऊँगा। मुझे लग रहा था कि शायद काजोल मना कर देंगी। लेकिन वे तो हर हाल में यह फिल्म करना चाहती थीं। वे बेहद हक जतानेवाली और मुझे बेहद प्यार करती थीं।

इस तरह सब तय हो गया। ऋतिक से बात हो चुकी थी। मैंने उन्हें फिर से फोन किया और अपने तैयार होने की बात बताई। वे बेहद उत्साहित थे। उन्होंने कहा, 'मुझे तो यकीन ही नहीं हो रहा!'

उस दिन मेरी आखिरी मीटिंग करीना कपूर के साथ थी। जी हाँ, मैंने उन सबको एक ही दिन में साइन किया था, पूरे छह जनों को।

मैं आशा करता हूँ कि आज भी फिल्म के लिए छह फिल्मी सितारों को एक ही दिन में साइन करना, इतना ही आसान होता। लेकिन यह संभव नहीं है, किसी के लिए भी नहीं।

'कभी खुशी कभी गम' की शूटिंग सबसे आसान रही। शूटिंग के दौरान केवल एक समस्या हुई, तब तक 'कहो न प्यार है' रिलीज हो चुकी थी और ऋतिक नए स्टार बन गए थे। लोग उनकी तुलना शाहरुख से करने लगे थे। यह गलत है, शाहरुख बहुत बड़े स्टार थे और ऋतिक उनसे काफी जूनियर थे। लेकिन उस दौरान शाहरुख की एक-दो फिल्में असफल रही थीं और मीडिया उनकी जगह पर ऋतिक को बैठा रहा था।

मेरे उनको साइन करने तक 'कहो न प्यार है' रिलीज नहीं हुई थी। लेकिन सितंबर 2000 में हमारी शूटिंग शुरू होने के पहले उसी साल जनवरी में रिलीज के बाद वह ब्लॉकबस्टर साबित हुई।

इससे उत्पन्न नकारात्मकता न तो उचित थी और न ही न्यायसंगत, बल्कि यह बेहद दुखद थी। मुझे लग रहा था कि शूटिंग के दौरान केवल ऋतिक ही होंगे, जिन्हें सहारे की आवश्यकता पड़ सकती है। बच्चन दंपती उन्हें नहीं जानते थे। परिस्थितियाँ ऐसी थीं कि उस दौरान शाहरुख भी उनसे कुछ दूरी बनाकर चल रहे थे। काजोल शाहरुख की टीम में थीं। मुझे लगा कि ऋतिक को किसी सहारे की आवश्यकता पड़ेगी। अत: हमारे बीच अच्छी दोस्ती हो गई। हम एक-दूसरे के काफी निकट आ गए। इस भीड़ में वे एक भ्रमित बच्चे जैसे लग रहे थे। वैसे भी, ऋतिक को लोगों के बीच अटपटा लगता था। वे अधिक मिलनसार व्यक्ति नहीं थे। हालाँकि आज वे पहले से कहीं अधिक बेहतर हो चुके हैं।

इसके अतिरिक्त यह सेट मेरे लिए सबसे मजेदार रहा। यह एक सपने के जैसा था। कोई समस्या नहीं थी। किसी के बीच अहं का टकराव नहीं था। किसी अभिनेता ने दृश्य को बदलने की माँग नहीं रखी, असुरक्षा जैसी कोई चीज नहीं थी।

'कभी खुशी कभी गम' को देखने पर यह सितारों के कारवाँ जैसी लगती है। सभी के दृश्य महत्त्वपूर्ण हैं। सबकी भूमिका व्यापक थी। किसी को कोई नाटकीय दृश्य मिला तो कोई दूसरा

आइटम साँग में था। इसकी पटकथा में उचित संतुलन होने के कारण किसी तरह की कोई समस्या नहीं थी। ऋतिक और करीना फिल्म के युवा चेहरे थे, इसलिए फिल्म के दूसरे भाग में उनपर दो बड़े गाने फिल्माए गए थे। फिल्म के पहले भाग में शाहरुख और काजोल के दो बड़े गाने थे। तथा एक बड़े गाने में सभी एक साथ थे।

यह एक समृद्ध पटकथा थी, जिसमें सबको समान रूप से महत्त्व दिया गया था। बल्कि आज भी किसी एक अदाकार के दूसरे से बेहतर होने का एहसास किए बिना फिल्म पर बात कर सकते हैं। कोई नहीं कह सकता कि शाहरुख ने बाजी मार ली या काजोल ऐसा कर गईं। ; सबकी फिल्म थी। आप ऋतिक को उनके काम के लिए, शाहरुख को उनके काम के लिए और करीना को 'पू' और काजोल को उनके मिलनसार पंजाबी लड़कपन के लिए तथा बच्चन दंपती को बतौर माता-पिता उनकी संजीदगी के लिए याद करते हैं। इन भूमिकाओं में कोई असमानता नहीं थी। आज पीछे मुड़कर देखने पर मैं हैरान रह जाता हूँ कि मैं यह फिल्म कैसे बना सका?

मुझे किसी को 'सँभालना' नहीं पड़ा। इस सफलता-चालित इंडस्ट्री में, सफल होने पर हर कोई आपमें आस्था जताता है, और वे आशा करते हैं कि आप आगे भी ऐसे ही काम करते रहेंगे। आपको एक ब्लॉकबस्टर के बाद, एक और बनानी होती है। यह बस इतने तक ही सीमित है। मैं बहुत उत्साहित था, मुझे लग रहा था, जैसे मैं 'मदर इंडिया' बना रहा हूँ।

फिल्म रिलीज होने के बाद मेरे दिमाग में पहली बार यह बात आई। शूट के दौरान कोई समस्या नहीं थी। फिल्म बेहतरीन बनी थी। इसके दृश्य बेहद चित्ताकर्षक थे, संगीत लोकप्रिय था। सेट पर आनेवाला हर व्यक्ति कहता कि 'यह फिल्म अवश्य सफल रहेगी, हे ईश्वर, यह तो आख्यान है! यह तो शोले है!'

हर सेट पिछले से बड़ा होता, फिर चाहे वह चाँदनी चौक का हो या 'बोले चूड़ियाँ' या 'शावा शावा' का सेट। या वह गीत, जो हमने इजिप्ट में शूट किया था या विशाल बँगले, जिनमें हमने शूटिंग की, हेलिकॉप्टर से शॉट लिये, बड़ी स्टार कास्ट। सबकुछ अति महान् था।

मेरे पास अकूत पैसा था। मैं ऐसा बिगड़ैल व व्यसनी बच्चा हो गया था, जो अपना सारा पैसा खर्च कर देना चाहता हो। साल 2001 में इसके निर्माण की लागत 50 करोड़ रुपए थी, जो आज के 500 करोड़ रुपए के बराबर है। यह अब तक का सबसे बड़ा बजट था। फिल्म इतिहास में किसी ने भी ऐसी फिल्म पर 50 करोड़ रुपए खर्च नहीं किए थे, जिसका उस समय अदाकारों का मेहनताना 6 करोड़ रुपए रहा हो। यह सारा पैसा फिल्म पर खर्च हुआ था। सबकुछ आश्चर्यजनक था।

आज उन्हीं अभिनेताओं के साथ वैसी फिल्म बनाना, आर्थिक रूप से संभव नहीं है। इसमें इतना पैसा लगेगा, जितना कमाया नहीं जा सकेगा, इसलिए यह रिलीज नहीं हो सकेगी।

आखिरकार फिल्म तैयार हो गई और इसे 14 दिसंबर, 2001 को 9/11 के ठीक बाद रिलीज कर दिया गया। लेकिन मुझे पहला झटका 'लगान' देखकर और दूसरा झटका 'दिल चाहता है'

से लगा, जो इसी साल थोड़ा पहले रिलीज हुई थीं। मैं भीतर से थोड़ा डर गया। मुझे लगा कि उस साल अचानक ही सिनेमा का प्रारूप बदल गया है। इस बदलाव के वाहक आमिर खान थे।

मैं लगान देखने गया, लेकिन मुझे वह अच्छी नहीं लगी। उस फिल्म में कुछ भी ठीक नहीं था। लेकिन 'लगान' ने भारतीय सिनेमा के सभी मिथक तोड़ दिए। मैंने उसे देखा और सोचा, मेरी उक्त फिल्म इतनी अच्छी नहीं है। मेरी फिल्म ऐसा सिनेमाई अनुभव नहीं दे सकती। वह तो बस एक व्यावसायिक फिल्म थी। तत्पश्चात् 'दिल चाहता है' देखने के बाद मुझे मौजूदा मनोरंजन का एहसास हुआ। तब तक अपनी फिल्मों में पोलो खेलते और डी.के.एन.वाई के उत्पाद दिखाकर मेरी तूती बोला करती थी। अब मेरी फिल्में बीते जमाने का मनोरंजन थीं। आज की सच्चाई, यथार्थतता और प्रामाणिक मनोरंजन, फरहान अख्तर का दिखाया शहरी युवा, उसके कपड़े पहनने, बोलने और व्यवहार करने का तरीका था। मुझपर बीते समय के यश चोपड़ा, सुभाष घई व राज कपूर जैसे फिल्म निर्माताओं का असर था। मैं ऐसी फिल्म बनाना चाहता था, जिसे देखने अधिक-से-अधिक दर्शक आएँ। जून में 'लगान' के साथ ही 'गदर' भी रिलीज हुई थी। इसे भी काफी मात्रा में दर्शक मिले। मैं सोच में पड़ गया, क्या हो गया है? 'लगान' ने हिंदी सिनेमा की धारा मोड़ दी थी। दो महीने बाद अगस्त में 'दिल चाहता है' आई और इसने अपनी नई शानदार केश शैली व कपड़े, जिनके लिए मैं जाना जाता था, द्वारा मनोरंजन के मायने पुन: स्थापित व निश्चित किए। इसके बाद मेरी फिल्म आई, जो आशातीत, अत्यधिक भरी-पूरी व स्पष्टत: मुख्यधारा की पारिवारिक गाथा थी, जिसमें मेहनत दिखाई देती थी। आखिरकार मेरा सबसे बड़ा डर सच साबित हो गया।

मेरी फिल्म ईद से तीन दिन पहले सोमवार को रिलीज हुई। 17 दिसंबर को ईद थी। उन दिनों मल्टीप्लैक्स नहीं थे, केवल सिंगल स्क्रीन हुआ करते थे। ट्रेड एनेलिस्ट कोमल नहाटा ने मेरी फिल्म के बारे में एक पत्रिका 'फिल्म इंफॉर्मेशन' में लिखा, जिसका अंतिम वाक्य था कि 'कभी खुशी कभी गम' निराश करती है, जो इससे जुड़े सभी लोगों के लिए नुकसानदेह साबित होगा। 50-60 फीसदी सिनेमाघरों में ओपनिंग मिलने के बाद भी इसके निवेशक नाखुश रहेंगे।' ये ही शब्द थे। मैं इन्हें कभी नहीं भूल सकता।

ये मेरे दिमाग में गूँजते रहते हैं। मेरे पिता देश के तत्कालीन राष्ट्रपति को यह फिल्म दिखाने गए। आलिया भट्ट की तरह मुझे भी उन राष्ट्रपति महोदय का नाम याद नहीं है।

रिलीज के अगले दिन मैं घर पर अकेला था। मेरे पास यह पत्रिका थी। यह हर शनिवार को आती थी और इस बार भी तय समय पर आई। मैंने इसे पढ़ा और रोने लगा। उसी समय मेरे दोस्त निरंजन आयंगर का फोन आया, वे मुझे पूरे उत्साह के साथ बता रहे थे कि उनके यहाँ एक जन्मदिन पार्टी में बच्चों ने 'यू आर माय सोनिया' गाने पर डांस किया। उन्होंने मुझे फोन पर रोते सुना।

वे दौड़े-दौड़े मेरे घर आए और पूछा, 'क्या हुआ?'

मैंने कहा, 'मुझे लगता है कि मैंने एक बहुत बड़ी फ्लॉप फिल्म बना दी है।'

मेरे पिताजी ने एक बार यह भी कहा था कि अगर यह फिल्म नहीं चली तो हमें अपने

पुराने घर में वापस जाना होगा। यश राज इस फिल्म के साथ कमीशन पर जुड़े थे। इसके विदेशी अधिकार कमीशन पर हमारे पास थे, यह काफी बड़ी धनराशि थी। फिल्म के अत्यधिक महँगा होने के कारण कई क्षेत्रों के वितरण अधिकार हमारे ही पास थे। सारा जोखिम हमने खुद उठाया था। इसलिए मुझे अचानक महसूस होने लगा, क्या मैंने अपने पाँव पर खुद कुल्हाड़ी मार ली है? मैंने यह क्या कर दिया? मुझे यह फिल्म बहुत पसंद थी। लेकिन राजीव मसंद ने उचित ही कहा था कि 'नई बोतल में पुरानी शराब थी।' मैंने ऐसे शब्द नहीं सुने थे। 'कुछ कुछ होता है' के बाद मुझे स्वीकार कर लिया गया था, हर ओर मेरी तारीफ होती थी। मुझे आलोचना की आदत नहीं थी। लेकिन अब 'कुछ कुछ होता है के जादू के निकट भी नहीं' या 'एक बड़ा झटका', 'बढ़ी-चढ़ी', 'अत्यधिक भरी-पूरी', 'दिल चाहता है' जैसी मनोरंजक नहीं, 'लगान के बराबर भी नहीं', 'लगान ही साल की सबसे बेहतरीन फिल्म है' जैसी समीक्षाएँ आ रही थीं।

इसमें सबसे खराब बात यह थी कि कोमल ने यह फिल्म दो बार देखी और मुझसे यही कहा कि यह फिल्म उन्हें अच्छी लगी। इसके बावजूद उन्होंने यह लिखा। मैं अपने को ठगा हुआ, धोखा खाया और टूटा हुआ महसूस कर रहा था। निरंजन मुझे डॉक्टर की जगह मनोचिकित्सक सुनीता मेनन के पास ले गए, जो अपने समय की प्रसिद्ध मनोचिकित्सक थीं। उनके मनोचिकित्सा कक्ष में मैं रोने लगा।

सुनीता मेनन ने मुझे देखा और पूछा, 'आपको क्या हुआ?'

मैंने कहा, 'मेरी फिल्म फ्लॉप होनेवाली है और हमें अपने पुराने घर में वापस जाना होगा और यह सब मैंने ही बिगाड़ा है।'

उन्होंने मुझे शांत होने को कहा और बोलीं, 'आप ठीक हो जाएँगे।'

वहाँ से मैंने अपने कॉलेज के दोस्त अनिल थडानी और आदित्य चोपड़ा को फोन किया।

आदि ने कहा, 'शांत हो जाओ, यह ईद से पहले का समय है। सोमवार तक इंतजार करो।'

मैंने कहा, 'नहीं, मैंने बेकार फिल्म बनाई है।'

अनिल ने कहा, 'कम-से-कम सोमवार तक तो प्रतीक्षा करो। अब शांत हो जाओ।'

अगला रविवार बेहद खराब बीता। मैंने खुद से कहा, अगर सबकुछ ठीक रहा तो मैं मांसाहार छोड़ दूँगा और सिद्धिविनायक मंदिर तक पैदल जाऊँगा। ये निराशा में ली गईं मेरी सबसे मूर्खतापूर्ण कसमें थीं।

सोमवार की सुबह मैं बुरी तरह घबराया हुआ था। मुझे याद है मैं घर से निकलकर सीधा ऑफिस पहुँचा और घबराहट के साथ इंतजार करने लगा। उन दिनों एडवांस बुकिंग प्राय: दूसरे हफ्ते के सोमवार से खुला करती थीं। तब आज जैसा नहीं था, वह बिल्कुल अलग तरह का माहौल था। अनिल का फोन आया और वे बोले, 'मैं चाहता हूँ कि तुम शहर आओ। मैं तुम्हें कुछ दिखाना चाहता हूँ।'

मैंने कहा, 'क्यों?'

और उन्होंने कहा, 'नहीं, मुझे तुम्हें कुछ दिखाना है। तुम्हें लिबर्टी सिनेमा आना होगा।'

लेकिन मैं ट्रैफिक में फँस गया। मैंने ड्राइवर से कहा, 'कितना ट्रैफिक है, हॉर्न बजाओ। अनिल मुझे लिबर्टी सिनेमा में मिलनेवाला है।'

उसने कहा, 'बाबा, ट्रैफिक तो हिल ही नहीं रहा है।'

मैंने अपनी खिड़की का शीशा उतारा तो मुझे एक पुलिसकर्मी दिखाई दिया। मैंने पूछा, 'भइया यह क्या है? इतना ट्रैफिक क्यों है? यह जाम क्यों है?'

उसने बताया, 'यह एडवांस बुकिंग की लाइन है, 'कभी खुशी कभी गम' के लिए।'

मैंने उसकी ओर देखा। फिर उससे पूछा, 'यह वाली लाइन?'

उसने कहा, 'वह पता नहीं, अभी पिक्चर रिलीज हुई है। इतनी बड़ी लाइन है कि पुलिस को बुलाया है, क्राउड कंट्रोल के लिए।'

मैं कार से उतरा और लिबर्टी की ओर दौड़ने लगा।

मैं हाँफते हुए अनिल थडानी से मिला, उन्होंने कहा, 'देख लिया? और तुम पिछले सप्ताहांत इसके लिए रो रहे थे। तुम्हारी फिल्म ब्लॉकबस्टर साबित हुई है। समीक्षाओं पर मिट्टी डालो। लोग हॉल में तालियाँ बजा रहे हैं।'

यह 'गदर' जितनी बड़ी हिट थी। इसने 'लगान' से दोगुना बिजनेस किया। लेकिन उस समय इसे समुचित सम्मान नहीं मिल सका। मुझे याद है, स्क्रीन अवॉर्ड के दौरान इसे ज्यूरी अवॉर्ड मिला, जो इंडस्ट्री का अपना अवॉर्ड था। मेरे पिता की राखी बहनें वहीदा आंटी और साधना आंटी के ज्यूरी में होने के बावजूद मैं सर्वश्रेष्ठ निर्देशक की श्रेणी में शामिल नहीं हो सका। मेरे पिताजी ने इसे दिल पर ले लिया।

मैंने कहा, 'मिट्टी डालो, मैं स्क्रीन अवॉर्ड समारोह में नहीं जानेवाला। मैं तो देश से बाहर जा रहा हूँ।'

मैं विदेश चला गया। मैं उस नाराज बच्चे जैसा था, जिसे टॉफी न मिली हो। पूरा साल मैं बेहद उदास रहा।

❖

'कभी खुशी कभी गम' मेरी सबसे बड़ी हिट रही, लेकिन मेरे लिए वह सबसे उदासी भरा समय था। इन सबसे बचने के लिए मैं लंदन चला गया। वहाँ पहुँचते ही मुझे संदेश मिला—'लगान' ऑस्कर के लिए चयनित।

मुझे लगा कि अब कोई 'कभी खुशी कभी गम' को याद नहीं रखेगा, क्योंकि शहर में लगान की तूती बोलेगी। उस साल यही हुआ। आज किसी को भी याद नहीं कि उसी साल 'कभी खुशी कभी गम' भी रिलीज हुई थी। अब यह हर हफ्ते टेलीविजन पर आती है।

'कभी खुशी कभी गम' धर्मा प्रोडक्शंस की सबसे बड़ी सफलता है। इससे मुझे इतना पैसा मिला, जितना किसी और फिल्म से नहीं मिला था, क्योंकि हर दो साल में किसी-न-किसी से

अधिकार बेचने की बात चल ही जाती। संसार में सभी को पता है कि 'कभी खुशी कभी गम' हमारे देश की सबसे बड़ी बॉलीवुड फिल्म रही है। यह सच है। जर्मनी, फ्रांस और आयरलैंड में इसकी ब्रांड वैल्यू सबसे अधिक थी। दुनिया भर में लोग इस फिल्म को जानते हैं। इसे पूरे विश्व से प्यार मिला। लेकिन उस साल मैं टूट गया था। मैं आज भी उससे उबरने की कोशिश में हूँ, जो उस साल मुझपर गुजरी थी। इसके बाद मैं कुछ मायनों में और अधिक सरल हो गया। मैं टूट गया और शायद यह अच्छा ही हुआ, क्योंकि ऐसा नहीं होता तो शायद मैं पागल हो जाता।

मुझे लगा, मैंने फिल्म में इतने सारे सितारों को लिया, मैंने इतना कुछ किया, मैंने इतना पैसा खर्च किया, मैंने अवश्य ही श्रेष्ठ फिल्म बनाई है। मैंने यह नहीं सोचा कि फिल्म अच्छी है या बुरी, मैंने सिर्फ यही सोचा कि यह किसी को पसंद नहीं आएगी। मुझे इसपर शर्म आती थी, जबकि आज जब मैं उसपर विचार करता हूँ तो मुझे वह सरासर मूर्खतापूर्ण लगता है। आज मुझे इसपर गर्व है। लेकिन उस समय नहीं था। लोग मुझसे कहते कि उन्होंने वह फिल्म दस बार देखी है। लेकिन मैं सोचता कि उस आलोचक को यह पसंद नहीं आई और उस समीक्षक को यह अच्छी नहीं लगी और मुझे कोई अवॉर्ड नहीं मिला। मैं पुरस्कारों और आलोचकों को बहुत अधिक महत्त्व देता था। लेकिन उस समय केवल मैं ही जानता था कि मैंने क्या गलती की है।

मुझे सबके सामने फिल्म को न्यायसंगत सिद्ध करना पड़ता। मुझे यह कहना पड़ता कि 'क्या आपको पता है कि इसने लगान से दोगुनी कमाई की है?'

उस जमाने में लोग फिल्म की कमाई के बारे में ज्यादा नहीं जानते थे और वे कहते, 'अच्छा, इसने लगान से बेहतर कमाई की?'

और मैं सोचता, इसे झटका क्यों लगा? इसने निश्चित ही 'लगान' से बेहतर प्रदर्शन किया है। 'लगान' को ऑस्कर के लिए चुना गया तो क्या हुआ, मेरी फिल्म ने उससे दोगुनी कमाई की है।

इस इंडस्ट्री में अवधारणा ही सच्चाई है। मुख्यधारा की ऐसी कितनी ही फिल्में हैं, जिनके बारे में लोग कहते हैं कि, 'वह मुझे पसंद नहीं आई। वह फिल्म किसे पसंद आएगी?' लेकिन उन फिल्मों को खूब दर्शक मिले। आपके आस-पास ऐसे बहुत से शहरी दर्शक होते हैं, जिन्होंने ब्लॉकबस्टर फिल्म नहीं देखी होगी, लेकिन उन्हें 'उड़ान' पसंद आएगी। जी हाँ, 'उड़ान', 'लंचबॉक्स' बेहद शानदार फिल्में हैं। लेकिन जब आप निम्न कोटि की व्यावसायिक फिल्म बनाते हैं तो लोग इसकी परवाह नहीं करते।

मैंने इसे इस हद तक झेला है कि मैं भी एक मनोरंजक फिल्म बनाने पर विचार करने लगा। मैं सक्रिय हो उठा। मैंने सोचा, मैं भी शानदार हूँ, मैं भी दक्षिणी मुंबई में पला-बड़ा हूँ, मेरे पास भी उतना ही पैसा है, मुझे भी लोग जानते हैं, तो सिर्फ फरहान अख्तर को ही उम्दा निर्देशक क्यों माना जाए? मैं एक शानदार फिल्म लिखूँगा। यहीं से मेरी 'कल हो न हो' की यात्रा आरंभ हुई।

लेकिन मैं थोड़ा डरा हुआ था। मैं सेट पर बतौर निर्देशक नहीं जाना चाहता था। मुझे हमेशा लगता कि मेरे निर्देशित करने पर वही पहलेवाली चीज न हो जाए। मैं एक शानदार फिल्म लिखूँगा

और इसे किसी और से निर्देशित करवाऊँगा। मैंने इसे निर्देशित करने के लिए निखिल आडवाणी को चुना, जो इससे पहले मेरे साथ दो फिल्में कर चुके थे। मैंने 'कल हो न हो' लिखने की शुरुआत कर दी। पहले मैं चाहता था कि इसे निखिल लिखें। मैंने उन्हें उसका केंद्रीय विषय बता दिया। एक व्यक्ति जो मरनेवाला है, वह दूसरों की जिंदगी को आसान बनाता है।

लेकिन मैं इसे बेहद दिलचस्प तरीके से सुनाना चाहता था। मैं वॉइस-ओवर का उपयोग करना चाहता था, जो एक बिल्कुल नया विचार था। मैं चाहता था कि 'कल हो न हो' में कैमरे से बात हो। मैं इसे आधुनिक व मनोरंजक ढंग से करना चाहता था। मैंने इस फिल्म को लंदन की जगह न्यूयॉर्क में शूट करने का फैसला किया, क्योंकि अब मुझपर न्यूयॉर्क का जुनून सवार था। इस दौरान मैंने वहाँ की यात्रा की और मुझे एहसास हुआ कि फिल्म में न्यूयॉर्क शहर का भी अपना किरदार होगा। इसके अलावा आज तक किसी ने भी पूरी हिंदी फिल्म मैनहट्टन में शूट नहीं की थी। मैं न्यूयॉर्क का वैसा जलवा चाहता था, जिसमें लोग कॉफी के कप लिये भागदौड़ करते हैं और सभी न्यूयॉर्क के शहरी परिधान पहनते हैं।

मैंने फैसला किया, मैं न्यूयॉर्क पर आधारित यह आधुनिक फिल्म बनाऊँगा, लेकिन पारंपरिक दिल के साथ। मैंने लिखना आरंभ कर दिया। मुझे यह प्रक्रिया अच्छी लगी, बल्कि मुझे लगता था कि यह मेरी सर्वश्रेष्ठ पटकथा है। मैं न्यूयॉर्क गया और तीन महीने वहीं पर रहा। मैं सेंट्रल पार्क में बैठा लोगों को देखते हुए फिल्म लिखता रहा। फिर मैं मुंबई वापस आया, उसे सबको सुनाया और अभिनेताओं का चयन करने लगा। वास्तव में मैंने अभिनेताओं को ध्यान में रखकर ही इसे लिखा था।

मेरी पहली समस्या करीना थीं। उन्होंने इसके लिए बहुत पैसे माँग लिये। उस समय हमारी हालत कुछ ठीक नहीं थी। कुणाल कोहली द्वारा निर्देशित 'मुझसे दोस्ती करोगे', अभी हाल ही में रिलीज हुई थी।

करीना ने कहा, 'यह फिल्म आदित्य चोपड़ा के असिस्टेंट कुणाल कोहली ने बनाई थी, तो करण जौहर का असिस्टेंट निखिल आडवाणी भी विश्वास योग्य नहीं है।'

उस फिल्म (मुझसे दोस्ती करोगे) की रिलीज के बाद वाले सप्ताहांत पर जब मैंने उनसे 'कल हो न हो' में काम करने के लिए पूछा तो उन्होंने उतनी ही रकम माँग ली, जितनी शाहरुख को मिल रही थी।

मैंने इनकार कर दिया।

मुझे बहुत चोट पहुँची। मैंने अपने पिता से कहा, 'आप वापस आ जाएँ, उनसे बात नहीं बनेगी।' मैंने करीना को फोन किया। उन्होंने मेरा फोन नहीं उठाया। मैंने कहा, 'हम करीना को नहीं ले रहे।' उनकी जगह हमने प्रीती जिंटा को लिया। इसके बाद करीब एक साल तक मेरे और करीना के बीच बातचीत बंद रही। एक साल बाद हम पार्टियों में एक-दूसरे की ओर देखने लगे। वह बहुत मूर्खतापूर्ण बात थी। करीना बच्ची थीं, वे मुझसे करीब दस साल छोटी हैं।

इसके बाद मैंने पुलिस द्वारा आयोजित एक कार्यक्रम में क़रीना को देखा और हलके से मुसकरा दिया। लेकिन वे दूसरी ओर देखने लगीं तो मैंने भी नजरें फेर लीं। मैंने सोचा, मेरे साथ ऐसा व्यवहार करने की उनकी हिम्मत कैसे हुई?

खैर अंततः मैं, सैफ, प्रीति, शाहरुख हम सभी न्यूयॉर्क चले गए। पिताजी ने पहले ही वहाँ का अधिकांश शुरुआती काम कर लिया था। वे इससे पहले न्यूयॉर्क के तीन या चार चक्कर लगा चुके थे। फिल्म की योजना बनाने में वे बुरी तरह थक गए थे, क्योंकि हमें वहाँ यूनियनों से जूझना पड़ा था, मूल रूप से हम एक बिल्कुल नए माहौल में काम कर रहे थे। मैं सभी तरह की औपचारिकताएँ और उचित अधिकार प्राप्त करना चाहता था। मैं इस तथ्य से भी दो-चार हो रहा था कि इस फिल्म का फिल्म निर्माता मैं नहीं हूँ। मैं केवल लेखक हूँ। इसलिए मैंने इनपर अधिक ध्यान नहीं दिया।

यह बहुत कठिन था। पीछे मुड़कर देखने पर मुझे एहसास होता है कि मुझे इस फिल्म को निर्देशित करने का अवसर किसी और को नहीं सौंपना चाहिए था। अब मैं फिल्म को लिखने और उसे किसी और को निर्देशित करने के लिए सौंपने की गलती नहीं करूँगा। आज मेरी निर्देशित फिल्मों में 'कल हो न हो' का नाम न होना मुझे कचोटता है। मुझे बुरा लगता है कि इसका निर्देशन मैंने नहीं किया। मुझे नहीं पता कि मैंने इसे किसी और को क्यों सौंप दिया। यह काम मुझे खुद करना चाहिए था। मुझे इस बात का पछतावा है कि इस फिल्म के निर्देशक के रूप में मेरा नाम नहीं है, क्योंकि भावना, दिल और शायद क्रियान्वयन के स्तर पर यह पूरी तरह से मेरी फिल्म है।

एक बार निखिल की माँ से मेरी मुलाकात हुई। और उन्हें इस बात पर बहुत गर्व था कि उनके बेटे को इतने बड़े मंच पर इतनी बड़ी फीचर फिल्म निर्देशित करने का अवसर मिला। मुझे लगता है कि यह उनका भाग्य था। अब यह फिल्म मेरी नहीं है। यह उनकी फिल्म है। एक बार मैं इस सिलसिले में उन्हें फोन करने ही वाला था, लेकिन मैंने खुद को रोक लिया। मैं कहना चाहता था, 'निखिल, मुझे लगता है कि इस फिल्म को मुझे खुद निर्देशित करना चाहिए।' मेरे नजदीकी मित्रों ने मुझे यह फिल्म खुद करने की सलाह दी थी। क्योंकि इसे लिखते समय मैं बहुत उत्साहित था, लेकिन मैं ऐसा नहीं कर सका।

फिल्म की शूटिंग आरंभ होने से पहले ये सब विचार चल रहे थे। मैं कुछ भी कर सकता था और मेरा बाल भी बाँका नहीं होता। लेकिन इससे वह परेशान हो सकता था, फिर भी वह मेरी कंपनी में रहता। पर मैं ऐसा कुछ नहीं कर सका। मेरे व्यक्तित्व के भावनात्मक या संवेदनशील पक्ष ने मेरे महत्त्वाकांक्षी पक्ष को ऐसा करने से रोक दिया। मेरे साथ ऐसा होता रहा है। बहुत बार मैं लोगों को काम से अधिक तरजीह दे देता हूँ। जबकि मुझे ऐसा नहीं करना चाहिए, क्योंकि यह मेरा काम है। फिल्म ऊर्जा से बनती है। आज पीछे मुड़कर देखने पर लगता है कि इसे मुझे ही करना चाहिए था। पता नहीं मैंने ऐसा क्यों नहीं किया।

लेकिन इससे जुड़ी मेरी कुछ अच्छी यादें भी हैं। मुझे कैमरा सँभालने का काम दो लोगों ने

सिखाया था—आदित्य चोपड़ा और निखिल आडवाणी, जबकि निखिल मेरे असिस्टेंट थे। 'कल हो न हो' का निर्माण कठिन रहा, हालात खराब हो गए थे। ऐसा होना ही था, क्योंकि सेट पर मौजूद फिल्म के लेखक और इसे कार्यान्वित करने वाले निर्देशक के बीच अंतर्निहित संघर्ष जारी था। लेकिन सबसे बढ़कर यह बात थी कि चूँकि पहले भी साथ काम कर चुके थे, इसलिए हम इन चीजों से ऊपर उठ सके। आज हम संपर्क में हैं और दोस्त न होने पर भी हमारे बीच दोस्ताना संबंध हैं। मुझे पता है कि वे मेरा और कंपनी का सम्मान करते हैं। वे मेरी यात्रा का हिस्सा रहे हैं और मैं पूरे विश्वास के साथ कह सकता हूँ कि यह यात्रा अभी समाप्त नहीं हुई है। अभी और बहुत कुछ होना है।

खैर, 'कल हो न हो' की शूटिंग के बीच में ही मेरे पिताजी का वजन तेजी से गिरने लगा। हम सबने सोचा कि यह तनाव के कारण है।

लेकिन ऐसा था नहीं।

□

# मेरे पिता का देहांत

साल 2003 के जून-जुलाई में हम 'कल हो न हो' के बड़े आउटडोर शूट के लिए जानेवाले थे। हम टोरंटो में प्रीति और सैफ के साथ आठ दिन का आउटडोर शूट कर चुके थे। लेकिन शाहरुख की संभावित सर्जरी के कारण हमें समय से पहले वापस लौटना पड़ा था। उस आउटडोर शूट के दौरान मेरी मुलाकात एक कॉफी-कप रीडर महिला रीटा से हुई। वे मैकअप आर्टिस्ट मिकी कांट्रेक्टर की दोस्त थीं। उन्होंने कॉफी-कप के माध्यम से मेरे बारे में कई सही भविष्यवाणियाँ कीं। लेकिन उनकी एक बात सुनकर मैं चौंक गया। उन्होंने कहा, 'अगस्त के महीने में सावधान रहना। और अगस्त के पहले दो दिन विशेष रूप से सावधान रहना। आपको ऐसा समाचार मिल सकता है, जो संभवत: आपको हिलाकर रख देगा।'

आखिरकार 15 जुलाई को शूट आरंभ हुआ। मेरे पिता सब चीजों को सँभाल रहे थे, वे मेरे व निखिल के बीच के तनाव को लेकर परेशान थे।

जुलाई समाप्त हो गया। मैं इसी सोच में था, हे ईश्वर, अगस्त आनेवाला है, कुछ-न-कुछ तो अवश्य होगा। मुझे लग रहा था कि कोई बड़ा धमाका होनेवाला है। संभवत: निखिल फट पड़ेगा या शाहरुख नाराज हो जाएँगे। मैं बेहद चिंतित था। आखिरकार, 1 अगस्त आ पहुँचा, लेकिन कुछ नहीं हुआ। मेरे खयाल से वह शूट का सबसे बेहतरीन दिन था। हम न्यूयॉर्क में थे। मौसम बहुत खुशगवार था। सूर्य निकला हुआ था और हम अपना सारा काम समाप्त कर चुके थे।

2 अगस्त को सैफ के ऑफिसवाले परिचयात्मक दृश्य की शूटिंग जारी थी, तभी मेरे पिता अंदर आए।

वे मुझे एक ओर ले गए और बोले, 'मैं तुमसे बात करना चाहता हूँ।'

मैंने कहा, 'ठीक है।'

मैंने उनका चेहरा देखा और कहा, 'मुझे दो मिनट दीजिए। इस शॉट के बाद हम लंच ब्रेक ले लेते हैं।'

लंच ब्रेक होने पर मेरे पिता मुझे एक छोटे से कमरे में ले गए, जहाँ मेरे और उनके अलावा और कोई नहीं था। उसमें शीशे की खिड़कियाँ थीं, जिससे हम बाहर का दृश्य देख सकते थे।

'क्या हुआ पापा,' मैंने पूछा।

वे चुप थे। मैंने उनकी ओर देखा और मेरे मुँह से निकला, 'क्या आपको कैंसर है ?' मुझे नहीं पता कि ये शब्द मेरे मुँह से कैसे निकले। मेरे पास इसका कोई जवाब नहीं है।

उन्होंने मेरी ओर देखा और बोले, 'क्या तुम्हें सैम ने बताया ?' सैम उस होटल के जनरल मैनेजर थे, जिसमें हम ठहरे हुए थे। वे मेरे पिता के पुराने दोस्त थे।

मैंने कहा, 'नहीं।'

मैंने फिर पूछा, 'क्या आपको कैंसर है ?'

उन्होंने कहा, 'हाँ।'

मैं जैसे निष्प्राण हो गया। मैं कमरे में रखी कुरसी पर ढेर हो गया।

लेकिन वे काफी मजबूत थे। उन्होंने कहा, 'अगर तुमने ध्यान दिया हो तो मेरा वजन तेजी से कम हो रहा है। मैं सिर्फ खिचड़ी-दही खा रहा हूँ।'

मेरे पिताजी ने सैम को बताया था कि उन्हें निगलने में दिक्कत होती है। इसमें काफी दर्द होता है। ऐसा पिछले दो महीने से हो रहा था। वे इसे सिर्फ गले की खराबी मानकर चल रहे थे। इस दौरान उनका छह किलो वजन कम हो गया। माँ का मानना था कि इसका कारण उनका शूट को लेकर तनाव में होना है। हम सभी इसका कारण शूटिंग को मान रहे थे। किसी ने भी किसी दूसरे कारण पर विचार भी नहीं किया।

मुझे यह बात बताने से बीस दिन पहले मेरे पिता डॉक्टर के पास गए थे। डॉक्टर ने निवारक जाँच के लिए उन्हें ऑन्कोलॉजिस्ट के पास भेज दिया। उन्हें ग्रासनली में चौथी-स्टेज का ट्यूमर था। उन्होंने संपूर्ण जाँच करवाई और अब उन्हें रेडिएशन आरंभ करवाना था। सैम ने उन्हें बताया कि डॉक्टर कह रहे हैं कि जब तक वे अपने परिवार के किसी सदस्य को इस बारे में नहीं बताते तब तक वे उपचार आरंभ नहीं कर सकते।

मेरे पिता की मुझे इस बारे में बताने की कोई योजना नहीं थी। जिस बैंक में हमारा खाता था और जिस अस्पताल में उन्होंने जाँच करवाई, वह पास-पास ही थे। मेरे पिता कार में जाते, बैंक पर उतरते, दो ब्लॉक पैदल चलते और अस्पताल में अपने सभी परीक्षण करवा आते। ऐसा इसलिए, जिससे ड्राइवर किसी को भी जौहर साहब के रोजाना अस्पताल जाने की बात न बता सके। उन्होंने करीब तीन हफ्ते तक हम में से किसी को कुछ नहीं बताया। उन्होंने जब मुझे इसकी सूचना दी, तब तक पहले ही उनके चौथे चरण के कैंसर का निदान हो चुका था।

मैंने शूटिंग छोड़ी और सीधा सैम के पास पहुँचा, जो हमें डॉक्टर के पास ले गए। डॉक्टर ने हमें संपूर्ण हालातों से अवगत करवाया। इसके बाद मेरे पिता ने कहा, 'माँ को मत बताना।'

मैंने कहा, 'नहीं, आप ऐसा नहीं कर सकते। आप रेडिएशन आरंभ करवा रहे हैं। आपको उन्हें बताना चाहिए।'

अगले दिन वे रेडिएशन आरंभ करवानेवाले थे, जो कीमोथेरैपी से पहले की प्रक्रिया है।

उन्होंने कहा, 'ठीक है, मैं बता दूँगा।'

मुझे आज भी वह दिन याद है। मैं एक कमरे में बैठा था। हॉल में मेरे पिता माँ को यह बात बता रहे थे। इसके बाद जब मैं उनके पास पहुँचा तो माँ ने मुझे गले लगा लिया। वे रो रही थीं। मैंने उनका हाथ अपने हाथ में लिया, मुझे उनका हाथ काँपता सा महसूस हुआ।

मैंने कहा, 'हमें उनके लिए मजबूत और सकारात्मक होना होगा, जिससे उन्हें ठीक होने में मदद मिले।'

और उन्होंने कहा, 'हाँ।'

फिर हम दोनों खूब रोए और सारा गुबार बाहर निकाल दिया।

ऐसा लग रहा था, जैसे हमारी दुनिया तबाह हो रही हो। हम तीन लोगों की एक मजबूत इकाई थी, जिसका एक तिहाई हिस्सा मेरे पिता थे। हमारी इकाई के केंद्र का बिंदु कमजोर पड़ रहा था। वास्तव में उस क्षण तक हम हालात की भीषणता को समझ नहीं पाए थे।

मेरे पिता शाहरुख के बहुत निकट थे। उस रात जब मैं उनके कमरे में गया तो मुझ पर जैसे भारी बोझ था। फरहा भी वहीं पर थीं। मैंने शाहरुख को बताया। वे रो पड़े। तब मुझे हालात की वास्तविकता का एहसास हुआ। वे बिल्कुल बच्चों की तरह रो रहे थे। वे अपना पेट पकड़े हुए बुरी तरह रोए जा रहे थे।

वे रोते हुए बोले, 'मैं एक बार अपने पिता को खो चुका हूँ, अब दोबारा नहीं खो सकता।'

वे मेरे पिता को अपने पिता जैसा ही समझते थे, इसलिए वे बारंबार यही कहे जा रहे थे। वे उन्हें प्यार से 'टॉम अंकल' कहते थे। उनकी प्रतिक्रिया देखकर मैं सकते में था। मैं सुन्न रह गया। मेरे आँसू भी नहीं निकल रहे थे, क्योंकि मैं इसपर विश्वास नहीं कर पा रहा था। हम आउटडोर लोकेशन पर थे, हम फिल्म की शूटिंग कर रहे थे और न्यूयॉर्क में मेरे पिता के कैंसर का निदान हो रहा था¨ यह सब क्या हो रहा था?

मैंने टोरंटो में कॉफी-कप भविष्यवक्ता रीटा को फोन मिलाया।

मैंने पूछा, 'क्या आप न्यूयॉर्क आ सकती हैं?'

उन्होंने कहा कि वे आ जाएँगी।

सारा क्रू सकते में था। मेरे पिता ने स्पष्ट कह दिया था कि काम जारी रहना चाहिए, यह रुक नहीं सकता।

अगले दिन हम अस्पताल गए और वहाँ डॉक्टर से बात की, वे एक अमेरिकी सज्जन थे।

उन्होंने मेरे पिता की कुछ जाँच की और कहा, 'आप न्यूयॉर्क में क्या कर रहे हैं? आप यहाँ किसलिए आए हैं?'

मैंने कहा, 'हम यहाँ फिल्म बनाने आए हैं।'

उन्होंने कहा, 'अच्छा सचमुच? यह फिल्म किस बारे में है?'

मेरे पिता ने बताया, 'यह एक ऐसे व्यक्ति के बारे में है, जो मरनेवाला है और उपचार के लिए न्यूयॉर्क आया है।'

डॉक्टर ने कहा, 'क्या सचमुच? यही फिल्म की कहानी है?'

मेरे पिता ने कहा, 'हाँ। मेरे साथ जो हो रहा है, यह फिल्म उसी पर है।'

मैंने सोचा कि मेरे पिता ने ऐसे समय भी अपना हास्यबोध नहीं खोया है।

हमने उपचार करवाना आरंभ कर दिया। माँ वहीं थीं। उनके साथ मेरी मौसी और माँ की चचेरी बहन भी थीं। यह हमारी सहायक व्यवस्था थी। मेरे पिता के उपचार में सारा क्रू साथ था। पहले तीन दिन मेरे पिता काफी मजबूत रहे। लेकिन तीन या चार दिन बाद मुझे वे काफी चुप-चुप से लगे। एक दिन मैं होटल में उनके कमरे में गया। वे वहाँ अकेले बैठे, उस फोटो को देख रहे थे, जो उनके व माँ के पास हमेशा रहती थी। इसमें हम तीनों थे और उन्होंने मुझे गले लगा रखा था। यह फोटो मेरे पास भी थी।

मैंने उसे उनसे लेकर एक ओर रखा और कहा, 'पापा, कुछ खाना है? आपको भूख लगी है?'

हमें उन्हें कुछ खास तरह का भोजन देने को कहा गया था और उन्हें खाना जारी रखना था। लेकिन दवाओं के कारण उनकी भूख काफी कम हो गई थी।

उन्होंने कहा, 'नहीं,' और इसके बाद वे कुछ बुदबुदाए।

मैंने पूछा, 'क्या हुआ?' वे बोले, 'मैं तुम्हें छोड़कर नहीं जाना चाहता। मैं तुम सबको छोड़कर नहीं जाना चाहता। मैं कहीं नहीं जाना चाहता।'

मैंने कहा, 'नहीं, आप कहीं नहीं जा रहे। आप ऐसा क्यों कह रहे हैं?'

उन्होंने कहा, 'नहीं, मैं तुम्हें छोड़कर नहीं जाना चाहता। मैं तुम्हें छोड़कर नहीं जा सकता। ऐसा कैसे हो सकता है? अभी मुझे तुम्हारा विवाह होते देखना है, मैं तुम्हें बड़े होते देखना चाहता हूँ। मैं तुम्हें छोड़कर नहीं जाना चाहता।'

वे लगातार यही कहे जा रहे थे, 'मैं तुम्हें छोड़कर नहीं जाना चाहता।' उन्होंने करीब दस बार यह कहा और रोने लगे।

मैंने इससे पहले अपने पिता को सिर्फ एक बार रोते देखा था—'कुछ कुछ होता है' देखने के बाद। मैंने अपने पूरे जीवन में उन्हें केवल इन्हीं दो अवसरों पर रोते देखा था।

मैंने उठकर दरवाजा बंद कर दिया। हालात चरम पर पहुँचने पर मेरे साथ ऐसा ही होता है, मैं और अधिक मजबूत हो जाता हूँ। मेरे अंदर एक ऐसी आंतरिक शक्ति है, जो इन हालातों में बाहर निकल आती है। मैं कुछ ज्यादा ही भावुक हूँ और बहुत रोता हूँ। यह मेरा खुद को अभिव्यक्त करने का तरीका है और हमेशा से मेरा मानना रहा है कि रोने से आपकी आत्मा स्वच्छ हो जाती है।

ऐसे हालातों में मैं कभी हिम्मत नहीं छोड़ता। मैं पूरी तरह से नियंत्रित रहता हूँ। मैंने कहा, 'पापा, आप कहीं नहीं जा रहे। हम उपचार करवा रहे हैं। हम रेडिएशन करवा रहे हैं। आप ठीक हो जाएँगे। सब ठीक हो जाएगा।'

मैं ऐसा दिल से कह रहा था। तब तक रीटा न्यूयॉर्क आ गई थीं। इसके बाद मैं सीधा उनके कमरे में गया।

मैंने उनसे कहा, 'क्या मेरे पिता ठीक हो जाएँगे?'

और उन्होंने कहा, 'दस महीने हैं करण। मुझे नहीं लगता कि वे ठीक हो सकेंगे। कोई चमत्कार हो जाए तो बात अलग है। लेकिन उनका ठीक होना मुश्किल है।'

मैंने कहा, 'ठीक है।'

हम अपने रोजमर्रा के कामों में लग गए। मैं प्रतिदिन सेट पर जाता और कीमोथेरैपी के दिनों में उनके साथ अस्पताल जाता था। तब तक रेडिएशन समाप्त हो गया था और कीमोथेरैपी के दो चक्र पूर्ण हो चुके थे।

हमारा आउटडोर शूट समाप्त हो गया था। कीमो के दौरान हमारे आस-पास बहुत कुछ घट रहा था। हमारा यूनिट अस्सी लोगों का था। पैक-अप के बाद वे सभी साथ बैठकर बातें करते। हर कोई प्रयास कर रहा था।

पैम आंटी ने कैंसर के हमले का सामना न्यूयॉर्क के डॉ. नूरी की मदद से किया था। वे हमें उन डॉक्टर के बारे में पहले ही बता चुकी थीं। वे डॉक्टर से पहले ही बात कर चुकी थीं। वे इसे लेकर बहुत सकारात्मक थे। न्यूयॉर्क में सभी सकारात्मक रहते हैं। वे निरंतर यही कहते रहते हैं, 'सब ठीक चल रहा है। आप जल्दी ही ठीक हो जाएँगे। आपके ठीक होने की संभावना बहुत प्रबल है।'

नवंबर में 'कल हो न हो' रिलीज होनी थी। हमने जून, जुलाई, अगस्त और सितंबर में फिल्म शूट कर ली थी। अब मुझे गीत, प्रोमो और बाकी सब शूट करना था। इसलिए मुझे वापस लौटना पड़ा। जबकि मेरे पिता का न्यूयॉर्क में उपचार चल रहा था। यही वह समय था, जब करीना कपूर ने मुझे फोन किया। यह अगस्त की बात है। उन्होंने मुझसे पिछले नौ महीनों से बात नहीं की थी।

उन्होंने फोन किया और कहा, 'मुझे यश अंकल के बारे में पता चला।'

वे फोन पर बेहद भावुक हो गई थीं, उन्होंने कहा, 'मैं तुम्हें बहुत प्यार करती हूँ। मुझे माफ करना कि हम संपर्क में नहीं रहे। चिंता मत करो।'

उसी समय हमारे बीच सब ठीक हो गया।

मैं मुंबई वापस लौटा और फिल्म को रिलीज के लिए तैयार करने में जुट गया। इस दौरान मेरे पिता का उपचार जारी था। हमने डॉक्टर बदल दिया था और अब एक सिंधी सज्जन, डॉ. सुरेश आडवाणी उनका उपचार कर रहे थे। ये अत्यंत व्यस्ततापूर्ण समय था। मैं कीमोथेरैपी और 'कल हो न हो' की रिलीज के बीच फँसा हुआ था।

फिल्म नवंबर में रिलीज हुई और बेहद कामयाब रही। तब तक मेरे पिता वापस लौट चुके थे और मुंबई में कीमो का अंतिम चक्र करवा रहे थे।

यह हमारी लगातार तीसरी हिट फिल्म थी। इसे धर्मा प्रोडक्शंस का हैट्रिक कहा जा रहा था। इस फिल्म को खूब प्यार मिला और इसे ऐतिहासिक बताया गया। यह समीक्षकों और दर्शकों दोनों को पसंद आई। उसी दिन 'कोई मिल गया' भी रिलीज हुई थी। दोनों को साल की बेहतरीन फिल्म माना गया। पुरस्कारों का मौसम शुरू हो गया था। मेरे पिताजी को सब इतना

पसंद करते थे कि सभी ने उन्हें लाइफटाइम अचीवमेंट अवॉर्ड से नवाजा। फिल्मफेयर, स्क्रीन, जी, आई.आई.एफ.ए. (इंटरनेशनल इंडियन फिल्म अकादमी) सभी ने उन्हें सम्मानित किया। लोग उनके गीतों पर परफॉर्म कर रहे थे। उनकी खूब प्रशंसा की गई। ये समय आँसुओं, गर्व और तालियों से भरा था। वे जब भी कुछ बोलने की कोशिश करते हर बार उनका गला रुँध जाता। उन दिनों वे थोड़े कमजोर भी थे।

मेरे खयाल से हमारा सबसे बेहतरीन समय सिंगापुर में आई.आई.एफ.ए के दौरान बीता, जहाँ मैंने पिता और पुत्र पर एक भाषण दिया। मुझे वह भाषण आज भी याद है।

> पिता और पुत्र, यह संभवत: भावनात्मक रूप से सबसे गहरे मानवीय रिश्तों में से एक होगा। संभवत: यह सबसे गहरे मानवीय समीकरणों में से एक होगा। पिता व पुत्र एक-दूसरे के लिए कैसा महसूस करते हैं, इसे शब्दों द्वारा बयान नहीं किया जा सकता, क्योंकि इस रिश्ते में शब्दों के लिए अधिक जगह नहीं होती। दोनों के बीच काफी कुछ अनकहा ही रह जाता है। संवाद बल्कि कहें तो इसकी कमी के चलते दोनों के बीच दूरी बनी रहती है। पिता और पुत्र के बीच हमेशा दूरी रहती है, नाम और उपनाम में हमेशा अंतर रहता है। मैंने अपने आपसे हमेशा यह पूछा है और आज मैं आप सभी पुत्रों से यही सवाल करता हूँ—एक निश्चित उम्र के बाद आप अपने पिता को गले लगाना बंद क्यों कर देते हैं? एक निश्चित उम्र के बाद आप अपने पिता के प्रति स्नेह रखना या उनसे कुछ कहना क्यों बंद कर देते हैं? पिता और पुत्र के बीच यह अबोध्य अटपटापन क्यों आ जाता है? आपकी सभी भावनाएँ, आपके अंतरतम विचार, आपके आँसू, हमेशा आपकी माँ, आपकी बहन या आपकी पत्नी के लिए ही क्यों सुरक्षित होते हैं? क्यों? क्योंकि तब तक आप पिता बन चुके होते हैं और आप भी अपने पिता की तरह इसे भीतर दबाए रखते हैं और यह दुश्चक्र जारी रहता है। इस दुश्चक्र को कौन तोड़ेगा? मैं समझता हूँ और मुझे पूरा विश्वास है कि आप पर भी यह उसी तरह लागू होता है। बाकी सबकी तरह मुझे भी अपने पिता से कुछ समस्याएँ, कुछ मामूली समस्याएँ हैं, जैसी किसी भी पुत्र को हो सकती है। आप इसे पीढ़ी का अंतराल कह सकते हैं, आप इसे विचारों में भिन्नता कह सकते हैं, आप इसे कोई भी नाम दे सकते हैं। लेकिन इसके साथ ही मुझे यह भी एहसास होता है कि अवचेतन रूप से मैं अपने पिता जैसा होता जा रहा हूँ। मैं उन्हीं की तरह बोलता हूँ, उन्हीं की तरह महसूस करता हूँ, उन्हीं की तरह प्रेम करता हूँ—मैं उनके जैसा होता जा रहा हूँ। तब मुझे एहसास हुआ कि दरअसल पिता अपने पुत्र को सिर्फ अपना नाम ही नहीं देता, वह उसे अपना व्यक्तित्व भी प्रदान करता है। इसलिए अगर कहीं पर आपको अपने पिता से समस्या है तो वस्तुत: आपको अपने आपसे समस्या है। भाइयो और बहनो, मुझे यह एहसास हुआ और अपने आपको प्रकट करने का अवसर मिला

और मैं दिल से चाहता हूँ कि एक दिन आपको भी इस बात का एहसास हो जाए। मेरे पिता मेरा विवेक हैं, मेरे पिता मेरी शक्ति हैं, मेरे पिता मेरा सहारा हैं, मेरे पिता मेरे हीरो हैं। पिताजी, मैंने शायद ही आपसे ये सब कहा हो, लेकिन ऐसा कहने के लिए इस वैश्विक मंच से बेहतर और क्या हो सकता था। मैं आपसे प्यार करता हूँ। मैं आपसे बहुत-बहुत प्यार करता हूँ और मैं आशा करता हूँ कि मैं भी आपको उतना ही प्रेम कर सकूँ, जितना आप मुझसे करते हैं। लेकिन मुझे नहीं लगता कि मैं ऐसा बेशर्त प्रेम कर सकूँगा। मैं आपसे प्यार करता हूँ। आप मेरा संसार हैं।

इसके बाद वहाँ उपस्थित अमित अंकल ने कहा—'देवियो और सज्जनो, मुझे लगता है कि श्रीमान यश जौहर के बारे में जो कुछ भी कहा जा सकता था, वह उनके पुत्र करण ने बखूबी कह दिया है। ऐसे बहुत ही कम पिता हैं, जिनका करण जैसा पुत्र हो और ऐसे बहुत थोड़े से करण हैं, जिनके यशजी जैसे पिता हों।'

इस पूरे समय माँ पूरी तरह से सकारात्मक थीं, लेकिन उसी फरवरी-मार्च में किए गए पी.ई.टी. स्कैन में गड़बड़ी दिखाई दी। यह एक क्रिस्मस-ट्री की तरह चमक रहा था। यह सारे में फैल गया था। डॉक्टरों ने कहा कि यह अभी लीवर तक नहीं पहुँचा है। इसका लीवर तक पहुँचना ठीक नहीं रहेगा। अभी यह फेफड़े तक ही सीमित है, लेकिन यह फैल रहा था। यह कमजोर नहीं पड़ा था। लेकिन कुछ अन्य गड़बड़ियाँ भी थीं। अब उन्हें प्रोस्टेट कैंसर भी हो गया था। मैंने माँ को नहीं बताया, मैंने अपने पिता को भी नहीं बताया। उस समय मुझे पता लगा कि उनकी स्थिति ठीक नहीं है।

मैं उन आखिरी महीनों में बहुत मजबूत हो गया था। वास्तव में मुझे उस समय से जुड़ी कोई निजी स्मृति नहीं है। मुझे सिर्फ इतना याद है कि उस पूरा समय मैं काफी मजबूत बना रहा। मुझे अचानक लगने लगा था कि अब घर के पुरुष की जिम्मेदारी मुझपर है।

माँ बेहद भावुक इनसान होने के बावजूद काफी मजबूत रहीं। वे चट्टान जैसी मजबूत थीं। मुझे उनसे बहुत हिम्मत मिली। मैंने उन्हें रोते देखा था, लेकिन कभी टूटते नहीं देखा। शायद इसलिए, क्योंकि हम जानते थे कि हमारा टूटना उनकी मृत्यु का कारण बन जाएगा। पिताजी को सिर्फ माँ, मेरी और उनके कैंसर के प्रति हमारी प्रतिक्रिया की चिंता थी। हम इतने निकट थे कि उनका हमारे साथ न होने का विचार भी हमारे लिए असहनीय था। मैं इसे स्वीकार तो नहीं कर पाया था, लेकिन मैं अपने अनूठे तरीके से खुद को इसके लिए तैयार कर रहा था। फिर भी इससे लड़ने के लिए हम वैकल्पिक उपचार, होम्योपैथी और मृत्युंजय जाप जैसे हरसंभव प्रयास कर रहे थे। इसे लेकर मैं बेहद मायूस था और हर तरह से हाथ-पैर मार रहा था।

मैंने जून 2004 को सिंगापुर में 'पिता और पुत्रवाला' यह भाषण दिया था। इसके चौबीस दिन बाद उनका देहांत हो गया।

हम सिंगापुर से लौट आए थे और उनका उपचार अभी भी जारी था। वे दवाइयाँ खा रहे थे। डॉक्टर ने हमें और अधिक कीमो करवाने से मना कर दिया था। 16 जून को वे फरहान की नई फिल्म 'लक्ष्य' देखने गए। उस दिन किसी और काम में व्यस्त होने के कारण मैं उस स्क्रीनिंग में नहीं जा सका। यह स्क्रीनिंग इंडस्ट्री के लोगों के लिए थी, जिसमें जावेद साहब के अतिरिक्त और भी बहुत से लोग आमंत्रित थे। वहाँ मेरे पिताजी की इंडस्ट्री के लगभग हर व्यक्ति से मुलाकात हो गई। वापस लौटने पर उन्होंने सिरदर्द की शिकायत की और सोने चले गए।

हैरत की बात है, मुझे दो बार कुछ होने का एहसास पहले ही हो गया था।

पहली बार तब, जब मैंने अपने पिताजी को देखते हुए कहा था, 'क्या आपको कैंसर है ?' और दूसरी बात तब, जब मैंने अपने ड्राइवर अनवर से उस रात रुकने को कहा। पता नहीं, मैंने ऐसा क्यों किया। मुझे लगा कि आज रात उसे यहीं रुकना चाहिए। उस समय मुझे कार चलाना छोड़े दस साल हो चुके थे।

सुबह छह बजे नौकरानी ने आकर मुझे जगाया और बोली, 'पापा बीमार हैं, कुछ कह नहीं पा रहे।' मैं दौड़ता हुआ उनके कमरे में गया। माँ सो रही थीं। पापा कुछ ढूँढ़ रहे थे। पता नहीं क्या। वे गहरी साँसें ले रहे थे। उन्हें साँस लेने में बहुत कष्ट हो रहा था और वे लगातार सामान खँगाले जा रहे थे, मानो कुछ खोज रहे हों।

मैंने कहा, 'पापा!' और फौरन ड्राइवर को बुलाया और कहा, 'पापा को नीचे ले चलो।' मैं उन्हें जल्द-से-जल्द अस्पताल ले जाना चाहता था। उन्हें साँस लेने में कष्ट हो रहा था, इसके बावजूद वे कुछ ढूँढ़े जा रहे थे। मैंने पूछा, 'पापा आप क्या ढूँढ़ रहे हैं ?' लेकिन उन्होंने मुझे नहीं बताया। जैसे ही मैं उन्हें पकड़ता, वे मुझे दूर ढकेल देते। मैं उन्हें वहाँ से ले जाना चाहता था। तब तक बाकी नौकर भी आ गए थे। हम उन्हें कार में ले जाने का प्रयास करने लगे, लेकिन वे बार-बार हमें दूर हटा देते। आखिरकार मुझे पता चला कि वे पेन ढूँढ़ रहे थे। उन्होंने अपनी वसीयत निकाली और उसपर दस्तखत कर दिए। उन्होंने हाल ही में उसमें कुछ परिवर्तन किए थे और वे उसपर दस्तखत करना चाहते थे।

इसके बाद वे एकाएक गिर पड़े। ऐसा लग रहा था, मानो उन्होंने अपनी सारी ऊर्जा केवल दस्तखत करने में लगा दी हो। माँ और मैं फौरन उन्हें लीलावती अस्पताल ले गए। उन्हें तत्काल वेंटिलेटर पर रख दिया गया। उन्हें विशेष तरह का अंग पुनर्जीवित करनेवाला इंजेक्शन दिया गया। लीलावती अस्पताल में डॉ. बरवे को, जो अमित अंकल के भी डॉक्टर हैं, उनके उपचार का कार्य सौंपा गया। उन्होंने ही मेरे पिता को इंजेक्शन लगाया। उन्होंने कहा कि उनकी बचने की संभावना 30 फीसदी है, क्योंकि उनके फेफड़े जवाब दे रहे हैं। लेकिन यह काम नहीं कर सका। तब तक अनिल अंबानी भी आ गए थे। वे मेरे पिता के गहरे मित्र थे। वे उन्हें अपने पिता के जैसा ही समझते थे। मेरे पिताजी के साथ उनका रिश्ता बहुत पुराना नहीं था। लेकिन थोड़े ही समय में उनके बीच घनिष्ठ संबंध बन गए थे।

वे लीलावती आए, मुझे एक ओर ले गए और बोले, 'करण, मैंने डॉक्टरों से बात की है। ऐसा लग नहीं रहा कि आपके पिता बच पाएँगे। चिकित्सकीय दृष्टि से उनका देहांत हो चुका है। उन्हें वेंटिलेटर पर रखने का मतलब केवल होनी को कुछ देर के लिए टालना भर है। मेरा विश्वास करो, डॉक्टर तुम्हें यह बताने से डर रहे हैं। वे समझ नहीं पा रहे कि तुम्हें यह बात कैसे बताएँ, लेकिन यही सच है।'

मैंने अपनी माँ को अंदर बुलाया। वे रोने लगीं। मैंने उन्हें बाँहों में भरा और कहा, 'हमें यह करना ही होगा··· आप अनुमति दें।'

उन्होंने कहा, 'हमें उनके कमरे में जाना होगा, मुझे उनसे कुछ बात करनी है।'

हम अंदर चले गए। हम दोनों बिस्तर पर बैठ गए और दोनों ने कहा, 'चिंता मत करो, हम ठीक हैं, पापा, आप जाओ···'

उन्होंने वेंटिलेटर हटा लिया। और इसके साथ ही उनके अंगों ने काम करना बंद कर दिया। 26 जून, 2004 को उनका निधन हो गया।

मेरे पिता ऐसे व्यक्ति थे, जो अकसर प्रत्येक अंत्येष्टि में सारा काम सँभाल लेते थे। फिर चाहे वह कोई भी हो, सारी तैयारियाँ वे ही करते। लेकिन मुझमें ऐसा करने की क्षमता नहीं है। ऐसे समय अनिल अंबानी ने देवदूत की तरह सारा काम सँभाल लिया। मेरे पिता इंडस्ट्री के जाने-माने व्यक्ति थे। सभी लोग उन्हें बहुत प्यार करते थे। वे लोगों को चार या पाँच दशक से जानते थे। इसलिए उनकी अंतिम क्रिया सही तरह से होनी ही चाहिए थी। अनिल अंबानी ने सबकुछ सँभाल लिया। अनिल ने सारा कार्य व प्रबंधन सँभाल लिया और सब कार्य यंत्रवत होने लगे। वे बेहद ही संवेदनशील व्यक्ति हैं। वे मेरे पिता को लेकर भी बहुत भावुक थे। उन्होंने सारा कार्य सँभाला। अमित अंकल और शाहरुख भी वहाँ थे। सभी थे। उनके कमरे में जो भी जाता, उसी की रुलाई फूट पड़ती। शाहरुख, आदि, यश अंकल, मेरे परिवार के सभी दोस्त और रिश्तेदार, मुझे सब बहुत धुँधला दिख रहा था। मुझे कुछ नहीं दिख रहा था, मुझे कुछ याद नहीं, बस इतना पता है कि अनिल ने सबकुछ सँभाल रखा था। मेरे लिए यही सबसे महत्त्वपूर्ण बात थी। मैं अपने पिता को सही तरह से विदाई देना चाहता था। मेरे पिता आर्यसमाजी थे। उन्होंने मुझे पहले ही कह रखा था, 'मैं चाहता हूँ, मेरे जाने के बाद तुम मेरा विद्युत शवदाह करो। मैं किसी तरह का हंगामा नहीं चाहता।'

मुझे उनकी बात याद थी। अमित अंकल, जो बेहद पारंपरिक व्यक्ति हैं, उन्होंने मुझसे पूछा, 'क्या तुम यही चाहते हो?'

मैंने कहा, 'हाँ, मेरे पिताजी ने यही कहा था।'

वे यही चाहते थे और मैं वही करना चाहता था, जो वे चाहते थे। निस्संदेह, उनके फूल हरिद्वार ही जाएँगे, क्योंकि कई सदियों से पूरे जौहर परिवार का रिकॉर्ड वहीं पर है। लेकिन सबकुछ बहुत धुँधला सा था। मेरा होश तभी वापस आया, जब उनकी देह घर लाई गई और वहाँ एक मक्खी भिनकने लगी।

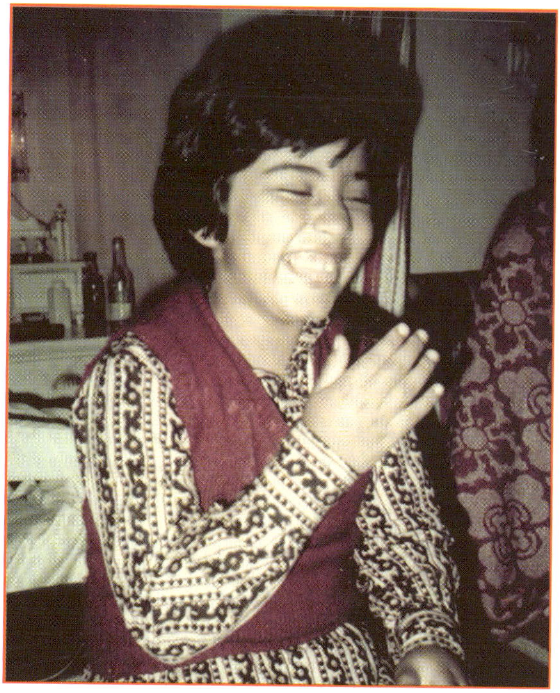

ऊटी में 'दोस्ताना' की शूटिंग के दौरान

सत्रह वर्ष की आयु में अपने पिता के साथ नई दिल्ली स्थित घर पर

1999 में न्यूयॉर्क में अपनी माँ के साथ

अठारह वर्ष की आयु में अपने कॉलेज मित्रों के साथ महाबलेश्वर में आनंद करते हुए

अपनी सगाई के दिन मेरे माता-पिता

माँ की बाँहों में नवजात मैं

अपने पहले जन्मदिवस पर

'कभी खुशी कभी गम...' के गीत 'बोले चूड़ियाँ...' की शूटिंग के दौरान फराह खान के साथ

'कभी खुशी कभी गम...' के अंतिम सीन में अमिताभ बच्चन के साथ

परदे के पीछे : 'कभी खुशी कभी गम…' के सेट पर ऋतिक रोशन और करीना कपूर के साथ

परदे के पीछे : 'कभी खुशी कभी गम…' के सेट पर फराह खान के साथ फुरसत के पल

'कुछ कुछ होता है' के गीत 'साजनजी घर आए…' की शूटिंग के दौरान अभिनेत्री काजोल के साथ

'कभी खुशी कभी गम…' के थीम सॉन्ग की शूटिंग के दौरान जया आंटी के साथ

'कुछ कुछ होता है' की शूटिंग के दौरान गौरी और आर्यन के साथ मस्ती करते हुए

'कभी खुशी कभी गम…' की शूटिंग के पहले दिन
यशजी के साथ बातचीत करते हुए

परदे के पीछे : 'कभी अलविदा न कहना' के सेट पर

'कभी अलविदा न कहना' की शूटिंग के दौरान शाहरुख खान और रानी के साथ

'कभी खुशी कभी गम…' के एक गीत की शूटिंग के दौरान

परदे के पीछे : 'कभी खुशी कभी गम…' के सेट पर

'कभी खुशी कभी गम···' की शूटिंग के समय लंदन के ब्लू वाटर मॉल में
अमिताभ बच्चन और जया आंटी के साथ

अभिषेक बच्चन और ऐश्वर्या के साथ 'कॉफी विद करण' की शूटिंग के समय

परदे के पीछे : 'ऐ दिल है मुश्किल'

'ऐ दिल है मुश्किल' का एक दृश्य

अपनी माँ के साथ घर पर

कैमरे के पीछे

परदे के पीछे : 'कभी अलविदा न कहना'

अपने पिता के साथ जून 2004 में जब उन्हें 'आइफा लाइफटाइम अचीवमेंट अवार्ड' मिला था

इसके बाद हम उन्हें विद्युत् शवदाह गृह ले गए। हम माँ को अपने साथ नहीं ले गए। वे इसे सह नहीं पातीं। लोग यही कह रहे थे, महिलाओं को अंत्येष्टि में नहीं जाना चाहिए। मैं भी नहीं चाहता था कि माँ वहाँ जाएँ।

मैं कभी भी अपने किसी चाहनेवाले का विद्युत् शवदाह नहीं कर सकता। यह उन्हें ओवन में रखने जैसा लगता है। अपने पिता को उस ओवन में रखकर उन्हें अंदर ढकेलने और बाहर निकालने की प्रक्रिया की असंवेदनशीलता से मैं टूटकर टुकड़े-टुकड़े हो गया। मैं जमीन पर बैठ गया और रोने लगा। मैं यही कहे जा रहा था, 'उन्हें इस तरह से ओवन में डाल और निकाल नहीं सकते। मेरे पिता का इस तरह अंत नहीं होगा। उनके जैसे व्यक्ति के जीवन का ऐसा अंत नहीं होना चाहिए। दुनिया के सबसे बेहतरीन इनसान को इस तरह ट्रे में रखकर अंदर-बाहर नहीं किया जा सकता।' मुझे यही बात सबसे अधिक कचोट रही थी। मैं लगातार यही सोच रहा था कि क्या यही जिंदगी है? जिंदा रहते हुए आप अपने काम और अन्य लोगों की जिंदगियों और रिश्तों में दिलोजान से शामिल रहते हैं। आप असाधारण रूप से प्रबल, ईमानदार और गंभीर रिश्ते बनाते हैं, सिर्फ इसके लिए? अंत में आपके साथ यह होता है?

अंतिम संस्कार में कुछ बहुत पवित्र होता है। लेकिन यह विद्युत् शवदाह। मैं यही कहे जा रहा था, 'नहीं, आप ऐसा नहीं कर सकते। आपको वापस आना होगा। आपको वापस आकर कहना होगा कि अभी जो कुछ भी हो रहा है, आप उससे कहीं अधिक के योग्य हैं। नहीं, आप नहीं जा सकते।'

किसी के जाने पर ऐसा ही होता है। आप विश्वास नहीं कर पाते। मृत्यु ऐसी अंतिम स्थिति है। आखिर में आप केवल राख का ढेर रह जाते हैं। कुछ हड्डियाँ और राख। आध्या त्मकता आपको एक अलग स्थान या आत्मिक हालातों में ले जाती है, लेकिन मेरे साथ ऐसा नहीं हुआ। मेरे पिता का निधन हो गया था और वे जा चुके थे और इससे निपटने के लिए मुझे अपनी उस संपूर्ण शक्ति का उपयोग करना था, जो बीते दस माह में एकत्रित हुई थी। मैंने खुद को व माँ को सुरक्षित रखने के लिए जो कवच पहना हुआ था, वह अब टूट चुका था। वह हमसे अलग हो गया था।

मुझे याद है, जब हम घर वापस लौटे तो वहाँ मुझसे मिलने के लिए बहुत से लोग बैठे थे। लेकिन मैं सीधा अपने कमरे में चला गया। वहाँ एक छोटी सी अलमारी थी। मैं उसमें प्रविष्ट हुआ, दरवाजा बंद करके बैठा और रोने लगा। मैं बस रोता रहा। मुझे लग रहा था कि मैं शायद आखिरी बार इस तरह से रो रहा हूँ। लोग बाहर से मेरा दरवाजा पीट रहे थे। लेकिन मैंने कहा, 'मुझे अकेला छोड़ दें। कृपया मुझे बीस मिनट दें। मैं अभी किसी से मिलना नहीं चाहता।' मैं जैसे चिल्ला रहा था। मैंने पूरी ताकत से अपना पेट पकड़ रखा था। अभी जो कुछ भी हुआ, मुझे उसपर विश्वास नहीं हो रहा था। मुझे जरा भी एहसास नहीं था कि उनके देहांत का मुझपर ऐसा असर होगा। लेकिन विद्युत् शवदाह के उस संस्कार से मेरा दिल टूट गया था। इससे मुझे एहसास हो गया था कि जीवन का अंत कितना तुच्छतापूर्ण होता है। यह बिल्कुल किसी नामालूम सी चीज के जैसा है।

अंततः मैं बाहर आया और माँ के पास बैठ गया।

आज इस बात को दस साल से भी अधिक हो गए हैं। लेकिन माँ अभी भी सदमे में हैं। उनपर इसका प्रभाव अभी भी दिखाई देता है। बीते एक दशक में उनका स्वास्थ्य और अधिक खराब हो गया है। वे कभी भी इससे उबर नहीं सकेंगी। मैं हमेशा यही कहता हूँ कि जीवनसाथी का निधन माता या पिता के निधन से कहीं अधिक दुखद होता है। आप अपने माता-पिता के देहांत से उबर सकते हैं, लेकिन जीवनसाथी की मृत्यु को ताउम्र नहीं भूल पाते।

यह बहुत अजीब है कि आज किस तरह विवाह केवल संस्था बनकर रह गया है। लेकिन उनकी पीढ़ी इसे भली-भाँति समझती थी। मेरे माता-पिता सही मायनों में एक-दूसरे के हमसफर, साथी, एक-दूसरे की ताकत, सहारा और सबकुछ थे। मुझे सचमुच लगता है कि माँ अधूरी रह गई हैं, क्योंकि उनका मानना है कि मेरे पिता के साथ उन्होंने भी अपना एक हिस्सा खो दिया है। मेरे पिता के साथ ही उनकी आत्मा का एक हिस्सा मर गया था। उनकी जीवन के प्रति रुचि, चीजों के प्रति उत्साह··· और मुझे नहीं लगता कि मैं इसे कभी भी ठीक कर सकूँगा। क्योंकि इसे ठीक करने के लिए मुझे अपने पिता को वापस लाना होगा और यह संभव नहीं है। इसलिए मुझे लगता है कि उस दिन मैंने अपने पिता व माता दोनों को खो दिया। मैं अपने पिता की देह और माँ की आत्मा दोनों को खो बैठा।

□

# धर्मा का अधिग्रहण

पंजाबियों में पिता के देहांत के बाद चौथे पर पुत्र उनका स्थान ग्रहण करता है और इसके लिए उसे साफा पहनाया जाता है। मेरे लिए उत्तरदायित्व लेने और जिम्मेदार बनने का यह क्षण बेहद भावनात्मक था। मुझे याद है, उस समय मेरे समक्ष करीब पाँच हजार लोग उपस्थित थे। ऐसा लग रहा था, जैसे मैं इसे किसी मंच पर कर रहा हूँ। मैंने सोचा, मुझे अपने पिता की उम्मीदों पर खरा उतरना है। मुझे इस कंपनी को चलाना है। मुझे यह जिम्मेदारी लेनी ही होगी। मैं और कर भी क्या सकता था? मेरा कोई भाई-बहन नहीं था। मेरे कोई चाचा या ताऊ नहीं थे, मेरा कोई चचेरा-भाई या बहन नहीं थे। मेरी मदद करनेवाला कोई नहीं था। मैं क्या करूँगा?

मेरे साथ कोई नहीं था। अपने पिता के देहांत के समय मुझे बिजनेस के तौर-तरीकों का भी ज्ञान नहीं था। मैं बस एक ऐसा बच्चा था, जिसे फिल्में बनाने के लिए पैसे दिए जाते थे। मुझे चैक, एफ.डी., इक्विटी फंड, निवेश, कागजी कार्यवाही, आयकर, चार्टेड अकाउंटेंट··· जैसी किसी भी चीज के बारे में कुछ नहीं पता था। मैं ऐसा चकराया हुआ लड़का था, जो कुछ नहीं जानता था। मेरे पिता ने सेट पर हर समय मुझे स्टार के जैसा अनुभव करवाया। मैं ऐसा राजकुमार था, जिसे बिना किसी दायित्व के कोई साम्राज्य सौंप दिया गया हो। मुझे कभी किसी चीज की चिंता करने की जरूरत नहीं पड़ी।

मृत्यु के चौथे दिन आयोजित चौथे के बाद मैं ऑफिस गया। उस दिन रविवार था। मैं वहाँ कुरसी पर बैठा शून्य में ताक रहा था। मुझे याद है, मैं यही सोच रहा था कि अब मैं क्या करूँगा?

तब मैंने अपूर्व को फोन किया। उस समय वे लंदन में थे। यह वही बच्चा था, जिसने कक्षा में मेरा साथ देने के लिए हाथ बढ़ाया था। अब उनका मेरे लिए एक बार फिर हाथ बढ़ाने का समय आ गया था।

मैं उसी दौर में वापस पहुँच गया था, जहाँ मेरे प्रिंसिपल ने कक्षा में आकर पूछा था, 'आप में से कौन करण जौहर का दोस्त बनेगा?'

तब अपूर्व ने हाथ खड़ा किया था। मुझे लग रहा था कि अब वही प्रश्न फिर से पूछने का समय आ गया था। अपूर्व लंदन में यशराज फिल्म्स के लिए काम कर रहे थे। वे उनके लंदन स्थित वितरण ऑफिस के वित्त विभाग में थे। मैंने उन्हें फोन किया और पूछा, 'मैं तुमसे एक बड़ी मदद चाहता हूँ। क्या तुम इस कंपनी को चलाने के लिए वापस लौट सकते हो?'

अपूर्व ने हाल ही में लंदन में एक घर खरीदा था। वे विवाहित थे और पत्नी के साथ घर बसा चुके थे। लेकिन वे अगले ही दिन वापस लौट आए। उन्होंने एक ही रात में सबकुछ छोड़ा और अपना साज-सामान समेटकर मुंबई आ गए। यह उनके जीवन का आमूल-चूल परिवर्तन था। क्या आप कल्पना कर सकते हैं—एक दंपती, जो छह वर्षों से लंदन में रह रहे हों, एक ही रात में मुंबई शिफ्ट हो जाएँ?

अगले दिन ऑफिस में एक व्यक्ति मुझसे मिलने आया और बोला, 'हम कभी मिले नहीं हैं। लेकिन मैं आपका चार्टेड अकाउंटेंट हूँ।'

मेरी यह हालत थी। मैं अपनी कंपनी के चार्टेड अकाउंटेंट को भी नहीं जानता था। उसी दिन अनिल अंबानीजी ने भी मुझे फोन किया।

उन्होंने कहा, 'मेरे पास आपके लिए एक खबर है।'

मैंने कहा, 'ठीक है, मैं आपसे मिलने आता हूँ।'

लेकिन उन्होंने कहा, 'नहीं, मैं आपके पास आ रहा हूँ।'

वे मेरे ऑफिस आए। तब तक अपूर्व भी आ चुके थे। अनिल ने मुझे मेरे पिता का लिखा एक पत्र दिया। यह बेहद उपयोगी पत्र था, जिसमें सभी बैंक अकाउंटों का विवरण और निवेश, महत्त्वपूर्ण लोग और हमारी संपूर्ण संपत्ति के साथ ही उन लोगों के भी नाम थे, जिनपर मुझे विश्वास करना या नहीं करना था। उन्होंने ऑफिस के दो लोगों का नाम लिखा था, जिन्हें मुझे निकाल देना चाहिए। उसमें हमारे चार्टेड अकाउंटेंट, निवेश सलाहकार आदि के नाम भी थे। यह मेरे लिए अनुपालन पुस्तिका के जैसा था।

उन्होंने मुझे कभी नहीं बताया था कि उन्होंने अनिल अंबानी को ऐसा कोई पत्र दिया है। उस पत्र को पढ़ना मेरे लिए बेहद थकानेवाला काम था। वह कहीं से भी भावनात्मक पत्र नहीं था। यह एक उपयोगी पत्र था, जिसपर उनके हस्ताक्षर के अतिरिक्त और भी बहुत से विवरण दर्ज थे। यह पत्र ऐसी गाइड साबित हुआ, जिसका मैंने और अपूर्व ने हमेशा पालन किया।

अनिल से बहुत सहायता मिली। क्योंकि हमें अपने निवेश के बारे में उनसे बहुत कुछ पूछना था। यह बिल्कुल शुरुआत से शुरू करने जैसा था। अपूर्व, कंपनी, इस इंडस्ट्री और इसके तौर-तरीकों के लिए बिल्कुल नए थे। आज भले ही वे दक्ष हो गए हैं और सबकुछ जानते हैं, लेकिन उस दौरान हम कॉलेज से निकले ऐसे रंगरूट थे, जो उस कंपनी का परिचालन कर रहे थे, जिसके बारे में हम कुछ नहीं जानते थे। ऑफिस के कर्मचारियों ने बहुत सहायता की, विशेष रूप से उम्रदराज कर्मचारियों ने, जो मेरे पिता को बेहद प्यार करते थे।

लेकिन वस्तुत: यह काम को नए सिरे से आरंभ करने जैसा था। शुरुआत में मेरा मानना था कि मुझे इस कंपनी को ऐसा बनाना होगा, जैसे मेरे पिता इसे बनाना चाहते थे।

वे छोटे कदम लेनेवालों में से थे, जबकि मैं लंबी और मजबूत छलाँग लगाना चाहता था। मैं इस कंपनी को अपने पिता के बैनर धर्मा प्रोडक्शंस के तहत अच्छी साखवाली बड़ी कंपनियों में शुमार करना चाहता था।

बहुत से लोगों ने सलाह दी कि हमें किसी अन्य स्टूडियो से भागीदारी या अधिग्रहण करवा लेना चाहिए। इसपर खूब विमर्श हुआ। लेकिन मेरे भीतर से आवाज आ रही थी कि नहीं, हमें धर्मा प्रोडक्शन को खुद चलाना चाहिए।

आज पीछे मुड़कर देखने पर मैं विश्वास नहीं कर पाता कि ये सब कैसे हो गया। इस दौरान बहुत बार फायदा हुआ, तो कुछ नुकसान भी हुए। लेकिन उस समय ऐसा कतई नहीं लगता था कि आज जहाँ हम हैं, वहाँ पहुँच भी सकेंगे।

एक फिल्म थी, 'काल', इसे मेरे एक सहायक सोहम ने निर्देशित किया है, जो 'के3जी' और 'कल हो न हो' के दौरान मेरे साथ रहे थे। इस प्रोजेक्ट की शुरुआत उस समय हुई थी, जब मेरे पिता जीवित थे। मैं सोहम को एक अवसर देना चाहता था। वे एक डरावनी फिल्म लिख रहे थे और मुझे इस विषय की समझ नहीं थी। लेकिन वे इससे पहले राम गोपाल वर्मा के साथ काम कर चुके थे और स्कूल ऑफ सिनेमा से निकले थे। हमने इस फिल्म का प्रारंभिक कार्य मेरे पिता के सामने ही पूरा कर लिया था। लेकिन इसके धर्मा प्रोडक्शंस के विषयानुरूप न होने के कारण वे इसके प्रति अनिच्छुक थे।

हम अपना स्वभाव बदल चुके थे। 'कुछ कुछ होता है' के बाद मेरे पिता ने हर तरह की फिल्मों का निर्माण किया। हमने एक फिल्म बनाई 'गुमराह' जो एक थाई फिल्म से प्रेरित थी। इसके बाद 'डुप्लीकेट' बनाई, जो 70 के दशक की उछल-कूद जैसी ढीली तत्त्ववाली एक्शन मूवी थी। 'कुछ कुछ होता है', 'के3जी' और 'कल हो न हो' के द्वारा रोमांस का तत्त्व लाने का काम मैंने किया था। इस तरह 'काल' हमारे द्वारा बीते पाँच वर्षों से बनाई जा रही फिल्मों से काफी अलग तरह की फिल्म थी।

अपने पिता के निधन के बाद मैंने अपूर्व से कहा, 'हमें एक छोटी फिल्म बनानी चाहिए, जिसके निर्माता हम स्वयं हों। हम उसमें की गई गलतियों से सीख सकते हैं।'

अपूर्व ने इससे पहले कभी किसी फिल्म कंपनी के सी.ई.ओ के रूप में काम नहीं किया था। मैंने कभी किसी कंपनी का अकेले संचालन नहीं किया था। इसलिए मुझे यह विचार पसंद आया। अपूर्व ने हामी भर दी और हमने 'काल' का निर्माण शुरू कर दिया। मैं डरावनी फिल्मों के बारे में कुछ नहीं जानता था। सोहम ने फिल्म में अभिनय के लिए जॉन अब्राहम, अजय देवगन और विवेक ओबराय को चुना। हमने लारा दत्ता और ईशा देयोल को भी चुना। यह जंगल की पृष्ठभूमि में शेर को देखने से संबंधित फिल्म थी।

इसके बनने के दौरान हम अपनी गलतियों से सीख रहे थे। हमारी कंपनी में कुछ गलत किस्म के लोग भी थे, जिनका उल्लेख मेरे पिता ने मुझे लिखे पत्र में किया था। उन सबके बारे में मेरे पिता की राय ठीक थी, बल्कि उस पत्र में लिखी उनकी हर बात ठीक थी। हमने उन लोगों के बारे में छानबीन आरंभ कर दी, जो पैसे डकार रहे थे या जो हमें यह समझकर मूर्ख बना रहे थे कि दो

अज्ञानी नादान लड़के कभी नहीं पकड़ पाएँगे कि वे क्या कर रहे हैं।

माना जा रहा था कि अपूर्व भ्रमित हैं, और मैं उनसे भी अधिक भ्रमित हूँ। जबकि अपूर्व बेहद होशियार हैं। उन्होंने एम.बी.ए किया है। लेकिन फिल्म इंडस्ट्री का अर्थ तौर-तरीके नहीं बल्कि लोगों के साथ काम करना है। अपूर्व बिल्कुल गांधीवादी थे। वे इतने सत्यवादी थे कि काले को काला और सफेद को सफेद समझते थे। उन्हें इनके बीच के ग्रे रंग की समझ नहीं थी। और दुर्भाग्यवश किसी भी अन्य इंडस्ट्री की तरह इस इंडस्ट्री के व्यापारिक हिस्से में भी हम सब ग्रे रंग में जीते हैं। वे कानूनी कागजों पर विश्वास रखते थे। उनका मानना था कि मात्र अनुबंध कर लेने भर से आप लोगों को संबद्ध रख सकते हैं। लेकिन सच तो यह है कि आप सबकुछ नियमों में नहीं लिख सकते। मैंने भले ही फिल्म-निर्माण का प्रशिक्षण न लिया हो, लेकिन यह औसत समझदारी मुझमें हमेशा से थी। मेरे लिए सिर्फ अकाउंट्स और पैसे सँभालना कठिन था। मैं इसमें कभी अच्छा नहीं रहा। मेरी इनसानों, फिल्मों और बिजनेस से जुड़ी औसत परख बहुत गहरी थी। लेकिन पैसों को सँभालना, लागत को नियंत्रित रखना, निवेश की तकनीकी बातों को समझना आदि में मैं शून्य था। बल्कि आज भी मैं इसे नहीं समझ पाता। किसी क.ख.ग. संपत्ति को खरीदने के प्रति मेरी अनुभूति सही हो सकती है, लेकिन उसके लिए पैसा कहाँ से जुटाया जाए, यह मुझे नहीं पता। मेरे पास यह समझ तो थी कि किसी फिल्म का निर्माण किया जाए, लेकिन उसके निर्माण के लिए पैसे कहाँ से आएँगे ? यह मुझे नहीं पता।

हमने 'काल' अपने पैसों से बनाई। हमने बैंक से लोन लिया। हम आज भी अपना बिजनेस लगभग इसी तरह चलाते हैं। हाँ, कोई स्टूडियो आपकी फिल्म खरीदने की मंशा से इसकी जिम्मेदारी सँभाल ले तो और बात है। हम स्टूडियो बनने की ओर बढ़ रहे हैं, लेकिन फिलहाल हम एक प्रोडक्शन हाउस हैं। मुझे लगता है कि हम बेहद विशिष्ट स्थिति में हैं। हमारा यू.टी.वी. जैसा विषय आधारित स्टूडियो नहीं है और न ही हम अन्य प्रोडक्शन हाउसों के जैसे हैं। हमने अबतक बहुत सी फिल्में बनाई हैं। इनमें से कुछ हमने अपने पैसों से, कुछ बैंकों से लोन लेकर और कुछ 'ये जवानी है दीवानी' और '2 स्टेट्स' जैसी फिल्में स्टूडियो के पैसों से बनाई हैं। ये दोनों यू.टी.वी. को बेची गई थीं। वहीं 'स्टूडेंट ऑफ दी ईयर', 'अग्निपथ', 'हंप्टी शर्मा की दुलहनिया' जैसी फिल्मों का निर्माण हमने अपने पैसों से किया। इस तरह बीते दशक में हमने दोनों ही तरह से काम किया है। इन दस सालों में हमने फॉक्स, सोनी, यू.टी.वी., इरोस इंटरनेशनल जैसे सभी स्टूडियो के साथ काम किया है। इसके अलावा हमने सह-निर्माण भी किया है। हमने ऐसी ही भागीदारी से 'काल' का निर्माण किया। मेरे और शाहरुख के बीच घनिष्ठ संबंध थे और चूँकि यह हमारा पहला प्रयास था तो इसलिए हमने यह फिल्म उनके साथ भागीदारी में बनाई।

हालाँकि डरावनी फिल्में मेरा क्षेत्र नहीं हैं। लेकिन मैं लोगों को समझता हूँ। मुझे सोहम पसंद थे। एक व्यक्ति के तौर पर वे मुझे अच्छे लगे और हमने सोचा कि क्योंकि वे प्रोडक्शन की जानकारी भी रखते हैं, इसलिए हम एक निश्चित बजट के भीतर एक फिल्म का निर्माण करेंगे।

मेरे पिता के देहांत के नौ महीने बाद साल 2005 में मुझे पीलिया हो गया। काल की शूटिंग

के दौरान मैं बीमार हो गया। मैं लगभग डेढ़ महीने घर पर रहा। मुझे सोचने के लिए बहुत सा समय मिला। मेरे विचार से यही वह समय था, जब मैं बिस्तर पर अकेला लेटा अपने पिता का शोक मना सका। मैं बहुत कमजोर हो गया था। पीलिया आपकी सारी ऊर्जा सोख लेता है। इसमें बीमारी के साथ ही दुःख का वह बोझ भी शामिल था, जिसे मैं उठाए हुए था और अब तक मुक्त नहीं हो सका था।

ऐसा नहीं है कि पीलिया के दौरान इस पूरे डेढ़ माह मैं रोता ही रहा। लेकिन मेरे लिए यह बेहद भावनात्मक काल रहा। पीलिया के दौरान आपको केवल लेटे रहना होता है। आप उठ नहीं सकते। आपकी गतिविधियाँ सीमित रहती हैं। इसकी कोई दवाई या गोली नहीं है। लीवर कमजोर होने के कारण आपको लेटे रहना पड़ता है। आप सिरदर्द की दवा भी नहीं ले सकते। तो डेढ़ माह तक बिस्तर में लेटे रहने से मैं कुछ संभावनाएँ तैयार कर सका। मैं अपने पिता के देहांत से उबर सका और मुझे इस बात पर विचार करने के लिए भरपूर समय मिला कि अब मैं आगे क्या निर्देशित करना चाहता हूँ और मेरी कंपनी को कहाँ ले जाने की इच्छा है।

इस तरह पीलिया बहुत बेहतरीन रहा, यह अजीब लगता है, लेकिन यह ईश्वर की नेमत था।

इस दौरान 'काल' तैयार हो गई और मैं वह फिल्म देखने गया। मुझे डरावनी फिल्मों से बहुत डर लगता है। मुझे वे पसंद नहीं। लेकिन 'काल' देखकर मुझे जरा भी डर नहीं लगा। बल्कि मेरा डर इसे लेकर अधिक था कि मुझे एहसास हो गया था कि फिल्म बहुत बुरी बनी है। मैं शाहरुख से क्या कहूँगा? मैंने पहले उन्हें फोन किया और फिर उनसे जाकर मिला। मैंने उनसे कहा कि मैं दो गाने रिकॉर्ड करना चाहता हूँ। उस समय तक हम इसमें गाने नहीं दे रहे थे और इसे नवीन-कलात्मकतावाली फिल्म बनाना चाहते थे। लेकिन उस बिंदु पर मैंने फैसला किया कि अब कुछ नहीं हो सकता और हमें इसमें दो गाने डालने ही होंगे। इसकी शुरुआत में हमने शाहरुख और मलायका अरोड़ा का एक आइटम गीत भी रखा। वहीं समापन नामावली में हमने 'तौबा तौबा' गीत रखा। इन गीतों से हमारी फिल्म मसालेदार हो गई। अचानक इसमें रोमांच आ गया। रिलीज होने के बाद इसकी शुरुआत बढ़िया रही और पाँच दिन बाद इसमें गिरावट आने लगी। लेकिन उन शुरुआती दिनों में हम इतना कमा चुके थे कि हमारा काम चलता रहे। तब मुझे एहसास हुआ कि मैं फिल्म को बिकाऊ बना सकता हूँ। मेरे चतुराई से किए छोटे-मोटे बदलावों ने फिल्म की गति बदल दी थी।

खैर, 'काल' के बाद मैं 'कभी अलविदा न कहना' पर काम करने लगा। जब मेरे पिता जीवित थे, उस दौरान मैं विभाजन-पूर्व के समय की एक प्रेम कहानी लिख रहा था। इसका पटल बहुत बड़ा हो गया था। इसमें शाहरुख, अजय, रानी और काजोल को लिया जाना था। यह हिंदू-मुसलिम कोण से दो घरों की कहानी थी। इसकी विषयवस्तु बेहद मजबूत थी। इसे 'कलंक' नाम दिया गया था।

लेकिन आखिरी मिनट में मैंने इससे हाथ खींच लिया। मैंने इससे अधिक अंतरंग फिल्म

बनाने पर विचार करने लगा। मैं थोड़ी अधिक बोल्ड फिल्म बनाना चाहता था। मेरे पिता का देहांत भावात्मक रूप से निराशाजनक था, लेकिन इससे मुझे व्यावसायिक स्वतंत्रता भी मिली। मुझे अचानक एहसास हुआ कि मैं जो चाहूँ वह कर सकता हूँ। धर्मा प्रोडक्शंस मेरी कंपनी थी। मेरे पिता बेहद पारंपरिक व्यक्ति थे। वे बेवफाई पर फिल्म बनाने की अनुमति संभवत: कभी नहीं देते। लेकिन मैं इसे बनाना चाहता था। और मैं इसे आधुनिक रूप में बनाना चाहता था, क्योंकि उस दौरान विवाह के एक टूटती हुई संस्था बनने और तलाक विवाह का नया प्रारूप और घर-घर बेवफाई की कहानी होने की बातें जोरों पर थीं। मैं भी अपने आस-पास दोस्तों और परिवार में ऐसा होता देख रहा था। 'अर्थ' और 'सिलसिला' हमेशा से ही मेरी पसंदीदा फिल्में रही हैं। मैं बेवफाई पर शहरी फिल्म बनाना चाहता था। मैंने इसे न्यूयॉर्क में घटित होते दिखाने का फैसला लिया। मुझे लगता था कि भारत में किसी स्त्री व पुरुष में ऐसा प्रेम होने पर वे उसे इस तरह प्रकट नहीं करेंगे। इसकी पृष्ठभूमि भारत की रखने की कोई संभावना नहीं थी। क्योंकि यहाँ किसी भी कैफे, दुकान या होटल में आपका कोई-न-कोई दोस्त या रिश्तेदार टकरा ही जाता है। बतौर समाज हम बेहद संकीर्ण हैं। लेकिन न्यूयॉर्क ऐसा शहर है, जहाँ आप छिपे रह सकते हैं। प्रेम संबंधों की दृष्टि से न्यूयॉर्क मुफीद जगह है। लेकिन अगर आप विवाहित हैं तो मुंबई में आप अपने प्रेमी के साथ मस्ती करते नहीं घूम सकते।

मैंने 'कभी अलविदा न कहना' शिवानी बठिज के साथ मिलकर लिखी। रिलीज होने के बाद फिल्म पर ध्रुवीकृत प्रतिक्रिया आई। जहाँ कुछ लोग नाराज थे तो कुछ लोग इससे पूरी तरह सहमत भी थे। मैं अपनी गलती समझ गया। फिल्म का मूल प्रभाव इसके कथानक में था, जबकि मैंने बड़े गाने, विशाल सेट और भव्यता जैसे करण जौहर के फॉर्मूले से चिपके रहने का प्रयास किया था, जिसकी इस फिल्म को कोई जरूरत नहीं थी। मैं दोनों चीजें दिखाने का प्रयास किया। जबकि मुझे इसके बोल्ड हिस्से पर ही केंद्रित रहना चाहिए था। हाँ, संभवत: इससे जुड़ी ध्रुवीकृत राय तब भी होती, लेकिन यह अपनी विषयवस्तु पर खरी उतरती। मुझसे यह गलती हुई। मुझे लगता है मैंने फिल्म को बिगाड़ दिया। यह ऐसी फिल्म है, जिसे मैं एक बार फिर निर्देशित करना चाहूँगा। और एक दिन मैं ऐसा अवश्य करूँगा। मुझे इसका कथानक बेहद पसंद आया और मुझे अभी भी लगता है कि बतौर निर्देशक मुझे इसमें बहुत से शानदार पल हासिल हुए।

इसकी रिलीज के बाद मुझे महसूस हुआ कि इसमें ऐसे बहुत से दृश्य हैं, जिन्हें देखना किसी भी जोड़े को असहज कर सकता है। मुझे याद है, एक दंपती ने मुझसे कहा था कि, 'अगर मेरी पत्नी कहे कि मुझे यह अच्छी लगी, तो मैं उससे जरूर पूछूँगा कि उसे इसमें क्या अच्छा लगा?'

मुझे लगता है कि रिलीज के बादवाले हफ्ते में देश में प्रत्येक खाने की टेबल पर 'कभी अलविदा न कहना' पर चर्चा अवश्य हुई होगी। शाहरुख ने ऐसा व्यवहार क्यों किया? रानी ने अभिषेक को क्यों छोड़ दिया? वह तो इतना अच्छा पति था?

मुझे इतना गुस्सा आता कि मैं लोगों से लगातार यही कहने का प्रयास करता कि 'क्या लोगों के बीच सेक्स तालमेल का अभाव उनके अलग होने की वजह नहीं बन सकता? शायद उसे वह

उत्तेजक न लगता हो। वह एक अच्छा आदमी हो सकता है, लेकिन उसे वह उत्तेजक नहीं लगता। उसे एक चिड़चिड़ा, सनकी और क्रोधी आदमी अधिक आकर्षक लगता है।'

इस देश में लोग तुरंत फैसला सुना देते हैं। हम यह नहीं मानते कि किताबों में लिखी नैतिकता हमपर या हमारी घरेलू परिस्थितियों पर लागू नहीं होती। मैं सोचता, मूर्खों, तुम्हारे अपने घर में यह हो रहा है और तुम मेरी फिल्म पर फैसला सुना रहे हो।

उस समय मुझे बहुत चोट पहुँची। मुझे याद है, फिल्म की रिलीज के बाद मैं एक महीने के लिए देश से बाहर चला गया था।

'कभी अलविदा न कहना' ने विदेशों में उम्मीद से अच्छा प्रदर्शन किया, वहीं भारत में इसकी कमाई औसत रही। शहरों में इसका प्रदर्शन अच्छा रहा, लेकिन छोटे कस्बों ने इसे नकार दिया। लोग मुझे इ-मेल भेजते, 'आप भी परिवारवाले हैं। माता-पिता से प्रेम करनेवाले से अपनी पत्नी को छोड़ देने का यह कैसा बदलाव है?'

और मैं कहता, 'मैंने वह फिल्म बनाई है, जो मैं बनाना चाहता था।' इसे लेकर मैं बचाव की मुद्रा में आ जाता। मुझे इस बात से खीझ व परेशानी होती कि मेरी फिल्म से वैसी हलचल नहीं मची, जैसी मैं चाहता था। वास्तव में इसने हलचल तो मचा दी थी, लेकिन यह बॉक्स ऑफिस पर तूफान नहीं ला सकी। जब मैं विदेश गया तो वहाँ सभी लोग इसपर बात कर रहे थे। वे इसके 'यह दृश्य', 'वह दृश्य', 'वह पल वास्तविक था,' पर बेहद जिंदादिली और जोर-शोर से बात कर रहे थे। और मैं सोचता, 'क्या मैंने अच्छी फिल्म बनाई है?' या यह अच्छी फिल्म नहीं है? मैं अभी भी भ्रमित हूँ, क्योंकि आज भी मुझे 'कभी अलविदा न कहना' पर बहुत सी प्रतिक्रियाएँ मिलती रहती हैं।

जैसा कि मैंने बताया, बहुत से लोगों को यह फिल्म पसंद आई और ऐसे भी बहुत लोग हैं, जिन्हें यह पसंद नहीं आई। मुझे याद है, मुंबई के सिनेमाघर आई-मैक्स वडाला में एक महिला ने मुझसे कहा, 'एक लड़की का पति उसे छोड़ गया था। मैं उसे खुश करने और उत्साह बढ़ाने के लिए करण जौहर की फिल्म दिखाने ले गई। फिल्म देखने के बाद वह सारा दिन रोती रही।'

मैंने कहा, 'मैडम, इसके लिए मुझे क्षमा कीजिए।'

अवचेतन रूप से अपने पिता के जाने के बाद मुझे स्वतंत्रता का एहसास हो रहा था। आज जब मैं पीछे मुड़कर देखता हूँ, तो मुझे लगता है कि मैं उनसे पृथक हो गया था। यह फिल्म देखने के बाद माँ ने कहा, 'तुम्हारे पिता कभी भी तुम्हें यह फिल्म बनाने की अनुमति नहीं देते।' और तब मुझे एहसास हुआ कि मेरी नैतिकता, मेरी अस्तित्व की अनुभूति और मेरी चारित्रिक अनुभूति पर मेरे पिता का कितना गहरा प्रभाव था। लेकिन मैं आधुनिक व्यक्ति था, जिसकी परवरिश ऐसे समाज में हुई थी, जो हालातों को समझता व स्वीकार करता है न कि उनपर फैसले देता है। मुझे यह भी महसूस हुआ कि बेवफाई सहज स्वीकार्य है। यह आपके चारों ओर है। यह एक सच्चाई है। फिर हम इसे कालीन के नीचे छिपाने का प्रयास क्यों कर रहे हैं? मैं होता तो इसका न केवल सामना करता बल्कि इसे सबके सामने भी लाता।

मैं चाहता था कि अंत में वह दंपती एक-दूसरे के साथ हो। मुझे सिर्फ इस बात का एहसास

था कि मैंने रानी को बेहद दुःखी दरशाया और शाहरुख को कुछ अधिक ही क्रोधी दिखा दिया था। मुझे लगता है कि मुझसे यह गलतियाँ हुईं। साथ ही मुझे यह भी एहसास हुआ कि फिल्म के वाक्य कुछ अधिक अंतरंग होने चाहिए थे। इनके लिए मैं खुद को जिम्मेदार मानता हूँ। मुझे लगता है कि रानी को कुछ कम दोषी दिखाना चाहिए था। मेरे कारण वे कुछ अधिक ही दोषी दिखाई दीं।

'कभी अलविदा न कहना' का फिल्मांकन करते हुए हम सभी बहुत अजीब महसूस कर रहे थे। सिवाय अभिषेक के, जिनका किरदार बेदाग था। जबकि बाकी सबके किरदारों में कुछ-न-कुछ दाग अवश्य था।

प्रीति जिंटा का किरदार अतिमहत्त्वाकांक्षी था। वे मुझसे निरंतर पूछती रहतीं, 'वह मुझे प्यार क्यों नहीं करता?'

मैं कहता, 'वह तुम्हें प्यार करता है, प्रीति। बतौर शाहरुख खान वह एक दोस्त, एक व्यक्ति के तौर पर प्यार करता है। लेकिन वह किरदार तुम्हारे किरदार को प्यार नहीं करता।'

तब वे कहतीं, 'नहीं, मुझमें क्या खराबी है? वह मुझे प्यार क्यों नहीं करता?'

उधर रानी कहतीं, 'अरे, मुझे अपने इस व्यवहार की वजह बताने के लिए एक सीन तो दो?'

मैं कहता, 'नहीं रानी, इसकी कोई वजह नहीं है।'

तब वे कहतीं, 'इतना अच्छा पति है। मैं अफेयर क्यों करूँ?'

शाहरुख को भी यह अजीब लगता। मैंने अपने कॅरियर में कभी भी शाहरुख को दूसरा टेक देने के लिए नहीं कहा। मेरे व उनके बीच ऐसा तालमेल है कि हम जैसा चाहते हैं, वैसा दृश्य फिल्मा लेते हैं। लेकिन इसमें एक दृश्य है, जहाँ वे फोन पर बात कर रहे हैं और प्रीति जिंटा उनसे पूछती हैं, 'देव, तुम किससे बात कर रहे हो?'

और वे कहते हैं, 'बस होने ही वाला है।' यही था। लेकिन उनसे यह दृश्य नहीं हो सका। उन्हें इतनी शर्म आ रही थी।

वे बोले, 'मैं यह नहीं कर सकता। यह क्या बकवास है!'

मैंने कहा, 'शाहरुख यह चक्कर आपका नहीं उस किरदार का चल रहा है। क्या आपको यह समझ नहीं आ रहा?'

सिर्फ अभिषेक शांत थे।

यहाँ तक कि बच्चन साहब भी कहने लगे, 'करण, यह तुम क्या बना रहे हो? क्या होगा जानते हो? तुम मेरे साथ क्या कर रहे हो?'

और मैं कहता, 'अमित अंकल, मैं आपको एक थोड़ा अधिक खुले और सेक्सुअल वृद्ध व्यक्ति के तौर पर दरशा रहा हूँ।'

तब वे हँसे और बोले, 'तुम सही व्यक्ति के पास आए हो।'

उनका हास्यबोध कमाल का है और उन्हें यह पसंद आया। उन्हें अपने कपड़े पसंद आए। उन्हें अपना भड़कीला सेक्सी सैम का किरदार पसंद आया। लेकिन शाहरुख और रानी जैसे मुख्य किरदार? मैं समझ रहा था कि वे असहज और अजीब सा महसूस कर रहे हैं। मुझे याद है, आदि

ने मुझे अमेरिका फोन करके पूछा था, 'करण, क्या तुम सचमुच उन दोनों को फिल्म में साथ सुलाना चाहते हो?'

मैंने कहा, 'हाँ, क्यों?'

उन्होंने कहा, 'करण, मेरा यकीन करो, देश इसे पसंद नहीं करेगा।'

तो मैंने कहा, 'आदि, जिस उम्र में वे दोनों हैं, यह कैसे संभव है कि वे सेक्स न करें?'

मुझे याद है, न्यू हैवन में शाहरुख के साथ एक गीत की शूटिंग करते हुए मैंने उन्हें बताया, 'आदि यह कह रहे थे।'

उन्होंने कहा, 'तू सोच ले। अभी हमने वह सीन फिल्माया नहीं है। हम इसे दी एंड ऑफ दि अफेयर के मेरिल स्ट्रीप और रॉबर्ट रेडफोर्ड की तरह फिल्मा सकते हैं। जहाँ वे दोनों होटल के कमरे में जाते हैं, प्रेम करने का असफल प्रयास करते हैं, रुक जाते हैं और एक दुखद पल में दोनों एक-दूसरे का हाथ थामे बैठे रहते हैं।' उन्होंने कहा, हम इसे इस तरह करेंगे कि यह और ज्यादा भावनात्मक लगेगा।

लेकिन मैं रूढ़िमुक्त विचार रखते हुए इन सबसे ऊपर उठने का प्रयास कर रहा था।

मैंने कहा, 'नहीं, उन्हें काम संबंध बनाने ही होंगे। वे होटल के कमरे में आँसू नहीं बहा सकते। माफ करना, मैं ऐसा नहीं कर सकता।'

आदि ने मुझसे कहा था, 'यकीन करो, इससे तूफान आ जाएगा।'

मैंने कहा, 'शायद, लेकिन मैं ऐसा करना नहीं चाहता।'

आदि जो कह रहे थे, वह बॉक्स ऑफिस की दृष्टि से सही था। मैं जो कर रहा था, वह मेरी विचार प्रक्रिया के अनुसार सही था।

उस समय के हिसाब से देश की मुख्यधारा के दर्शकों को ध्यान में रखते हुए उनका कहना बिल्कुल ठीक था। लेकिन मैं सुनने के लिए तैयार ही नहीं था। पूरा दृश्य मेरे दिमाग में तैयार था और मैंने उसे उसी तरह फिल्माया।

बात यह थी कि पहले रानीवाली भूमिका के लिए काजोल को लिया गया था। मुझे थोड़ी अधिक उम्र की महिला चाहिए थी। अभिषेक के साथ रानी की जोड़ी शानदार थी, क्योंकि हाल ही में उन्होंने बंटी और बबली की थी। वे दोनों एक बेहतरीन, समुचित युवा जोड़ी थे। लेकिन उन्हें अपनी उम्र से पाँच या छह साल बड़ा दिखना था। रानी को लगता था कि वे बच्ची लगती हैं। लेकिन रानी और अभिषेक की जोड़ी इतनी मेल खा गई कि वह पक्ष सामने ही नहीं आया। अगर रानी की जगह काजोल होतीं, तो आपको लगता कि उम्र अधिक होने के कारण उन्हें अपने रिश्ते से वह नहीं मिल सका, जो वे चाहती थीं। और इस दूसरे उत्पीड़ित व्यक्ति ने उनकी इच्छा पूर्ति कर दी। माया का किरदार दरअसल इसी तरह लिखा गया था। उसकी सारी ऊर्जा इस ओ.सी.डी. (जुनूनी बाध्यकारी विकार) में चुक रही है, क्योंकि उनकी जिंदगी में एक बहुत बड़ी कमी है।

इसी कारण अभिषेक उनसे कहते हैं, 'तुम इस घर को हमेशा साफ करती रही, लेकिन सबसे ज्यादा गंद तुम ही ले आई हो इस घर में।' अभिषेक गुस्से में रानी से यह बात कहते हैं।

इस देश के लिए यह फिल्म कुछ ज्यादा ही बोल्ड थी। हमें सेंसर बोर्ड के साथ मुकाबला करना पड़ा, क्योंकि वे इसे वयस्क सर्टिफिकेट देना चाहते थे। लेकिन फिल्म में सेक्स नहीं था। उनका कहना था कि फिल्म की विषयवस्तु वयस्क है।

शाहरुख को लगा कि मैं पागल हो गया हूँ। लेकिन वे मान गए। शाहरुख और मेरे बीच ऐसा रिश्ता है। लेकिन मुझे पूरा यकीन था कि मैं इसे खींच ले जाऊँगा। यह काफी बोल्ड कदम था। मुझे यह जोखिम लेना ही था। आज पीछे मुड़कर देखने पर मुझे खुशी होती है कि मैंने वह कदम उठाया। अगर मैंने 'कभी अलविदा न कहना' को फिर बनाया, तो इस बार मैं इसे कुछ अलग अंदाज में बनाऊँगा। मेरे कॅरियर में यह इकलौती फिल्म है, जिसे मैं फिर से निर्देशित करना चाहता हूँ। यह मुझे बहुत पसंद है, इसके बावजूद मैं इसे और बेहतर बनाना चाहता हूँ। इसमें एक डाइनिंग टेबल का दृश्य है, जहाँ अमिताभ बच्चन को महसूस होता है कि शाहरुख मजाक नहीं कर रहे। मुझे वह दृश्य भी पसंद है, जहाँ दोनों महिलाएँ रोड क्रॉस कर रही होती हैं। वह एक ऑपेरा जैसा था। बेहद नाटकीय। इस फिल्म में खूब पागलपन था।

आखिरकार फिल्म रिलीज हो गई, यह मेरे लिए सबसे उथल-पुथलवाला समय था। समीक्षाओं में मुझे तारीफें (मुझे याद है, राजीव मसंद ने समीक्षा में मुझे चार स्टार दिए थे और मुझे याद नहीं कि उन्होंने इससे पहले मुझे कभी चार स्टार दिए हों) और झटके दोनों ही मिले। नैतिकता से भरपूर कथित ट्रेड एनेलिस्ट और पंडितों ने कहा, 'करण को क्या हो गया है? वे पागल हो गए हैं।'

कई लोगों ने मुझसे यह भी कहा, 'अपने पिता को खोने के साथ ही तुमने अपना विवेक भी खो दिया है। आपके पिता परंपराओं और जड़ों से जुड़े व्यक्ति थे। उनके बैनर का नाम 'धर्मा प्रोडक्शंस' है। हमारे प्रतीक चिह्न में गणेशजी भी शामिल हैं।'

मुझे पूजा, परिवार, उचित, नैतिकता, परंपराएँ और पारिवारिक मूल्यों में विश्वास रखनेवाला माना जाता था। और इस फिल्म द्वारा मैं सभी तरह के कल्पनीय आदर्शों को तोड़ रहा था। परदे पर ऐसा लग रहा था, मानो शाहरुख अपनी पत्नी को धोखा दे रहे हों। मैं सिनेमा के साथ बहुत बड़ा अन्याय कर रहा था। 'कभी अलविदा न कहना' को बहुत बड़ा बना दिया गया। वस्तुत: कोई नहीं जानता था कि इसकी विषयवस्तु बेवफाई है। उन दिनों आज जैसे हालात नहीं थे, जहाँ सभी जानते हों कि फिल्म किस विषय पर है।

मुझे अब इस बात से बेहद कोफ्त होती है, जब लोग मेरे पास आकर कहते हैं कि 'कभी अलविदा न कहना' आपकी सबसे बेहतरीन फिल्म है। हमें तब इससे घृणा थी, लेकिन आज यह हमें पसंद है।' उस समय वे नवविवाहित थे। लेकिन आज वे जानते हैं कि किसी भी रिश्ते में ऐसा कभी भी हो सकता है।

लेकिन उस समय ऐसा प्रतीत होता था, मानो सारा देश कंधे से कंधा मिलाकर बेवफाई का विरोध कर रहा हो। किसी ने कहा, 'आप बेवफाई का प्रचार कैसे कर सकते हैं?' मैं कहता, 'किसी ऐसी चीज का प्रचार कैसे हो सकता है, जो पहले से ही प्रचुर मात्रा में मौजूद हो? बेवफाई जीवन की वास्तविकता है। एक भी विवाह बता दीजिए, जहाँ अवसर मिलने पर इसके वशीभूत न हुआ

गया हो।' यह स्वार्थपूर्ण है, लेकिन शहरी जीवन का हिस्सा है। विवाह में उतार-चढ़ाव तो आते हैं, लेकिन लोग इन्हें स्क्रीन पर नहीं देखना चाहते। वे इसे घर में देखते हैं, इसे बुहारकर कालीन के नीचे कर देते हैं और आगे बढ़ जाते हैं। यह हमारे समाज का एक निहायत अंतर्निहित पाखंड है। विशेष रूप से हमारे जैसे देश और संस्कृति के लिए। हम बेवफाई को स्वीकार नहीं करना चाहते। मेरा सिद्धांत बहुत सीधा है। मैं उन लोगों में से हूँ, जिनका मानना है कि अगर आप अपना घर और विवाह बचाना चाहते हैं तो सेक्स संबंधी बेवफाई को बेवफाई मत मानिए। इसे एक गलती मानकर, भूल जाएँ और आगे बढ़ जाएँ। अगर जरूरत हो तो इसे नजरअंदाज कर दें। मेरी यह बात पुरुषों और स्त्रियों दोनों पर लागू होती है। बल्कि आजकल अधिक-से-अधिक महिलाएँ इसके वशीभूत हो रही हैं। कई बार मुझे इसपर गर्व होता है। मेरे बहुत से दंपतियों से दोस्ताना संबंध हैं, इसलिए मुझे कहानी के दोनों पक्ष सुनने को मिलते हैं। मुझे सबसे ज्यादा आश्चर्य यह सुनकर हुआ कि जहाँ पति ऐसा कर रहा है, वहीं पत्नी भी ऐसा कर रही है। मुझे यह बेहद दिलचस्प लगा!

मेरी एकमात्र सलाह है—सुनिश्चित करें कि आपके जीवनसाथी को इसका पता न चले। कई बार आप अपने जीवनसाथी को प्रेम तो करते हैं, लेकिन जरूरी नहीं कि शादी के दो दशक बीतने पर भी वे आपको उत्तेजित कर पाते हों। इस अपराध बोध से बचने के लिए वे आपको उपहार देते हैं। मैं विवाहित नहीं हूँ। इसलिए मैं ऐसा आसानी से कह सकता हूँ। लेकिन मुझे पक्का पता है कि विवाहितों के लिए यह इतना आसान नहीं होता है। लेकिन दुर्भाग्यवश मैं उन लोगों में से हूँ, जिन्हें इस बारे में बहुत कुछ सुनने को मिलता है। जब आप अविवाहित हों, किसी से रिश्ते में न हों तो आपको लोगों की प्रेम कहानियाँ, दु:ख, समस्याएँ और रिश्तों में चलती रहनेवाली हर तरह की बकवास सुननी पड़ती है। मैं और मेरी दोस्त काजल आनंद (पुतलु) अकसर इस बारे में बात करते हैं कि अविवाहित होकर हम कितने खुश हैं। वे कहती हैं, 'जरा अपने आस-पास हाल तो देखो!'

लोग अकसर कहते हैं कि मैं ऐसे लोगों से घिरा हूँ, जो अपने विवाह से खुश नहीं हैं, इसी कारण मुझे ऐसी कहानियाँ सुनने को मिलती हैं। यह सच नहीं है। मैं स्कूल के छात्र पुनर्मिलन समारोह में गया था। वहाँ हममें से पच्चीस लोग फिल्म इंडस्ट्री से नहीं थे। वे कॉर्पोरेट पृष्ठभूमि के थे और बतौर पेशेवर कार्य कर रहे थे। जिन बीस दंपतियों से मेरी मुलाकात हुई, उनमें से बारह तलाकशुदा थे, आठ नाखुश लग रहे थे और सभी पुरुष गंजे हो चुके थे। मैंने सोचा, 'हे ईश्वर मेरे बालों और अविवाहित होने के लिए शुक्रिया!' इस समारोह में मैं हैरान हो गया। हर दूसरा व्यक्ति तलाकशुदा था। उनकी दूसरी पत्नियाँ थीं, पूर्व पत्नियाँ थीं··· मैं सोच रहा था कि ये क्या हो रहा है? वे सभी लोग जो सबसे तेज, गंभीर और समर्पित छात्र हुआ करते थे, उन सभी की दूसरी पत्नियाँ थीं या उनके विवाह टूट चुके थे। मैं सोचने लगा कि क्या यही हमारे समय का सत्य है? ऐसा केवल फिल्म इंडस्ट्री में ही नहीं बल्कि बाहर भी हो रहा था। क्या तलाक नए किस्म का विवाह है? पता नहीं। यह सचमुच बहुत अजीब था। पुराने दिनों का वह लचीलापन कहाँ गया? या इस संस्थान का सदियों पुराना समर्पण भाव? क्या ये बीते समय की बातें हो गई हैं। इतने अधिक विवाह को तलाक से परास्त होते देखकर मैं खुद से बारंबार यही पूछता रहता हूँ— क्या हमारे समय में

लोकाचार बदल गया है ? क्या सहनशीलता कम हो गई है ? पता नहीं। मैं अविवाहित हूँ, इसलिए इसे देख पा रहा हूँ। अविवाहित होने पर लोग आपको अपनी बेवकूफी भरी बातें सुनाते रहते हैं और आपके पास इन्हें सुनने के अलावा कोई चारा नहीं होता। इसलिए आप सुनते रहते हैं। मैं हमेशा से ही एक अच्छा श्रोता रहा हूँ। इन्हें सुनकर मैं उदास नहीं होता। बल्कि कई बार ये मुझे हैरान कर देती हैं। एक ही पार्टी में पति व पत्नी दोनों ही ऐसा कर रहे होते हैं और मैं यह देखकर हैरान रह जाता हूँ कि अब यह कितना अधिक फैल गया है। फिर वे घर जाते हैं और सामान्य हो जाते हैं ? वे ऐसा जीवन कैसे बिता लेते हैं ? लेकिन उनके बारे में फैसला लेनेवाला मैं कौन होता हूँ ? अगर वे अपनी जिंदगी से खुश हैं और दिखना चाहते हैं कि कुछ नहीं हो रहा, तो दुःखी होनेवाला मैं कौन हूँ ? मैंने अपने आस-पास इतने विवाह टूटते देखे हैं कि कहते हुए बुरा लगता है कि मुझे इसकी आदत सी हो गई है।

❖

'कभी अलविदा न कहना' मेरे जीवन की सबसे कठिन शूटिंग रही। हम मौसम से जूझ रहे थे। यह बहुत बड़ा आउटडोर प्रोजेक्ट था। यह अपूर्व की पहली बड़ी फिल्म थी। हम सभी कुछ हद तक भ्रमित थे। और हम यह सारा काम मेरे पिताजी के बिना कर रहे थे। जो कुछ भी गलत हो सकता था, हो रहा था। प्रोडक्शन के साथ भी कई मसले थे। मैं सीख रहा था, अपूर्व सीख रहे थे। एक समय ऐसा भी आया, जब अपूर्व वापस लौटने पर विचार करने लगे। उन्हें लगता था कि इससे हमारी दोस्ती प्रभावित हो रही थी, जिसे वे किसी भी चीज से अधिक महत्त्वपूर्ण मानते थे। बीते लगभग पच्चीस सालों में ऐसा कोई समय नहीं आया जब पद, पैसा, स्तर या ताकत कभी भी हमारे बीच के स्नेह और दोस्ती से बढ़कर रहे हों।

वे हमेशा मुझसे कहते, 'करण, मैं बतौर दोस्त तुम्हें खोता जा रहा हूँ।'

हमारी दोस्ती गहरी थी, लेकिन हो यह रहा था कि वे मेरे मन में चिंता व भय बैठाने का कारण बनते जा रहे थे। चूँकि सारा काम उनके जिम्मे था, इसलिए मुझ तक हर तरह की बुरी खबरें वे ही पहुँचाया करते थे। मैं इस हिस्से से बचना चाहता था, क्योंकि मुझे फिल्म निर्देशित करनी थी। मैं उन सब समस्याओं से दूर भागना चाहता था, जिन्हें वे मेरे पास ला रहे थे।

उन्होंने मुझसे कहा, 'हमें इस समस्या का निवारण करना ही होगा। समय ठीक नहीं चल रहा है, थोड़ी कठिनाई है।'

विदेश में शूटिंग के दौरान प्रोडक्शन की कमी आम बात है। कई बार कुछ आवश्यकताएँ पूरी नहीं हो पातीं। शूट समाप्त करने के बाद मैं उनसे मिलना नहीं चाहता था, क्योंकि वे मुझे उन सब समस्याओं व दिक्कतों के बारे में बताते थे, जिनसे पहले अकसर मेरे पिता खुद सँभालते थे और मुझसे इनका जिक्र भी नहीं करते थे। लेकिन अपूर्व ऐसा क्यों कर रहे थे ? हम दोनों समान उम्र के हैं। मुझे उनका साथ देना चाहिए था। मेरे पिता अब मेरे साथ नहीं हैं, लेकिन अवचेतन में मैं एक ऐसे व्यक्ति को खोज रहा था, जो मेरे पिता की तरह सब कुछ सँभाल सके। लेकिन अपूर्व अभी

काम सीख रहे थे, इसमें उनकी कोई गलती नहीं थी। उन्हें मेरी सहायता की आवश्यकता रहती थी। मुझे उन्हें बताना पड़ता कि यह करो, यह मत करो, क्योंकि मैं इंडस्ट्री को बेहतर जानता था। आज वे सबकुछ जानते हैं। लेकिन तब वे ऐसा पहली बार कर रहे थे।

जब उन्हें लगने लगा कि 'दोस्ती से बढ़कर और कुछ नहीं। मैं ऐसा नहीं चाहता था। मैं वापस चला जाऊँगा।' उस समय मैंने उनके साथ लंबी बातचीत की।

मैंने कहा, 'आप ऐसा नहीं कर सकते। मुझे आपकी जरूरत है।' मेरे पास और कोई नहीं था।

तो हम ऐसे दौर से भी गुजरे हैं। मुझे एहसास हुआ कि किसी के साथ रोजाना काम करते हैं तो वैसी गहरी दोस्ती रहना मुश्किल होता है, जैसा आप हुआ करते थे। विशेष रूप से तब जब आप भिन्न भूमिकाओं में काम कर रहे हों। अब मैं कंपनी का प्रमुख था और अपूर्व मेरे लिए काम कर रहे थे। हालाँकि वे दिन-प्रतिदिन के कार्य आदि मुझसे अधिक कर रहे थे, लेकिन अब हमारी भूमिकाएँ बदल गई थीं और मुझे इसका सामना करना ही था।

हम कई सालों तक एक साथ काम करते रहे, और इससे हमारी दोस्ती दाँव पर लग गई। मुझे नहीं लगता कि हम वैसे रहे हैं, जैसे पहले हुआ करते थे। हम बहुत निकट थे। अपूर्व मेरे लिए परिवार के सदस्य जैसे थे। हम साथ में खूब हँसते। अपूर्व मुझे खूब हँसाया करते थे और आज भी वे मुझे हँसाने में सक्षम हैं। लेकिन कहीं-न-कहीं हमारे समीकरण बदल गए हैं। उनका पद बढ़ गया है, वे हमारी कंपनी के सी.ई.ओ. हैं। उनके बिना ऑफिस में एक पत्ता भी नहीं खड़कता। सारा काम उनके हाथों में है, लेकिन हम अपने मार्ग से भटक गए हैं, जो बेहद दुर्भाग्यपूर्ण है। उनका यहाँ होना उनकी सबसे बड़ी कमी बन गई है। और यह बात वे भी जानते हैं। हमने इसपर बात की, उनकी पत्नी हमेशा मेरे साथ सहज रहती हैं और उन्हें यह बहुत बुरा लगता है कि हमारे बीच वैसी दोस्ती नहीं रही। हम साथ घूमने नहीं जाते। सारा दिन काम करने के बाद यह मुश्किल होता है। हम जब भी मिलते हैं काम से संबंधित बातें करने लगते हैं। इसलिए हमने अलग-अलग मार्ग चुन लिये। हमारे परिचित एक ही हैं, इसके बावजूद हम सामाजिक आयोजनों में एक-दूसरे से नहीं मिलते। निस्संदेह अगर कुछ होता है, जैसे अगर मेरी माँ की सर्जरी हो, तो अपूर्व वहाँ सबसे पहले होंगे। अगर मेरे निजी जीवन में कुछ भी होता है, वे चट्टान की तरह मेरे साथ खड़े होंगे। जब मैं बीमार होऊँगा, तो वे मेरे घर में होंगे। जब डॉक्टर आएगा तो वे भी वहाँ होंगे। इस मायने में वे मेरे लिए भाई जैसे हैं। लेकिन हुआ यह कि हम गहरे दोस्त से आगे बढ़कर भाइयों के आयाम में आ गए। अपने पद के कारण, वे बड़े भाई की भूमिका में हैं और मैं मजे करनेवाला छोटा भाई हूँ। वे मेरी हर बात का ध्यान रखते हैं। लेकिन हमारी दोस्ती खो गई, और यह बड़ा नुकसान है। यह बात मुझे व उन्हें दोनों को सालती है। लेकिन दुर्भाग्य से हम इस बारे में कुछ नहीं कर सकते। क्योंकि अब बहुत देर हो चुकी है। 'कभी अलविदा न कहना' के सेट पर जो शुरू हुआ, उसके बाद हम समझ गए, चीजें पहले जैसी कभी नहीं होनेवाली।

□

# धर्मा का सुदृढीकरण

'कभी अलविदा न कहना' के बाद हम अन्य फिल्मों की ओर बढ़ गए। 'दोस्ताना' का निर्देशन तरुण मनसुखानी ने किया, जो 'कभी अलविदा न कहना' के दौरान मेरे प्रथम सहायक थे। इस फिल्म के दौरान अयान मुखर्जी और पुनीत मल्होत्रा भी मेरे सहायक थे। अतः 'कभी अलविदा न कहना' के क्रू में बहुत से संभावित निर्देशक उपस्थित थे।

अयान मुखर्जी काजोल के फर्स्ट कजन तथा रानी के सेकेंड कजन हैं। हालाँकि मुझे उनसे उन्होंने नहीं मिलवाया था। अयान मुखर्जी के साथ मेरी मुलाकात वस्तुतः उन्माद की दशा में हुई। वे आशुतोष गोवारिकर के साले हैं। वे उनकी पत्नी सुनीता के सौतेले भाई हैं, उन दोनों की माँ एक ही हैं।

'कल हो न हो' की स्क्रीनिंग समाप्त ही हुई थी और मैं बाहर खड़ा था। तभी एक युवा, दुबला-पतला और अजीब सा दिखनेवाला लड़का मेरे पास आया और बोला, 'मुझे फिल्म में समलैंगिकता का निरूपण बहुत पसंद आया।'

मैंने कहा, 'अच्छा, धन्यवाद'

उसने कहा, 'आप यह सब कैसे सोच लेते हैं ? मैंने मुख्यधारा की फिल्मों में ऐसा निरूपण कभी नहीं देखा।'

मैंने कहा, 'बस ऐसे ही आ जाता है।'

ये मेरी अयान के साथ पहली मुलाकात थी।

इसके बाद गोवा में उनसे मेरी मुलाकात हुई, वहाँ मैं मनमोहन शेट्टी की बेटियों पूजा और आरती शेट्टी के साथ था। आरती मुझे असिस्ट करना चाहती थीं और आज वे मेरी करीबी दोस्तों में से हैं। वे अयान को जानती थीं। बल्कि वे दोनों ही उन्हें अच्छी तरह से जानती थीं। अयान ने उन दोनों व मेरे साथ सुबह का नाश्ता किया। मैं सोच रहा था, अरे यह अपरिचित व्यक्ति फिर आ गया। वह लगातार मुझे देखे जा रहा था और उसका ऐसा करना मुझे बहुत अजीब लग रहा था। आरती ने मुझसे कहा, 'मुझे लगता है कि वह आपको असिस्ट करना चाहता है।' मैंने सोचा कि मैं ऐसे अजीब आदमी को अपने साथ नहीं लेनेवाला। एक दिन आरती ने मुझे फोन किया और कहा कि वह सचमुच मुझे असिस्ट करना चाहता है। उसने मेरा नंबर लिया था, क्या मैं उसे

मैसेज भेजने की अनुमति दूँगा? मैंने कहा, 'ठीक है, उससे कहो मुझे मैसेज भेजे।'

उसने मुझे मैसेज भेजा और मैंने तत्काल उसे मीटिंग के लिए बुला लिया। मैंने आज तक कभी भी ऐसा कोई संदेश नहीं पढ़ा था, जिसने मुझे मुसकराने के अलावा इतना द्रवित और भावुक कर दिया हो। वह बहुत खूबसूरत संदेश था। मुझे अब वह याद तो नहीं। और न ही वह मेरे फोन में है। लेकिन मुझे इतना याद है कि उसे पढ़कर मैं दम साधे रह गया था। उसमें यह बताया गया था कि वह मुझे किस तरह असिस्ट कर सकता है।

मैंने कहा, 'कल दोपहर दो बजे मुझसे मिलने आ जाओ।'

उससे मिलने पर पहली बात जो मैंने कही वह थी, 'तुम लेखक हो, तुम लिखो, और तुम क्या चाहते हो।'

उसने कहा, 'मैं आपको असिस्ट करना चाहता हूँ और मैं सचमुच यही करना चाहता हूँ।'

मैंने कहा, 'ठीक है।'

मुझे तत्काल समझ आ गया कि उसमें कुछ तो खास बात है। क्योंकि उसका संदेश बहुत खास था। उनके आगामी जीवन को देखते हुए लगता है कि काश मैंने वह संदेश सँभालकर रखा होता।

इस तरह मैंने अयान को काम पर रखा। उस समय वह तेईस साल का और बहुत प्रतिभाशाली बालक था। उसमें कुछ खास बात थी। अयान इस तरह बेअदब और बेहूदा होता था कि आप उसे हमेशा माफ कर देंगे। वह आपको कभी परेशान नहीं करेगा। वह आपसे बेअदबी से बात कर सकता था, लेकिन आप उसे खुशी-खुशी भूल जाएँगे। वह इतना चतुर था। अंततः वह हमारे साथ काम करने लगा।

इसके कुछ समय बाद ही मैंने युवा निर्देशकों को अवसर देने की अपनी यात्रा आरंभ कर दी। इसकी शुरुआत तरुण मनसुखानी और रेंसिल डीसिल्वा से हुई। तरुण ने हमारे लिए दोस्ताना का निर्माण किया। यह मेरा विचार था, जिसे उन्होंने विकसित किया। मैं हमेशा से ऐसे दो लड़कों पर फिल्म बनाना चाहता था, जो रहने की जगह पाने के लिए खुद को समलैंगिक दिखाएँ और तरुण ने इस कहानी का निर्माण किया। इसी के साथ मैंने अयान को भी अपनी पटकथा तैयार करने को कहा। उन्होंने समकालिक कथा तैयार की, जिसे प्रयोगात्मक तौर पर 'वेक अप सिड' शीर्षक दिया।

मेरे पास 'कुर्बान' का विचार था। मैंने अपनी यह कहानी रेंसिल को पटकथा के रूप में विकसित करने के लिए दी। इसलिए ये तीनों प्रोजेक्ट एक-के-बाद एक शुरू हो गए। 'दोस्ताना' 2008 में रिलीज हुई। मैं तरुण के भीतर के निर्देशक से परिचित था। अयान के बारे में भी यही विचार था। मुझे रेंसिल की लेखन शैली पसंद आई। तब तक वे 'रंग दे बसंती' लिख चुके थे। 'कुर्बान' ठीक नहीं रही, लेकिन मुझे उसकी अभिनव सोच पसंद आई।

धर्मा प्रोडक्शंस अब खुलकर अपने पंख पसारने लगा था। 'दोस्ताना' औसत रही। 'वेक अप सिड' को 10 अंक मिले, और 'कुर्बान' नहीं चली। इसके साथ ही मेरे एक और असिस्टेंट पुनीत मल्होत्रा की 'आई हेट लव स्टोरीज' रिलीज हुई। यह खूब चली और हमारा यू.टी.वी.

के साथ अच्छा तालमेल बैठ गया। अब हम फिल्मों के वितरण और विपणन का खेल समझने लगे थे। इसके साथ ही इंडस्ट्री की कार्यशैली में आमूल-चूल बदलाव आया। 'दोस्ताना' हमारी अत्यधिक मार्केटिंग की गई फिल्मों में से एक थी। मुझे समझ आ गया कि फिल्मों के विपणन में भी हमारी शक्ति निहित है। मुझे फिल्मों को पेश करने, मंच प्रदान करने और स्थान दिलाने की अच्छी सूझ-बूझ थी। केवल उत्पाद का निर्माण ही नहीं बल्कि इसे उपभोक्ता या सिनेमा-दर्शक तक पहुँचाना भी जरूरी है। मुझे लगता है कि मुझमें इसका कौशल है।

हमने 'दोस्ताना' के लिए एक दिलचस्प प्रोमो तैयार किया। हमने कहा, 'कुछ कुछ होता है', 'कभी खुशी कभी गम', 'कल हो न हो' के निर्माता की एक अलग किस्म की प्रेम कहानी। 'तुम गे हो।' इस तरह हम इसे थोड़ा हास्यास्पद बनाना चाहते थे। यह बेहद दिलचस्प हथकंडा था। इसके बाद मुझे लगा कि हमें जॉन को सेक्सी अंदाज में पेश करना चाहिए। इसलिए हमने प्रचार में उन्हें पीले ट्रंक्स में दिखाया। हमने उनकी इस तसवीर को खूब प्रचारित किया। वहीं प्रियंका बिकनी में सुपर हॉट लग रही थीं। हमने इसके समलैंगिक कोण को खूब मजे लेकर प्रचारित किया। हमने इसे युवाओं की फिल्म के तौर पर पेश किया।

मुझे याद है जब करण मल्होत्रा (जिन्होंने बाद में 'अग्निपथ' का निर्देशन किया), मुझे असिस्ट करने आए थे। (वे 'माय नेम इस खान' में मेरे प्रथम असिस्टेंट थे)। अपने काम के पहले तीन हफ्ते वे काफी शरमिले और चुपचाप रहते थे। करण का व्यक्तित्व मजबूत और शुष्क था। आखिरकार तीन हफ्ते बाद बर्फ पिघली और हमारे बीच कुछ अधिक बातचीत होने लगी। मुझे भी अपने आस-पास के नए लोगों से घुलने-मिलने में समय लगता है। मैं थोड़ा शरमिला हूँ। यह थोड़ा अजीब लग सकता है, लेकिन मैं ऐसा ही हूँ। नए लोगों के बीच मुझे अटपटा लगता है। मुझे अपने ऑफिस में किसी नए व्यक्ति से खुलने में काफी लंबा समय लग जाता है। साथ ही मैं अपने साथ काम करनेवाले लोगों के साथ सुविचारित दूरी बनाए रखता हूँ, जबतक कि मेरी उनसे दोस्ती न हो जाए। मेरा मानना है कि केवल इसी तरह आप विषयनिष्ठता बनाए रख सकते हैं। करण ने बाद में मुझे एक बहुत हैरान कर देनेवाली बात बताई। उन्होंने कहा, 'मुझे लगता था कि आप केवल अच्छे दिखनेवाले और अच्छे कपड़े पहननेवालों को ही काम पर रखते हैं, इसलिए मुझे काम नहीं देंगे।'

मैंने कहा, 'क्या तुम्हें वाकई ऐसा लगा!'

इन युवा फिल्म निर्माताओं के कॅरियर की शुरुआत करने के साथ ही मुझे महसूस हुआ कि धर्मा अब बतौर प्रोडक्शन हाउस व स्टूडियो अपनी जमीन बनाने लगा है। प्रतिभा खोजने की मेरी अंतर्प्रेरणा अधिकांश मामलों में सही होती है। धर्मा प्रोडक्शंस की पहले से ही मजबूत ब्रांड वैल्यू को हमने और सुदृढ करना आरंभ कर दिया था। अभिनेता हमारे साथ काम करने को उत्साहित थे और हमारी गुणवत्ता भी सुनिश्चित हो चुकी थी।

लेकिन मुझे अभी भी लगता था कि हमें अपनी पकड़ बनानी होगी। हम ड्राइवर सीट पर तो थे, लेकिन अभी भी हाईवे के झटके झेल रहे थे। निश्चित ही हमारे यहाँ विभाग व प्रभाग बँटे हुए थे और हम टीमों को निश्चित कार्य सौंपा करते थे। लेकिन मेरे लिए यह बहुत बड़ी बात थी कि हम वस्तुतः सिर्फ इ-मेल द्वारा संपर्क में थे। हम हमेशा से ही ऐसा अनौपचारिक व रंग-बिरंगा प्रोडक्शन हाउस थे, जो एक-दूसरे के काम में दखलअंदाजी करते रहते थे। ऑफिस में केवल अपूर्व थे, जो सलीकेदार कपड़े पहनते थे। वे सोमवार से शुक्रवार तक कॉर्पोरेट पोशाक पहनते और शनिवार को टीशर्ट पहनते थे। बाकी हम सब तो गूदड़साईं लगते थे।

हमने अँधेरी के नए ऑफिस में शिफ्ट करने का फैसला किया, क्योंकि खार के पुराने ऑफिस में जगह कम पड़ रही थी। यह एक कुटीर उद्योग के जैसा हो गया था। अपूर्व इसे थोड़ा अधिक कॉर्पोरेट रूप देना चाहते थे। मुझे लगता था कि इस बड़े स्थान पर हम पहले जैसा प्यार कायम नहीं रख सकेंगे। हमारा ऑफिस 7000 वर्गफुट से 27,000 वर्गफुट हो गया था। यह भौतिक और अन्य रूपों में भी लंबी छलाँग थी। हमारे पास विकल्प नहीं था और अब हमने इसे खुद चुना था, मुझे एहसास था कि मेरा जलवा कायम हो चुका है।

मैं हर कहीं मौजूद रहता। कभी अपने कमरे में नहीं बैठता। मुझे अपना कमरा पसंद नहीं था। फेंगशुई के अनुसार मेरे कमरे को थोड़ा ऊँचा बनाया गया था, जो मेरे लिए ठीक नहीं रहा, क्योंकि इसमें प्रवेश करते ही मैं गिर गया। इस केबिन से इस तरह मेरी मुलाकात हुई। फेंगशुई के कारण ऑफिस में मेरा कमरा एक कोने में बनाया गया था। इससे मुझे सबसे कटा होने का एहसास होता। इसे केंद्रित कोना होना चाहिए था। लेकिन मुझे यह कहीं से भी केंद्रित नहीं लगा। मुझे लगता था जैसे मुझे कोने में कर दिया गया हो। वैसे मुझे अपना ऑफिस पसंद था। यह मेरा सुकून घर था। यहाँ आने में मुझे पूरा ढाई घंटा लगता है, लेकिन मुझे यह सोचकर खुशी और गर्व भी होता है कि यह मेरा है। मुझे लगता है कि इसे मैंने बनाया है। इस नए कदम के बावजूद धर्मा प्रोडक्शंस में उपलब्धता, स्नेह और मिलनसारिता जैसी चीजें कायम रहीं। हम ऐसे ही थे। मैं अपने को गंभीरता से नहीं लेता, बाकी लोग भी नहीं लेते। सकारात्मक रूप से लें तो यह ठीक भी है। कोई मुझे सर नहीं कहता। मेरे कुछ सहायक तो वाकई बहुत युवा, संभवतः इक्कीस या बाईस साल के होंगे। हमसे जुड़ते समय वे बहुत डरे और घबराए हुए थे, लेकिन जल्दी ही मैं उन्हें अपने अरोचक चुटकुले सुनाने लगता और वे सहज हो जाते। मैं उन्हें अपने को करण पुकारने को कहता। उनके सर पुकारने पर मुझे बुढ़ापे का एहसास होता है, जबकि मैं युवा रहना चाहता हूँ।

हमारे संस्थान में इस तरह का माहौल है।

धर्मा प्रोडक्शंस की तरंगें कमाल की हैं। हमारी कंपनी में लोग सालों से काम कर रहे हैं। हम पहले दोस्त हैं और उसके बाद सहकर्मी। हमारे बीच दोस्ताना संबंध हैं। माने या न मानें, धर्मा के सारे निर्देशक आपस में मिल-जुलकर रहते हैं। कभी-कभी हम साथ पार्टी करते हैं। किसी फिल्म की स्क्रीनिंग के दौरान हम सारे निर्देशकों को बुलाकर साथ में फिल्म देखते हैं।

हर कोई अच्छी भावना के साथ आता है। प्रतिस्पर्धा व श्रेष्ठता पाने की भावना निहित होने के बावजूद व्यापक अर्थों में उनके मन में कंपनी के लिए प्यार है। धर्मा की स्क्रीनिंग धर्मा के प्रेम से परिपूर्ण रहती है। यही हमारा सिद्धांत है—अच्छा धर्म व कर्म। इसमें घटियापन नहीं है। यह दिल से आता है, यह मेरे पिता द्वारा निर्मित व प्रसारित ऊर्जा से आता है, जिसे मैंने आत्मसात करने व और आगे प्रसारित करने का फैसला किया है। धर्मा प्रोडक्शंस में मैं किसी खाद्य-शृंखला के शीर्ष पर बैठा व्यक्ति नहीं हूँ।

लोग अकसर धर्मा में आते रहते हैं। यहाँ कोई बात गुप्त नहीं रखी जाती। गपबाजी लगातार जारी रहती है, जिसकी शुरुआत शायद मुझसे ही होती है। लेकिन जब हमें किसी एक सहायक के दूसरे सहायक से प्रेम करने की जानकारी होती है तो हर कोई इसके बारे में बातें करता है और इस बारे में जानना चाहता है। फिल्म के सेट पर होनेवाली गपशप बहुत उत्साहवर्धक रहती है और हर कोई उसके बारे में सबकुछ जानना चाहता है। मेरे खयाल से इसकी शुरुआत भी मुझसे ही होती है!

धर्मा कौन सी फिल्म बनाएगा, इसका निर्णय लेने में मैं बतौर फिल्म-निर्माता अपने अंतर्बोध का उपयोग करता हूँ। हम इससे कितना भी बचना चाहें—धर्मा प्रोडक्शंस की फिल्मों के साथ चमक-दमक, अच्छा संगीत और बेहतर महसूस करवाने की भावना जुड़ी रहती है। धर्मा की फिल्मों से इन विशेषताओं की उम्मीद सभी को होती है। हम इसे तोड़ना चाहते हैं। मैंने 'अग्निपथ' जैसी हिंसक फिल्म बनाई, मार्शल आर्ट पर आधारित फिल्म 'ब्रदर्स' बनाई। हमने 'बाहुबली' पेश की। हमने 'लंचबॉक्स' पेश की। मैंने 'माय नेम इज खान' फिल्म बनाई। इन सभी में यह पूर्वापेक्षित चीजें नहीं थीं। इसके बावजूद लोग हमें 'ये जवानी है दीवानी', '2 स्टेट्स' और 'हंप्टी शर्मा की दुलहनिया' के साथ जोड़कर देखते हैं। हम चाहे जो भी करें, हम चाहे नए मार्ग पर ही क्यों न चल दें, अंत में हम और अधिक बेहतर व अच्छी दिखनेवाली फिल्मी सर्वोत्कृष्टता के लिए जाने जाते हैं। शायद हमारा धर्मा ब्रांड सामने आ ही जाता है। लोग कहते हैं कि उन्हें हमारी फिल्मों में दिखाए जानेवाले किरदार, संगीत, परिधान और शॉट सभी पसंद आते हैं। धर्मा प्रोडक्शंस की फिल्मों के साथ एक सौंदर्यबोध जुड़ गया है, जो अच्छा, लेकिन साथ ही खीज दिलानेवाला भी है। कई बार लगता है कि इतने अलग तरह का काम करने के बाद भी आपको केवल इसी के लिए क्यों जाना जाता है?

मैं बतौर फिल्म-निर्माता भी यही परेशानी महसूस करता हूँ। मैं चाहे जो भी करूँ, चाहे वह कितना भी अलग हो, लोग कहते हैं, 'आप पारिवारिक फिल्में बनाते हैं।' नहीं, मैं नहीं बनाता। मैंने सिर्फ एक पारिवारिक फिल्म बनाई है। या फिर वे कहते हैं, 'आप प्रेम कहानियों पर फिल्में बनाते हैं।' नहीं, मैं नहीं बनाता। मैंने प्रेम कहानी पर सिर्फ एक फिल्म बनाई है। मुझे अपने अलग तरह से किए गए किसी भी कार्य के लिए श्रेय नहीं दिया जाता। कंपनी के भी साथ यही समस्या

है। अयान फिलहाल एक सुपरहीरो पर फिल्म बना रहे हैं, जो तीन खंडों में हो सकती है। करण 'द इम्मारटल्स ऑफ मेलुहा' पर फिल्म बनाना चाहते हैं, जो अमीश त्रिपाठी की 'शिव-त्रय' का हिस्सा है। हम अपनी विचार प्रक्रिया को विस्तार देने के प्रयास में हैं। हम फ्रैंचाइज फिल्म निर्माण में जाना चाहते हैं, जहाँ हम भारतीय पौराणिक कथाओं को कंप्यूटर ग्राफिक्स के साथ उपयोग करेंगे, जो मेरे विचार से सिनेमाई पटल पर सफल रहेगा। 'बाहुबली' इसी दिशा में उठाया गया कदम है। मैंने 'बाहुबली' को केवल इसलिए चुना, क्योंकि मुझे लगता था कि सभी भारतीय दर्शक इसे देख सकें।

मैं हमेशा से ही निर्देशक एस. राजामौली का बड़ा फैन रहा हूँ। अपने दोस्त राणा डग्गूबाती से राजामौलीजी के 'बाहुबली' बनाने की बात सुनकर मैं उनसे मिलने हैदराबाद गया। मैंने उन्हें बताया कि मेरे खयाल से उनकी यह फिल्म राष्ट्रीय स्तर के दर्शकों तक पहुँचनी चाहिए। इतने विशाल व बड़े स्तर पर बननेवाली यह फिल्म संपूर्ण भारत में देखी जानी चाहिए। यह केवल दक्षिण भारत में ही रिलीज होकर क्यों रह जाए? मुझे पूरा विश्वास था कि गुणवत्ता, तकनीक और कहानी सुनाने के लिहाज से यह दक्षिण की खराब नहीं बल्कि अच्छी फिल्म साबित होगी। राजामौली एक बेहतरीन किस्सागो हैं। मैंने उनकी—मगाधीरा, ईगा, मर्यादा राम्नना जैसी कई फिल्में देखी हैं। और वे सभी बेहतरीन फिल्में हैं। मैं जानता था कि वे बजट, स्तर, भव्यता और कहानी के पैमाने पर भारत की अब तक की सबसे बड़ी, विशाल और महाकाव्यात्मक फिल्म का निर्माण करने जा रहे हैं। मैं इसे सारे देश में प्रदर्शित करने के लिए बेताब था। सौभाग्यवश, वे मान गए। उनके साथ काम करना एक बेहद सुखद अनुभव रहा।

मुझे इसकी कहानी नहीं पता थी। मैंने बस इसकी तसवीरें और कुछ दृश्य देखे थे। मुझे दिखाने के लिए उन्होंने इसका पाँच मिनट का कंप्यूटर प्रेजेंटेशन तैयार किया था। रिलीज होने तक मुझे भी नहीं मालूम था कि फिल्म कैसे समाप्त होती है। मुझे इस बारे में कुछ नहीं पता था। मैंने इसे दर्शक के तौर पर ही देखा था। लेकिन मुझे उनमें और उनकी बनाई इस दुनिया में पूरा विश्वास था। रिलीज के बाद 'बाहुबली' को देशभर में 5.5 करोड़ रुपए की ओपनिंग मिली। इसका कारण धर्मा प्रोडक्शंस की ब्रांडिंग और इसे दर्शकों के सामने विशेष विधि से पेश करना था। इसके बारे में मैंने सबसे पहले कहा कि हम इसे, 'भारत की सबसे बड़ी फिल्म' के तौर पर पेश करेंगे। कोई चीज आपको ललचाए नहीं, तो आप उसके लिए 400 रुपए क्यों खर्च करेंगे?

ऐसा ही मैंने 'लंचबॉक्स' के साथ किया। मुझे लगता है कि मुझमें मार्केटिंग का अंतर्बोध है। मेरे पास आने तक 'लंचबॉक्स' एक छोटी फिल्म थी। मैं सोचने लगा कि ऐसा क्या हो सकता है, जिससे लोगों के दिमाग से इसके गैर-मुख्यधारा की फिल्म होने की बात निकल सके? इसे मैंने यह वाक्य दिया 'क्या आप किसी ऐसे व्यक्ति से प्रेम कर सकते हैं, जिससे आप कभी न मिले हों?' यह वाक्य सभी पोस्टरों पर नहीं था। यह सिर्फ हिंदी रिलीज के लिए था। हमने यह वाक्य इसलिए जोड़ा, क्योंकि मुझे लगता था कि इससे लोगों का फिल्म के प्रति कौतूहल बढ़ेगा।

निस्संदेह, फिल्म में बेजोड़ अभिनेता थे, लेकिन इसे आर्ट हाउस की या 'फेस्टिवल फिल्म' माना जा रहा था। व्यावसायिक शब्दावली में इन्हें बुरा शब्द माना जाता है। इससे लगता है, अच्छा, फेस्टिवल फिल्म है, फिर तो यह उबाऊ होगी। यही होता है। निस्संदेह आज लोग अच्छी विषयवस्तु को लेकर उत्साहित हैं, क्योंकि अब शहरी मल्टीप्लैक्सों में इस तरह की फिल्में भी पैठ बनाने लगी हैं। लेकिन इसके लिए आपको फिल्म को उचित ढंग से पेश करना होगा। अन्यथा वह असफल रहेगी। आपको दर्शकों को उत्साहित करना होगा। फिल्म की रिलीज में बहुत कुछ करना पड़ता है।

आखिरकार हमारी इंडस्ट्री निर्माताओं और स्टूडियो की इंडस्ट्री के रूप में उभरने लगी है। पहले यह अभिनेता केंद्रित उद्योग था और कुछ मायनों में अभी भी है और इसपर सुपरस्टारडम का राज हमेशा कायम रहेगा। सलमान खान सभी सिद्धांतों और सभी बिजनेस मॉडल से ऊपर रहेंगे। दर्शक सिर्फ उन्हें देखना चाहता हैं। लेकिन अब निर्माताओं और स्टूडियो का दौर आ गया है, क्योंकि पैसा लगानेवाले यही लोग हैं। इनके पैसा न लगाने पर आप फिल्म रिलीज नहीं कर सकते। मुझे इन हालातों पर गर्व है। फिल्मों को अपनी ताकत इसी पैसे से मिलती है, जो आप इनके निर्माण, प्रचार और इन्हें मंच उपलब्ध करवाने में लगाते हैं। यह केवल एक स्टूडियो या निर्माता के कारण ही संभव हो पाता है। स्टूडियो कार्यकुशल है तो फिल्म को इसका फायदा मिलता है। वहीं अगर यह कमजोर है तो इससे उत्पाद को भी नुकसान पहुँचता है। आपको फिल्म का पोषण करना होता है। 'लंचबॉक्स' और 'बाहुबली' इसके अच्छे उदाहरण हैं। ये ऐसी फिल्में हैं, जो आसानी से चूक सकती थीं। 'बाहुबली' दक्षिण भारत में अच्छा प्रदर्शन करती, लेकिन अन्य राज्यों के विभिन्न भाषाओं से संबंधित दर्शक इस फिल्म को नहीं देख पाते। इसे ठीक तरह से पेश करना था। इसके बाद मेरे पास और भी बहुत सी फिल्में आईं, लेकिन ऐसा हर बार नहीं हो पाता। मुझे इसपर विश्वास होना चाहिए। घंटी बजनी चाहिए। मैंने 'लंचबॉक्स' कांस फिल्म समारोह के दौरान देखी थी। लोगों के मना करने के बावजूद मैंने ऐसा किया। मैंने कहा, 'आप सब गलत हैं। यह एक व्यावसायिक फिल्म है। इसे देखनेवाले कम होंगे, लेकिन यह दर्शकों को खूब पसंद आएगी।' इस फिल्म को देखनेवालों में पैंतीस से पचास के आयुवर्ग के लोग अधिक रहे। मुझे यह अच्छी लगी। यह बेहद शानदार और छोटी सी फिल्म है, जिसे अवश्य देखना चाहिए। हाँ, इसे बहुत दर्शक नहीं मिले, लेकिन वे इतने अवश्य थे कि इसे सफल कहा जा सके और ऐसा ही हुआ। यह तीन से चार हफ्ते चली, जो समुचित समयावधि है और इससे हर किसी ने पैसे कमाए।

निर्माताओं को अपनी फिल्म को बढ़ावा देने के लिए रचनात्मक होना होगा। जो भी स्टूडियो रचनात्मक नहीं होगा, वह समाप्त हो जाएगा, गुमनामी में खो जाएगा। पैसे के पीछे भागने से आप अंतहीन गड्ढे में जा गिरेंगे। आपको धन व रचनात्मकता के बीच संतुलन बनाना होगा। एक स्टूडियो को किसी रचनात्मक निर्माता की भाँति सोचना होगा। विषय मजबूत न होने पर लोग पैसे देने को तैयार नहीं होंगे। वे आपकी फिल्म तभी देखने आएँगे, जब वह अच्छी होगी।

आप मार्केटिंग में खूब हल्ला मचा सकते हैं, लेकिन अगर आपका उत्पाद ठीक नहीं है तो इसे देखने कोई नहीं आएगा। दर्शक बहुत समझदार होता है। हर उपभोक्ता में एक अंतर्बोध होता है कि वह आपकी फिल्म देखे या न देखे या फिर आपका साबुन खरीदे या न खरीदे। हर उपभोक्ता में आपके द्वारा बेचे जा रहे उत्पाद को लेकर छठी इंद्री होती है। वे बुरी फिल्म को तुरंत पहचान लेते हैं और इसी तरह वे अच्छी फिल्म को भी पहचान लेते हैं। इसलिए आप उपभोक्ता को सहज स्वीकार्य नहीं मान सकते।

जैसे आप एक आइटम गीत डालकर अपना माल नहीं बेच सकते। ऐसे तीन गीतों में से केवल एक या दो ही कामयाब होते हैं। 'अग्निपथ' का 'चिकनी चमेली' चमत्कारिक रूप से काम कर गया। आपको किसी बड़े सितारे को लेकर उसे बिल्कुल नया रूप देना होगा। कैटरीना ने ऐसा गीत कभी नहीं किया था। वे आकर्षक हैं, लेकिन उन्होंने कबीलाई रूप में कोई आइटम गीत नहीं किया था। तब से इस गीत की पैंतीस बार नकल हो चुकी है, लेकिन वह बात नहीं आई। जाहिर है, फिल्म से संबंधित आइटम गीत अधिक असरदार होता है। 'ये जवानी है दीवानी' का 'बदतमीज दिल' फिल्म का हिस्सा होने के कारण ही कामयाब रहा। इसे फिल्म के प्रमुख कलाकार पर फिल्माया गया था। कई बार फिल्म को अधिक उत्साहपूर्ण और जोशीला बनाने के लिए ऐसा गीत डाला जाता है। अगर इसका फिल्म से संबंध न हो तो दर्शकों से यह बात छुपी नहीं रह पाती।

'माय नेम इज खान' द्वारा मैं उन आलोचक दर्शकों का दिल जीतना चाहता था, जिनका यह मानना था कि मैं अलग किस्म की फिल्म नहीं बना सकता। इसे बनाने के पीछे मेरा केवल यही एक उद्देश्य था। मैं सामाजिक उद्देश्य से जुड़ी फिल्म बनाना चाहता था, क्योंकि इस तरह के लोगों को केवल यही पसंद आती है। निस्संदेह, मैं खुद भी इसमें पूरा विश्वास रखता हूँ। मैं धर्म के मामले में खुले विचार रखनेवालों में से हूँ। मुझे कोई पूर्वग्रह नहीं हैं। इसलाम और आतंकवाद तथा इन दोनों के बीच के गठजोड़ की बातों में मुझे राजनीतिक कारण अधिक दिखाई देते हैं। धर्म के मामले में किसी भी चीज का साधारणीकरण नहीं किया जा सकता। दुनियाभर के करोड़ों मुसलमान इस गलत धारणा के कारण पीड़ित हैं और मुझे अंतरतम से लगा कि मुझे यह कहानी सुनानी चाहिए। लेकिन इस फिल्म को बनाने के पीछे मेरा अपना स्वार्थ भी था—मैं सामाजिक संदेश देनेवाली फिल्म बनाकर आलोचकों की प्रशंसा पाना चाहता था। 'माय नेम इज खान' से मुझे आलोचकों की सराहना प्राप्त हुई।

पीछे मुड़कर देखने पर लगता है कि इस फिल्म के पंद्रह मिनट मैं सरासर गलत था। इसका एक तूफानी कोण भी था, जो काम नहीं कर सका। मैं उसे ठीक से दरशा नहीं सका, लेकिन मुझे लगता है कि इससे फिल्म का अभिप्राय प्रभावित नहीं हुआ। मैं बेस्ट डायरेक्टर का अवॉर्ड जीतना चाहता था और मैं उसे जीत गया। इसके लिए मुझे पाँच या साढ़े चार स्टार समीक्षाएँ प्राप्त हुईं।

'माय नेम इज खान' एक जटिल फिल्म है। इसे समझाने के लिए परिवार में कोई त्रासदी होना आवश्यक था। हमने इस बात पर खूब चर्चा की कि बच्चा विकलांग हो या उसकी मृत्यु हो जाए। वास्तव में ऐसी चर्चाएँ घिनौनी होती थीं। आखिरकार हमने बच्चे की मृत्यु का फैसला लिया। मैंने खुद उस दौरान अपनी बहुत सी गर्भवती मित्रों को वह फिल्म न देखने की सलाह दी। मैं जानता था कि यह बहुत परेशान करनेवाला है। मैंने उस पल की उदासी के प्रभाव को कम करने का भरसक प्रयास किया, लेकिन ऐसा हो न सका। एक दृश्य में काजोल का रोना द्रवित कर जाता है। इसी कारण मैंने उसे मध्यांतर बिंदु नहीं बनाया। मैं फिल्म का उत्साहवर्धक मध्यांतर रखना चाहता था, जिससे यह पुन: उत्साहवर्धन से आरंभ हो तथा अगले भाग में फिल्म की सारी उदासी सोख ले। बच्चे की मृत्यु के ठीक बाद में अगर मध्यांतर हो जाता तो मेरे खयाल से आपका फिल्म देखने के लिए वापस लौटने का मन नहीं होता। आज, शायद मुझे ऐसी फिल्म बनाने की जरूरत न पड़े। आज मैं फिल्म में फिर से किसी बच्चे की मृत्यु नहीं दिखा सकता। लेकिन उस समय मुझे लगा कि मैं ऐसा कर सकता हूँ। यह हमेशा से ही किसी निश्चित क्षण में आपकी मन:स्थिति पर निर्भर रहता है।

'माय नेम इज खान' के बाद मैं किसी भी तरह की जटिल परिस्थितियों से दूर रहना चाहता था। मुझे युवाओं से थोड़ा दूर हो जाने का डर भी सता रहा है। वे मुझे नहीं जानते। युवा, किशोर मुझसे परिचित नहीं हैं। मुझे लगता है कि अगर आप अपने कॅरियर में लंबे समय तक टिके रहना चाहते हैं तो आप युवाओं से दूर नहीं हो सकते। आपको युवाओं से जुड़े रहना होगा, और मैं यह बात सभी व्यापारियों, उद्यमियों और रचनात्मक क्षेत्र से जुड़े लोगों से कहना चाहता हूँ। आज अमिताभ बच्चन का युवाओं के बीच लोकप्रिय होने का कारण उनका क्विज शो प्रस्तुतीकरण, 'पीकू' जैसी फिल्म या उनका भड़कीलापन या कपड़ों के प्रति उनकी समझ है। तिहत्तर साल का होने पर भी बच्चन साहब में युवापन है। वे फेसबुक पर हैं, ट्विटर पर हैं, वे संवाद करते हैं और युवा उनसे जुड़े रहते हैं। उन्होंने अपने को उनके अनुकूल बना रखा है। मैं खुद में भी यही बात देखना चाहता हूँ—युवाओं के अनुरूप बने रहना।

इसलिए अपने चालीसवें जन्मदिन पर मैंने अपनी अब तक की सबसे युवा फिल्म रिलीज करने का मन बनाया। रचनात्मक रूप से यह मेरी सबसे खराब फिल्म हो सकती है, लेकिन यह मनोरंजक, प्यारी और खुशनुमा फिल्म है। मैं फिल्मों का पहाड़ चढ़ना नहीं चाहता। मुझे युवाओं के लिए फिल्म बनाने की जरूरत थी और मैंने फैसला किया कि यदि मैं प्रतिभाओं का निर्माण करना चाहता हूँ तो इस फिल्म को मुझे खुद निर्देशित करना होगा। 'स्टूडेंट ऑफ द ईयर' तीन युवाओं की शुरुआत के लिए डिजाइन की गई थी। यही इसका उद्देश्य भी था। मैं अपनी इस ऊर्जावान युवा फिल्म को हाईस्कूल म्यूजिकल की भाँति खेल, संगीत और डांस से सजाना चाहता था। मेरे दिमाग में यही प्रारूप था। मैं चाहता था कि ग्यारह, बारह, तेरह, चौदह साल वाले इसे

देखें। मेरे दर्शकों में आठ से इक्कीस साल के लोग थे। मेरी इनपर दृष्टि थी। यह माताओं-पिताओं के लिए नहीं थी। मुझे पता है कि वे मुझे जानते हैं। लेकिन मुझे लगता था कि बच्चे मुझे नहीं जानते। और 'स्टूडेंट ऑफ द ईयर' के बाद अब वे भी मुझे पहचानने लगे हैं। मुझे अच्छा लगता, जब माता-पिता अपने बच्चों के साथ मेरे पास आते और कहते, 'इसने 'स्टूडेंट ऑफ द ईयर' चार बार देखी है। हमें भी देखनी पड़ी।'

बतौर फिल्म-निर्माता, मुझे आस-पास का माहौल देखना अच्छा लगता है। मैं देखता हूँ कि लोग क्या पहन रहे हैं, वे कैसे बोल रहे हैं। पर्यवेक्षण की अनुभूति हमेशा से मेरी सबसे बड़ी शक्ति रही है। मैं ऐसा महान् व्यक्ति नहीं हूँ, जो दुनियाभर की सभी तरह की सामग्री या संगीत देख या सुन सकता हो।

मैं ऐसा नहीं करता। मैं लोगों को बहुत देखता हूँ। मैं अपनी कंपनी में बतौर सहायक कार्य कर रहे युवाओं को देखता हूँ। मैं उनके बोलने व कपड़े पहनने के ढंग और ऐसी ही छोटी चीजों को ध्यानपूर्वक देखता हूँ। 'स्टूडेंट ऑफ द ईयर' अधिक उम्रवालों के लिए नहीं बल्कि युवाओं के लिए है। मुझे उम्रदार होने से डर लगता है।

सिद्धांत मल्होत्रा, वरुण धवन या आलिया भट्ट के साथ बात करते हुए मुझे कभी नहीं लगा कि वे मुझसे भिन्न आयुवर्ग के हैं। वस्तुत: आज वे सभी मेरे दोस्त हैं। उनमें से सिड और वरुण, ये दोनों 'माय नेम इज खान' के दौरान मेरे सहायक थे। मुझे याद है, फिल्म के फोटोग्राफी निर्देशक रवि चंद्रन वरुण और सिड का उपयोग शाहरुख और काजोल की लाइटिंग की जाँच के लिए करते थे। लाइट की जाँच के लिए हर बार वे उन दोनों को फ्रेम में खड़ा कर देते। एक बार वे शाहरुख और काजोल के क्लोजअप की तैयारी कर रहे थे। मुझे काफी रोशनी चाहिए थी। उन्होंने इन दोनों लड़कों को लाइट में खड़ा कर दिया। मॉनिटर में देखते ही मैं बोल उठा, 'ये दोनों तो स्टार हैं।' वे केवल परदे पर भी अच्छे नहीं दिखाई देते, सिड स्क्रीन से इतर भी काफी अच्छे दिखते हैं। कैमरे के सामने आने पर वे और भी बेहतरीन हो जाते हैं। उन्हें रु-ब-रु देखकर भी आप यही कहेंगे कि वे कितने शानदार दिखते हैं। परदे पर तो वो मूवी स्टार सरीखे दिखते ही हैं। वरुण परदे पर दस गुना अधिक खूबसूरत दिखते हैं। परदे पर वे बेहद जीवंत हो जाते हैं। मैंने अपने दोस्त निरंजन से आलिया के बारे में सुना था। उन्होंने मुझे बताया कि महेश भट्ट की छोटी बेटी है। वे अभी सत्रह साल की हैं और फिल्मों में काम करना चाहती हैं। लेकिन शायद अभी वे बहुत छोटी हैं। आलिया ऑडिशन देने के लिए स्कूल से आई थीं। वे काफी गोलमटोल और स्कूल की वरदी पहने हुए थीं। तब तक मैं करीब 400 लड़कियों का ऑडिशन ले चुका था। वे न तो पतली थीं और न ही वे परंपरागत ढंग से सुंदर थीं। वे पूजा भट्ट जैसी सुंदर थीं। उनका ऑडिशन कमाल का था। उन्होंने कमरे में मौजूद किसी बेहद पतली लड़की की तरह नृत्य किया। वे बिल्कुल भूल गई कि वे कितनी मोटी हैं।

उन्होंने पूछा, 'क्या आपको मैं मोटी लगी ?'

मैंने कहा, 'हाँ, तुम हो। तुम्हें अपना वजन घटाना चाहिए।'

उन्होंने कहा, 'मुझे कभी नहीं लगा कि मैं मोटी हूँ।'

उनका मानना था कि वे अच्छी दिखती हैं। मुझे उनकी यही बात पसंद आई। उनपर अपने वजन का बोझ नहीं था। वे आत्मविश्वास से भरी थीं।

मैंने उन्हें फोन किया और कहा, 'अपना वजन घटाओ और तीन महीने बाद फिर से आओ।'

मैं उन्हें एक आहार विशेषज्ञ के पास और जिम ले गया, क्योंकि मैं समझ गया था कि वे फिल्मों को लिए ही बनी हैं। मुझे उन्हें यह तब तक नहीं बताना था, जब तक वे अपना वजन नहीं घटा लेतीं। तीन महीने बाद वे फिर मुझसे मिलने आईं। उन्होंने वजन घटा लिया था। हमने लड़कों के साथ उनका एक फोटोशूट किया। वे सब एकसाथ बहुत खूबसूरत दिख रहे थे।

'स्टूडेंट ऑफ द ईयर' की शूटिंग बहुत मनोरंजक रही। सभी अभिनेता सही समय पर आ जाते। हमारे दिन की शुरुआत सुबह 9 बजे से हो जाती। मैंने आज तक ऐसा कभी नहीं किया था। स्टार हमेशा देर से आया करते थे।

मुझे याद है कि 'स्टूडेंट ऑफ द ईयर' के सेट पर मैं सबसे वरिष्ठ व्यक्ति था। मेरे क्रू के सभी ए.डी. बहुत युवा थे, मेरा फोटोग्राफी निर्देशक (डी.ओ.पी) उम्र में मुझसे छोटा था, सब लोग मुझसे छोटे थे। मैंने सोचा, हे भगवान्, इस सेट पर मैं अंकल लग रहा हूँ। लेकिन वह बहुत शानदार रहा। हमने मजेदार स्थानों पर शूटिंग की, मजेदार संगीत बनाया और हमने खूब मजेदार फिल्म बनाई। फिल्म देखनेवाले हर व्यक्ति ने इसकी तारीफ की। यह हिट रही। खुशनुमा, अच्छे दिखनेवाले बेहतरीन कपड़े पहननेवाले किशोर। मेरे दोस्त मनीष मल्होत्रा ने मुझसे कहा, 'आपको अच्छा नहीं लगेगा, लेकिन मुझे 'माय नेम इज खान' से 'स्टूडेंट ऑफ द ईयर' ज्यादा पसंद आई।' उन्होंने कहा कि यह मेरी तरह की बेहद चुस्त और युवा फिल्म है।

मुझे लगा कि 'स्टूडेंट ऑफ द ईयर' के बाद मेरे व्यक्तित्व में भी कुछ हद तक बदलाव आ गया है। उसी साल मैंने 'झलक दिखला जा' करने का निर्णय लिया। चालीस के बाद मेरी जिंदगी में बदलाव आने लगा था। अपने चालीसवें जन्मदिन पर मैंने बहुत बड़ी पार्टी दी। मैं विवाह नहीं करनेवाला, इसलिए मैंने इसे अपने 'विवाह की पार्टी' का नाम दिया। मैंने बहुत बड़ी पार्टी दी। मैंने अपने पेशेवर और निजी जीवन से जुड़े सभी लोगों को उसमें आमंत्रित किया। यह फॉरमल ड्रेस कोड पार्टी थी। मैं इसे लेकर बहुत उत्साहित था। तब तक 'स्टूडेंट ऑफ द ईयर' रिलीज नहीं हुई थी। लेकिन उसके तीनों किशोर अभिनेता मेरे साथ ही थे। मैं पिछले पंद्रह सालों से फिल्मों में था, मुझे खयाल आया कि मेरी पारी बहुत शानदार रही तो मैं इसे अपनी विवाह की पार्टी की तरह क्यों न मनाऊँ, क्योंकि शादी तो होनेवाली नहीं। मैंने संकल्प लिया कि मैं चालीस, पैंतालीस, पचास, पचपन और उसके बाद भी हर पाँच साल अपने जन्मदिन पर ऐसा करूँगा। मैं इसे उत्सव की तरह मनाना चाहता था, क्योंकि जिंदगी का मतलब ही लोगों के साथ खुशियाँ बाँटना है। मेरा मानना था कि चालीस का होने के बाद मेरी जिंदगी में, खासकर पेशेवर क्षेत्र में

काफी कुछ बदल जाएगा और यही हुआ। मेरे चालीसवें जन्मदिन के बाद सबकुछ जैसे साफ हो गया। मेरे चालीसवें साल में 'स्टूडेंट ऑफ द ईयर' रिलीज हुई और यह अच्छी चली। कंपनी का और अधिक विस्तार हुआ। तत्पश्चात् धर्मा प्रोडक्शंस की दो फिल्में—'अग्निपथ' और 'ये जवानी है दीवानी' एक-के-बाद एक सफल रहीं। सबकुछ ऊर्जान्वित हो गया था। मेरे खयाल से मेरा चालीसवाँ साल मेरे कॅरियर ग्राफ में विशेष रूप से महत्त्वपूर्ण है। मेरा एक दशक पूरा होने में छह साल बाकी हैं। लेकिन मेरे भीतर से आवाज आ रही है कि यह दशक बहुत बेहतरीन साबित होगा।

भविष्य में धर्मा प्रोडक्शंस हर तरह की फिल्में बनाएगा। लेकिन मैं वह फिल्में नहीं बनाऊँगा, जो मुझे समझ नहीं आएँगी। मुझे डरावनी फिल्में समझ नहीं आतीं। इसलिए मैं डरावनी फिल्में नहीं बनाऊँगा। मैं अपने को क्रिएचर (मायावी जीव) फिल्मों से भी नहीं जोड़ पाता। व्यक्तिगत रूप से मुझे एनिमेशन भी पसंद नहीं है। मुझे न तो ये समझ आते हैं और न ही मैं इन्हें बनाऊँगा। बल्कि मैं कसी हुई एक्शन थ्रिलर, कॉमेडी, ड्रामा, गाथा या मेलुहा जैसी त्रय फिल्में बनाना पसंद करता हूँ। किसी भावपूर्ण कहानी के लिए मैं हमेशा तैयार हूँ। मैंने एक फिल्म बनाई थी 'ब्रदर्स' इसमें मार्शल आर्ट शामिल था। मुझे इस खेल के बारे में कोई जानकारी नहीं, लेकिन इसमें एक भावनापूर्ण कहानी भी थी। इसकी मूल फिल्म 'वॉरियर' को देखकर मैं भावुक हो गया था। फिल्म खत्म होने पर मैं रो पड़ा। मैं अपनी भावनात्मक प्रेरणा पर चलता हूँ। मैं तुरत-फुरतवाली थ्रिलर फिल्म नहीं बना सकता। इसे मानवीय स्तर पर मेरे साथ जुड़ा होना चाहिए। मुझे 'अग्निपथ' पसंद आई, क्योंकि इसमें चिंतानुभूति शामिल है। ऐसी फिल्मों के निर्देशन हेतु करण सबसे सही हैं। यह चिंतानुभूति परदे पर दिखाई देती है। मेरे लिए मानवीय भावनाओं से जुड़ाव किसी भी फिल्म को स्वीकार करने का प्रमुख कारण है। इसके अतिरिक्त और कोई तरीका नहीं है। मुझे अपने दिल से उसके प्रति खिंचाव महसूस होना चाहिए।

मुझे संगीत पसंद है। और मैं सिर्फ हिंदी फिल्मों का संगीत सुनता हूँ। मुझे नहीं पता कि दुनियाभर के संगीत में क्या चल रहा है। मैं इन्हें केवल विदेश यात्रा के दौरान ही सुन पाता हूँ। अगर आप मुझसे पूछें कि ब्रिटनी स्पीयर्स क्या गा रही हैं या जस्टिन बीबर का कौन सा गीत चल रहा है या बेयोंस ने नया क्या पेश किया है, तो मुझे इस बारे में कुछ नहीं पता। ये यदा-कदा मेरे आई-ट्यून चार्ट पर सामने आ जाते हैं और मैं सोचता हूँ कि ये किस तरह के गाने हैं ? अब मुझे पता है कि ई.डी.एम. का क्या मतलब है या हाउस म्यूजिक क्या होता है। लेकिन इन सबसे मेरा परिचय केवल खरीदारी करने के कारण है। एक दुकान से दूसरी दुकान पर जाते हुए यह संगीत सुनाई दे जाते हैं, और मैं सोचता हूँ कि अच्छा, अभी इन दिनों ये गाने चल रहे हैं। एक बार फिर यह पर्यवेक्षण की अनुभूति होती है। अन्यथा मेरे आई-पॉड और आई-पैड पर केवल हिंदी फिल्मों का संगीत या चालीस, पचास, साठ या सत्तर के दशक का संगीत होता है।

विदेश घूमते हुए मुझे अपने हेडफोन पर फिल्म 'इजाजत' का 'मेरा कुछ सामान' सुनना

अच्छा लगता है। मैं 'मासूम' के गाने सुनता हूँ या 'लग जा गले' सुनता हूँ, जिसे सुनने के बाद हर बार मेरी आँखें भर आती हैं। मुझे उस समय के गीत बहुत पसंद हैं। वे अजर-अमर हैं। मुझे संगीत की समझ है। इसलिए मेरी फिल्मों के आइटम नंबर भी समुचित सुरीले होते हैं। जब तक कोई धुन मेरे दिल और पैरों पर प्रभाव नहीं डालती, मैं उसे स्वीकार नहीं करता। कई बार तो मैं बीस धुनों से भी इनकार कर देता हूँ, क्योंकि मुझे उनमें से कोई पसंद नहीं आती। कई बार मैं उन्हें इसलिए स्वीकार कर लेता हूँ कि फिल्म रिलीज होनेवाली है। मैं कहता हूँ, 'चलो, कर लो।' आजकल जो गाने चल रहे हैं, तो आज का दौर ही अलग है। आपको संगीत के प्रति अपनी समझ को उन्नत बनाना होता है। जब 'यो यो सिंह' बाजार में आए तो मैंने सोचा, ठीक है, आजकल यही चल रहे हैं। आपको समझना होगा कि आज रैप ही चल रहा है। मुझे यह क्रैप लगता है। लेकिन मैं जानता हूँ कि आखिरकार आपको आज के मौजूदा संगीत को स्वीकार करना ही होगा। मैं इसी तरह खुद को युवाओं के बीच प्रासंगिक रख पाता हूँ। आप समझ में न आनेवाली चीजों को बेकार नहीं बता सकते। आपको समझ में आनेवाली और समझ न आनेवाली चीजों को एकीकृत करना ही होगा।

'सजदा' और 'मितवा' गीत खूब चले। लेकिन जब आप 'हंप्टी शर्मा की दुलहनिया' बनाते हैं तो वहाँ 'सजदा' नहीं बल्कि आपको समझ में आनेवाला 'समझावाँ' लेना होता है। इसके साथ ही आपको पॉप संस्कृतिवाले बच्चों के लिए 'सैटरडे सैटरडे' जैसा डांस नंबर भी रखना होगा। आपको पता होना चाहिए कि ऐसे गाने भी अच्छे हो सकते हैं। इनमें भी लय व ताल है। वहीं किसी पार्टी में आप 'सजदा' पर डांस नहीं कर सकते। इसलिए आपको 'बलम पिचकारी' भी चाहिए होगा। आपको हिंदी फिल्मों के संगीत में मौजूदा चलन को समाहित करना ही होगा। इसके बोल नई पीढ़ी से जुड़े होने चाहिए। मैं सबसे पहले हुक लाइनें तैयार करता हूँ, जैसे 'व्हेर इज द पार्टी टुनाइट?' या 'इट्स द टाइम टू डिस्को।' फिर इस लाइन के आस-पास बाकी बोल लिखे जाते हैं। जावेद साहब बड़े मजाकिया हैं। 'व्हेर इज द पार्टी टुनाइट?' के बोल लिखते समय वे हमेशा पूछते, 'वे 'व्हेर इज द पार्टी टुनाइट?' क्यों गा रहे हैं, जबकि वे पहले से ही पार्टी में हैं?'

तो मैंने कहा, 'जावेद साहब, आप समझे नहीं, पार्टी में भी पार्टी होनी चाहिए।'

लेकिन वे फिर भी नहीं समझे।

मैंने कहा, 'जावेद साहब, यहाँ 'पार्टी' शब्द आनंद का समानार्थी है। आप किसी भी पार्टी में यह प्रश्न पूछ सकते हैं।'

और फिर लॉय ने रैप को आगे लिखा, 'इट्स डाउन द रोड।'

तो जावेद साहब ने कहा, 'अगर यह इट्स डाउन द रोड है, तो फिर वे 'व्हेर इज द पार्टी टुनाइट?'' क्यों गा रहे हैं?'

वे बहुत मजाकिया हैं। लेकिन वे युवाओं को समझते हैं। वे मेरे देखे सबसे युवा व्यक्ति हैं। उन्होंने वह पूरा गीत इसके इर्द-गिर्द ही लिखा। ऐसी दोहराई जानेवाली पंक्ति देना बहुत

महत्त्वपूर्ण होता है, जो दिमाग में लगातार गूँजती रहे। गीत को बेचने के लिए आपको मार्केटिंग कर्मी की तरह सोचना होता है।

मुझे जब भी पटकथा लिखनी होती, मैं विदेश चला जाता। मेरे लंदन जाने का कारण केवल भिन्न टाइम जोन में जाना होता। यह इतनी सरल बात है। मुंबई जैसे समान टाइम जोन में रहने पर आप, आपकी परेशानियाँ और बतकही बढ़ जाती हैं। वहीं अलग टाइम जोन में होने से लोग आपको परेशान नहीं करते। बल्कि न्यूयॉर्क में मेरा समय सबसे अच्छा बीता। वहाँ सुबह उठने पर मैं केवल एक या दो फोन सुनता था। जब वहाँ दोपहर होती, उस समय मुंबई में सब सो रहे होते और मेरा पूरा दिन खाली रहता।

जहाँ तक रचनात्मक प्रक्रिया की बात है, यह मुझे अचानक सूझता है। मैं इसे लिखता नहीं हूँ। यह बहुत अजीब है, लेकिन बीते सालों में मैंने कभी भी पेन व कागज का उपयोग नहीं किया। मैं बोलता हूँ और कोई दूसरा लिखता है। लंदन या न्यूयॉर्क में मैं केवल विचार किया करता हूँ। मैं अपनी 'ऐ दिल है मुश्किल' जैसी किसी भी फिल्म की पूरी कहानी बिना कागज देखे सुना सकता हूँ। मैं जो भी कुछ रचता हूँ, उसे कभी नहीं भूलता।

लिखने के लिए विदेश जाने पर मैं वहाँ सोचता और घूमता हूँ, यहाँ तक कि रेस्टोरेंट में खाना खाते समय भी मैं सोच रहा होता हूँ। खरीदारी करते हुए भी मैं सोच रहा होता हूँ। मैं खूब घूमता हूँ। मैं न्यूयॉर्क में एक से दूसरे ब्लॉक तक घूमता रहता हूँ। वास्तव में यह मेरा पसंदीदा शहर है। मैं एक दिन में शायद 100 ब्लॉक चल लेता हूँ। मैं सर्दियों में भी घूमने जाता हूँ। मैं अपने जैकेट पहने, हाथ जेब में डाले या कभी हाथ में कॉफी पकड़े घूमता रहता हूँ। मैं अपने आस-पास देखता हुआ निरुद्देश्य घूमता रहता हूँ। कई बार मैं किसी दुकान में घुस जाता हूँ, वहाँ घूमता हूँ और फिर वापस होटल लौट आता हूँ। वहाँ लेट जाता या टी.वी. पर कुछ देखने लगता हूँ, कुछ मँगवा लेता हूँ, अकसर डिनर पर दोस्तों से मिलता हूँ, जल्दी सो जाता हूँ, देर से उठता हूँ। ये मेरे छुट्टी के दिन होते हैं।

प्रतिवर्ष मैं एक महीने ऐसा अवश्य करता हूँ। मुझे यह पसंद है। यह मेरा सुदूर देश में अपने साथ बिताया वक्त होता है।

विदेश में मुझे सैकड़ों लोगों से नहीं मिलना पड़ता। यह अच्छा लगता है। पहले तो, वहाँ कोई भी आपसे मिलने के लिए मरा नहीं जा रहा, वे सब अपनी जिंदगियों में व्यस्त हैं। साथ ही पश्चिमी देशों में सप्ताहांत संस्कृति बहुत प्रबल है। आप लोगों से केवल सप्ताहांत में ही मिल सकते हैं। हफ्ते के बीच में कोई आपसे मिलना नहीं चाहेगा। वहाँ यह काम बहुत सुबह कर लिया जाता है। आप 7.30 से 8 बजे तक किसी के यहाँ जाते हैं और सुबह 11 बजे तक मिल चुके होते हैं।

मुझे देश से बाहर जाना और अपने में मस्त रहना अच्छा लगता है। मैं सोचता रहता हूँ। फिर वापस आकर मैं किसी को कहानी सुनाता हूँ और वह इसे कागज पर लिख लेता है। मेरे पास ऐसे ए.डी. हैं, जिनका काम इन्हें लिपिबद्ध करना है। मैं हमेशा ऐसा ही करता हूँ। 'कुछ कुछ होता है'

और 'कल हो न हो' के बाद 'ऐ दिल है मुश्किल' भी मैंने ऐसे ही लिखी। 'माय नेम इज़ खान' और 'कभी अलविदा न कहना' मेरा व किसी और का साझा लेखन थीं। 'स्टूडेंट ऑफ द ईयर' को रेंसिल डीसिल्वा ने लिखा और मैंने निर्देशित किया था।

तो यह मेरी लेखन प्रक्रिया है। मैंने 'ऐ दिल है मुश्किल' की रचना सितंबर 2014 में तब की, जब मैं अपनी माँ के इलाज के लिए विदेश में था। मैंने इसे एक महीने में रच दिया था। उस दौरान मैं दुबई से न्यूयॉर्क जानेवाली अमीरात की फ्लाइट में था। यह बेहद लंबी उड़ान है। मैं खूब सोच-विचार कर रहा था और अचानक यह मेरे दिमाग में आ गई। मैं क्या दिखाना चाहता था और इसमें कौन से किरदार होंगे, मुझे यह सूझ गया। फिर इसने कहानी का रूप लिया। मुझे याद है, एक खुशनुमा दिन मैंने अपनी दोस्त आरती शेट्टी को फोन किया। हमने दो घंटे तक बातचीत की। मैंने उन्हें बताया कि मैं यह फिल्म बनानेवाला हूँ और उसमें इस तरह के दृश्य होंगे। फिर मैंने उनसे कहा कि मैं इसकी पटकथा तैयार करवाना चाहता हूँ।

उन्होंने कहा, 'लेकिन करण, आपने अभी मुझे इसकी पूरी पटकथा सुनाई है। पूरी फिल्म आपके दिमाग में है।'

और मैंने सोचा, अरे हाँ, यह सही बात है कि पूरी फिल्म मेरे दिमाग में है!

मुझे याद है, एक बार मैं निरंजन आयंगर के साथ न्यूयॉर्क में घूम रहा था और मैंने उन्हें अपने विचार बताए। उन्होंने कहा, 'आपने मुझे अभी पूरी फिल्म सुना दी है! आपने मुझे न्यूयॉर्क उस काम के लिए बुलाया, जिसे आप पहले ही कर चुके हैं?' मैंने सोचा, हाँ, यह सच है। ये सब मेरे दिमाग में था। लेकिन इसके बावजूद आपको पटकथा और संवाद तो लिखने ही होते हैं।

मुझे नहीं पता कि आनेवाले सालों में मैं किस तरह की फिल्में बनाना चाहूँगा। यह मेरी उस समय की मन:स्थिति पर निर्भर करता है। 'बॉम्बे टॉकीज' मेरे कंफर्ट जोन से बाहर की फिल्म थी। यह मुझे तीन दिन में सूझ गई। मैंने इसे लिखा और अगले छह दिनों में शूट भी कर लिया। मुझे इसमें बड़ा मजा आया। यह बहुत मजेदार रहा, हमने सबकुछ बिना किसी तैयारी के किया। मुझे यकीन नहीं आ रहा था कि मैंने फिल्म पर विचार करने से लेकर उसे शूट करने तक काम का इतनी शीघ्रतापूर्वक कर लिया। मैंने दिसंबर में इसके बारे में सोचा, फरवरी में शूट किया और मई तक इसे रिलीज भी कर दिया। मैंने सोचा, चलो, आर्ट हाउस भी बना देते हैं, थोड़ी स्लो रखेंगे, थोड़ा इंटलेक्चुअल होना चाहिए; अनुराग, दिबाकर और जोया के साथ ब्लेंड हो जाएँ। मुझे अलग होने से हमेशा डर लगता रहा है। मैंने रानी, रणदीप और साकिब से इस बारे में बात की। वे सभी मान गए। हालाँकि इस फिल्म में रणदीप और साकिब के चुंबन से झमेला हो सकता था। वे भी इसे लेकर परेशान थे। साकिब से ज्यादा रणदीप घबराए हुए थे। मैंने उन्हें मुझपर विश्वास रखने को कहा, 'मैंने इसे इस तरह से डिजाइन किया है कि यह घटिया नहीं लगेगा।' लेकिन इस दृश्य को फिल्माने के दौरान रणदीप बहुत डरे हुए थे। उन्होंने कहा, 'मैंने जिंदगी में आज तक

किसी आदमी का चुंबन नहीं लिया' और मैंने कहा, 'कोई बात नहीं, तुम परदे पर तो ऐसा कर ही सकते हो।' हमने इसे एक टेक में शूट किया। यह फिल्म एक झूठी जिंदगी बितानेवाले दमित व्यक्ति और वह अपनी पत्नी को किन हालातों में डाल देता है, इससे जुड़ी थी। फिल्म देखने के बाद बहुत सी महिलाओं ने मुझसे कहा कि उन्हें अपने पति के समलैंगिक होने का संदेह है।

इसमें एक 'लग जा गले' वाला दृश्य है, रणदीप को इस दृश्य के बारे में बताते हुए मैंने उनसे कहा, 'आपके दिमाग में चल रहा है कि आप अपने कॉलेज में जिस लड़के से प्यार करते थे, उसका विवाह हो गया और फिर आपका भी विवाह हो गया। लेकिन आपका उससे गहरा प्यार था और 'लग जा गले' गीत आपको उनकी याद दिला देता है।' हालाँकि मेरी इस बैकस्टोरी का फिल्म में उल्लेख नहीं है। उन्होंने मुझसे इसे उस लड़के से जोड़ने का कारण पूछा तो मैंने कहा, 'आप इस गीत से जुड़ाव महसूस करते हैं और इस लड़के की अबोधता आपको आपके प्रेमी की याद दिलाती है। उस बिंदु पर मैं भावनात्मक रूप से यही दिखाने का प्रयास कर रहा था। यह वह वक्त था, जब उसे इस बात का एहसास होता है। मुझे लगता है कि कई बार मैं खुद को भी चकित कर देता हूँ। जब भी मैं लोगों को फिल्म की कहानी सुनाता हूँ, वे कहते हैं, 'अरे, आपने तो पटकथा लिख दी है?'

इसमें एक भिखारी बच्चे की कहानी सबसे मजेदार थी। तरुण मनसुखानी इस फिल्म में मेरे प्रथम ए.डी. थे। मुझे अपने आस-पास जाने-पहचाने लोग चाहिए होते हैं, वे हाँफते-काँपते मेरे पास पहुँचे और बोले, 'करण, यह सब क्या है?'

मैंने पूछा, 'क्या?'

उन्होंने कहा, 'आपकी कॉस्ट्यूम माँग।'

मैंने कहा, 'तो?'

उन्होंने कहा, 'एक भिखारी बच्चे के लिए तीन जोड़ी पोशाकें। भिखारी बार-बार कपड़े नहीं बदलते। यह लड़की भीख माँगती है।'

मैंने कहा, 'ओह, माफ करना?'

ऑफिस में इस बात का खूब मजाक बना कि मैं भिखारी से तीन बार कपड़े बदलवा रहा था।

जहाँ एक ओर मैं सच्चाई दिखाना चाहता था, वहीं कुछ बातें ऐसी भी थीं, जो मैं सीधे तौर पर कभी नहीं समझ सका!

मुझे कपड़ों का शौक था। जिस उम्र में बाकी बच्चे टिनटिन और आर्ची पढ़ते थे, मैं रद्दीवाले से हार्पर्स बाजार और वोग जैसी पत्रिकाएँ खरीदता था। मेरे पिता कपड़ा निर्यात करते थे, इसलिए वे भी कपड़ों से जुड़े थे। मैंने इन पत्रिकाओं के बारे में सुन रखा था और मैं अकसर रद्दीवाले के पास इन्हें देखा करता था। मैं ठगा सा रह जाता। माँ को मेरा फैशन पत्रिकाएँ खरीदना बहुत अजीब लगता। लेकिन उन्होंने मुझसे कभी इस बारे में पूछताछ नहीं की।

धर्मा प्रोडक्शंस में मुझे पता लग जाता था कि कौन सी फिल्म नहीं चलनेवाली। मैं कंपनी के किसी भी निर्देशक से झूठ नहीं बोलता था। देखने के बाद फिल्म पसंद नहीं आने पर मैं पूरी ईमानदारी से यही बात कहता। मुझे इस बात पर घमंड नहीं है, लेकिन मैं हमेशा उस फिल्म को अपना मानकर चलता था। मैं इनका समर्थक था। आपको सफलता की सराहना करने के साथ ही असफलता को भी स्वीकार करना होगा। एक बार कोई मुझसे मेरी फिल्म 'बार-बार देखो' के बारे में पूछ रहा था। मुझे वह पसंद नहीं आई और यही बात मैंने उससे संबंधित लोगों से कही थी। फिल्म नहीं चली। उस सप्ताहांत केवल मैं ही था, जो दु:खी नहीं था, क्योंकि मुझे इससे यही उम्मीद थी। मुझे पहली बार निर्देशन करनेवालों, प्रमुख कलाकारों, अपने सह-निर्माताओं के लिए बुरा लगता है, लेकिन मुझे अपने लिए बुरा नहीं लगता।

पुनीत मल्होत्रा की हाल ही में रिलीज फिल्म 'गोरी तेरे प्यार में' फ्लॉप रही। लेकिन मुझे पुनीत की व्यावसायिक फिल्म-निर्माण क्षमताओं पर पूरा भरोसा है। 'आइ हेट लव स्टोरी' का निर्माण भी उन्होंने ही किया था। वे सचमुच पॉप-संस्कृतिवाले किशोर हैं। उन्हें पता है कि वे क्या कर रहे हैं। अभी वे 'स्टूडेंट ऑफ द ईयर 2' का निर्देशन कर रहे हैं। वे धर्मा प्रोडक्शंस की फ्रैंचाइज को विस्तार दे रहे हैं। यही मैंने उनसे कहा। कई बार फिल्में असफल रहती हैं। यह आपकी प्रतिभा को प्रतिबिंबित नहीं करतीं।

मुझे पता था कि 'उँगली' नहीं चलेगी। उसे देखने पर मैं समझ गया था कि वह बहुत अटपटी फिल्म है। मैंने उसे डेढ़ साल तक रोके रखा। मैंने संपादन द्वारा इसके नुकसान को कम करने का प्रयास किया।

न जाने कैसे मुझे पता चल जाता है। मैं असफलता को पहले ही भाँप जाता हूँ। मैं दर्शकों की तरह सोचता हूँ, फिल्म-निर्माता की तरह नहीं। इसीलिए मैं अपने प्रोडक्शन हाउस में दूसरों द्वारा बनाई जा रही फिल्मों से खुद को अलग रखता हूँ। इससे उन्हें देखते हुए मैं अपनी भावनाओं तक केंद्रित रह पाता हूँ। क्या मुझे यह पसंद आई ? क्या मुझे यह मनोरंजक लगी ? मुझे धर्मा प्रोडक्शंस की किसी भी फिल्म के सफल या असफल होने पर हैरानी नहीं होती। यह मेरा अंतर्बोध है। मेरी सबसे बड़ी शक्ति यही है, अपने अंतर्बोध द्वारा सही लोगों और सही फिल्मों का चुनाव करना। मुझे याद है, शशांक खेतान मेरे पास 'हंप्टी शर्मा की दुलहनिया' की पटकथा लेकर आए थे। मैं उन्हें इससे पहले नहीं जानता था। पटकथा मेरी मेज पर थी और उसके पहले पृष्ठ पर शीर्षक लिखा था। मैंने सोचा, कितना अजीब सा शीर्षक है। मेरे सामने चार पटकथाएँ रखी थीं। लेकिन किसी चीज ने, मेरे खयाल से इसके शीर्षक ने मुझे हंप्टी को उठाने के लिए मजबूर कर दिया। मैंने इसे पढ़ा और सोचने लगा कि कितनी मजेदार और अच्छी तरह लिखी गई पटकथा है। इसे किसने लिखा है ? इसके बाद, जब शशांक मुझसे मिलने आए तो उन्होंने बताया कि इसे उन्होंने लिखा है। लेकिन उन्हें लगा कि क्योंकि मैं उन्हें पहले से नहीं जानता, इसलिए वे इसे निर्देशित नहीं कर सकेंगे। वे व्हिस्लिंग वुड्स से ग्रैजुएट थे और इस पटकथा को लिये स्टूडियो के चक्कर

काट रहे थे। मैं उनसे तीन या चार बार मिला और कहा, 'इसे आप निर्देशित करेंगे।' मुझे लगा कि वे इसके लिए सही रहेंगे। और उन्होंने शानदार फिल्म बनाई। वास्तव में अपने अंतर्बोध के बिना आप कुछ नहीं हैं। यह हम सबमें होता है। कई बार हम इसे कम आँकते हुए नजरअंदाज कर देते हैं। लेकिन यह हमें ब्रह्मांड से मिले उपहार के जैसा है। आपका अंतर्बोध कभी गलत नहीं होता। ध्यान या आंतरिक शांति द्वारा इस अंतर्बोध पर काम करनेवाले लोग इस दुनिया की सबसे उन्नत आत्माएँ होती हैं। इन्हें ही 'आध्यात्मिक व्यक्ति' कहा जाता है। अपने अंतर्बोध पर चलना, यही आध्यात्मिक उन्नति है। आप जितना अधिक अपने अंतर्बोध पर चलेंगे, परिणाम उतने ही बेहतर होते जाएँगे। हम सभी में रिश्तों या पेशेवर कार्यों से जुड़ा अंतर्बोध होता है। यह जन्म से ही मौजूद रहता है। हमें केवल इसका उपयोग करना है। मैं अपने ऑफिस के लोगों से कहता हूँ, 'अपने उत्पाद पर कभी मोहित मत होना। आपको पता होना चाहिए कि वह कैसा है। आपको यह दिखावा नहीं करना चाहिए कि आपकी रिलीज सबसे श्रेष्ठ है।'

मैं चीजों को पहले ही भाँप जाता हूँ। मुझे याद है 'स्टूडेंट ऑफ द ईयर' में क्या हुआ था। मेरा बनाया प्रोमो सभी को पसंद आया। इसके तीनों किरदार नए और बेहद जिंदादिल थे। लेकिन ट्रेलर रिलीज होने के चार दिन बाद मुझे महसूस हुआ कि उसमें कुछ कमी है। मैं अपूर्व के पास गया और बोला कि यह ट्रेलर काम नहीं कर रहा। इससे वैसी हलचल नहीं मच रही, जैसी उम्मीद थी। हम कुछ ज्यादा ही उम्मीद लगाए बैठ थे कि मैं तीन नए लोगों को पेश करूँगा और लोग उन्हें पहले से ही जानते होंगे। मैंने कहा, इस फिल्म को चलाने के लिए एक बड़े हिट गीत की जरूरत है, अन्यथा यह असफल रहेगी। हमने इस फिल्म में बहुत पैसे लगा रखे थे। हमें ऐसा गीत चाहिए था, जिसकी पहले भी गूँज रही हो। मेरे दिमाग में अस्सी के दशक का मशहूर गाना, 'डिस्को दीवाने' था। मैंने कहा, 'मुझे यह गाना चाहिए। लोगों ने यह गाना सुना तो होगा, लेकिन इसे भूल चुके होंगे। अब इसे सुनने पर वे कह उठेंगे, ओह, अस्सी के दशक में हमें यह गीत बहुत पसंद था।' मैंने कहा कि मैं नई पीढ़ी को यह गीत सुनाना चाहता हूँ। मैं इस गीत को एक बार फिर चलन में लाना चाहता हूँ।

लेकिन समस्या यह थी कि इस गीत के अधिकार 'सारेगामा' के पास थे। मान लीजिए, अगर आप अपने गीतों के अधिकार सोनी म्यूजिक को बेचते हैं तो इसमें आप वह गीत नहीं शामिल कर सकते, जिसपर 'सारेगामा' का अधिकार हो। यह उनकी नीति है कि वे आपको अपनी एल्बम में ऐसा कोई गाना नहीं देने देंगे, जिसके संगीत अधिकार किसी और कंपनी के पास हों। वे इस गीत का फायदा नहीं उठाने देंगे। 'सारेगामा' को इसपर कोई आपत्ति नहीं होती, लेकिन यह सोनी के लिए ठीक नहीं होगी, क्योंकि वे इसके संगीत अधिकारों के लिए एक बड़ी धनराशि चुका रहे होंगे।

मैं 'सारेगामा' के संचालक संजीव गोयनका को अच्छी तरह जानता था। वे मेरे दोस्त हैं और कोलकाता में रहते हैं। एक सुबह मैंने बिना किसी को बताए, कोलकाता जानेवाली छह बजे की फ्लाइट पकड़ी और संजीव को फोन किया। मैंने उनसे कहा कि मैं आपसे मिलने आ रहा हूँ

और सुबह का नाश्ता आपके साथ ही करूँगा। मैं उनके घर पहुँचा और उनसे कहा, 'मैंने आज तक आपसे कभी कोई मदद नहीं माँगी और आगे माँगूँगा भी नहीं। लेकिन आपको मेरे लिए यह करना ही होगा। आपको मुझे 'डिस्को दीवाने' देना होगा। मैं इसे अपनी फिल्म 'स्टूडेंट ऑफ द ईयर' के एल्बम में रखना चाहता हूँ। मैं जानता हूँ कि अपनी एक नीति के चलते आप ऐसा नहीं कर सकते। लेकिन आपको मेरी मदद करनी होगी। मुझे इस गीत की जरूरत है।'

संजीव मुझे बहुत पसंद करते हैं। मैं भी उन्हें पसंद करता हूँ।

उन्होंने मेरी ओर देखा और कहा, 'हाँ, कंपनी की नीति तो है, लेकिन आप इतनी दूर से आए हैं··· मैं आपके लिए इसमें बदलाव कर देता हूँ। लेकिन वादा कीजिए कि आप फिर कभी मुझे ऐसा करने के लिए नहीं कहेंगे।'

मैंने कहा, 'नहीं कहूँगा।'

तत्पश्चात् मैंने विशाल शेखर के साथ यह गाना रिकॉर्ड किया और इस तरह वह 'स्टूडेंट ऑफ द ईयर' में शामिल हुआ। मैं जानता हूँ कि इसका बाकी संगीत भी शानदार था। लेकिन मुझे वह गाना चाहिए था, जिसका पुन: याद आना महत्त्वपूर्ण हो। ऐसा करना एक रचनात्मक अवसर साबित होता और ऐसा हुआ भी।

□

# धर्मा का कर्म-निर्धारण

एक दिन जोया अख्तर ने मुझसे कहा, 'लोग मुझे नया करण जौहर बता रहे हैं।'

मैंने कहा, 'इसे तारीफ मत समझना। वे ऐसा तारीफ के लिए नहीं कह रहे। इसका मतलब है कि आप धनाढ्य लोगों और ऐसे हलके विषयों पर फिल्में बना रही हैं, जिनका कोई महत्त्व नहीं है।'

मुझे लगता है कि मैं चाहे जिस भी प्रकार की फिल्म बना दूँ, उसका श्रेय मुझे नहीं मिलनेवाला। इसे फौरन भुला दिया जाता है। मुझे आज भी पॉपकॉर्न, बबलगम, हलकापन, अप्रवासियों व धनाढ्यों से जोड़कर देखा जाता है।

फिल्म इंडस्ट्री में अगर हम सामाजिक संदेश नहीं देते, अगर हम मध्यवर्ग और उनसे जुड़े मामलों पर बात नहीं करते, तो हमको ओछा माना जाता है। 'हे ईश्वर, आप धनाढ्यों की बात कर रहे हैं!' यह एक श्राप के जैसा है। हम धनाढ्यों के बारे में बात नहीं कर सकते। ऐसा लगता है, मानो धनाढ्यों को कोई परेशानी ही नहीं होती। हम भावनाओं पर फिल्म बना रहे हैं। हम जिंदगी पर फिल्म बना रहे हैं। माफ कीजिएगा, मैं दहिसर या डोंबिवली के मलिन बस्तियों में क्या हो रहा है, इसपर फिल्म नहीं बना सकता। ऐसा नहीं कि मुझे उनसे सहानुभूति नहीं है, निस्संदेह है। मुझे लोगों का गरीबी और अशिक्षा में जीवन बिताना बहुत भयावह लगता है। हमारे देश में महिलाओं के साथ जिस तरह का व्यवहार होता है, मुझे उसपर आपत्ति है और मैं इस बारे में ठोस राय रखता हूँ। लेकिन कल अगर मैं अपनी यह राय प्रकट कर देता हूँ, तो वे कहेंगे, 'चुप रहो, मूर्ख, ओछे आदमी। महँगा डिजाइनदार सूट पहनकर इस बारे में राय देनेवाले तुम कौन होते हो?'

मेरे विचार से यह गलत है। आप मुझसे ऐसा कहनेवाले कौन होते हैं? मैं राय रखता हूँ, क्योंकि मेरे पास भी दिल है। क्या इसे महसूस करने की इसलिए अनुमति नहीं है, क्योंकि मैं धनाढ्य हूँ? मैं ब्रांडेड कार में चलता हूँ या डिजाइनर सूट पहनता हूँ, क्या इसी कारण मैं तीसरी दुनिया के बारे में कोई राय नहीं रख सकता? क्या मुझसे ऐसा ओछा फिल्म-निर्माता होने की उम्मीद की जाती है, जो धनाढ्यों और उनकी समस्याओं पर फिल्में बनाता है। बुद्धिजीवियों की इस किस्म की बातों पर मुझे गुस्सा आता है। मैं उनसे कहना चाहता हूँ, 'चुप रहिए! आपने जो कुछ भी लिखा हो, जो कुछ भी किया हो? मैंने भी मेहनत की है। अपनी कंपनी चलाने के लिए

मैंने चौबीसों घंटे काम किया है। मैंने कई जिंदगियाँ बनाई हैं, बहुत से कॅरियर तैयार किए हैं। मैंने वह सबकुछ किया है, जिसकी मुझसे उम्मीद भी नहीं की जा रही थी। आप मेरी जिंदगी के बारे में जानते ही क्या हैं? आपको मेरी फिल्में पसंद नहीं तो कोई बात नहीं। आप मुझे या मेरे काम को पसंद न करें, लेकिन मेरे बारे में अनुचित ढंग से फैसला न लें। मेरी तुलना किसी के साथ न करें।'

हाँ, मुझे प्रेम भी बहुत मिला। बहुत से लोग हैं, जो मेरे प्रयासों में मेरी सहायता करते हैं। ऐसे लोग हैं, जो कहते हैं कि मैं सबसे बेहतर हूँ और ऐसे लोग भी हैं, जिनके अनुसार मुझे कुछ अधिक ही आँका जाता है। मैं सबकुछ सुनूँगा। सब कह डालिए, लेकिन यह मत कहिए कि करण जौहर की रद्दी फिल्म देखने से अच्छा है कि हम कखग की फिल्म देखने जाएँ। क्योंकि आप इसे देखने सिनेमा हॉल अवश्य जाएँगे और इसे देखकर मिथ्यानंद प्राप्त करेंगे। आप निश्चित ही अपने बेडरूम या किसी की शादी या पार्टी में शराब के नशे में झूमते हुए मेरे गीतों पर नृत्य करते होंगे। तो आप मेरे बारे में फैसला कैसे सुना सकते हैं?

अनुपमा चोपड़ा कहती हैं, 'आप मुझे करण जौहर की फिल्म जब चाहें तब दिखा सकते हैं।' मैं उनकी समीक्षाएँ पढ़ता रहता हूँ। एक बार उन्होंने लिखा, 'मैं इसी समय करण जौहर की फिल्म देखने जाना चाहती हूँ।'

एक बार मैंने उनसे पूछा, 'अनुपमा, क्या यह झूठी तारीफ है? आप ऐसा क्यों कह रही हैं? आप वही व्यक्ति हैं, जिन्होंने मुझे ढाई स्टार समीक्षाएँ देते हुए अपना कॅरियर खड़ा किया है। इसके बावजूद आप सारा दिन मेरा संगीत सुनने की इच्छा रखती हैं। आपने हर अवसर पर मुझसे यही कहा है कि आप सिर्फ मेरा ही संगीत सुनती हैं।'

'क्या मैं कुछ बुद्धिजीवियों के लिए स्पा या दरवाजे जैसा बन गया हूँ?' करण जौहर की फिल्में देखते हुए अपना दिमाग न लगाएँ। नहीं, प्रिय, आप इसे समझ ही नहीं सकीं। संभवत: मैं आपको वह खुशी दे रहा हूँ, जिससे आप काफी समय से केवल इसलिए वंचित रहीं कि आप कांस की फिल्में देखने में व्यस्त थीं। वे सभी श्रेष्ठ और शानदार हैं। लेकिन जब आप वापस लौटकर मेरी फिल्में देखती हैं तो मैं आपके लिए स्पा जैसा होता हूँ, जहाँ आप तरोताजा हो जाती हैं।'

सच तो यह है कि मेरे दर्शकों में केवल समीक्षक और बुद्धिजीवी ही नहीं हैं। मेरे ऐसे बहुत से मासूम दर्शक भी हैं, जिन्हें मेरी फिल्में इसलिए पसंद आती हैं कि मैंने परदे पर जो सृजित किया है, उससे उन्हें सच्ची खुशी मिलती है। जब भी कोई मेरी फिल्म या मेरे संगीत की तारीफ करता है तो मुझे लगता है कि मैंने उनके जीवन को खुशनुमा बना दिया है। एक बिंदु के बाद बुद्धिजीवियों की ये आवाजें मुझे खिजाने लगती हैं। इनमें से किसी को चाँटा लगाने का बहुत मन होता है। लेकिन मैं ऐसा करूँगा नहीं। मैं इन्हें बीत जाने दूँगा। क्योंकि मैं ऐसे हास्यास्पद मूर्ख बुद्धिजीवियों पर क्रोधित नहीं होना चाहता, जो न तो कुछ समझते हैं और न ही खुद कुछ बना सकते हैं। मैं समझता हूँ, अपने काम के लिए आपको राय कायम करनी पड़ती है। लेकिन इस कारण मैं परेशान होना या चिढ़ना बंद नहीं कर सकता। मैं जिस एकमात्र आलोचक को पढ़ता या गंभीरता से लेता

हूँ, वो हिंदू के बरद्वाज रंगन हैं। वे शानदार हैं। उन्हें आज तक 'कभी अलविदा न कहना' के अलावा मेरी कोई फिल्म पसंद नहीं आई। लेकिन एक दिन अचानक मुझे उनका एक इ-मेल मिला। विडंबना देखिए, वे चाहते थे कि मैं उनकी पुस्तक के लिए प्रस्तावना लिखूँ। मैंने उन्हें बताया कि मुझे उनकी समीक्षाएँ पसंद हैं और मैं उनकी पुस्तक के लिए प्रस्तावना लिखने के लिए तैयार हूँ। अपनी व्यस्तता के बावजूद मैंने इसे लिखा। उन्हें अभी भी मेरी फिल्में पसंद नहीं आतीं, लेकिन मुझे इससे कोई परेशानी नहीं है। मैं परवाह भी नहीं करता। मैं ऐसा ही हूँ। मेरी अनुपमा चोपड़ा के साथ समस्या ज्यादा बड़ी है। व्यक्तिगत रूप से मैं उन्हें पसंद करता हूँ। हम दोस्त हैं। लेकिन वे एक फिल्म-निर्माता की पत्नी हैं, उन्हें तो ऐसा नहीं करना चाहिए। मेरी माँ राजू हिरानी की फिल्म की समीक्षा नहीं कर सकतीं। किसी पार्टी में अनुपमा से मिलना मेरे लिए आधा स्नेहपूर्ण तो आधा खीजभरा होता है। मुझे समझ नहीं आता कि मैं क्या करूँ। मैंने उन्हें यह बात बताई है। वे जानती हैं। एक बार उन्होंने मुझे फोन किया, उन्हें 'इक मैं और इक तू' पसंद आई थी। फिल्म के एक दृश्य में इमरान के पास एक बोर्ड था, जिसपर वे अपनी दिनचर्या लिखा करते थे। अनुपमा जानना चाहती थीं कि क्या ऐसा बोर्ड बाजार में उपलब्ध होगा। मैंने उनसे कहा, 'अनु, मैं पता लगाऊँगा, क्योंकि आखिरकार मेरी फिल्म में तुम्हें कुछ तो सचमुच पसंद आया।'

मुझे वह आसक्ति भी दिखाई देती है, जिससे पश्चिम इतना चिढ़ता है। वे हमें चापलूस मानते हैं। मुझे नहीं लगता कि यह सही है। मुझे इस स्तर की विनम्रता से घृणा है। मैं रंगन को अकादमिक कारणों से और इंडियन एक्सप्रेस की शुभ्रा गुप्ता को मनोरंजन के लिए पढ़ता हूँ। शुभ्रा को कुछ पसंद नहीं आता। मुझे उनकी यह बात अच्छी लगती है कि उनका फिल्म इंडस्ट्री में किसी से लगाव नहीं है। वे किसी को नहीं जानतीं और न ही वे किसी की परवाह करती हैं। मुझे यह अच्छा लगता है कि उन्हें किसी की फिल्म पसंद नहीं आती, मेरी भी नहीं। जब उन्हें 'बाहुबली' पसंद आई तो मुझे बहुत उत्साह हुआ कि उन्हें कोई फिल्म पसंद तो आई। मैं कहना चाहता था कि आपको वह फिल्म पसंद आ गई है, जिससे मेरा भी संबंध है।

मैं बहुत सारी हिंदी फिल्में देखता हूँ और ऐसा वीडियो प्लेयर के दौर से जारी है। मैंने सबसे पहले पुरानी क्लासिक फिल्में देखीं। मैंने बिमल रॉय, गुरुदत्त, राज कपूर और यश चोपड़ा की फिल्में देखीं। मैं समकालीन फिल्में बहुत अधिक नहीं देखता। मुझे संगीत की संपूर्ण जानकारी अपनी माँ से मिली है। मैं उन फिल्मों को देखना चाहता था, जिनमें वे गीत थे। दस साल की उम्र में मैंने 'दो बीघा जमीन' और 'प्यासा' देखीं (जिन्हें मैं पहली बार में समझ नहीं सका, इसलिए फिर से देखा)। 'कागज के फूल' संभवतः मुझे इसलिए समझ में आ गई थी, क्योंकि यह फिल्म इंडस्ट्री से जुड़ी थी। मुझे इसके बारे में कुछ नहीं पता था। 'प्यासा' को पूरी तरह समझने के लिए मुझे वस्तुतः इसे तीन बार देखना पड़ा। मैंने 'मदर इंडिया' और 'मुगल-ए-आजम' देखीं।

मुझे गुरुदत्त की कारुणिकता और बिमल रॉय की चिंतानुभूति पसंद थी, वहीं मुझपर राज

कपूर और यश चोपड़ा की भव्यता और शहरी कहानियों का बहुत प्रभाव पड़ा। मुझे राज कपूर की फिल्में बहुत पसंद आईं। मैंने 'प्रेम रोग' कई बार देखी। मुझे उसकी हवेली व भव्यता बहुत आकर्षक लगी। मुझे 'बॉबी' युवा केंद्रित होने के कारण पसंद आई। मुझे राज कपूर का महिला किरदारों को पेश करने का तरीका बहुत पसंद आया। मुझे यश चोपड़ा की 'सोशल' फिल्में और उनकी फिल्मों में चाय परोसने के अंदाज के लिए अत्यधिक पसंद थीं। गुलदस्ते में हमेशा फूल होते, सबने बढ़िया कपड़े पहने होते थे, महिलाएँ विशेष रूप से खूबसूरत शिफॉन की साड़ियाँ पहना करती थीं। मुझे इन दोनों फिल्म-निर्माताओं का जुनून था। मेरे खयाल से मैंने 'कभी कभी' सैकड़ों बार देखी होगी। जब भी मेरे पास करने को कुछ नहीं होता, मैं 'कभी-कभी' देखने लगता। मैं खुद को उस परिवार और उनके जीवन का हिस्सा मानने लगा था।

मुझे याद है मैंने 'लव स्टोरी' अपनी हर नौकरानी और ड्राइवर के साथ जाकर चौदह बार देखी थी। माँ मुझसे सचमुच ऊब गई थीं। कई बार तो मैं झूठ बोलकर भी इसे देखने गया। उन्हें लगता था कि मैं पागल हो गया हूँ।

मुझे लगता है, हिंदी सिनेमा की हर चीज भावनात्मक है। किरदार में आपका निवेश भावनात्मक है। हिंदी सिनेमा आपकी हृदय तरंगें छेड़ देता है। कई फिल्में देखकर मेरी रुलाई छूट गई। एक अच्छी हिंदी फिल्म देखकर रोने जैसा और कुछ नहीं है। मेरी उम्र के लड़के फिल्में देखकर रोया नहीं करते, लेकिन मैं अकसर रो पड़ता हूँ।

मुझे 'एंग्री यंग मैन' वाली फिल्में पसंद हैं और मेरे लिए अमिताभ बच्चन दुनिया के सबसे बेहतरीन अभिनेता हैं। लेकिन मुझे 'दीवार' और 'त्रिशूल' पसंद नहीं हैं। मुझे इस स्तर की आक्रामकता पसंद नहीं। अमिताभ बच्चन सबसे बढ़कर हैं और मैं उनसे व्यक्तिगत रूप से परिचित हूँ। वे मेरे लिए अमित अंकल हैं। वे उन लोगों में से हैं, जिन्हें मैं बचपन से जानता हूँ। लेकिन सिनेमा का वह मरदाना पहलू मुझे जरा भी पसंद नहीं। मुझे 'अमर अकबर एंथनी' अच्छी लगी, लेकिन उसकी चीख-चिल्लाहट और 'एंग्री यंग मैन' वाला संपूर्ण पहलू मेरी समझ के बाहर है। मुझे ऋषि कपूर अपने खूबसूरत स्वेटर पहने हुए गीत गाते अच्छे लगते हैं। मेरा उस समय के पॉपकॉर्न सिनेमा की ओर अधिक झुकाव था। मुझे 'झूठा कहीं का', 'दूसरा आदमी', 'खेल खेल में' जैसी फिल्में बेहद पसंद थीं। मुझे 'खेल-खेल में' बहुत पसंद आई। उसमें मुझे ऋषि कपूर और नीतू सिंह बहुत अच्छे लगे। वे मेरे प्रिय अदाकार थे। मुझे लगता था, जैसे वे मेरे दोस्त हों। वे बेहद खुशनुमा, प्यारे और ग्लैमरस थे। इसके अतिरिक्त मुझे सामाजिक नाटक पसंद थे। 'बसेरा', 'ये वादा रहा' और 'कसमें वादे' देखते हुए मैं रो पड़ा। मुझे सामाजिक नाटक और यश चोपड़ा की फिल्मों जैसी हाई-सोसाइटीवाली मनोरंजक फिल्में, प्यारी, पॉप तथा रोमांस व कॉमेडी श्रेणी की फिल्में पसंद थीं। हाई-ऑक्टेन, क्रोधपूर्ण और घबराहट पैदा करनेवाली फिल्में मेरे लिए नहीं थीं। मुख्यधारा की पसंदीदा फिल्मों को चुनने के मामले में मैं बहुत बौड़म था। लेकिन मिथुन राशि का होने के कारण मेरे दो पक्ष होना स्वाभाविक हैं। जहाँ मेरा एक पक्ष

इस बौड़मपन का आनंद लेता था तो दूसरा गुरुदत्त को देखता था। अस्सी के दशक में समानांतर सिनेमा आंदोलन जारी था। मैं टेलीविजन पर 'तमस' के साथ-साथ 'अर्थ' और 'अर्ध सत्य' भी देखा करता था। वस्तुत: मुझे हिंदी फिल्मों से जुड़ी हर चीज पसंद थी। मुझे हर तरह की फिल्म देखनी होती, फिर चाहे वह बी-ग्रेड की मूर्खतापूर्ण फिल्म हो या बेहतरीन वैकल्पिक सिनेमा या सिनेमा में क्लासिक मानी जानेवाली पुरानी फिल्में ही क्यों न हों।

लेकिन 'हम आपके हैं कौन!' मेरे लिए नया मोड़ साबित हुई। मेरे लिए यह सूर्य की किरण के समान थी। मुझे लगा कि यह महान् मनुष्यों का समूह है, इसमें पारिवारिक मूल्य, प्रेम, संगीत, रोमांस, भावनाएँ (भाभी की मृत्यु पर मैं खूब रोया था) शामिल थीं। मैं इस फिल्म को पूरी तरह आत्मसात कर गया। जब मैंने इसे पहली बार देखा, उस समय सूरज बड़जात्या भी थियेटर में मौजूद थे।

मैं उनके पास गया। उनका हाथ अपने हाथ में लिया और बोला, 'सर, आपने आज तक की सबसे बेहतरीन फिल्म बनाई है।'

मुझे नहीं लगता कि उन्हें यह याद होगा। मेरे कॉलेज के आधुनिक किशोर कहते, 'क्या तुम पागल हो? तुम्हें 'हम आपके हैं कौन!' अच्छी लगी? तुम्हें उसकी कहानी भी समझ आई। यह शादी के वीडियो जैसी है, जैसे कोई मिठाई का डिब्बा हो।'

मैंने उनसे कहा, 'खबरदार, जो तुमने इस फिल्म के बारे में इस तरह की बात की।'

मैंने वह ग्रुप छोड़ दिया। मैंने इसे अपने पर ले लिया। मेरे लिए 'हम आपके हैं कौन!' को बुरा बतानेवाला हर व्यक्ति बुरा था। यह मेरा लोगों को आँकने का पैमाना बन गया। मेरे लिए सबसे यादगार लम्हा वह है, जब मैं सूरजजी को 'कभी खुशी कभी गम' की कहानी सुनाने गया था। मैं उनके ऑफिस पहुँचा और उनसे कहा कि मैं आपको अपनी पारिवारिक फिल्म की कहानी सुनाना चाहता हूँ। वे बेहद मददगार और सहायक साबित हुए। उन्होंने मुझे बहुत से सुझाव भी दिए। संभवत: उन्हें अंदाजा भी नहीं था कि मेरे लिए वह पल कितना महान् था। मुझे लगता है कि मेरे चार-घंटे के इस किस्से ने उन्हें बुरी तरह ऊबा दिया होगा। लेकिन वे मुझे ध्यानपूर्वक सुनते रहे, नोट्स बनाते रहे और मुझे सुझाव देते रहे। 'कभी खुशी कभी गम' दरअसल 'कभी-कभी' और 'हम आपके हैं कौन…!' का मिश्रण थी। मेरी जिंदगी पर पड़े दो प्रभाव इस फिल्म में एक साथ उपयोग हुए हैं। इसीलिए मैं इसे अपनी फिल्म नहीं कहता। यह हिंदी सिनेमा के प्रति मेरा प्यार है। यह मेरा इन दोनों फिल्मों के प्रति प्रेम का परावर्तन है।

मैं मानवीय नाटक समझता हूँ, मैंने हमेशा इनपर फिल्में बनाई हैं। मैं अन्य क्षेत्रों के बारे में कुछ नहीं जानता। मुझे नहीं पता कि कोई सीरियल किलर किस तरह सोचता है। ऐसी कोई अच्छी पटकथा मिले तो इसे निर्देशित करना मेरे लिए चुनौतीपूर्ण तो होगा, लेकिन मैं कह नहीं सकता कि इसका परिणाम क्या रहेगा। मैं थ्रिलर फिल्म बनाना चाहता हूँ, क्योंकि मुझे मनुष्य के मन की अस्पष्टता पसंद है और इसे मैं खुद लिखना चाहूँगा। लेकिन अभी मैं इस चुनौती के लिए तैयार नहीं हूँ।

मैं सभी बड़ी अंतरराष्ट्रीय फिल्में देखता हूँ। मैं हर महत्त्वपूर्ण चीज देखता हूँ। लेकिन मुझे लुप्त हो चुकी कल्ट फिल्में देखने में कोई दिलचस्पी नहीं है। हालाँकि मुझे वे फिल्में देखना अच्छा लगता है, जिन्हें सराहा या सम्मानित किया गया हो। मैं ऑस्कर प्राप्त और इसके लिए नामित सभी फिल्में देखने पसंद करता हूँ, जिससे मुंबई में तड़के सुबह ऑस्कर देखते समय मुझे हर फिल्म की जानकारी हो और मैं उनमें से अपनी पसंदीदा फिल्में चुन सकूँ।

अपनी फिल्मों को विदेशी दर्शकों तक पहुँचाने के लिए हमें व्यवस्थित रूप से कदम उठाने होंगे। मैं वहाँ के लिए फिल्में नहीं बना सकता। वहाँ के लिए फिल्में बनाने का मतलब यहाँ के दर्शक खो बैठना होगा। मैं हिंदी में फिल्में बनाता हूँ, अगर यह चलती हैं, तो अच्छा है, नहीं चलती हैं तो कोई बात नहीं। हालाँकि मैं वहाँ मंच पर चढ़कर भाषण में—'भारत, यह आपके लिए है' अवश्य कहना चाहूँगा। मैं अपना भाषण इसी तरह समाप्त करूँगा। लेकिन यह मेरी जिंदगी का एकमात्र लक्ष्य नहीं है। अगर ऐसा होता है तो निश्चित ही यह मेरी जिंदगी और भाग्य में लिखा होगा। लेकिन मैं इसके लिए कोई योजना नहीं बनानेवाला। मैं सिर्फ व्यावसायिक सफलता के बारे में योजना बनाता हूँ। बाकी सब विषयवस्तु पर निर्भर करता है। मुझे हॉलीवुड जाने और हॉलीवुड के सितारों के साथ खड़े रहने में कोई दिलचस्पी नहीं है। मेरे लिए हिंदी फिल्म इंडस्ट्री बहुत है। मैं ब्लेक लाइवली के साथ खड़ा रहने की जगह श्रीदेवी और माधुरी के साथ बैठकर इस बात पर चर्चा करना चाहूँगा कि अस्सी के दशक में उन्हें शिफॉन साड़ी पहनकर कैसा लगता था। मैं अकादमी अवॉर्ड या गोल्डन ग्लोब्स और रेड कारपेट पर उन्होंने क्या पहना था, केवल यही देखने में खुश हूँ। मुझे उनकी दुनिया का हिस्सा बनने में कोई दिलचस्पी नहीं है। वे मुझे नहीं जानते। मैं करोड़ों में से एक हूँ। मैं यहाँ पर खास बने रहने में खुश हूँ! मैं जहाँ हूँ, उसे लेकर बहुत उत्साहित हूँ। मुझे हिंदी सिनेमा और अपनी इंडस्ट्री का सारा उन्माद, विक्षिप्तता, नकारात्मकता, कपट और सभी कुछ बेहद पसंद है। मैं इसे छोड़कर कहीं नहीं जाना चाहता। मुझे बीवरले हिल्स के आठ कमरों और तीन स्वीमिंग पूलवाले महल में छोड़ दीजिए और जल्दी ही मैं उनसे ऊब जाऊँगा। वहाँ मुझे महबूब स्टूडियो नहीं मिलेगा, वहाँ पर मुंबई की धूलभरी सड़क नहीं होगी, जिसपर चलकर मैं वैनिटी में कॉलशीट देखने जाता हूँ। जादू बस हमारे काम का होता है।

मैं राजनीति में अधिक रुचि नहीं रखता। इसलिए मेरी कोई मजबूत राजनीतिक प्रतिबद्धता नहीं है। इसे मेरी देश के लोकाचार के प्रति उदासीनता नहीं माना जा सकता। मैं बस इससे बेखबर हूँ और इसीलिए अपनी राजनीतिक राय पर मौन रहता हूँ। कई बार मुझे लगता है कि मैं फिल्मों में यौन प्रदर्शन से समाज पर गंभीर असर करनेवाली सिनेमाई प्रभावकारिता की धारणा से सहमत नहीं हूँ।

कई बार मैं इसे समझ नहीं पाता। मुझे लगता तो है कि मुझे इसपर विचार करना चाहिए। कई बार मैं चीजों को इतने हलके में लेता हूँ कि बाद में उनसे उत्पन्न व्यापक परिणामों को लेकर परेशान हो जाता हूँ। मेरी आमिर और किरण से इस बारे में विस्तारपूर्वक चर्चा हुई है। मैं

जानता हूँ कि वे इन्हें लेकर कितने भावुक हैं। हम परदे पर पुरुष व स्त्री को किस तरह दरशाते हैं, यह काफी हद तक समाज के डी.एन.ए. में परिवर्तन करनेवाला होता है। मैं जोया के साथ एक फिल्म देख रहा था और वे यह कहकर चली गईं कि फिल्म में हीरो हीरोइन का पीछा कर रहा है। उन्होंने कहा, 'पीछा करना कहीं से भी प्रणय निवेदन नहीं होता। यह प्रेम नहीं है। बाहर ऐसे बहुत से लोग हैं, जो इसकी मिसाल लेकर महिलाओं का पीछा करने लगेंगे और जो कई बार शायद बलात्कार का कारण बन जाता है।'

मैं जिंदगी को इस तरह नहीं देखता। मैं सोचता हूँ, अरे वह तो उसे बेइंतहा मोहब्बत करता है। या लोग कहेंगे, 'इन आइटम गीतों को फिल्मों से निकाल बाहर करना चाहिए! यह शोषण और महिलाओं को वस्तु की तरह दिखाना है।' लेकिन मुझे लगेगा, अरे, यह तो बड़ी हॉट है यार! मैंने अपनी फिल्मों में बहुत से पुरुषों व स्त्रियों को वस्तु के तौर पर दरशाया है। बल्कि मैंने तो उन्हें चड्ढी में भी दिखाया है!

वास्तव में मेरे लिए सिनेमा व सच्चाई दोनों बिल्कुल अलग हैं। मेरी जैविक विचार प्रक्रिया का झुकाव किसी भी समाज केंद्रित चेतना की ओर नहीं है। क्या इससे मैं मूर्ख हो जाता हूँ? या क्या इससे मैं ओछा हो जाता हूँ? इस विषय पर कई बार मेरी अपने भीतरी राक्षस से लड़ाई हुई है। शायद मैं इतना मंदबुद्धि हूँ कि इसे समझ नहीं पाता। लेकिन मुझे इससे कोई परेशानी नहीं है। आग मुझमें इस भावना के प्रति स्वाभाविक प्रतिक्रिया नहीं है तो क्या मुझे उसका दिखावा करना होगा? शायद इस कारण मुझे गैर जिम्मेदार माना जा सकता है। आज इसके आधार पर मेरे प्रति राय बना सकते हैं, क्योंकि मैं सचमुच में ऐसा ही हूँ। अब क्या किया जाए? बचपन से ही मैंने हेलेन को शानदार कैबरे करते देखा है और पुरुष महिलाओं की ओर आकर्षित हो जाते हैं। बतौर फिल्म-दर्शक यह मेरे डी.एन.ए. का हिस्सा है। मैं अचानक ही उन चीजों के प्रति नैतिकता का झंडाबरदार नहीं बन सकता, जिन्हें मैं बचपन से ही देखता व पसंद करता आया हूँ।

एक बार शबाना आजमी ने मुझे बर्मिंघम से फोन किया। उन्होंने किसी फिल्म फेस्टिवल में 'कुछ-कुछ होता है' देखी थी। उन्होंने कहा, 'मैं आपसे सवाल करना चाहती हूँ। छोटे बाल थे तो प्यार नहीं हुआ, लंबे बाल हो गए, सेक्सी लगने लगी तो मोहब्बत हो गई। इसका क्या जवाब देंगे आप?'

मैंने एक पल विचार किया और कहा, 'मैं बस यही कहना चाहता हूँ कि मुझे माफ कीजिए। मेरे पास इसका कोई जवाब नहीं है। लड़कों को खूबसूरत लड़कियाँ अच्छी लगती हैं तो मैं क्या करूँ? मार डालो मुझे, क्योंकि मुझे सुंदरता से प्रेम है। मार दो।'

उन्होंने कहा, 'क्या जवाब दोगे?'

मैंने कहा, 'कोई जवाब नहीं है। अगर यह आपको पसंद नहीं आया तो मुझे माफ कर दीजिएगा।'

लेकिन ऐसा होता है। खेलने के कपड़ों में थुलथुल सी काजोल नायक को आकर्षक नहीं लगती थीं। जब वे हॉट, सेक्सी, समझदार और खूबसूरत हो गईं तो नायक उनसे प्रेम करने लगा। इस बात से कोई भी कैसे इनकार कर सकता है कि आकर्षण भी कोई चीज है? प्रेम में इसकी बड़ी भूमिका होती है। क्या यह प्रेम का पहला चरण नहीं है? सबसे पहले लालसा जागती है, तभी आप प्रेम में पड़ते हैं।

वास्तव में, 'कुछ कुछ होता है' में बहुत से विरोधाभास व अंतर्विरोध थे। शाहरुख कहते हैं, 'एक ही बार जीते हैं, एक ही बार प्यार होता है।' लेकिन उनका फिर से विवाह हुआ, उन्हें फिर प्यार हुआ, तो फिर वे ऐसा क्यों कहते हैं? यह बात समझ में नहीं आती। यह फिल्म-निर्माता की धारणा ही है कि आपका इस ओर ध्यान नहीं जाता। रानी अपनी बेटी के लिए आठ पत्र छोड़ जाती हैं। उन्होंने पहले तीन पत्रों में क्या लिखा होगा? और बच्चा क्या समझ सकता है? माँ का पहला खत तब मिला जब बच्चा पालने में था! फरीदा जलाल ने उसे क्या पढ़कर सुनाया होगा? इसमें संभवत: क्या लिखा होगा? दो या तीन साल का शिशु इसे कैसे समझ सकेगा? मैं ये आठ चिट्ठियाँ छोड़कर जा रही हूँ, इसमें वे सब चीजें हैं, जिससे वह अपनी माँ के बारे में जान पाएगी। रानी को कैसे पता था कि तब तक काजोल की शादी नहीं हुई और वे अभी भी उपलब्ध हैं। यह एक धारणा मात्र है और इसी धारणा के कारण ही यह मेरी पसंदीदा फिल्म है। 1997 में लिखते समय और 1998 में इसके फिल्मांकन के दौरान की अपनी प्रतिबद्धता से मुझे ईर्ष्या होती है। आज उस धारणा ने काफी हद तार्किकता का रूप ले लिया है। आज आप सोचते हैं, हे ईश्वर, लोग क्या कहेंगे, समीक्षक क्या कहेंगे। लेकिन उस समय हम इन सबकी परवाह नहीं करते थे। हम बस ऐसे थे कि, हिंदी पिक्चर है, बनाओ! आज मुझे 35,000 लोगों की परवाह करनी पड़ती है—सेंसर क्या कहेगा, नैतिकता के ठेकेदार क्या कहेंगे, ट्विटर क्या कहेगा, शबाना आजमी क्या कहेंगी, शोभा डे क्या कहेंगी, पी.आई.एल. क्या कहेगा… उस समय सिर्फ यही परवाह थी कि वितरक क्या कहेगा, दर्शक क्या कहेंगे। उस समय फिल्म बनाना बहुत आसान था।

हाँ, धर्मा प्रोडक्शंस मेरी जिंदगी है। काफी हद तक यह मेरी पहचान, मेरी ताकत और मेरी दैनंदिनी है। मेरे लिए यह सबकुछ है। मैंने इसे जड़ से नहीं बनाया। मैं सिर्फ अपने पिता की विरासत सँभाल रहा हूँ और वस्तुत: इसी से मुझे भावुकता व मजबूती का एहसास होता है। मुझे नहीं पता कि अगर मेरा ऑफिस—यह केबिन, यह कमरा, यह कुरसी और मेरे ए.डी. नहीं होते तो मैं क्या करता। मुझे यह माहौल, यहाँ के लोग पसंद हैं, मुझे यह तथ्य पसंद है कि यहाँ मेरे लिए काम कर रहे लोग कोई वस्तु नहीं बल्कि जीते-जागते इनसान हैं। मेरे पसंदीदा दिन वे होते हैं, जब मुझे रविवार को काम करने आना होता है। कई बार मैं सिर्फ सोचने के लिए रविवार को ऑफिस आ जाता हूँ। मुझे घर में बैठना पसंद नहीं, मुझे ऑफिस में बैठना अच्छा लगता है। मुझे लगता है कि मेरी विचार प्रक्रिया के लिए मेरे ऑफिस की ऊर्जा सर्वोत्तम है। मेरा चपरासी विष्णु

मेरी छाया की तरह है। कई बार यहाँ कोई भी नहीं होता। मैं प्रसन्नतापूर्वक यहाँ बैठा रहता हूँ या कई बार शून्य में ताकता रहता हूँ। मैं तीन से चार घंटे तक यों ही ताकता रहता हूँ और फिर अपने घर या किसी दोस्त से मिलने चला जाता हूँ। मुझे खाली रहना पसंद नहीं। मुझे लगता है, इस मायने में मैं अपने पिता के जैसा हूँ। मुझे छुट्टियाँ पसंद नहीं हैं।

लोगों का मानना है कि मेरे पास बहुत पैसा है। लेकिन बैंक में रखे धन से अनुभव अधिक महत्त्वपूर्ण है। मेरे लिए धन की उपयोगिता केवल मेरी विलासितापूर्ण जीवनशैली को वहन करना है। जी हाँ, यह आवश्यकता-आधारित नहीं विलासिता-आधारित है। मुझे सर्वश्रेष्ठ होटल और सर्वश्रेष्ठ विमान सेवाएँ पसंद हैं। मुझे इसपर कोई शर्मिंदगी नहीं, क्योंकि मुझे लगता है कि मैंने इन्हें खुद हासिल किया है। लेकिन मुझे अपना निजी जेट या यॉट या लंदन, न्यूयॉर्क या दुबई में तीन घर होने की चाह नहीं है। मुझे होटल पसंद हैं, खरीदारी करना पसंद है, अपने पर और अपनी माँ पर पैसे खर्च करना और दोस्तों के लिए उपहार खरीदना अच्छा लगता है। मुझे लोगों को उपहार देना अच्छा लगता है। मेरे लिए जन्मदिन बहुत बड़ी बात है। जब तक मेरे पास बिल भरने लायक पैसे हों, तब तक सब ठीक है। मैं जिस तरह आज रह रहा हूँ अगर जीवन भर उस तरह रह सकूँ तो मुझे कोई परेशानी नहीं है। मैं उस प्रतिष्ठा को लेकर महत्त्वाकांक्षी हूँ, जो मुझे धन से नहीं बल्कि अपनी कंपनी से मिलती है। मेरे अधिकांश निर्णय धन नहीं बल्कि व्यक्तित्व या प्रतिष्ठा से जुड़े होते हैं। उदाहरण के लिए, मेरा 'बाहुबली' को अन्यत्र बाजारों में रिलीज करने का फैसला। निश्चित ही इसके अच्छे परिणाम रहे, लेकिन मेरा ऐसा करने का कारण अपने ब्रांड को मजबूत बनाना था या जैसे मैंने 'लंचबॉक्स' का समर्थन किया। इसके पीछे पैसा नहीं था।

मैं अपनी फिल्मों पर बहुत पैसे खर्च करता हूँ। कई बार लोग अपने बजट में तो कटौती कर देते हैं, लेकिन अपना संगीत और सेटेलाइट अधिकारों के लिए बड़ी कीमत वसूल करते हैं। लेकिन मैं सचमुच बहुत पैसा खर्च करता हूँ। मैं ऐसा ही हूँ। मैं धन से अधिक ब्रांड को महत्त्व देता हूँ। मैं हमेशा प्रतिष्ठा को कमाई से बढ़कर मानता हूँ। लोग जितना सोचते हैं, मेरे पास उतना धन नहीं है। मेरी बैलेंस शीट देखने पर वे हैरान रह जाएँगे। इतना ही है ? लेकिन मेरी प्रतिष्ठा और ब्रांड वैल्यू काफी है। लेकिन मेरी कमाई उतनी नहीं है। मैं इसे सिलसिलेवार कमाता हूँ, क्योंकि मैं अपनी फिल्मों पर काफी पैसा खर्च करता हूँ। यहाँ तक कि तीन नए अदाकारोंवाली 'स्टूडेंट ऑफ द ईयर' में भी मैंने काफी पैसे लगाए। मेरा पैसा वापस मिल सका, क्योंकि फिल्म चल गई। लेकिन मुझे उस फिल्म से अधिक लाभ नहीं हुआ। मैंने उसके गीतों, सेट और आउटडोर पर काफी पैसा खर्च किया। मैं पागल था। कोई भी नए अभिनेताओं की फिल्म पर इतने पैसे नहीं लगाता।

मेरा मानना है कि दृढ विश्वास का लाभ मिलता है। मैं फिल्म में उस चीज पर धन लगाता हूँ, जिसे आप दर्शक परदे पर देखते हैं। मैं खर्चीला नहीं हूँ। मैं पैसे को लेकर मूर्ख नहीं हूँ। मेरा मानना है कि पैसा आता-जाता रहता है। मेरा बस यही सिद्धांत है। मैं सदैव अपने को धनाढ्य

महसूस करता हूँ। लेकिन मेरा मानना है कि क्योंकि मैं जुआरी नहीं हूँ, इसलिए मैं कभी इसे खो नहीं बैठूँगा। यहाँ तक कि मैं अपने काम में भी जुआ नहीं खेलता। लेकिन जब मुझे किसी चीज पर पूरा भरोसा होता है, मैं उसके लिए कुछ भी कर सकता हूँ। मुझे अरबपतियों की सूची में शामिल होने की कोई जरूरत नहीं है। मुझे फोर्ब्स की सूची में नहीं आना। मैं किसी सार्वजनिक सूची में नहीं आना चाहता। मुझे यह सब नहीं चाहिए। मुझे लगता है कि इनके बिना भी मेरा व्यक्तित्व बहुत विशाल है। मुझे अपने पर पूरी आस्था और विश्वास है। मुझे मेरे कामों के लिए याद किया जाएगा। इसके लिए मुझे फाइनेंशियल टाइम्स या इकोनॉमिक टाइम्स के वित्तीय सत्यापन की आवश्यकता नहीं है। मैं नहीं चाहता कि मुझे इनके द्वारा पता चले कि मैं सबसे प्रभावशाली या समृद्ध व्यक्ति हूँ। क्योंकि मेरा मानना है कि मैं हूँ। मेरे ऐसा मानने का कारण घमंड नहीं है बल्कि मुझे इसपर पूरा विश्वास है। मेरे कहीं भी जाने पर लोग जानते हैं कि मैं कौन हूँ। वे मुझे पसंद करें या न करें, मुझे नजरअंदाज नहीं कर सकते। क्योंकि मैं एक रिएलिटी शो में डांस कर चुका हूँ या ए.आई.बी. पर टाँग खिंचवाता हूँ या मैं एक टॉक शो कर चुका हूँ या मैं एक फीचर फिल्म कर चुका हूँ।

अगर आपके पास निजी विमान है, तो मुझे अपने साथ घूमने के लिए बुला लीजिए। मैं आ जाऊँगा। आपके पास यॉट है तो मुझे बुला लीजिए। संभवत: मैं पहुँच जाऊँगा। आपके पास दक्षिण फ्रांस में बड़ा मकान है। मुझे आमंत्रित कर लें। लेकिन मैं इन सबका मालिक नहीं बनना चाहता। मुझे यह सिरदर्द नहीं चाहिए।

होटल जैसा कुछ नहीं है। यह बेहतरीन अवधारणा है। मुझे सिर्फ इतना पैसा चाहिए कि मैं जब चाहूँ दुनिया के किसी भी होटल में एक या दो माह तक रुक सकूँ। मुझे बस इतना धन चाहिए। मुझे यात्रा करना पसंद है। मुझे खरीदारी पसंद है, जो एक बड़ा विकार है। यह मेरी सबसे बड़ी बुराई है। मैं अधिक शराब नहीं पीता। मैं ड्रग्स नहीं लेता। लेकिन मैं खरीदारी बहुत करता हूँ—ऑनलाइन, ऑफलाइन, हर तरह से। मैं प्रत्येक यात्रा में दस जोड़ी जूते खरीद लाता हूँ। मुझे जैकेट बहुत पसंद हैं, मैं हर किस्म की जैकेट खरीदता रहता हूँ। मुझे स्कार्फ भी अच्छे लगते हैं। यहाँ तक कि बालों के लिए उत्पाद भी मैं बीस की मात्रा में खरीदता हूँ। अगर मुझे मैसेंजर बैग चाहिए हो, तो मैं पाँच खरीद लेता हूँ। मेरी अलमारी जूतों और कपड़ों से भरी पड़ी है और सबकुछ यथावत रखा है। मैं खास अवसरों पर कपड़े नहीं खरीदता। मैं जैकेट खरीदता हूँ और उसे तुरंत पहन लेता हूँ।

□

# शाहरुख खान

शाहरुख खान के साथ मेरी पहली यथोचित मुलाकात 'करण अर्जुन' के सेट पर हुई, जहाँ मैं अपने पिताजी के साथ गया था। इसके बाद मेरी उनसे 'दिलवाले दुलहनिया ले जाएँगे' के सेट पर मुलाकात हुई। वहाँ मैंने उन्हें बताया कि कई साल पहले आनंद महेंद्रू के ऑफिस में मैं उनके ठीक सामने बैठा था। उन्होंने कहा कि उन्हें वहाँ जाने की तो याद है, लेकिन मुझे वहाँ देखना याद नहीं है।

आज जब मैं पीछे मुड़कर देखता हूँ तो मुझे वह पहली मुलाकात बहुत अजीब लगती है। आखिर कौन जानता था कि जिंदगी ने हम दोनों के लिए क्या सोच रखा था?

मेरे पिताजी मुझे अपने साथ 'करण अर्जुन' के सेट पर ले गए थे। मैं जानता था कि काजोल भी वहाँ होंगी। मैं उन्हें बचपन से जानता था (वे दक्षिणी मुंबई के कारमिचेल रोड पर रहनेवाले थोड़े से लोगों में से थीं)। मैं थोड़ा घबराया हुआ था, क्योंकि मेरे पिता मुझे लेकर घूम रहे थे (उन्होंने कहा कि मुझे वहाँ लोगों से मेल-मिलाप करना चाहिए)। वे 'डुप्लीकेट' के लिए शाहरुख को साइन करना चाहते थे। यह मेरे आदि के सहायक के तौर पर 'दिलवाले दुलहनिया ले जाएँगे', में काम करने से पहले की घटना है। मैंने काजोल को फोन किया और कहा, 'मैं आपकी फिल्म की शूटिंग पर आ रहा हूँ। क्या आप वहाँ होंगी?'

उन्होंने कहा, 'हाँ, आज मुझपर 'जाती हूँ मैं' गीत फिल्माया जाना है। (जो बाद में बेहद लोकप्रिय हुआ।)'

मैं शाहरुख के बारे में पूर्वकल्पित धारणा बना चुका था। मुझे लगता था कि वह एक बिगड़ा हुआ युवा है, जो घमंडी होने की सीमा पर है। लेकिन फिल्म सिटी में हुई उस पाँच मिनट की मुलाकात के बाद उनके बारे में मेरी राय पूरी तरह से बदल गई। वे बहुत मिलनसार और बातूनी व्यक्ति हैं।

मुझे याद है, मैं अपने पिताजी के साथ लाल रंग की कार में था और शाहरुख ने आगे बढ़कर उनके लिए कार का दरवाजा खोला। हमारी यह मीटिंग सिर्फ दस मिनट होनी थी, जो लंच तक जारी रही और इस दौरान शाहरुख दो घंटे तक बिना रुके बोलते रहे। वे मेरे पिता के प्रति बेहद मिलनसार, दोस्ताना और सम्मानपूर्ण थे और इन दो घंटों में उन्होंने मेरा दिल जीत लिया। मैं अपने

पिता के प्रति दूसरों के व्यवहार को लेकर बहुत संवेदनशील रहता था, क्योंकि मैं जानता था कि वे किस दौर से गुजर रहे हैं।

शाहरुख ने उनसे कहा, 'मैंने आपके बारे में, और आप कितने बेहतरीन इनसान हैं, इस बारे में बहुत कुछ सुन रखा है।'

इसके बाद वे बहुत देर तक इसपर बोलते रहे कि हम महेश भट्ट के साथ क्या बना सकते हैं। मेरे पिताजी ने फिल्म के निर्देशन हेतु महेश भट्ट को साइन किया था। शाहरुख ने कहा कि उन्हें लगता है कि उन्हें दोहरी भूमिका करनी चाहिए। वे इसे लेकर बहुत उत्साहित थे। तत्पश्चात् वे मेरी ओर मुड़े और मुझसे पूछा, 'आप क्या करते हैं? आपको इस फिल्म का हिस्सा बनना चाहिए।'

मैंने कहा, 'नहीं, नहीं... मुझे इसमें कोई दिलचस्पी नहीं है।'

यह मेरी उनके साथ हुई पहली मुलाकात थी। मुझे याद है, मैंने वापस आकर अपने पिताजी से कहा था कि शाहरुख कितने विनम्र व्यक्ति हैं! वे फिल्मी दुनिया के बाकी लोगों जैसे नहीं हैं। मैंने अपने पिता को उनकी फिल्म बिरादरी के बहुतेरे लोगों से निराश व हताश होते देखा था। मैं उनकी निंदा नहीं कर रहा, लेकिन मैं उन्हें लेकर चिंतित अवश्य था। वहीं शाहरुख फिल्मी दुनिया से नहीं थे और वे नए थे। बतौर मनुष्य उनकी बोलचाल फिल्म क्षेत्र के अन्य लोगों से अलग थी। मुझे याद है, उनके मानवीय जुड़ाव को देखकर मैं अभिभूत हो गया था। वे बहुत मनोहर थे। वे मेरे पसंदीदा अभिनेता नहीं थे, मैं आमिर खान का फैन था। लेकिन उस दो घंटे की मीटिंग में उनके बारे में मेरा दृष्टिकोण पूरी तरह से परिवर्तित हो गया था। मुझे वे बहुत आकर्षक, मनोहर, मनोरंजक और संवेदनशील लगे। मुझे उनमें ये सभी गुण स्पष्ट दिखाई दिए।

शाहरुख और मेरे बारे में बहुत कुछ कहा जा सकता है। हाँ, बीते कुछ वर्षों में हमारे बीच कुछ दूरी अवश्य आई है, लेकिन इसका कारण हमारा फिलहाल साथ काम न करना है। इसका और कोई कारण नहीं है। और ऐसे बहुत से लोग हैं, जो हमारे बीच के फासले को बढ़ा रहे हैं। ऐसे लोग हैं, जो उनसे कुछ-न-कुछ कहते रहते हैं और ऐसे ही कुछ लोग मुझे भी कुछ-न-कुछ बताते रहते हैं।

मैंने उन्हें 'कॉफी विद करण' के बीते सीजन के नववर्ष एपिसोड में शामिल होने के लिए आमंत्रित करने का संदेश भेजा, जिसका उन्होंने जवाब नहीं दिया। उन्होंने इसके अलावा मेरे भेजे गए सभी संदेशों का जवाब दिया। शायद वे शो पर नहीं आना चाहते थे। मैं समझता हूँ कि वे नहीं आना चाहते होंगे और उन्हें उम्मीद होगी कि मैं यह समझ जाऊँगा। मैंने उनसे इस बारे में फिर कभी नहीं पूछा। ऐसा नहीं है कि मैंने उन्हें फोन करके पूछा हो कि, 'आप जवाब क्यों नहीं दे रहे?' लेकिन मैं किसी भी परेशानी आने या उनकी सलाह की जरूरत पड़ने पर उन्हें फोन कर सकता हूँ। या मैं उनके घर जाकर उनके साथ ड्रिंक भी ले सकता हूँ।

जब दो लोग इतने निकट हों, जब उन्होंने साथ में छह फिल्में की हों और जब वे कुछ

समय से सेट पर साथ काम न कर रहे हों तो उनके बीच दूरी आना स्वाभाविक है। इंडस्ट्री के लिए यह आम बात है।

इसमें गलती मेरी है, क्योंकि मैंने ही अधिकारिक रूप से कहा था कि मैं शाहरुख के बिना कभी फिल्म नहीं बनाऊँगा। मुझे ऐसा नहीं कहना चाहिए था, क्योंकि मेरी यह बात उनके व बाकी सबके दिमाग में घर कर गई थी। मैं उन लोगों को कतई दोष नहीं देता, जो कहते हैं कि अधिकारिक रूप से कहने के बावजूद मैं अपने वादे पर खरा नहीं उतरा। यह मेरी गलती है। इसमें उनका कोई दोष नहीं। इसके अलावा किसी दूसरे के साथ गहरे जुड़ने पर शाहरुख हक जतानेवाले हो जाते हैं। वे अत्यधिक हक जतानेवाले दोस्त हैं। मुझे लगता है, मेरा उनके बिना फिल्म बनाना उन्हें आहत कर गया। मुझे लगता है, मुझे भी यह बात आहत कर गई कि इसके बाद मुझे उनसे पिता या भाई सरीखा पहले जैसा एहसास नहीं मिला। मेरे खयाल से हम दो ऐसे दोस्त हैं, जो अकारण ही आहत हो गए।

काम के दौरान मेरा और शाहरुख का तालमेल देखते ही बनता था। हमारा साथ काम करना किसी जादू के जैसा होता। जब उचित फिल्म आनी होगी, आ ही जाएगी। लेकिन यह ऐसी फिल्म होनी चाहिए, जो हम दोनों को अच्छी लगे।

हमारे बीच इस कम या मध्यम फासले के बाद भी कई स्तरों पर हम ऐसे हैं, जो दूसरे के संकट काल में या मदद या सलाह के लिए सबसे पहले मौजूद होंगे।

काजोल से अलगाव के बाद मैंने सबसे पहला फोन शाहरुख को ही किया। वे मुझसे मिले और इस बारे में बात की। फिर मैंने आदि को फोन किया और हमने इसपर चर्चा की। लेकिन मेरे मन में सबसे पहले शाहरुख को फोन करने का खयाल आया। जबकि उनका इस समस्या से कोई लेना-देना नहीं था। लेकिन फिर भी मैंने उन्हें फोन किया, क्योंकि कहीं न कहीं मैं, शाहरुख और काजोल, हम तीनों काफी निकट थे। एक-दूसरे का कॅरियर बनाने में हमारी ठोस भूमिका रही है। इन हालातों में मैंने उन्हें इसलिए फोन किया कि मैं उनसे जानना चाहता था कि मैंने जो कुछ भी कहा, वह उचित और सही था या नहीं। उनसे बहुत मदद मिली। उस हफ्ते वे रोजाना मुझे यह जानने के लिए फोन करते रहे कि मैं ठीक हूँ या नहीं। 'गोरी तेरे प्यार में' फ्लॉप होने तक मैं इतनी बड़ी असफलता का आदी नहीं था। उन्होंने उस समय भी फोन करके मुझसे पूछा था कि 'क्या आप ठीक हैं ?'

मैंने कहा, 'हाँ, गड़बड़ होती रहती है। कभी-न-कभी ऐसा हो ही जाता है कि आपकी फिल्म चल नहीं पाती।'

अत: हम दोनों के बीच की दूरी को स्वीकार करते हुए भी हमारे बीच के रिश्ते की व्यापकता से इनकार नहीं किया जा सकता।

इस इंडस्ट्री में सभी तरह के लोग मौजूद हैं। उनमें बातें फैलानेवाले सबसे बुरे हैं। अफवाहें फैलानेवाले ये लोग रिश्ते बिगाड़ देते हैं। कई बार आप किसी निश्चित संदर्भ में कोई बात कहते

हैं। मैं कह सकता हूँ, 'अरे वह तो पागल है।' भले ही मैंने मजाक में कहा हो। लेकिन जब आप मेरा नाम लेकर कहते हैं, 'वह कह रहा था कि 'क' पागल है, और बहुत मूर्ख भी।' तो इसके मायने पूरी तरह से बदल जाते हैं।

मुझे लगता है, लोग रिश्तों में दरार डालकर खुश होते हैं। मुझे लगता है, लोग दूसरों की अप्रसन्नता पर ही फलते-फूलते हैं। बॉलीवुड में ऐसे बहुत से लोग हैं, जिनके पास एक के बारे में दूसरे से लगाई-बुझाई करने के अलावा और कोई काम नहीं है। उनका उद्देश्य केवल आपको खिजाना होता है।

लोग ऐसी बातें करते हैं, 'अच्छा, करण का आमिर के साथ दोस्ताना बढ़ता जा रहा है।' या 'करण सलमान के साथ फिल्म कर रहे हैं।'

संवेदनशीलता और व्यवहार-कुशलता केवल गुण ही नहीं बल्कि जीवन जीने का ढंग होने चाहिए। यह कुछ ऐसा है कि आप अपने जीवनसाथी को खो बैठे हों और मैं आपसे अपने जीवनसाथी के बारे में बात करता रहूँ। ऐसा किसी को नहीं करना चाहिए। या किसी व्यक्ति के साथ ऐसे दोस्त के बारे में बात करना, जिससे आप संपर्क में हैं, जबकि सामनेवाले का उससे रिश्ता टूट चुका है। कई मायनों में लोग असंवेदनशील होते हैं। कई बार लोगों का छोटा मन उनको असंवेदनशील बना देता है।

मैं ऐसा व्यक्ति नहीं हूँ। मैं लोगों से जो कुछ भी कहता हूँ, उसके प्रति बहुत संवेदनशील रहता हूँ। मुझे लगता है, लोगों के भीतर काम कर रही बुराई उन्हें ऐसी चीजें करने के लिए मजबूर कर देती है। होता यह है कि दो लोगों के बीच बातचीत बंद होने से उनकी जिंदगी बाकी लोगों के लिए खेल का मैदान बन जाती है। जब आप बातचीत कर रहे होते हैं तो इसे आसानी से सुलझा व मिटा देते हैं। वहीं जब ऐसा नहीं हो रहा होता तो लोग इसका फायदा उठाते हैं।

अगर कोई मुझसे कहता है कि 'वह कह रहा था,' तो मैं उस व्यक्ति को फोन करके यह नहीं पूछनेवाला कि 'क्या तुमने ऐसा कहा था?'

लेकिन सच कहूँ, तो अब ये चीजें मुझे परेशान नहीं करतीं। किसी की गपबाजी का मुझपर कोई असर नहीं होता। मैं दूसरों की कही-सुनी बातों के आधार पर अपनी राय कायम नहीं करता।

मुझे लगता है कि मैं और शाहरुख दोनों ही जानते हैं कि लोग हमारे रिश्ते से कितना जलते हैं, इसलिए हम दोनों एक-दूसरे से कभी बहस नहीं करते। हम दोनों के बीच कम तापवाली, मौन व सम्मानपूर्ण दूरी है। लेकिन हम दोनों में एक-दूसरे के लिए उतनी ही मात्रा में प्रेम और स्नेह भी मौजूद है। ये कभी नहीं मिटनेवाला। मेरे दिल में उनके लिए अत्यधिक सम्मान है। वे मुझे कुछ भी करने को कह सकते हैं और मैं वैसा अवश्य करूँगा। मैं यह भी जानता हूँ कि अगर मैं किसी परेशानी में हूँ और अगर वे उन हालातों को बदलने के लिए कुछ कर सकते हैं, अगर वह उनके सामर्थ्य की बात है तो वे मेरी मदद के लिए कुछ भी कर गुजरेंगे। हमारे बीच अभी भी प्रेम व सम्मान की इतनी व्यापक परत है कि कोई भी उसके रास्ते में नहीं आ सकता।

शाहरुख मुझसे नाराज हो सकते हैं, लेकिन मैं उनसे कभी नाराज नहीं हो सकता। मैं उनका बेहद सम्मान करता हूँ। मुझे लगता है कि वे केवल इसलिए शांत हैं, क्योंकि वे टकराव नहीं चाहते। मुझे लगता है, उन्हें जब भी चोट पहुँचती है, वे चुप हो जाते हैं। हो सकता है, उन्हें यह चोट मुझसे पहुँची हो या यह भी हो सकता है कि मुझे उनसे चोट पहुँची हो।

हमारे रिश्ते में इससे पहले कभी उतार-चढ़ाव नहीं आया। कभी नहीं। ऐसा तभी हुआ जब हम साथ काम नहीं कर रहे हैं। मुझे लगता है कि इस काल व समय में दुनिया और इंडस्ट्री का यही चलन है। जैसे आज अयान और रणबीर बहुत निकट हैं। मैं हमेशा कहता हूँ कि मैं निंदा नहीं कर रहा, लेकिन जहाँ आप अपने को किसी से अविभाज्य मानते हैं, वहीं ऐसा समय भी आएगा, जब आप ऐसा महसूस नहीं करेंगे। वहीं साथ काम न करने पर आप एक-दूसरे से रोजाना नहीं मिलते। यह इतनी सीधी बात है। मिलते रहने पर आप एक-दूसरे के जीवन में रच-बस जाते हैं। वहीं मिलना बंद होने पर दूरियाँ आ जाती हैं। तब आप दूसरे लोगों के साथ काम करने लगते हैं। वे भी किसी और के साथ काम करने लगते हैं। इसी अलगाव से फासले होते हैं। भौतिक अलगाव और पेशेवर अलगाव से ऐसी बुनियादी दूरी आ जाती है, जिसे समस्या मान लिया जाता है। हालाँकि मैं और शाहरुख दोनों ही जानते हैं कि कोई समस्या नहीं है। हमारे बीच ऐसी कोई घटना, झगड़ा या 'हालात' उत्पन्न नहीं हुए। अगर मीडिया शांत रहता तो शायद हम भी वहाँ नहीं होते, जहाँ आज हम हैं। हमारे रिश्ते बेहतर होते। लेकिन कहीं लिखे गए शब्दों, इंडस्ट्री की चर्चाओं, लोगों ने सब बिगाड़ दिया। मुझे हमेशा से लगता रहा है कि आप सच जानते हैं, फिर भी जब आप इसे लिखा पाते हैं तो इससे आपको चिढ़ होती है। आप उन हालातों में भी चिढ़ जाते हैं, जब चिढ़ने का कोई कारण न हो।

सफलता के बहुत से दोस्त होते हैं। असफलता फासले लाती है। जो लोग आपके सफल होने पर आपको विफल करना चाहते हैं, वे आपके दोस्त नहीं हो सकते, वे आपके प्रतिस्पर्धी होते हैं। लेकिन कुछ दोस्त ऐसे भी होते हैं, जो आपको इतना ऊपर उठते नहीं देखना चाहते कि आप उनके हाथों से निकल जाएँ। आपको इन लोगों से दूर होना होगा। मुझे लगता है कि दो सफल व्यक्तियों में दोस्त बनने की अधिक क्षमता होती है। उन दोनों के बीच सच्चा प्रेम होता है। सलमान के परिवार ने मुंबई में सबसे पहले शाहरुख का स्वागत किया था। उनकी दोस्ती मजबूत थी। लेकिन फिर जिंदगी और हालात आड़े आ गए। बाहरी लोगों के लिए यह महसूस करना कठिन होगा कि कुछ प्रेम ऐसे भी होते हैं, जो घृणा का कारण बन जाते हैं। गौरी हमेशा कहती हैं कि शाहरुख और सलमान ऐसे व्यवहार करते हैं जैसे उन्हें एक-दूसरे से भाइयों जैसा प्यार हो। सलमान का काम देखनेवाली रेशमा शेट्टी भी हमेशा यही कहती हैं। उन दोनों के बीच के समीकरण चाहे जैसे भी हों वे एक-दूसरे को बखूबी समझते हैं।

मेरे और आदि के बीच की दोस्ती अभी भी मजबूत है, क्योंकि हम दोनों ही सफल हैं।

हमारे बीच किसी तरह की असुरक्षा नहीं है। लेकिन जब आप किसी ऐसे व्यक्ति से दोस्ती करें, जो आपके ही क्षेत्र में काम कर रहा हो और आपके जितना सफल न हो तो भय, असुरक्षा और ईर्ष्या आड़े आ जाते हैं। मैंने देखा है कि दो प्रतिस्पर्धी दोस्त नहीं हो सकते, यह सिद्धांत गलत है। मैं और शाहरुख अपनी दोस्ती को इसीलिए कायम रख सके हैं, क्योंकि हम दोनों ही निजी तौर पर अच्छा काम कर रहे हैं।

मैं एक तरह से शाहरुख के जीवन में फिर से लौट आया हूँ। जब किसी दोस्ती का आगाज इतना मजबूत हो तो वह इतनी आसानी से समाप्त नहीं होती। ऐसा न मैं होने दूँगा और न वे होने देंगे। यह स्वाभाविक रूप से होता है। हम दीपिका की फिल्म 'पीकू' की सफलता पर दी गई पार्टी में मिले थे।

जब हम बातें कर रहे थे तो एक क्षण हमने एक-दूसरे की ओर देखा। मैंने तुरंत उन्हें आगोश में भर लिया और कहा, 'मुझे आपकी बहुत याद आई।'

और उन्होंने कहा, 'आपको अंदाजा भी नहीं है कि मैंने आपको कितना याद किया।'

हम फिर एक हो गए। दरअसल, एक-दूसरे के लिए हम हमेशा मौजूद थे। जिन सालों में हमारे रिश्ते अधिक प्रगाढ़ नहीं थे, तब भी हम जुड़े हुए थे। इसलिए जब मैंने उनसे कहा कि मुझे उनकी याद आई, तो मुझे महसूस हुआ जैसे सबकुछ पहले जैसा हो गया हो। बस इतना ही करना था। मैंने सोचा कि काश मैंने ऐसा तीन साल पहले कर दिया होता। क्योंकि मैं उन्हें तब भी इतना ही याद करता था। मुझे लगा कि मैंने इतने साल बस यों ही जाने दिए।

जिन वर्षों में हमारे रिश्ते बहुत अच्छे नहीं थे, तब भी मैं गौरी और उनके बच्चों के संपर्क में था। इसलिए मुझे पूरी तरह कट जाने का एहसास नहीं था। ऐसा नहीं था कि वे लोग पूरी तरह से मेरी जिंदगी से बाहर हो चुके थे। वे तब भी मेरे दिन-प्रतिदिन के जीवन में शुमार थे। मैं गौरी से रोज बातें किया करता था। मुझे लगता है कि मैं और शाहरुख दोनों ही भावनात्मक रूप से अतिसंवेदनशील दौर से गुजर रहे हैं। मुझे लगता है कि हम दोनों ही बहुत जल्दी आहत होकर दूर हो जाते हैं। हमारे अलग होने के पीछे किसी तरह की विषाक्तता या प्रतिशोध नहीं था, न ही कोई झगड़ा था, यह केवल भावनात्मक अलगाव था। अचानक आपको एहसास होता है कि इस भावनात्मक अलगाव के पीछे कोई कारण नहीं बल्कि मात्र भावनाएँ थीं। और जब आप उस भावना को अभिव्यक्त कर देते हैं तो पुनः पटरी पर आ जाते हैं और मैंने यही किया। मेरे उनके साथ काम न करने से उन्हें चोट पहुँची। मुझे इसलिए चोट पहुँची कि उन्होंने 'स्टूडेंट ऑफ द ईयर' की सराहना नहीं की और न ही उन्होंने मेरे प्रति प्रेम या समर्थन दरशाया। फिर यह बढ़ता जाता है। वे सोचते हैं, 'करण के लिए मेरे इतना कुछ करने के बाद भी' और मैं सोचता, 'उनके लिए इतना कुछ करने के बाद भी।' हम दोनों को ही लगता है कि हमने एक-दूसरे के जीवन में भारी योगदान दिया है।

यह दो लोगों की बदमिजाजी है। यहाँ तक कि बीते पाँच सालों में वे हमेशा जानते थे कि

वे मुझपर भरोसा कर सकते हैं। वहीं जब कोई बड़ा मामला हो जाता, गौरी को स्वास्थ्य संबंधी परेशानी हो जाती या बच्चों के साथ कुछ हो जाता, तो वे मुझे फोन करते। 'गौरी की तबीयत ठीक नहीं है!' या 'आर्यन स्कूल जा रहा है और गौरी चिंतित है, उससे बात कर लो।' यह सब हो रहा था, लेकिन इस होने में पहले जैसा स्नेह नहीं था।

अचानक हम एक-दूसरे से औपचारिक होने लगे। हम कभी भी एक-दूसरे से बेअदबी नहीं करते थे। हम अत्यधिक औपचारिक रहते और यही समस्या बन गई। वे मेरी पीठ पर उस तरह धौल नहीं जमाते थे, जैसे मैं चाहता था। और न ही मैं पहले की भाँति अजीब मजाक किया करता था। हम एक-दूसरे को 'भाई' कहा करते थे। मैं उनसे कहता था, 'आपके आस-पास तो उसी तरह हट्टे-कट्टे सुरक्षाकर्मी रहने चाहिए, जैसे सचमुच के गैंगस्टर्स के आस-पास रहते हैं, लेकिन देखिए आपके साथ कौन है? मैं।' वे कहते, 'ठीक है, अब से मैं तुम्हें भाई कहूँगा और तुम भी मुझे भाई कहना।' इसकी शुरुआत एक मजाक से हुई थी और फिर यही चलने लगा। मैं उन्हें हमेशा 'भाई' ही कहता हूँ।

हमारी यह निकटता परिवर्तित होकर, 'अगर आपको समय मिले तो क्या कृपया आप मुझे फोन कर लेंगे?' तक जा पहुँची। बीते साल एक बार वे मुझसे बहुत खफा हो गए। मैंने उनके मैनेजर को फोन करके कहा था, 'मुझे शाहरुख से बहुत जरूरी मिलना है।'

उन्होंने मुझे फोन किया और कहा, 'तुम कब से मेरे मैनेजर को फोन करने लगे?'

मैंने कहा, 'मैं आपको परेशान नहीं करना चाहता था।'

उन्होंने कहा, 'अच्छा?' और वे खामोश हो गए।

इस बात ने उन्हें अधिक चोट पहुँचाई। मैं सही काम करना चाहता था, लेकिन ऐसा करके मैंने उन्हें और परेशान कर दिया। मैं कहना चाहता था कि अगर मैं आपको मैसेज करता, तो आप संभवत: उसका अगले दिन या दो दिन बाद जवाब देते, मुझे यह तरीका अधिक त्वरित लगा।

मेरे खयाल से उनके इस पहले कदम की बदौलत ही मैं उनसे कह सका कि 'आपकी बहुत याद आती है।' ऐसा करके उन्होंने दरवाजे को कुछ अधिक खोल दिया।

हाँ, मैं उनके 'कॉफी विद करण' में न आने से परेशान हुआ। इससे मुझे चोट पहुँची। लेकिन आपको चोट तभी लगती है, जब प्रेम होता है। यानी उस दौरान भी हमारे बीच प्रेम मौजूद था। आपको कष्ट केवल तभी महसूस होगा, जब आप प्रेम करते होंगे। और हम दोनों में एक-दूसरे के लिए अथाह प्रेम था और यह प्रेम लोगों द्वारा हमारे बीच दरार पैदा करने के प्रयास या हम जिन हालातों में थे, उससे कहीं अधिक मजबूत था। वे जानते हैं कि चाहे कुछ भी हो जाए मैं हर हालत में उनके परिवार का साथ दूँगा।

मैं उनके बच्चों के अत्यंत निकट हूँ। मैं आर्यन के साथ अपने दोस्त की तरह बात करता हूँ। वे मेरे लिए बेटे जैसे ही हैं। शाहरुख की पत्नी मेरी सबसे गहरी दोस्त हैं। उनके बच्चे मेरा परिवार हैं।

हम हर तरह के हालातों से गुजरे हैं। लेकिन सही क्षण आने पर वही प्रेम फिर लौट आया। कैसे। क्योंकि वह कभी गया ही नहीं था। कई बार हम अपने दिली एहसासों को प्रकट नहीं करते और जब उन्होंने कहा, 'आपको अंदाजा भी नहीं है कि मैंने आपको कितना याद किया।' तो मेरे लिए यह सबकुछ था। हम फिर से वही करने लगे, जो किया करते थे, काम के बारे में बातें। उन्होंने मुझे फोन किया और एक समस्या बताई, मैंने उन्हें बताया कि क्या करें और क्या न करें। इसके लिए बस उस एक क्षण की आवश्यकता थी। इसके लिए सिर्फ संवाद कायम होना था। शाहरुख उन लोगों में से नहीं हैं, जो आपको रोजाना फोन करें। वे बहुत व्यस्त रहते हैं। मैं भी व्यस्त रहता हूँ। और फिर एक दिन मैं उनके घर गया और मैं, शाहरुख, आर्यन, सुहाना और गौरी उसी तरह बैठे जैसे हमेशा बैठा करते थे। एक बिंदु पर मेरे दिमाग में आया—यही मेरा परिवार है, मेरे लिए यही सबसे अच्छा है। मैं आर्यन से उसके बारे में कुछ शरारत भरे प्रश्न पूछ रहा था और वह चिढ़ रहा था। इसके बाद हम हँसने लगे, क्योंकि मैं पहले की ही तरह आर्यन का हाथ पकड़कर चल रहा था, जबकि वह अब अठारह साल का हो गया था! वह उतने ही साल का था, जितने साल मेरे कॅरियर को हुए थे। उसका जन्म 'कुछ-कुछ होता है' के पहले शिड्यूल के ठीक बाद में हुआ था। और सुहाना बाल सँवारती रहनेवाली एक बेहद प्यारी लड़की बन चुकी थी, जिन्हें मैं फैशन संबंधी सुझाव दे रहा था। मैं सोच रहा था, क्या सचमुच मुझमें परवरिश का कौशल मौजूद है। क्या मुझमें ऐसा मातृत्व या पितृत्व एहसास है, जो मैं गौरी और शाहरुख के बच्चों के प्रति महसूस कर रहा हूँ। मैं गौरी के घर केवल अबराम के साथ खेलने जाया करता हूँ। अगर गौरी न भी हों, तो भी मैं उसके पास बैठा करता हूँ। और वह भी मेरी माँ के साथ काफी समय बिताया करता है। मेरी माँ उसे बहुत प्यार करती हैं। वह एक ऐसा खिलौना है, जिसे सभी अपना बनाना चाहेंगे। एक दिन जब वह ऑफिस आया तो पूरा ऑफिस उसे देखने के लिए जमा हो गया। सब ऐसे व्यवहार कर रहे थे, मानो ब्रैड पिट आ गए हों। इस ध्यानाकर्षण को देख वह भी खुश था।

तो, मेरे या शाहरुख के एक-दूसरे के साथ काम न करने के कारण हमारे रिश्ते में उतार-चढ़ाव आ सकते हैं, लेकिन मेरे लिए वे हमेशा मेरे परिवार की तरह रहेंगे। हम एक बार फिर साथ काम कर रहे हैं। इस फिल्म का निर्देशन मैं नहीं कर रहा। इसे मेरे लिए गौरी शिंदे निर्देशित कर रही हैं। और उनसे एक और फिल्म के लिए बात चल रही है।

लेकिन मैंने अभी हाल ही में 'ऐ दिल है मुश्किल' में उन्हें निर्देशित किया था। सात साल बाद उन्हें फिर से निर्देशित करना उत्साहजनक व स्वप्निल दोनों ही तरह का रहा। इस फिल्म में वे ऐश्वर्या के भूतपूर्व-पति की भूमिका में थे। यही किरदार फिल्म के स्वभाव और परिकल्पना को अभिव्यक्त करता है। मुझे लगा कि फिल्म को अधिक संजीदा बनाने के लिए इस भूमिका के लिए किसी बड़े स्टार को लेना चाहिए। इसलिए मैं शाहरुख के पास गया। उन्होंने मुझसे कोई सवाल नहीं किया।

उन्होंने पूछा, 'मुझे शूटिंग के लिए कब आना होगा?'

बस इतना ही। मेरे और शाहरुख के बीच ऐसा रिश्ता है। सेट पर आने के बाद उन्होंने सीन पढ़ा और उसे कर दिया। और मुझे लगा कि वे सात साल बेकार नहीं गए। उन्हें अच्छी तरह पता था कि मुझे क्या चाहिए। मैं पूरी तरह जानता था कि वे इसे कैसे चाहते होंगे। मैंने इस दृश्य को उन्हें ध्यान में रखकर ही लिखा था। उनका अभिनय देखकर आप समझ जाएँगे कि फिल्म में ऐसा तालमेल केवल मैं और वे ही ला सकते थे। परदे पर जिस तरह के विशिष्ट रोमांस तथा प्रेम का प्रदर्शन उन्होंने मेरे लिए किया है और मैंने उनके लिए सृजित किया है, वैसा जादू केवल हम ही सृजित कर सकते हैं। उस प्रारूप पर मुझे अपने अधिकार का एहसास होता है।

इसी दृश्य में शामिल रणबीर मेरे पास आए और बोले, 'यह बहुत अजीब बात है, मैं आपके साथ पिछले पैंसठ या सत्तर दिनों से काम कर रहा हूँ, लेकिन मुझे लगता है कि आपका उनके (शाहरुख के) साथ जैसा संबंध है, वैसा किसी और के साथ नहीं है।'

मैंने उन्हें बताया कि सेट पर 500 दिनों तक साथ काम करने के बाद हमारे संबंध इतने घनिष्ठ हुए हैं।

उन्होंने कहा, 'बतौर अभिनेता व निर्देशक आप एक-दूसरे को बखूबी समझते हैं।'

एक-दूसरे के प्रति प्रेम व सम्मान और पारिवारिक प्रेम होने पर ही ऐसा होना संभव है। मैं जानता हूँ कि चाहे जो हो, वे मेरा समर्थन करेंगे। वे मुझसे गुस्सा या परेशान हो सकते हैं। हमारे रिश्ते में उतार-चढ़ाव भी रहे हैं। इस बात से हम दोनों वाकिफ हैं। लेकिन उस दिन हमारा प्रेम और मजबूत हो गया, जब मैंने शूट के अंत में उन्हें आगोश में लिया। लगा, जैसे सबकुछ पहले जैसा हो गया हो। इसी कारण जब लोग मेरी और उनकी अनबन का अनुमान लगाते हैं तो मैं कहना चाहता हूँ, मित्रो! आपको पता नहीं है कि हमारे बीच कितना अधिक प्रेम है। सेट पर होने पर हम दोनों ही जानते हैं कि हममें कुछ खास है और वह हमेशा ऐसा ही रहनेवाला है।

□

# दोस्त और अनबन

मेरा अब काजोल से कोई रिश्ता नहीं है। हमारे बीच अनबन हो गई है। हमारे बीच कुछ ऐसा हुआ, जिससे मैं अंदर तक परेशान हो गया। मैं इस बारे में बात नहीं करना चाहता कि हमारे बीच क्या हुआ। क्योंकि यह ऐसी बात है, जिसे मैं अपने तक ही रखना चाहूँगा और मुझे लगता है, इसे प्रकट करना मेरे व उनके दोनों के लिए ठीक नहीं होगा। ढाई दशक बाद मेरी और काजोल की बातचीत बंद है। मिलने पर हम एक-दूसरे से 'हैलो' कहकर आगे बढ़ जाते हैं।

वास्तव में समस्या मेरे और उनके बीच नहीं है। यह उनके पति और मेरे बीच की बात है। कुछ ऐसा, जिसके बारे में वे जानती हैं, उनके पति जानते हैं और मुझे पता है। मैं इसे ऐसा ही रखना चाहता हूँ। मैं सचमुच इस बारे में कुछ नहीं कहना चाहता। लेकिन मुझे लगता है कि उन्हें उस चीज के लिए माफी माँगनी चाहिए, जो उन्होंने की नहीं है। मुझे लगता है कि अगर वे हमारी पच्चीस साल की दोस्ती को मान नहीं देतीं, अगर वे अपने पति का समर्थन करना चाहती हैं, तो यह उनका विशेषाधिकार है। कहीं बाहरी स्तर पर मैं इसे समझता भी हूँ। लेकिन अब मैं खुद को उनकी जिंदगी में शामिल नहीं देखता हूँ। बीते कई महीनों से हमने एक-दूसरे से बात नहीं की है।

'ऐ दिल है मुश्किल' की रिलीज से पहले बहुत सी घटनाएँ घटीं। मेरे खिलाफ बहुत कुछ कहा गया, मुझपर मूर्खतापूर्ण आरोप लगाए गए कि मैंने उनके पति की फिल्म को नुकसान पहुँचाने के लिए किसी को घूस दी है। मैं बता नहीं सकता कि इसने मुझे कितना दु:खी या आहत किया। मैं इसे अपने तक ही रखना चाहता हूँ। लेकिन जब उन्होंने इस पूरे प्रकरण पर प्रतिक्रिया देते हुए ट्वीट कर कहा, 'क्षुब्धात्मक!' तब मुझे पता चला कि इसे पूरी तरह मेरे सिर डाल दिया गया है। उनके ट्वीट ने इस पागलपन को प्रमाणित कर दिया कि उन्हें मेरे किसी को घूस देने की बात पर यकीन है। मैंने सोचा, बहुत हुआ। सब खत्म हो गया है। वे फिर कभी लौटकर मेरी जिंदगी में नहीं आ सकतीं। मुझे नहीं लगता कि वे भी ऐसा चाहती होंगी। दोस्ती होने के चलते मैं उनके साथ ऐसा कुछ नहीं कर सकता था। वे मेरे लिए बहुत महत्त्वपूर्ण थीं, लेकिन अब सब समाप्त हो चुका था। मैंने अपनी माँ से कह दिया है कि यदि वे काजोल से रिश्ता रखना चाहें तो रख सकती हैं। ये मेरी माँ की प्राथमिकता और काजोल का चयन होगा, लेकिन अब वे मेरी जिंदगी का हिस्सा नहीं हैं।

मैं अब उनसे कोई संबंध नहीं रखना चाहता, क्योंकि उन्होंने मेरी हर उस भावना का खून

कर दिया, जो बीते पच्चीस सालों से मुझमें मौजूद थी। मुझे नहीं लगता कि वे मेरे योग्य हैं। अब मुझे उनके लिए कुछ महसूस नहीं होता। मेरे दोस्त मुझसे कहते हैं कि यह मेरा दुःख बोल रहा है। लेकिन इस रिसाव के बाद मैं हालातों को लेकर उदासीन हो चुका हूँ। मुझे अंदर से लगता था कि सबकुछ पहले जैसा हो सकेगा। लेकिन उनका ट्वीट किया गया वह शब्द किसी ऐसे व्यक्ति के लिए बेहद अपमानजनक होगा, जो उनसे गहरा प्यार करता रहा हो। इससे मैं टूट गया। टूटने के बाद, मुझे इसपर क्रोध आया और अब मैं इसके प्रति उदासीन हो गया हूँ। अब चाहे जो हो जाए, मेरा उनसे मिलाप संभव नहीं है। शायद उन्हें इसकी कोई परवाह न हो। मैं उनके पति के बारे में एक शब्द भी नहीं बोलना चाहता, क्योंकि अब उनकी मेरी जिंदगी में कोई जगह नहीं है। वे मेरे लिए न कोई महत्त्व रखते हैं और न रखते थे। मैं आज भी उनके पति के बारे में कुछ नहीं कहना चाहता, क्योंकि मैं उस इतिहास का सम्मान बनाए रखना चाहता हूँ, जिसका मैं और वे दोनों हिस्सा रहे हैं।

लेकिन हाँ, मुझे इस बात से चोट पहुँचती है कि काजोल आज भी मनीष और निरंजन जैसे उन लोगों के निकट हैं, जो मेरे भी काफी निकट हैं। पता नहीं क्यों, मेरी कामना है कि वे उनसे दूर हो जाएँ। जब वे लोग काजोल के बारे में बात करते हैं तो मुझे गुस्सा आ जाता है। मैं जानता हूँ कि मेरा उनपर अपनी भावनाएँ थोपना जायज नहीं है। लेकिन मुझे इससे परेशानी होती है। मैं बेईमान होकर यह नहीं कह सकता कि इससे कोई फर्क नहीं पड़ता। यह मेरे हाथ में नहीं है। मैं भी इनसान हूँ। लेकिन मैं वैसा इनसान नहीं बनना चाहता, जो अपने दोस्तों को पक्ष चुनने को कहे। मैं लोगों को दायरे में नहीं बाँधता, लेकिन इस मामले में मेरे विचार स्थिर हैं।

❖

फिल्म इंडस्ट्री में रिश्ते बनाए रखना आसान नहीं होता। इन्हें बनाना मुश्किल नहीं होता, कायम रखना मुश्किल हो जाता है। कई बार रिश्ते बनाना बहुत आसान होता है। लेकिन कई बार इन्हें कायम रखना और निभाना असंभव हो जाता है। मेरे भीतर का चिड़चिड़ा आदमी इसे बखूबी समझता है। इन्हें जारी रखने में बहुत ताकत लगानी पड़ती है। हम प्रोजेक्ट-दर-प्रोजेक्ट काम करते हैं। हमारा सारा निवेश फिल्मों में होता है। बतौर निर्माता मैं बहुत से लोगों के साथ काम कर रहा होता हूँ। केवल इस कारण मैं जिनके साथ काम नहीं कर रहा, उनसे मेरे संबंध समाप्त नहीं हो जाते। साथ काम करनेवालों के साथ आपका रिश्ता बना रहता है। काम पूरा हो जाने पर वे रिश्ते विलंबित हो जाते हैं। यह इतनी सीधी सी बात है। उनसे किसी सामाजिक आयोजन में मुलाकात होने पर वह रिश्ता सतही और ऊपर-ऊपर से होता है, जैसे आप लोगों से मिलते हैं और कहते हैं, 'हाहाहाहा… बहुत अच्छा' लेकिन इसमें कोई गहराई नहीं होती। मैंने भी गहराई से जुड़ना बंद कर दिया है। बहुत हो चुका गहराई से जुड़ना, मुझे इसमें कोई दिलचस्पी नहीं, आखिर समय ही कहाँ है? आपके आस-पास इतने सारे लोग हैं, कितने सारे युवा अभिनेता हैं। मैं उन सबके साथ रिश्ता नहीं जोड़ सकता। मैं ऐसा नहीं करना चाहता। मैं अपने हिस्से के रिश्ते बना चुका हूँ। उनके साथ मेरा बंधन बहुत मजबूत है। मैं मनीष मल्होत्रा के निकट हूँ। मैं निरंजन आयंगर के निकट

हूँ। मेरे पास शाहरुख और गौरी हैं। बच्चन परिवार है। मैं रानी और करीना को बहुत नजदीक से जानता हूँ। कभी-न-कभी इन सभी की जिंदगी में मेरी उपस्थिति महत्त्वपूर्ण रही है। करीना और मेरे एक-दूसरे के प्रति प्रेम की जड़ें बहुत मजबूत हैं। मैं हमेशा कहता हूँ, मेरी जिंदगी यदि कुछ अलग किस्म की होती तो मैं उनसे विवाह कर लेता। वे ऐसी एकमात्र व्यक्ति हैं, जो मुझे हँसाया करती हैं। उनका हास्यबोध कमाल का है। वे बहुत मजाकिया हैं। मैं उन्हें जग्गा जासूस कहता हूँ, क्योंकि बाकी सबकी जिंदगी में क्या हो रहा है, इसकी उन्हें पूरी खोज-खबर रहती है। मैं तो उन्हें गोपनीय रूप से पिंकविला के लिए लिखने को कहता हूँ।

गैर-फिल्मी दोस्तों में मेरे कॉलेज के दोस्त शामिल हैं। मेरे कुछ कॉलेज के दोस्त आज भी मेरे संपर्क में हैं। उनमें से दो लड़कियाँ हैं और हम हर दो महीने में एक बार जरूर मिलते हैं। इसके अलावा दिल्ली में भी मेरे कुछ दोस्त हैं, जिनके मैं काफी निकट हूँ।

बॉलीवुड में भी मेरे कुछ पक्के दोस्त हैं। आदि से मैं अधिक नहीं मिल पाता, फिर भी हमारा रिश्ता बहुत मजबूत है। मैं कह सकता हूँ कि मनीष, निरंजन और आदि मेरे नजदीकी दोस्तों में हैं। मनीष और निरंजन पच्चीस सालों से मेरे दोस्त हैं और आदित्य चोपड़ा हमेशा से मेरे दोस्त रहे हैं। हम सबमें प्रेम, स्नेह, विश्वास और निर्भरता का स्तर अधिक नहीं तो बराबर अवश्य है। अब मैं, मनीष और निरंजन साथ में बूढ़ा होने की बातें करते हैं। हम सभी कुँवारे, स्वतंत्र और पेशेवर रूप से केंद्रित हैं। निरंजन कहते हैं कि वे हम दोनों से ज्यादा जिएँगे। मैं सचमुच कल्पना करता हूँ कि वे 90 साल की उम्र में हम सबकी अंत्येष्टि में शामिल होंगे।

वे हमेशा कहते हैं, 'आपने मुझे सबसे बड़ा श्राप दिया है—अकेले रह जाना।'

मुझे लगता है कि मनीष हमेशा युवा रहनेवाले हैं। वे अड़तालीस साल के हो चुके हैं, लेकिन आज भी उनमें बाईस साल के लड़के जैसी भावना है। मुझे लगता है कि वे मेरे परिचितों में सबसे सकारात्मक व्यक्ति हैं। वे इतने स्व-ऊर्जान्वित हैं। हम एकसाथ यात्राओं या छुट्टियों पर जाते हैं और वहाँ खूब पैदल चलते हैं। वे लगभग पचास साल के हैं, पर लगते नहीं हैं। उनमें एक टीनेजर जैसा जोशोखरोश है। हम कॉफी लेकर पार्क में घूमते हैं, जिंदगी के बारे में चर्चा करते हैं और दो आंटियों की तरह बेंच पर एकसाथ बैठे रहते हैं। उनका स्वभाव मुझसे काफी अलग है, फिर भी हमारा रिश्ता मजबूत है। हम सालों से गहरे दोस्त हैं। वे मेरे देखे सबसे निष्ठावान और प्रेमपूर्ण व्यक्ति हैं। वे हमेशा मेरी मदद को तत्पर रहते हैं। कई बार भावनात्मक रूप से वे अकथनीय हो जाते हैं। उन्हें दर्द, दिल टूटने या कष्ट का एहसास नहीं होता। वे इतने सकारात्मक व खुशनुमा व्यक्ति हैं कि जिंदगी के नकारात्मक पक्ष को समझ नहीं पाते। उन्हें रिश्तों में नकलीपन नहीं दिखता, उन्हें या तो अच्छा दिखाई देता है या बुरा। वे उस नकलीपन को नहीं देख पाते, जिसका लबादा हम सब ओढ़े रहते हैं।

मैं उन्हें कहता हूँ, 'मनीष कई बार आप बहुत बौड़म हो जाते हैं।'

वे कहते हैं, 'वह उदास क्यों है, वह लड़की तो इतनी सुंदर है। वह निराश क्यों है, उसके पास तो इतना पैसा है।'

मैं पूछता हूँ, 'ये चीजें भावनाओं का पैमाना या नपना कैसे हो सकती हैं?'

लेकिन उन्हें तनाव दूर करने में महारत है। वे आपकी समस्या को इतना मामूली बना देते हैं कि आप सोचने लगते हैं कि अरे, मैं इसके लिए इतना दु:खी क्यों हो रहा था?

जब मेरा दिल टूटा और मैंने उनसे इस बारे में बात की, तो वे बोले, 'इसमें क्या है? जाओ किसी से शारीरिक संबंध बना लो।'

वे आपको सरलतम उपाय सुझाते हैं, जो निस्संदेह आपको पसंद आएगा।

वे कहते हैं, 'जाइए काम कीजिए, आपको बहुत कुछ करना है, बहुत सी फिल्में बनानी हैं। ये किन बातों में पड़े हैं?'

और अचानक ही मैं सोचने लगता हूँ, हाँ, वे ठीक कह रहे हैं।

वे समस्याओं को बेहद मजाकिया ढंग से लेते हैं। उनके पास समस्या लेकर जाने पर वे आपकी बात सुनते हैं और आपको एक बेहद मूर्खतापूर्ण सुझाव देते हैं, जो वस्तुत: सबसे विवेकपूर्ण होता है। साथ ही मुझे यह भी एहसास हुआ कि कई बार किसी दूसरे की प्रसन्नता स्पंज बन जाती है, जिसे आप भी सोख सकते हैं। वे मेरे जिंदगी का ऐसा ही स्पंज हैं। वे मेरे उदासी भरे दिन में सूर्य की किरण के जैसे हैं।

वे मेरी तारीफ करते हैं। वे कहते हैं कि आप इतने बड़े फिल्म-निर्माता हैं, लोग आपकी फिल्मों को प्यार करते हैं, आप इन छोटी-छोटी बातों से आहत क्यों होते हैं? आप प्रभावशाली हैं, मशहूर हैं, आप ये हैं, आप वो हैं, और मैं सोचता हूँ, हाँ, शायद मुझे ऐसी बातें कभी-कभी सुन लेनी चाहिए।

मैं उनसे आत्मा के स्तर तक जुड़ गया हूँ। हम पच्चीस सालों से गहरे दोस्त हैं। लेकिन मुझे लगता है, बीते पाँच सालों में हमारी दोस्ती ने पैर जमा लिये हैं। मेरे लिए वे एक खोज के समान हैं। कई बार जीवन के किसी मोड़ पर आपको दोस्त का महत्त्व समझ आ जाता है। अब मुझे उनका महत्त्व समझ आ गया है। वे मुझे अपने सेक्स जीवन के बारे में बताते हैं और मैं उन्हें अपनी इस कमी के बारे में बताता हूँ। वे मुझसे हमेशा कहते हैं, 'आप बहुत उबाऊ हैं!' और मैं हमेशा यही जवाब देता हूँ, 'आप मुझसे उलट हैं।' मुझे कहना होगा कि मेरे मुकाबले वे कहीं अधिक रंगीन मिजाज हैं। मुझे उनकी जिंदगी के बारे में सुनना अच्छा लगता है, इससे मुझे लगता है कि मैं उन्हें एक स्पंज की भाँति सोख सकूँगा, शायद मैं भी उनकी तरह जिंदगी बिता सकूँ।

मुझे यह भी महसूस होता है कि हमारे हालात एक से हैं। हम लगभग एक ही उम्र के हैं (वे मुझसे पाँच साल बड़े हैं)। वे अपने माता-पिता के साथ रहते हैं, मैं अपनी माँ के साथ रहता हूँ। हम दोनों ही अविवाहित और सफल हैं और अब अजीब बात यह हुई कि उनका और हमारा ऑफिस भी एक ही बिल्डिंग में है। वे सातवें फ्लोर पर हैं और मैं पाँचवें पर। मैंने एक नया घर खरीदा है। उन्होंने पाली हिल में नया बँगला खरीदा है। मुझे लगता है कि मैं उनके साथ ताउम्र दोस्ती बनाए रखना चाहूँगा। मैं कल्पना करता हूँ कि अस्सी साल की उम्र में भी उनके साथ बैठा रहूँ, जैसे दो दोस्त, जिन्होंने जिंदगी साथ गुजारी हो, वे एकसाथ दिन बिता रहे हों। मैं अपने घर से उनके पाली हिलवाले बँगले में जाऊँगा, जहाँ हम दो डगमगाते हुए बूढ़े अपनी जिंदगी के बारे में बातें करेंगे।

आदि मेरी बड़ी कमजोरी हैं। उनकी राय मेरे लिए बहुत मायने रखती है। वे उन लोगों में से हैं, जिनके साथ व्यस्तता के कारण भले ही दो महीने मेरी बातचीत न हो, लेकिन उनके प्रति मेरा प्रेम एक अलग ही स्तर पर रहता है। मुझे अपने कॅरियर में सबकुछ उन्हीं की बदौलत मिला है। उनके लिए मेरा प्यार और स्नेह बहुत गहरा है। शायद इसीलिए मुझे खुद पर उनका अधिकार महसूस होता है। आदि सिर्फ मुझपर गुस्सा करने के लिए ही मुझे फोन करते हैं। पहले ऐसा होता रहा है और यह आज भी जारी है। उनमें जरा भी बदलाव नहीं हुआ। वे मेरे साथ अपने संबंधों को बदल नहीं सकते। उनके विवाह पर मैं बेस्टमैन था, इसलिए मुझे वक्तृत्व भी देना पड़ा। वहाँ हम अठारह लोग उपस्थित थे। वक्तृत्व देते समय मैं बहुत भावुक हो गया। वे, उनकी माँ, रानी सभी की आँखें भर आईं। मेरे सामने हमारी सारी जिंदगी कौंध गई। मुझे लगा, हे ईश्वर, वे उन लोगों में से हैं, जिन्हें मैं बीते पच्चीस वर्षों से जानता हूँ। मेरी यात्रा में वे भी सहभागी रहे हैं। लोग हमें—'यशराज' और 'धर्मा' को प्रतिस्पर्धी कंपनियाँ मानते हैं। लेकिन यह हमारी दोस्ती में कभी बाधा नहीं बनी। वे मुझे फोन करके कहते हैं, 'तुमने कितनी बेकार फिल्म बनाई है' या 'तुमने बहुत अच्छी फिल्म बनाई है।' मैं उनके साथ ऐसा नहीं कर सकता। मैं उनका सहायक रहा हूँ। मैं इसे कभी नहीं भूल सकता। आज भी मेरी चाल-ढाल आदित्य चोपड़ा के असिस्टेंट जैसी ही है। मुझसे नाराज होने पर वे मुझे पूरे नाम से बुलाते हैं।

वे कहते हैं, 'देखो, करण जौहर, मेरे साथ बहस मत करो।'

तब मैं जवाब देता हूँ, 'आप मुझे करण जौहर क्यों कह रहे हैं?'

और वे कहते हैं, 'तुम जो कर रहे हो, उस कारण तुम करण जौहर हो गए हो।'

अगर वे मेरे बारे में गंभीरता से कुछ महसूस करते हैं, फिर चाहे वह अच्छा हो या बुरा, वे मुझे फोन अवश्य करते हैं। और मुझसे उस बारे में बात करते हैं। लेकिन यह इकतरफा व्यवहार है। मैं ऐसा नहीं कर सकता। अगर मुझे लगता है कि उन्होंने खराब फिल्म बनाई है, तो मैं ऐसा कह नहीं सकता। लेकिन मेरे लिए उनकी आलोचना सिर-माथे है। और हमेशा से ऐसा ही होता आ रहा है और इसमें कभी कोई बदलाव नहीं होनेवाला।

यद्यपि मुझे महसूस होता है कि बीते सालों में हमारे बीच संपर्क कम हो गया है। मेरे खयाल से इसका कारण हम दोनों का व्यस्त होना है। साथ ही मुझे यह भी लगता है, आज उनका मानना है कि उन्हें अब मुझे पहले की तरह कुछ भी कहने का अधिकार नहीं है, क्योंकि मैं अपने पंख पसार चुका हूँ। मैं आशा करता हूँ कि उन्हें ऐसा महसूस न हो। मैं आशा करता हूँ कि वे मेरे साथ पहले ही की तरह व्यवहार करें, क्योंकि मुझे उनका मुझपर गुस्सा होना अच्छा लगता है। पहले वे मुझसे गुस्से में कहते थे, 'तुम यह कार्यक्रम क्यों कर रहे हो?' 'तुम कॉफी विद करण क्यों कर रहे हो?' 'तुम इतने इंटरव्यू क्यों दे रहे हो?' अब वे कहते हैं, 'मैं तुम्हें खो चुका हूँ। पहले तुम करण थे, अब तुम करण जौहर हो गए हो। तुम ऐसे दानवीय हो चुके हो!' मुझे आदि का मुझपर गुस्सा होना अच्छा लगता है। इससे अपनेपन का एहसास बना रहता है। अब वे मुझे बहुत कम भाषण देते हैं और मैं इसकी कमी महसूस करता हूँ।

आदि के अलावा मेरी शाहरुख से गहरी दोस्ती है। वे दोनों मेरे दायाँ व बायाँ भाग हैं। ऐसे रिश्ते में दो में से एक व्यक्ति को अपने अहं को त्यागना ही होता है। मैंने फैसला किया है कि वह व्यक्ति मैं हूँ। मैं आदि और शाहरुख दोनों से छोटा हूँ। जिंदगी के किसी भी पल अगर मुझे उनसे चोट पहुँची है तो निश्चित ही मैंने भी उन्हें अवश्य चोट पहुँचाई होगी। मैंने इसकी क्षतिपूर्ति का निर्णय लिया है, फिर चाहे वह कुछ भी हो। शाहरुख और आदि वे दो लोग हैं, जिनसे मेरा गहरा लगाव है। मेरा कॅरियर इन्हीं की देन है, इन्होंने मुझे उस समय अवसर दिया, जब मैं बिल्कुल नया था। मुझे नहीं लगता कि इसके लिए किसी तीसरे व्यक्ति को श्रेय दिया जा सकता है और इनमें मेरे अपने परिवार के लोग भी शामिल हैं।

मैं इन रिश्तों को महत्त्वहीन होकर समाप्त होने दे सकता था, लेकिन मैंने ऐसा नहीं किया। मैंने ऐसा न करने का फैसला किया, क्योंकि मैं इन दोनों के प्रति अपनी भावनाओं को बनाए रखना चाहता था। ऐसा करना आसान नहीं है, और आपके आस-पास के लोग इसे और भी कठिन बना देते हैं। लोग उनके पास जाकर मेरे बारे में बातें बनाते हैं, क्योंकि किसी को भी हमारी यह पुरानी दोस्ती अच्छी नहीं लगती। हर व्यक्ति इस तथ्य में जीता और इसे पसंद करता है कि फिल्मी बिरादरी में कोई किसी का दोस्त नहीं होता। लोग इसे सामान्य मानते हैं। जब मैं जीवन की अथाह असफलता में डूबा हुआ था, उस समय कितने लोग मेरे साथ थे? मुझे नहीं पता।

अफवाह एक बड़ी समस्या है। हम ऐसी इंडस्ट्री में हैं, जहाँ लोग बिना गंभीरता के कुछ भी कहते रहते हैं। उनका सुर अधिक महत्त्व रखता है। मैं हमेशा कहता हूँ, 'कृपया मामला गंभीर होने पर भी लिखित संदेश न भेजें। उन्हें बोलकर बताएँ।' उन्हें कहता हूँ, 'मानवीय रिश्तों में लिखित संदेश सबसे बड़ी बरबादी है, क्योंकि इसके साथ आपके वाणी के स्वर की जाँच नहीं हो सकती। बिना स्वर जाने, चीजें वास्तविकता से अधिक खराब नजर आती हैं।' इन संदेशों में भावनाएँ नहीं होतीं, केवल शब्द होते हैं। मेरा हमेशा से मानना है—लोगों से बात करें। वह भी आमने-सामने।

आमने-सामने बात करने के सिद्धांत को कम करके आँका जाता है। लेकिन किसी भी रिश्ते के लिए यह बहुत महत्त्वपूर्ण है। मेरा मानना है कि साथ बैठकर समस्याएँ न सुलझाना भारतीय शैली है। लोग कभी नहीं कहते कि मुझे आपसे समस्या है। वे परोक्ष रूप से कहते हैं, दूर हो जाते हैं, संदेश नहीं भेजते, फोन नहीं करते और बदमिजाज हो जाते हैं। यह समय खराब करनेवाला मूर्खतापूर्ण तरीका है। पहले मैं आमने-सामने बात नहीं करता था। लेकिन अब मैं आमने-सामने बात करता हूँ, क्योंकि रिश्तों में संवाद न होने से वे अकसर दागदार हो जाते हैं। हमेशा आमने-सामने बात कीजिए। घाव को पकने न दें। अगर आपनी भावनाओं को दबाए रखेंगे, तो एक दिन वे आपके सामने फट पड़ेंगी।

बीते सालों में मैंने इंडस्ट्री में बहुत से असंभाव्य दोस्त बना लिये हैं। मुझे अनुराग कश्यप पसंद हैं। अपने भारी शरीर, चीख-चिल्लाहट, विवादों व पागलपन के साथ ही वे चलते-फिरते टेडी बियर

लगते हैं। लेकिन मुझे वे पसंद हैं। उनका दिल सचमुच साफ है। उनसे मिलने से पहले मुझे इसका एहसास नहीं था। मुझे उनका कई फिल्म-निर्माताओं का समर्थन करना पसंद आया। उन्होंने उनके लिए जमीन तैयार की। उन्हें मंच प्रदान किया। वे ऐसा अपने प्रोडक्शन हाउस फैंटम के माध्यम से कर रहे हैं। छोटी फिल्मों को सहारा देने के लिए उनका धन्यवाद। इससे अच्छी फिल्म लिखनेवाले फिल्म-निर्माता, जो पहले किसी गिनती में नहीं थे, वे भी सबके सामने आ सके। वे प्रतिभाओं को प्रोत्साहन दे रहे हैं। उन्होंने उनमें विश्वास जताने की पहल की है। वे बिल्कुल अनजान लोगों को सामने ला रहे हैं। वे उनका पूरा साथ देते हैं। अनुराग इस युग में फिल्म निर्माण के वैकल्पिक आंदोलन के अगुवा हैं। 'बॉम्बे वेल्वेट' उनकी ढेर सारी फिल्मों और फिल्म-निर्माण से उत्पन्न प्रभाव को फीका नहीं कर सकती। हम बिल्कुल अलग तरह के लोग हैं। हमारी फिल्मों की पसंद अलग है, हमारी लोगों की पसंद अलग है, हम दोनों में कुछ भी एक जैसा नहीं है। इसके बावजूद हममें समान बात यह है कि हम दोनों ही प्रतिभाओं को निस्स्वार्थ भाव से सहायता व प्रोत्साहन देते हैं। मेरे खयाल से हम दोनों को जोड़ने का यह सबसे मजबूत कारण है।

राम गोपाल वर्मा के साथ मेरी लड़ाई दरअसल एक मजाक थी। हम दोनों लोकप्रियता के लिए आडंबर कर रहे थे। उन्हें मेरी परवाह नहीं है और मैं उनकी परवाह नहीं करता। हम सिर्फ लोगों के मनोरंजन के लिए एक-दूसरे पर छींटाकशी करते हैं। लेकिन अब वे मुझसे और मैं उनसे बोर हो चुका हूँ, इसलिए हम दोनों चुप हैं। केवल यही अवधारणा लंबे समय से कायम है। एक-दूसरे के बारे में कभी-कभी कुछ-न-कुछ कहते रहना बहुत मजेदार रहता है। यह मनोरंजक होता है। जिंदगी को ऊसर नहीं बनाना चाहिए। कई बार आपको इसे झटके भी देने होते हैं। वहीं संजय लीला भंसालीवाले मामले में मुझे लगता है कि वे और मैं दोनों ही मूर्खतापूर्ण रहे। कई बार कथित कहानियाँ और रिपोर्टें काफी नुकसान पहुँचाती हैं, क्योंकि लोग उसी दिशा में सोचने लगते हैं, फिर चाहे वह झूठ ही क्यों न हो। कई बार ऐसी रिपोर्टें रिश्ते टूटने तक का कारण बन जाती हैं। लिखे हुए शब्दों का लोगों पर बहुत असर पड़ता है। वैसे मुझे लगता है कि किसी ने भी संदर्भ रहित बात नहीं कही। समस्या तब आती है, जब आप अस्पष्ट सी टिप्पणी कर देते हैं, जो गलत व्याख्या कर प्रचारित कर दी जाती है।

❖

आदि और शाहरुख के अलावा अपूर्व मेरी जिंदगी में तीसरे सबसे महत्त्वपूर्ण व्यक्ति हैं। वे मेरे लिए बड़े भाई जैसे हैं। कई बार आपके भाई आपके मित्र नहीं बन पाते। और यही मेरे और अपूर्व के बीच है। मैंने उनके बारे में अपनी मनोचिकित्सक से बात की और उन्होंने कहा, 'आपको पता है, आप उनके बारे में ऐसे बात कर रहे हैं, जैसे वे आपके भाई हों।' हमारी राय काफी अलग है, हममें सामाजिक दूरी है, लेकिन किसी भी तरह की भावनात्मक दबाव या पेशेवर चिंता में हर क्षण वे मेरा संपर्क सूत्र हैं। स्पष्टत: हम भाइयों जैसे हैं। हम इस शो को साथ मिलकर चला रहे हैं। वे हमारे वित्त और आर्थिक पहलुओं का संपूर्ण काम देखते हैं और मैं व्यापार का रचनात्मक पक्ष

देखता हूँ। हम भाइयों की भाँति लड़ते हैं, हम एक-दूसरे को भाइयों की तरह चोट पहुँचाते हैं, हम एक-दूसरे से चीजें छिपाते हैं और इसी कारण यह बड़ी घटना घट गई।

इसके अलावा काजल आनंद हैं, वे तब से मेरी दोस्त हैं, जब मैं दस साल का था। हम पारिवारिक मित्र हैं। मैं उन्हें बचपन से जानता हूँ। जब मैं अठारह या उन्नीस साल का था (वे मुझसे चार साल बड़ी हैं) तो वे मुझे लोगों से इस तरह मिलवाती थीं, जैसे वे मेरी बड़ी बहन हों। मेरे और उनके पिता दोस्त थे। मेरे पिताजी का कैंसर से देहांत हुआ और उसके सालभर बाद उनके पिता का भी कैंसर से निधन हो गया। हम दोनों के ही भाई या बहन नहीं हैं। हम दोनों एक जैसे भावनात्मक दुःख से गुजरे हैं। हम एक-दूसरे से अपनी माँओं के बारे में बात करते हैं और हमारी माएँ हमारे बारे में चर्चा करती हैं।

हम दोनों के बीच काफी समानता है।

अगर मैं या मेरी माँ अस्पताल में हों, तो वे वहाँ सारे दिन उपस्थित रहनेवालों में से होंगी। किसी प्रकार की चिकित्सकीय समस्या आने पर आप किसी व्यक्ति को फोन करते हैं, मेरे लिए वे वही व्यक्ति हैं। मेरे साथ न्यूयॉर्क से लौटते समय माँ को पीठ में चोट लग गई। जब मैं माँ को एम.आर.आई. के लिए अस्पताल ले जा रहा था, उस समय वे मेरे साथ थीं।

मेरी बहुत सी महिला मित्र हैं। लेकिन मैं परंपरागत रूप से महिलाओं के समूह के साथ घूमने जानेवाला व्यक्ति नहीं हूँ। मैं उनमें से एक के या अधिक-से-अधिक दो के साथ होता हूँ। मेरा मित्र समूह ऐसा है, जहाँ हम दो लोग ही मिलते हैं। यह बहुत अजीब है। जैसे गौरी और पुतलु। कॉलेज की दो दोस्त, सिमी और सुनयना। हम प्रत्येक एक या दो महीने में मिलते हैं। मेरी जिंदगी में दोहरी संख्या बहुत है। इन सभी में एक बात समान है कि वे सभी बुद्धिमान और विचारों के मामले में विशेष रूप से आधुनिक हैं। मैं किसी बौड़म महिला के साथ अधिक देर तक बात नहीं कर सकता। मैं मन बहला सकता हूँ, लेकिन उनके साथ बातचीत नहीं कर सकता। भावनात्मक बुद्धिमत्ता से रहित व्यक्ति मुझे उबाऊ लगते हैं। मेरे लिए आई.क्यू. (बौद्धिक स्तर) से ई.क्यू. (भावनात्मक स्तर) अधिक महत्त्वपूर्ण है।

मेरे पुरुषों के साथ भी गहरे संबंध हैं। मैं उन्हें सीधे जानता हूँ। ये पुष्टिकर, जमीनी, ठोस, लंबे समय से जारी मित्रता है। इनमें शाहरुख, मनीष, निरंजन, अपूर्व और बहुत से लोग शामिल हैं।

रेशमा शेट्टी से मुझे बड़ी सहायता मिलती है और मैं उनके साथ गहरा जुड़ाव महसूस करता हूँ। आज वे मेरी उन नजदीकी दोस्तों में से हैं, जिनसे मैं अपने काम के बारे बात कर सकता हूँ। वे और अपूर्व ऐसे व्यक्ति हैं, जिनके साथ मैं अपने काम के बारे में खूब बातें किया करता हूँ। वे एक सेलिब्रेटी मैनेजर हैं। वे 'मैट्रिक्स' नामक कंपनी चलाती हैं। वे सलमान, कैटरीना, करीना के अलावा मेरे तीनों बच्चों (आलिया, वरुण और सिड) का भी काम देखती हैं। वे सबसे बड़ी सेलिब्रेटी मैनेजर हैं और वे कंपनी प्रबंधन से अधिक रणनीति बनाने का काम करती हैं। वे बहुत प्रतिभाशाली हैं। हमारे बीच बड़ा अनूठा रिश्ता है, जो समय के साथ और भी मजबूत हो गया है।

मैं उन्हें बीस सालों से जानता हूँ। मैं 'दिलवाले दुलहनिया ले जाएँगे' में शाहरुख और काजोल के दोस्त का किरदार निभानेवाले अभिनेताओं की खोज में उनके पास गया था। उस समय वे मॉडल कॉर्डिनेटर हुआ करती थीं। अंततः शाहरुख के दोस्त की भूमिका मैंने खुद निभाई थी। बीते सालों में हमारा रिश्ता व्यवहारिक, सौहार्दपूर्ण और दोस्ताना था। लेकिन पिछले छह सालों में हमारे संबंध कुछ अधिक गहरे हो गए हैं। हाल ही में वे मेरी निकटस्थ मित्रों में शुमार हो गई हैं और अब मैं उन्हें अपने परिवार का ही हिस्सा मानता हूँ। दरअसल, इसकी शुरुआत ग्यारह साल पहले मेरे पिता के देहांत के साथ हुई थी। एक शाम मैं अकेला बैठा था और वे मुझसे मिलने आईं (मेरे पिता के निधन के दौरान वे शहर में नहीं थीं)। उन्होंने मुझसे कहा, 'आपको पता है, मेरे पिताजी का भी इसी तारीख को देहांत हुआ था और उन्हें भी यही कैंसर था।' यह कितनी अजीब बात थी कि हम दोनों के लिए यादगार तारीख एक ही थी। मुझे लगा, यह हमारे बीच का कार्मिक जुड़ाव है। इसके बाद हम संपर्क में रहे और हमारा यह गहरा जुड़ाव अभी भी कायम है। एक दिन मैंने उनसे मेरी प्रतिभा का प्रचार करने के लिए कहा। तब से वे मेरी सहायता कर रही हैं। वे मेरी माँ के भी काफी निकट हैं। वे मेरी ही उम्र की हैं और हम दोनों ही अविवाहित हैं। मैं उन्हें छेड़ा करता हूँ, 'अगर मुझे कोई और नहीं मिली, तो मैं हमेशा तुमसे ही जुड़ा रहूँगा।' हम दोनों अपने कामों में व्यस्त रहते हैं। हम दोनों की केवल माँ हैं, जिनसे हम बहुत प्यार करते हैं। यह मेरी एक और दोस्त पुतलु के जैसा है, उनके भी पिता का निधन हो चुका है और वे अपनी माँ के साथ रहती हैं। ये दो वे महिलाएँ हैं, जिनसे मैं काफी जुड़ाव महसूस करता हूँ। जहाँ तक रेशमा का सवाल है, मेरी उनसे सामाजिक स्तर पर मुलाकात नहीं होती। वे किसी से नहीं मिलतीं। मेरी उनसे डिनर के दौरान आमने-सामने मुलाकात हो जाती है। वे किसी से अधिक मिलती-जुलती नहीं हैं, वे पार्टियों में नहीं जातीं, वे केवल काम करती रहती हैं। वे सलमान और उनके परिवार के बहुत निकट हैं। चूँकि वे किसी से अधिक मिलती-जुलती नहीं, इसलिए मेरे और रेशमा के इस विशिष्ट जुड़ाव के बारे में कोई नहीं जानता। अपने पेशेवर फैसलों में मैं उनकी सलाह को बहुत गंभीरता से लेता हूँ। मैं काम और लोगों के बारे में उनकी राय पर यकीन रखता हूँ। बीते सालों में मेरे और उनके बीच एक ऐसा नाता बन गया है, जो काफी मजबूत है।

मेरी पप्पू मौसी की दो बेटियाँ, मेरी मौसेरी बहनें—प्रियंका और अनुष्का। वे दोनों मेरे परिवार से हैं। ये मेरी वसीयत में शामिल रहेंगी। ये दोनों लड़कियाँ मेरे लिए बेटियों जैसी हैं। यद्यपि सैद्धांतिक रूप से वे मेरी बहनें हैं। इनमें एक बत्तीस साल की है और दूसरी अट्ठाईस साल की। प्रियंका 'वोग' में काम करती हैं। अनुष्का स्टाइल और डिजाइन करती हैं, लेकिन फिल्मों के लिए नहीं। इन दोनों का फिल्म इंडस्ट्री से अधिक संबंध नहीं है। लेकिन वे मेरी बेटियाँ हैं।

अपनी दोनों बहनों के लिए मेरा यह पितृत्व एहसास सिड, वरुण और आलिया तक विस्तृत है। हाल ही में हम ड्रीम टीम टूर पर गए थे। वहाँ मुझे एहसास हुआ कि वे लोग मेरी कितनी परवाह करते हैं। उन युवा लोगों के ग्रुप में मैं अकेला उम्रदार व्यक्ति था। चार्टेड फ्लाइट के दौरान उन्होंने

मेरी बहुत देखरेख की। आलिया ने मुझे ठंड न लगे, इसलिए कंबल लाकर दिया। सिड और वरुण यह सुनिश्चित करते थे कि कार में मैं सबसे पहले बैठूँ। उनसे बड़ा होने के कारण मुझे उनका खयाल रखना चाहिए था जबकि वे लोग मेरी ऐसे देखरेख कर रहे थे, जैसे मैं उनका बच्चा हूँ। उन्हें इतनी परवाह करते देख मुझे महसूस हुआ कि दरअसल हम एक जैविक पैतृक बंधन में बँधे हैं।

इसके अलावा मेरा एक कंफर्ट ग्रुप है—यह धर्मा का और धर्मा के भीतर का ग्रुप है। इसमें धर्मा प्रोडक्शन के सभी निर्देशक शामिल हैं, जिनमें पहले से उपस्थित तरुण और पुनीत तथा उनके कुछ बाद में आनेवाले करण, शशांक और शकुन शामिल हैं। मैं उन सभी से बहुत जुड़ाव महसूस करता हूँ। इनके अलावा मुझे मेरी जिंदगी को सँभालनेवाली गरिमा से भी काफी आराम है। गरिमा और नीलोफर दो मजबूत महिलाएँ हैं, जो मेरा सारा काम सँभालती हैं। मेरे जीवन में मेरी माँ के अलावा माँ जैसी कोई अन्य छवि है तो वह इन दोनों की है, जिनमें से एक मुझसे बड़ी है तो एक छोटी। मेरा मूड खराब होने का एहसास होने पर वे मेरे आस-पास ही मँडराती रहती हैं। कई बार जब मैं देर रात तक काम करता हूँ तो गरिमा मेरे लिए वहीं उपस्थित रहती हैं, हालाँकि घर पर उनके पति और बेटी उनका इंतजार कर रहे होते हैं। मुझे उनमें अपने प्रति सुरक्षात्मक प्रवृत्ति दिखाई देती है।

उनके अलावा अयान, कंपनी के एक डायरेक्टर अभिषेक वर्मन, आरती और पूजा शेट्टी का समूह भी है। हमारा एक व्हाट्सएप्प ग्रुप है, जिसे हमने 'ए लिस्ट' का नाम दिया है। और हममें से केवल पूजा का ही नाम पी अक्षर से आरंभ होता है, इसलिए मैंने इसे 'एएएपी' का नाम दिया है। मुझे ऐसा लगता है, जैसे वे मेरे मॉनिटर हैं। मुझे रोजाना संदेश आते हैं, 'क्या आप ठीक से सोए?' 'क्या आपने खाना खाया?' 'करण यह बहुत हास्यास्पद है, आप झलक में डांस कर रहे हैं।' वे मुझपर नजर रखते हैं। कभी मुझे ऐसे संदेश आते हैं, 'आप कहाँ पर हैं?' एक बार जब मैं टोरंटो इंटरनेशनल फिल्म फेस्टिवल में था, तो मुझे एक संदेश आया, 'आप इस समय जो भी कुछ देख रहे हैं, उसकी एक तसवीर भेजिए।' उनका इस तरह से ध्यान रखना मुझे भावुक कर देता है। मुझे अपनी परवाह करनेवाले किसी के होने का एहसास होता है।

उनके अलावा यहाँ काम करनेवाले बाकी लोग और बच्चे भी हैं। मैं उन सबको जोड़े रखनेवाला व्यक्ति हूँ। बाहर से आनेवाला हर व्यक्ति मेरे क्षेत्र से जुड़ जाता है। जैसे रेशमा, जो पूर्णत: गैर-सामाजिक हैं, लेकिन वे उन लोगों के साथ संपर्क रखती हैं, जिनसे मैं परिचित हूँ।

जोया और श्वेता वे दो स्त्रियाँ हैं, जिनसे मैं बचपन से लेकर आज तक जुड़ा हुआ हूँ। फरहान और अभिषेक बहुत बिगड़ैल बच्चे थे। उनकी बनिस्बत श्वेता और जोया मेरी दिनचर्या में अधिक शामिल थीं। श्वेता और पुतलु अब भी मेरे काफी निकट हैं। गौरी और पुतलु अच्छी दोस्त हैं। बीते समय के ये लोग मेरे आज में भी शामिल हैं।

मैं सौभाग्यशाली था, जो मुझे अच्छे दोस्त मिले और जिन्हें इतने सालों तक कायम रखने के लिए मैंने भरसक प्रयास किया। मेरे दोस्त मुझसे पूरी ईमानदारी से प्रेम करते हैं। मैं यह बात जानता हूँ।

□

# प्रेम और सेक्स

मैंने छब्बीस साल की उम्र में कौमार्य खोया था। इससे पहले मैंने कभी काम अनुभव नहीं लिया था। हाँ, यह सच है। अगर ऐसा नहीं होता तो मैं आधिकारिक रूप से ऐसा कभी नहीं कहता? मुझे इसपर गर्व नहीं है। मैं न्यूयॉर्क में था। उस समय तक मैं सेक्स के बारे में पूर्णत: अनुभवहीन था। यहाँ तक कि बचपन में भी इस मामले में मैं बहुत पिछड़ा हुआ था। मैं इस बारे में कुछ नहीं जानता था। मुझे याद है, जब मुझे पहली बार किसी ने ब्लो जॉब के बारे में बताया था।

मेरी कक्षा में एक लड़का था, जो मेरी टाँग खींचने के लिए मुझसे पूछे जा रहा था, 'तुम्हें पता है कि ब्लो जॉब क्या होता है?'

मैंने कहा, 'नहीं, यह क्या होता है? मैंने इसके बारे में कुछ सुन तो रखा है।'

उसने कहा, 'अपने सारे कपड़े उतार दो और पंखे को हाई स्पीड पर कर दो, यही होता है ब्लो जॉब।'

मैंने कहा, 'मैं यह कर सकता हूँ। इसमें बड़ी बात क्या है?'

और मुझे याद है, बारह साल की उम्र में मैंने अपने कपड़े उतारे और अपने पंखे को फुल स्पीड पर कर दिया।

बाद में मैंने उसे यह बात बताई तो वह बोला, 'तुमने ऐसा किया!'

मैंने कहा, 'हाँ, मैंने ऐसा तीन बार किया।'

उसने कहा, 'तुमने कल तीन बार ब्लो जॉब किया!'

मैंने कहा, 'हाँ, मैंने तीन बार ब्लो जॉब किया।'

मुझे पता है कि इसपर विश्वास करना सरल नहीं होगा, लेकिन बहुत समय तक मुझे 'मैथुन' या 'हस्तमैथुन' शब्दों का मतलब भी नहीं पता था। मेरे पिता और मेरी उम्र में काफी फासला था और मुझे यह सब बतानेवाला कोई नहीं था। मेरे दोस्तों में सभी बहुत सीधे किस्म के थे। हम सभी बहुत अच्छे लड़के और लड़कियाँ थे। हमारा गुजरातियों का समूह अकसर पिकनिक के लिए जाया करता था। हम सबसे सीधे, अज्ञानी और मासूम हुआ करते थे।

बड़े होने के दौरान मेरे दिमाग में एक साथ कई चीजें चल रही थीं। सेक्स का विचार मुझे बहुत अजीब, बल्कि परेशान करनेवाला लगता। मैं सोचता कि क्या मैं अलैंगिक हूँ। मुझे

यह सब महसूस क्यों नहीं होता? मैं कुछ क्यों नहीं करता? मेरे दिमाग में हलचल मची थी। मेरे लिए इस बारे में सोचने, बात करने और चर्चा करने की बिल्कुल मनाही थी। 'दिलवाले दुलहनिया ले जाएँगे' और 'कुछ कुछ होता है' के निर्माण के दौरान मैंने इस विषय को पूरी तरह दबाए रखा। उस समय मैं बहुत मोटा था और मेरा वजन मेरे लिए एक बड़ी समस्या थी। शारीरिक रूप से मैं खूबसूरत नहीं था। वस्तुतः 'कुछ कुछ होता है' के बाद मैंने अपने सौंदर्य पर ध्यान देना आरंभ किया। मैंने थोड़ा सा वजन घटाया और अपने सौंदर्य में निखार लाया। इससे मैं थोड़ा सा खूबसूरत हुआ, जिससे मेरा आत्मविश्वास बढ़ गया। 'कुछ कुछ होता है' की रिलीज के बाद मुझे पहली बार विदेश जाने का मौका मिला। 'कुछ कुछ होता है' की रिलीज के फौरन बाद मैं लंदन चला गया। उस समय मैं छब्बीस साल का था। वहाँ मैंने एक आला दर्जे की सुरक्षित सेक्स सेवा के बारे में सुना। लेकिन मेरा वजन उस समय भी काफी था, जिस कारण मैं अपने शरीर को लेकर संकोची था। युवावस्था में आपके भीतर किसी दूसरे के समक्ष अपने कपड़े उतारने का हौसला कुछ अधिक होता है। लेकिन फिर मुझे खयाल आया कि जब आप इस काम के पैसे दे रहे हैं तो इतना सोचने-विचारने की क्या जरूरत है?

मेरे लिए यह बेहद तनावपूर्ण अनुभव रहा। मैंने दो बार प्रयास किया। पहली बार मैं भाग गया। मैंने पैसे देने के बाद कहा कि मुझसे यह नहीं हो पाएगा। मैं इतने अधिक तनाव में था कि मैं कुछ नहीं कर सका। एक हफ्ते बाद मैंने साहस जुटाया और फिर वहाँ पहुँच गया। इस बार मैं ग्लानि सहित बाहर निकला। मुझे बहुत बुरा लग रहा था। मैंने यह क्यों किया। मैंने सोचा, क्या काम स्रावित आनंदपूर्ण नहीं होता। यह तो बिल्कुल मूर्खतापूर्ण था। ये नकली लग रहा था। क्योंकि जाहिर है, जिसपर आपको यह सुख देने की जिम्मेदारी है, वह इसे बनावटी रूप से ही अंजाम दे रहा है। यह उनका पेशा है। उन्हें इसी के लिए पैसे मिलते हैं। ऐसा लग रहा था, मानो मैं कैमरे के सामने किसी फिल्म में काम कर रहा हूँ। मैंने सोचा, यह मैं क्या कर रहा हूँ? इसमें न तो मुझे आनंद आ रहा है और न ही मैं इस बारे में किसी को बतानेवाला हूँ। तो फिर मैं यह किसलिए कर रहा हूँ? यह कोई ऐसी बात नहीं, जिसकी आप डींगें मार सको या लोगों को बता सको कि 'आज मैंने मैथुन पर धन खर्च किया।' यह छिपानेवाली बात है। मैंने भी यही किया। मुझे इससे कोई फायदा नहीं हुआ। मैं युवा था, बावजूद इसके सेक्स के लिए पैसे देने की बात मेरी समझ से बाहर थी। मुझे लगा, मैं जिंदगी के इस हिस्से को नकली रूप कैसे दे सकता हूँ? मैं किसी ऐसी चीज के लिए पैसे नहीं दे रहा, जिसमें मुझे आनंद आए। मुझे इस दिशा में काम करना होगा या तो इसे खुद प्राप्त करना होगा या इससे दूर रहना होगा।

इसके बाद मुझे याद है, उम्र के तीसवें दशक में मैंने न्यूयॉर्क में एक बार फिर ऐसा करने का मन बनाया। मैंने समय भी तय कर लिया। लेकिन उससे एक घंटा पूर्व समय रद्द कर दिया। इसका कारण मुझमें नैतिकता या नीति का उदय होना नहीं, बल्कि मुझे यह निरर्थक लगता था। यह ट्विटर के जैसा है, मैं सात करोड़ अनजान लोगों के सामने अपनी राय प्रकट क्यों करूँ?

अगर इसका कोई प्रभाव नहीं होना, तो ऐसा करने का क्या औचित्य है? साथ ही क्या मुझे यह कहना ही होगा कि मैं इतनी संख्या में लोगों के साथ सेक्स कर चुका हूँ, क्योंकि हर कोई ऐसा कर रहा है? अगर मैं इसे अपने प्रयासों से प्राप्त नहीं कर पा रहा तो क्या इसके लिए पैसे देना ठीक रहेगा? मेरी चिंता का कारण पैसा नहीं बल्कि इसका व्यर्थ जान पड़ना था।

प्रेम के मामले में मैं बहुत पुराने फैशन का हूँ। मैं अपने भीतर के रोमांटिज्म को बनाए रखना चाहता हूँ। मुझे शिष्टाचार में पूरा भरोसा है, फिर चाहे वह प्रेम में ही क्यों न हो। मैं आज भी शिष्टाचार में यकीन रखता हूँ। मैं चलते समय महिलाओं के लिए रास्ता छोड़ता हूँ, उनके लिए कार का दरवाजा खोलता हूँ, मैं वरिष्ठ पुरुषों और महिलाओं को बैठने की जगह देता हूँ। मुझे लगता है कि अपने पिता की बदौलत ये कुछ चीजें मुझमें पैवस्त हो गई हैं। मैंने उन्हें हमेशा यही करते देखा है। मुझे बड़ों की इज्जत करने और महिलाओं के साथ अच्छा व्यवहार करने पर विश्वास है। इनमें से कुछ चीजें मेरे डी.एन.ए. में शामिल हैं।

आज लोगों को लगता है कि मेरा दुनियाभर में कहीं भी सेक्स करने का रास्ता साफ है। लेकिन मैं ऐसा करनेवालों में से नहीं हूँ। मेरे लिए सेक्स बेहद निजी और आंतरिक एहसास है। यह कोई ऐसी चीज नहीं, जो मैं किसी के साथ कहीं भी कर सकता हूँ। मुझे इसके लिए समय देना होगा। मैं अपनी जिंदगी के इस पक्ष को लेकर बहुत सुरक्षात्मक हूँ। इस बात पर किसी का मुझपर हमला करने की बात से ही मेरा शरीर तनाव से भर जाता है। अगर मेरी इस ओर रुचि नहीं होती तो मैं किसी स्कूल के कठोर प्रिंसिपल जैसा हो जाता। मैं लोगों से मिलता-जुलता हूँ। लेकिन यह क्षेत्र मेरे लिए काफी अटपटा है।

मैं अपने बारे में उड़नेवाली हर अफवाह का डटकर सामना करता हूँ। मेरी कामुकता के बारे में बहुत अटकलें लगाई जाती हैं। कुछ सालों पहले तो मुझे और शाहरुख को लेकर अफवाहें फैली थीं। इन्हें सुनकर मुझे बहुत दु:ख पहुँचा। तत्पश्चात् मैं इनपर क्रोधित होने से उदासीन और अंतत: चकित रहने लगा। मैं एक हिंदी चैनल पर था, वहाँ मुझसे शाहरुख के बारे में प्रश्न किया गया। इंटरव्यू लेनेवाले ने पूछा 'यह अनोखा रिश्ता है आपका।' उसने इसे इस अदा के साथ बोला कि मुझे गुस्सा आ गया।

मैंने कहा, 'अगर मैं आपसे पूछूँ कि क्या आप अपने भाई के साथ सोते हैं, तो आपको कैसा लगेगा?'

इसपर उसने कहा, 'आपका क्या मतलब है? आप मुझसे ऐसा सवाल कैसे पूछ सकते हैं?'

मैंने कहा, 'तो आप मुझसे यह सवाल कैसे पूछ रहे हैं? यह वैसी ही बात है। अगर मैं आपसे पूछूँ कि क्या आपका आपके भाई के साथ कोई सेक्सुअल रिश्ता है तो आप क्या कहोगे मुझसे?'

उसने कहा, 'यह कैसे बोल सकते हैं आप मुझसे, यह कैसा सवाल है?'

मैंने कहा, 'तो आपने जो मुझसे पूछा वह कैसा सवाल था?'

मेरे लिए शाहरुख के साथ मेरे रिश्तों में चाहे जितने भी उतार-चढ़ाव आएँ, मेरे दिमाग में वे हमेशा मेरे पिता के दोस्त ही रहेंगे। मेरे लिए वे पिता तुल्य या बड़े भाई के जैसे हैं। मुझे किसी बारे में बात करनी हो तो वे पहले व्यक्ति होंगे, क्योंकि कुछ मायनों में मेरी जिंदगी में उन्होंने मेरे पिता की जगह ले ली है। मेरे लिए उन्हें इस दृष्टि से देखना या इन अफवाहों को कारण बनने देना बेहद हास्यास्पद है। ऐसी कहानियों से मैं चिंतित हो जाता हूँ। मैंने ऐसी कहानियाँ भी सुनी हैं कि मैं लंदन में ब्रिटिश एयरवेज के लॉन्ज स्थित कॉनकॉर्ड रूम में उनके साथ हमबिस्तर था। हमें ऐसा करना ही होगा, तो हम सार्वजनिक स्थान पर क्यों करेंगे?

लेकिन शाहरुख इसकी कोई चिंता नहीं करते। उनका कहना है, 'लोग बेकार की बातें करते हैं, जिस आदमी का विवाहेतर संबंध नहीं होता, उसे समलैंगिक मान लिया जाता है।'

क्या यही दृष्टिकोण होता है? अगर आप किसी महिला के साथ नहीं सो रहे तो आप पुरुष के साथ सो रहे हैं? वे ऐसे व्यक्ति हैं, जो अपने काम को लेकर प्रतिबद्ध हैं और साथ ही मेरे बहुत निकट भी हैं। वे मुझे गले लगाते हैं, मेरे सिर पर थपकी देते हैं, वे ऐसी गतिविधियाँ करते हैं, वे हमेशा मुझे एक छोटे भाई के जैसा मानते हैं। शाहरुख ने एक बार 'कॉफी विद करण' में इसी पर एक मजाक किया था।

मैंने पूछा, 'क्या हो अगर सोकर उठने पर आप करण जौहर हो गए हों?'

उन्होंने कहा, 'मेरे उनके जैसा होकर उठने से अधिक संभावना उनके साथ उठने की है।'

यह कार्यक्रम राष्ट्रीय टेलीविजन पर आ रहा था। और हम दोनों इसपर खूब हँसे।

मेरे आस-पास हमेशा मेरे कथित प्रेम-प्रसंग छाए रहते हैं। अब तो मुझे किसी आदमी के साथ देखे जाने से भी डर लगता है, क्योंकि वे सोचने लगेंगे कि मैं उसके साथ हमबिस्तर होता हूँ। सबसे पहले तो मैं कभी भी अपनी मनोवृत्ति या सेक्सुअलिटी के बारे में बात नहीं करूँगा कि मैं विषमलैंगिक, समलैंगिक, उभयलिंगी, अलैंगिक या क्या हूँ। यह मेरा व्यक्तिगत विषय है। मैं इस बारे में बात करने से इनकार करता हूँ। मेरे संबंध चाहे 100 पुरुषों से हों या 200 स्त्रियों से हों, मैं इस बारे में कोई बात नहीं करना चाहता। मेरी परवरिश में मुझे अपने सेक्स जीवन के बारे में बात करना नहीं सिखाया गया। मुझे पता है कि मेरे पीछे मेरा मजाक उड़ाया जाता है। मुझे पता है कि मेरी सेक्सुअलिटी पर क्या बातें की जाती हैं। इस देश में मैं समलैंगिकता का प्रतीक जैसा बन गया हूँ। लेकिन सच कहूँ तो मुझे लोगों द्वारा मेरे बारे में कही गई बातों से कोई फर्क नहीं पड़ता।

ट्विटर पर मेरा सबसे अधिक अपमान होता है। रोज सुबह मेरे लिए कम-से-कम 200 घृणा संदेश होते हैं, जिनमें कहा जाता है, 'तुम कामुक समलैंगिक, हमारा देश छोड़ दो' या 'चले जाओ, तुम हमारे देश को प्रदूषित कर रहे हो, तुम समाज को दूषित कर रहे हो' या 377 (भा.दं.सं की धारा) को अंदर डाल लो। मुझे ऐसे संदेश रोज मिलते हैं और मैं इनपर हँसता हूँ। मुझे इनकी कोई परवाह नहीं। मैंने लोहे का एक ऐसा कवच विकसित कर लिया है, जो मुझे इस तरह की हर बकवास से सुरक्षित रखता है। कई बार लोग बहुत रूखे हो जाते हैं और एयरपोर्ट पर यह सब मुझे आमने-सामने कहने लगते हैं।

जैसे एक बार हीथ्रो एयरपोर्ट पर एक व्यक्ति चुपचाप मेरे पास आया और बोला, 'क्या यह बात सच है कि तुम समलैंगिक हो?'

बीवी-बच्चे साथ में होने के बावजूद वह मुझसे यह सवाल कर रहा था।

मैंने उसकी ओर देखा और कहा, 'क्यों, क्या तुम्हारी इसमें दिलचस्पी है?'

और वह बोला, 'क्या, क्या!'

और मैंने कहा, 'मेरे सामने क्या-क्या मत करो।'

और मैंने उसकी ओर इशारा किया और आगे बढ़ गया। वह चुपचाप चला गया।

मैं हमेशा करारा जवाब देता हूँ। अंग्रेजी मीडिया के कुछ बड़े सेक्शन इस सवाल को काफी संवेदनशील तरीके से उठाते हैं।

वे मुझसे पूछते हैं, 'आपके बारे में काफी अटकलें लगाई जाती हैं, आपकी सेक्सुअलिटी के बारे में।'

मेरी सेक्सुअल मनोवृत्ति के बारे में सब लोग जानते हैं। मुझे इसे चिल्ला-चिल्लाकर बताने की आवश्यकता नहीं है। मैं इस पुस्तक के माध्यम से कहना चाहता हूँ—हर कोई जानता है, मैं कैसा हूँ। और फिर भी अगर मुझे इसे कहना पड़े, तो भी मैं ऐसा नहीं करूँगा, क्योंकि मैं जिस देश में रहता हूँ, वहाँ इसे कहने पर मुझे जेल भी भेजा जा सकता है। इसलिए मैं अपने बारे में वे तीन शब्द नहीं कहता, जिनसे संभवत: सभी लोग परिचित हैं। मैं इशारों में कहता हूँ। ए.आई.बी. रोस्ट मंच पर खड़े होने के लिए आधे लोग मेरा साथ देते हैं तो आधे मेरी आलोचना करते हैं। लेकिन आखिरकार मैं जो करना चाहता हूँ, वही करता हूँ। मेरे ऐसा करते समय दर्शकों की पहली पंक्ति में मेरी माँ बैठी होती हैं। फिर भी आपको इससे कोई परेशानी है तो भाड़ में जाओ। मुझे सबसे ज यादा परेशानी तब होती है, जब उच्च नैतिकतावाले लोग मुझे कहते हैं कि, 'आपकी माँ पहली पंक्ति में क्यों बैठी हैं?'

लेकिन उन्हें इसकी परवाह नहीं। क्या आप जानते हैं कि हम दोनों में इस विषय पर क्या बातचीत हुई है? क्या आप जानते हैं कि मैंने उन्हें रोकने की कोशिश की, लेकिन फिर भी उन्होंने वहाँ आने पर जोर दिया?

मैंने कहा, 'ठीक है, अगर आप मुझे 5000 लोगों के सामने मंच पर क्या कहा जाता है, इसे सहन कर सकती हैं तो आप जरूर आएँ। और पहली पंक्ति में बैठकर ठहाके लगाएँ।'

मैंने उनसे दूसरी बात यह कही कि 'माँ, ठहाके लगाना। न तो चिढ़ना और न ही मुझपर शर्मिंदा होना, क्योंकि मुझे अपने पर कोई शर्मिंदगी नहीं है।' उनके मेरी सेक्सुअल मनोवृत्ति का मजाक उड़ाने पर मुझे कोई आपत्ति नहीं है। मैं जैसा हूँ, मुझे वैसा होने पर कोई शर्मिंदगी नहीं है। मुझे इसके लिए कतई खेद नहीं है। मैं जिस देश में रहता हूँ, उसके लिए और इसके साथ ही अपनी पृष्ठभूमि को लेकर शर्मिंदा हूँ। मैं सोशल मीडिया पर होनेवाली ट्रॉलिंग को लेकर दु:खी, परेशान तथा निराश हूँ। जहाँ रोज सुबह लोग कहते हैं, 'उठो, तुम्हें यह पिछवाड़े में चाहिए।' मुझे रोजाना

और हफ्ते में 3000 बार ऐसी चीजें पढ़ने को मिलती हैं। मैं यह सोचकर उदास हो जाता हूँ, लोग यह नहीं समझते कि अगर वे जिसे बाधा मान रहे हैं, वैसे समलैंगिक न होकर पूर्णतः सामान्य व्यक्ति हैं तो आपको बातें कितना परेशान कर देंगी।

आखिर में यह होमोफोबिया बेहद दुःखद और परेशान करनेवाला होता है। वे कहते हैं, 'आप अपनी सेक्सुअलिटी के बारे में बात क्यों नहीं करते? इससे आप देशभर में मशहूर हो सकते हैं।' लेकिन मैं मशहूर होना नहीं चाहता। मैं अपना जीवन जीना चाहता हूँ। मेरे इसे खुलकर न कहना का कारण सिर्फ यह है कि मैं अपने पर एफ.आई.आर. दर्ज करवाना नहीं चाहता। माफ कीजिएगा। मुझे काम करना है। मैं अपनी कंपनी और अपने लिए काम करनेवालों और करीब सैकड़ों लोगों के प्रति जवाबदेह हूँ। मैं पूरा दिन इस देश के हाई कोर्ट या सुप्रीम कोर्ट में बैठकर हास्यास्पद और कट्टर तथा अनपढ़ व बुद्धिहीन लोगों के साथ नहीं बिताना चाहता, जो प्रसिद्धि पाने के लिए ऐसा कर रहे होंगे। मैं ऐसा नहीं करनेवाला।

मैं जिंदगी में ऐसे पड़ाव पर पहुँच गया हूँ, जहाँ मुझे अपने को लोगों की मुझे क्या कहना चाहिए या करना चाहिए के विचारों के अनुरूप बनाऊँ। मुझे लगता है कि मुझे इसपर इसलिए बात नहीं करनी चाहिए, क्योंकि मुझमें इस स्तर की शालीनता और मानवीयता है, जो मेरे व्यक्तित्व का आवरण बनी हुई है। मैं लोगों का विरोध नहीं करता, उन्हें चोट नहीं पहुँचाता, फिर चाहे वे मेरे परिवार के लोग या रिश्तेदार ही क्यों न हों। मैं अपनी कंपनी और अपनी बिरादरी का साथ देने के लिए हमेशा तैयार हूँ। मैंने सही काम किए हैं। इसलिए अगर आपने मेरी सेक्सुअलिटी को लेकर कोई राय बना रखी है तो भाड़ में जाओ। मुझे इसकी परवाह नहीं। मेरी जिंदगी मेरे लिए है और मेरा ध्यान अपने आनेवाले कार्यों पर केंद्रित है।

मुझसे ऐसा रिश्ता रखनेवाली एक व्यक्ति विदेश में हैं। पहले वे लॉस एंजिलस में रहती थीं और अभी न्यूयॉर्क शिफ्ट हो गई हैं। हमारा रिश्ता कायम नहीं रह सका। यह सिर्फ एक साल चला। और वह मेरे जीवन का एकमात्र रिश्ता रहा है।

निस्संदेह, अतीत में मुझे भी प्यार हुआ था। लेकिन मुझे हमेशा अनुपलब्ध लोगों से ही प्यार होता है। मैंने जिससे भी प्यार किया, वे हमेशा इस बात को जानते थे, लेकिन मैंने हर बार अपने टूटे हुए दिल को सँभाल लिया, मैं इतना यथार्थवादी हूँ। जैसे ऑस्कर विजेताओं के बारे में कहा जाता है, मैं तीन बार दिल तुड़वा चुका हूँ, लेकिन मैं हर बार इससे उबर आया। इससे संघर्ष किया और अपनी जिंदगी जीता रहा। इन तीनों बार शारीरिक संबंध नाममात्र को भी नहीं थे। मैंने अपने प्रेम का इजहार किया, लेकिन इसका कोई परिणाम नहीं रहा। यह निस्स्वार्थ प्रेम था, जो किसी असामान्य, रोमांटिक हिंदी फिल्मी ढंग के बलिदान से परिपूर्ण रहा। लेकिन इसने मुझे और परिपक्व बना दिया। दिल टूटने के बाद मैंने सबसे बेहतरीन लेखन किया। दिल टूटने के बाद मैंने 'ऐ दिल है मुश्किल' लिखी, जिसे दिल टूटने के बाद निर्देशित भी कर रहा हूँ। मैंने अपनी पूरी ऊर्जा इस

पटकथा में झोंक दी। इस तरह यह दिल टूटना तर्कसंगत हो गया। यह किसी और की नहीं बल्कि मेरी गलती थी और इस भावना का पूरा दायित्व मैं लेता हूँ। आखिरकार मैंने इसका काफी बड़ा हिस्सा अपने लेखन में परिवर्तित कर दिया। और तब मैंने सोचा कि चलो, रिश्ता नहीं बना तो क्या हुआ कम-से-कम फिल्म तो बन गई। और शायद उम्र के इस दौर में मेरे लिए किसी रिश्ते से फिल्म अधिक महत्त्वपूर्ण है। यह बहुत अजीब है कि दिल टूटना भी संतोषजनक हो सकता है।

मेरे साथ इकतरफा प्रेम की बहुत सी घटनाएँ हुईं। मेरे साथ दिल टूटने की दो घटनाएँ हुईं। पहली कॉलेज में और दूसरी उसके बाद। दोनों बार यह इकतरफा प्यार था, जिसको मैं अपनी चिता तक साथ ले जाऊँगा, क्योंकि इनके बारे में बहुत थोड़े से लोग जानते हैं। इस बारे में सिर्फ मैं जानता हूँ या वह जानती है, जिससे मैं गुपचुप व पागलों की तरह प्यार करता था। यह कामयाब नहीं रहा। लेकिन इसने मुझे परिपक्व बनाया। मेरा दिल ठीक 'कुछ कुछ होता है' की भाँति टूटा, क्योंकि कॉलेज में पढ़ने के दौरान और उसके भी करीब सात या आठ सालों तक मैं किसी से बेशर्त, पूर्णतः और पागलों की तरह प्यार करता था। इससे मेरा दिल टूट गया और मैं रो पड़ा। लेकिन मैं समझ गया कि वह प्रेम परवान क्यों नहीं चढ़ सका। दोनों ही अवसरों पर हम दोनों में भावनात्मक, शारीरिक और सेक्सुअल तालमेल नहीं था। इसलिए यह अनुत्तरित ही रह गया।

लेकिन जहाँ मुझे इसका प्रतिदान मिला, जहाँ मुझे लगा कि मैं प्यार में हूँ, मैं किसी के साथ हूँ, तो हमारा प्यार एक साल से भी अधिक चला। लेकिन मुझे याद है कि मैंने इसे इस रिश्ते को इसलिए तोड़ दिया, क्योंकि मुझे महसूस हुआ कि इसके पीछे के कारण गलत हैं। मैं इसमें इसलिए डूब गया था, क्योंकि मुझे सही मायनों में पहली बार प्रेयसी मिली थी। पहली बार मैं कह सकता था कि मैं इस रिश्ते में हूँ। मैं किसी को डेट कर रहा हूँ। इसलिए मुझे लगा कि मैं इसे कोई तमगा या दूसरों के बीच ख्याति पाने के लिए कर रहा हूँ न कि मुझे ऐसा एहसास है। वास्तव में यह थोड़ा उबाऊ था। रिश्ते से उसका विचार अधिक उत्साहजनक था। यह ऐसी चीज नहीं थी, जिसमें मुझे आनंद आए। मैंने इसमें उस तरह से कोशिशें नहीं कीं, जैसी मुझे करनी चाहिए थीं। मैं अपने इस इकलौते रिश्ते से अपने इकतरफा प्यार में अधिक डूबा रहा था।

फैज अहमद फैज का शेर है—

गर बाजी इश्क की बाजी है, जो चाहे लगा दो डर कैसा,
गर जीत गए तो क्या कहना, हारे भी तो बाजी मात नहीं।

वास्तव में यह बेहद खूबसूरत विचार है—प्यार में हारने पर भी जीत होती है और मुझे लगता है कि हर किसी को इससे गुजरना पड़ता है। प्रेम में मिली असफलता बेहद खूबसूरत बात है। कई बार प्यार में मिली नाकामी दिल के हजार टुकड़े कर देती है। लेकिन इस दिल टूटने ने मुझे मजबूत बना दिया। इससे मुझे अपने जिंदा होने का एहसास हुआ। इस गहरी चिंता व जीवन का उत्साह खोने के दौर में दिल टूटने ने मुझे जगा दिया। मुझे अपने दिल के धड़कने का एहसास हुआ। मेरे साथ ऐसा सालों बाद हो रहा था। मेरे साथ ऐसा पहले मेरे बीसवें दशक में कॉलेज के दौरान और

उसके बाद मेरे चालीस के आस-पास हुआ था। मैं इस बारे में अधिक खुलासा नहीं कर रहा, क्योंकि यह इससे जुड़े अन्य लोगों के लिए न्यायोचित नहीं होगा। यह आत्म-करुणा के जैसा है, जो वास्तव में विलासिता ही है। यह खूबसूरत भी हो सकता है। इसे आदत न बना लिया जाए तो कई बार आत्मकरुणा भी अच्छी साबित होती है। इस तरह मुझे साढ़े तीन बार प्यार हुआ। जैसे फोर वैडिंग ऐंड अ फ्यूनरल! मेरे जिंदगी के बीते चवालीस सालों में मेरे सबसे लंबे चले रिश्ते की उम्र सिर्फ एक साल रही। लोग मानें या न मानें, यही सच है। मैं अपनी जिंदगी, कॅरियर, परिवार और हर चीज की कसम खाकर कहता हूँ कि यह बिल्कुल सच है।

यहाँ मैं एक बात और स्पष्ट कर देना चाहता हूँ कि आज तक कोई भी मेरे प्यार में नहीं पड़ा है। अगर किसी ने मुझसे प्रेम किया होता तो मैं इसकी खबर छत पर चढ़कर चिल्ला-चिल्लाकर देता। प्रेम किया जाना हर किसी को प्रिय होता है। लेकिन ऐसा कोई नहीं है, जो मुझसे पागलों की तरह प्यार करता हो, जिसका दिल मैंने तोड़ा हो। आज तक मुझे किसी की गहरी भावनाओं को नकारने का अवसर नहीं मिला है। मैं भी किसी का दिल तोड़ना चाहता हूँ, कम-से-कम मेरे पास सुनाने के लिए कोई कहानी तो हो। एक समय पर ऐसा लगता था कि इस मामले में मेरा मनोबल कभी विकसित नहीं होगा। शायद मैं अपने को इस तरह नहीं दरशा पा रहा कि कोई मेरे प्यार में पड़ जाए। मैं स्वयं को सुरक्षित रखने में व्यस्त रहा और कुछ ज्यादा ही सजग रहा। सजगता एक बीमारी है।

मेरे काम संबंध सिलसिलेवार व गुजरते घटनाक्रम रहे, लेकिन इनकी संख्या इतनी नहीं है, जितने मेरे स्थितिवाले व्यक्ति की होनी चाहिए। मुझे इनमें आनंद नहीं आया। यह बेहद अस्थिर, बहुत कम और बहुत अंतराल पर घटे। मैं कोई कामुक व्यक्ति नहीं हूँ। मैं प्रेमपूर्ण हूँ। मैं प्रेम की बात करता हूँ। कोई रिश्ता या गंभीरता का एहसास न होने पर मैं उत्तेजित नहीं हो सकता। मुझे भावनाएँ उत्तेजित करती हैं। मुझे शारीरिक उत्तेजना नहीं होती। मुझे शरीर उत्तेजित नहीं करता। मुझे सेक्स से अधिक गले लगनेवाला अनुराग व अंतरंगता पसंद है। प्रेम मिल जाए तो मैं बिना सेक्स के भी रह सकता हूँ। मैं जिससे प्रेम करता हूँ, अगर वह भी मुझसे उतना ही प्रेम करे, फिर चाहे वह मुझसे शारीरिक संबंध न भी बनाए, मुझे कोई फर्क नहीं पड़ता। मैं कोई सेक्सुअल व्यक्ति नहीं हूँ। ऐसा नहीं है कि मुझमें यह एहसास या क्षमता नहीं है। मैं बस ऐसा हूँ नहीं। मुझे लगता है कि मेरी संपूर्ण ऊर्जा मेरे कार्यों की ओर प्रवाहित होती है। संभवत: मैंने खुद को ऐसा बना लिया है। सब कहते हैं, 'अरे, आपका किसी से रिश्ता नहीं है?' मैं स्वयं पर दु:खी होने के दौर से गुजर चुका हूँ और अब इससे निकलने के प्रयास में हूँ। लोग कहते हैं, आपको बाहर निकलना चाहिए, नए लोगों से मिलना चाहिए, आप अपने गुट तक सीमित रहते हैं। लेकिन मैं कहाँ जाऊँ, मुझे लोग कहाँ मिलेंगे? भारत में मैं मशहूर व्यक्ति हूँ, मुझे इसे स्वीकार करना होगा। इसलिए भारत में मैं इंडस्ट्री से बाहर के किसी व्यक्ति को डेट नहीं कर

सकता। और जहाँ तक इंडस्ट्रीवालों की बात है, यह आसान नहीं होगा। अपनी कंपनी छोड़कर मैं इसे पहाड़ों में खोजने नहीं जा सकता। तो, मैं क्या करूँ?

पिछले साल मैंने एक आला दर्जे की डेटिंग सेवा की सदस्यता ली। मैं लंदन में था, वहाँ मुझे इस सेवा का पता चला, जिसमें बहुत से धनाढ्य व्यक्ति थे। वे आपको चुनते हैं, आप उन्हें नहीं चुनते। वे आपकी प्रोफाइल देखते हैं। इस डेटिंग सेवा का सदस्य बनने के लिए आपके पास निश्चित धनराशि होना आवश्यक है। वे दुनियाभर में कहीं भी हो सकते हैं। उन्होंने मुझे फोन करके बताया कि टोक्यो में कोई है, जिसने मुझमें दिलचस्पी दिखाई है। लेकिन मैं सिर्फ किसी से मिलने के लिए टोक्यो नहीं जा सकता था। मैं विदेश में रिश्ते रखने से परिचित हूँ, लेकिन टोक्यो काफी दूर था। भले ही मुझे इस डेटिंग सेवा से खुशियाँ हासिल नहीं हुईं। लेकिन इसके द्वारा मुझे यह पता चल गया कि मेरी किसी रिश्ते में दिलचस्पी है या नहीं। मैं किसी नए का साथ पाने की उत्तेजना की कमी महसूस करता था। शायद यह कोई छोटा सा खिलौना हो सकता है, जिससे मैं कुछ देर खेल सकूँ। हो सकता है कि मैं इसे सिरे से नकार दूँ। लेकिन मेरे लिए यह अनुभव लेना आवश्यक था।

कई बार ब्रेक-अप या दिल टूटना बहुत शानदार होता है। लेकिन फिलहाल ऐसा कुछ नहीं है। मैं सारी दुनिया और वृद्धजनों से उनकी प्रेम कहानियाँ, रिश्ते, ब्रेक-अप और कटु अनुभव सुनता हूँ। मेरे पास कुछ नहीं है। मैं भी नाटकीय होना चाहता हूँ, मैं भी कटु अनुभव लेना चाहता हूँ। मैं फोन पटकना और अपने प्रिय से फिर मेल-मिलाप करना चाहता हूँ। मैं भी ब्रेक-अप सेक्स और मेक-अप सेक्स की इच्छा रखता हूँ।

मैंने बस इन्हें सुना भर है। मुझे बुरा लगता है कि लोग मेरे बारे में यह सब नहीं जानते। शायद उन्हें लगता है कि लंदन या न्यूयॉर्क में मेरा कोई गोपनीय रिश्ता है। लेकिन मैं इन सभी शहरों में अकेला ही घूमता रहता हूँ। वहाँ मैं किसी को डेट नहीं कर रहा। लोग मुझसे जानबूझकर कहते हैं, 'अच्छा तुम न्यूयॉर्क जाते रहते हो, लंदन जाते रहते हो। वहाँ कोई है क्या?'

मैं उनसे कहना चाहता हूँ कि कहीं पर कोई नहीं है। काश, कोई होता! लेकिन कोई नहीं है! वहाँ सिर्फ मैं और मेरी तनहाई और अकसर वे दोनों बातें करते हैं।

मैं सचमुच किसी नए अनुभव या नई भावना व एहसास की तलाश में हूँ। ये अपने अस्तित्व को पुन: ऊर्जान्वित करने का तरीका है और मैं सचमुच इसकी प्रतीक्षा में हूँ।

यह डेटिंग सेवा नए अनुभव प्राप्त करने का एक संभावित रास्ता थी। मैं ब्लाइंड डेट पर जाना चाहता हूँ। मैंने आज तक ऐसा कभी नहीं किया। यह ब्लाइंड डेट का ही एक नया प्रारूप है। किसी से मिलना और उससे पूछना कि आप क्या करते हैं, आदि। किसी नए व्यक्ति से जो शायद किसी दूसरी संस्कृति का हो, उससे नए ढंग से बातचीत करना। यह बातचीत की ही उत्तेजना है। अगर मेरी ख्याति मेरे प्रेम जीवन में आड़े आई, जैसा पहले भी हुआ है, तो भी मैं इसे नहीं छोड़नेवाला। इस ख्याति से मुझे बहुत कुछ मिला है। कई बार यह बाधा बन जाती है, लेकिन यह इतनी बड़ी

समस्या नहीं है। ख्याति का रिश्ता बनाने में आड़े आना अपनी बनाई बात है। अधिकांशत: इससे फायदा ही होता है। मैं किसी के लिए भी अपना व्यक्तित्व, अपनी निजता और अपनी पहचान ताक पर नहीं रख सकता। कोई भी व्यक्ति इतना महत्त्व नहीं रखता कि उसके लिए मैं अपने व्यक्तित्व को कुरबान कर दूँ।

सच्चाई यह है कि इतने साल हो गए हैं कि अब मुझे इस स्वतंत्रता की आदत पड़ गई है और मुझे इसे छोड़ते डर लगता है। मैंने खुद को इस तरह तैयार कर लिया है कि शायद किसी और के प्रति जवाबदेह होना मुझे अच्छा न लगे। मैं रिश्ता बनाना तो चाहता हूँ, लेकिन मुझे नहीं लगता कि मैं उसे सँभाल सकूँगा। मुझे यही डर है। लेकिन मैं यह अनुभव लेना चाहता हूँ। यह जिम्मेदारी उठाने की इच्छा के बावजूद मुझे इससे डर लगता है। मैं इसके परिणाम के बारे में सोचकर पीछे हट जाता हूँ। लेकिन मैं खुद को जानता हूँ। मैं प्यार में इतना पागल हो जाऊँगा कि मुझे जिस तरह चाहे इस्तेमाल किया जा सकता है। मुझे यही डर सताता है। मैं इतना जरूरतमंद हूँ कि मैं संभवत: किसी पागल की भाँति पूर्णत: उनके अधीन हो जाऊँगा। इसमें सबसे बड़ी विडंबना यह है कि जहाँ मेरे कार्यस्थल पर मेरा प्रभावशाली व्यक्तित्व है। मैं निर्देश देता हूँ। मैं सबका प्रतिनिधित्व करता हूँ। वहीं एक रिश्ते में, मैं बिल्कुल दास्य भाव में आ जाऊँगा। मैं ऐसा रेड कारपेट बन जाऊँगा, जिसपर मैं जीवनभर चला हूँ। फिर सबकुछ खत्म हो जाएगा।

मुझे लगता है कि मैं अपनी माँ के अलावा और किसी के लिए जवाबदेह नहीं हूँ। वहीं मुझे लगता है कि किसी रिश्ते में पड़ने पर जब दूसरा व्यक्ति मुझसे पूछेगा, 'आप कहाँ जा रहे हैं?' 'आप क्या कर रहे हैं?' 'हम कब मिलनेवाले हैं?' तो यह मुझसे नहीं हो सकेगा। मैं इस कंपनी को पूरी तरह अपने बलपर चलाता हूँ। मैं अपनी जिंदगी को अपनी तरह से चलाता हूँ। मैं मन होने पर यात्रा करता हूँ, जब मन होता है, काम करता हूँ, जब मन करता है, सो जाता हूँ, जब मन चाहता है, उठता हूँ और दिन में अपनी मीटिंग तब रखता हूँ, जब मैं चाहता हूँ। मैं दिनभर खुद को काम में इस तरह व्यस्त रखता हूँ कि मुझे अपने लिए भी समय नहीं मिलता। मैं बुरी तरह थकने के बाद ही सोने जाता हूँ। शायद मैं किसी चीज से भाग रहा हूँ। लेकिन भागते हुए मुझे इतने साल हो चुके हैं, अब मुझे इसकी आदत सी पड़ गई है। किसी से रिश्ते में बँधने के बावजूद मैं ऐसा करना बंद नहीं कर सकता। यह संभव नहीं है। यह कुछ ऐसा है, जैसे मैंने सारा जीवन हमेशा 'प्ले' बटन दबाए रखा और अब मेरा 'पॉज' (ठहरने) बटन काम नहीं कर रहा। अब मुझे किसी भी तरह की संभावना को दिमाग से निकालना होगा। मुझे तब तक काम करते रहना होगा, जब तक मेरा स्वास्थ्य इजाजत देता है।

मेरा काम मेरे लिए सबसे बड़ा काम सुख है। एक हिट फिल्म बहु-काम सुखों के जैसी है। मुझे ब्लॉकबस्टर निर्माण या बड़ी फिल्म बनाने जैसा काम-अनुभव और कहीं नहीं मिला।

□

# कॉफी और रोस्ट

मेरे कॅरियर में फिल्मों के अलावा जो सबसे बड़ी चीज हुई, वह निस्संदेह 'कॉफी विद करण' है। इसकी शुरुआत 2004 में हुई और नवंबर 2004 से शो दिखाया जाने लगा।

एक व्यक्ति हैं, सुनील दोषी, उन्होंने बच्चन परिवार के काफी निकट रहते हुए काम किया है। मैं भी उन्हें जानता था। मैंने उन्हें बताया था कि मैं एक टॉक-शो करता चाहता हूँ। ऐसे ही बस मजे या शौक के लिए। वे स्टार टी.वी. में काम कर चुके थे। सो उनका टेलीविजन से संबंध रहा था। मेरे मन में इसे करने की बड़ी इच्छा थी। और मैं इसे जोड़े में करना चाहता था—मैं एक साथ दो लोगों को बुलाना चाहता था।

मैं सोचता था कि मैं एक अभिनेता और एक अभिनेत्री, दो अभिनेता या दो अभिनेत्रियों को बुलाऊँगा। उनके साथ खुलकर बात करूँगा, जो किसी एक व्यक्ति तक सीमित नहीं रहेगी। एक और व्यक्ति का कक्ष में होना अधिक मजेदार रहेगा। वास्तव में दो लोगों का साथ में इंटरव्यू कहीं नहीं लिया गया है। अधिकांश टॉक-शो में किसी एक व्यक्ति को बुलाया जाता है और आप उनकी फिल्मों के बारे में बातें करते हैं। मैं दो लोगों को बुलाना चाहता था, जो भले ही एक ही बिरादरी से हों, लेकिन उनसे बातचीत किसी एक की जिंदगी तक सीमित नहीं रहेगी। मैंने नाम भी सोच लिया था—'कॉफी विद करण'। मुझे यह अनौपचारिक, बेअदब और मजाकिया लगा। मैं इसे ड्रॉइंग-रूम में होनेवाली बातचीत जैसा बनाना चाहता था। वहीं दर्शकों को यह ताक-झाँक करने जैसा प्रतीत होगा, ऐसा मैंने सोचा था। मैंने सुनील दोषी को इस बारे में बताया और वे पैसा जुटाकर मेरे पास आ गए। उन्होंने कहा, 'हम पचास एपिसोड बनाएँगे, जिसमें से प्रत्येक एक करोड़ (रुपए) का होगा।' मेरे पिताजी ने कहा, 'एक करोड़ रुपया बहुत होता है।' इसके बाद जून में मेरे पिताजी का देहांत हो गया। इसके बाद के तीन महीने इसपर बातचीत आगे नहीं बढ़ी। इसके बाद अगस्त में सुनील दोषी फिर मेरे पास आए। उस समय किसी ने, मुझे याद नहीं किसने, कहा कि यह राशि बहुत कम है और चूँकि मैं फिल्मी सितारों को ला रहा था, इसलिए मुझे और पैसे माँगने चाहिए। मुझसे कहा गया, 'यह आपका विचार है, इसलिए सबकुछ आपको ही करना है।' इस तरह हमारा अनुबंध हो गया, जो तय राशि से चार गुना अधिक पर था। इस तरह 'कॉफी विद करण' की शुरुआत हुई।

मुझपर फिल्माया गया पहला एपिसोड प्रसारण क्रम में बाद में दिखाया गया। यह सैफ और प्रीति के साथ था। हमने इसे सैफ के जन्मदिन पर 16 अगस्त, 2004 को शूट किया। अपनी पत्नी से अलगाव की कगार पर होने के कारण सैफ के जीवन में हलचल सी मची थी। लेकिन उन्होंने मुझसे वादा किया था, इसलिए वे स्टूडियो पहुँच गए। इसे शूट करने में हमें छह घंटे लगे, जिसे आमतौर पर डेढ़ घंटे में कर लिया जाता है। टेलीविजन पर चीजों की प्रमाणिकता बनाए रखने के लिए सैफ को अपनी बीवी के बारे में साहसपूर्वक बात करनी थी। इन सबसे बढ़कर, हमारे यहाँ लाइट की समस्या हो गई थी। इस पहले एपिसोड में हालात बहुत अजीब रहे।

'कॉफी विद करण' पाँच-सेगमेंट का शो है, जिसका अधिकांश हिस्सा हम रियल टाइम में शूट करते हैं। शूट कुछ अधिक समय का होता है, जिसे हम बाद में संपादित कर देते हैं। मैं वस्तुतः शूट में लंबा समय नहीं लगाता। फिल्म-सितारों के आते ही हम फौरन शूटिंग आरंभ और समाप्त कर देते। उन्हें मेरे द्वारा पूछे जानेवाले प्रश्नों की जानकारी नहीं होती (जबकि लोग इसका उलट मानते हैं)। उन्हें रैपिड फायर राउंड के बारे में कुछ नहीं बताया जाता, क्योंकि उनके तत्काल दिए गए सहज उत्तर माहौल को उत्साहवर्धक बनाते हैं। पूरे 'कॉफी विद करण' के दौरान मैंने अगर किसी को रैपिड फायर प्रश्न बताए थे तो वे संजय दत्त थे। वे सुष्मिता सेन के साथ आए थे और मुझे पता था कि सुष्मिता के उत्तर उनपर भारी पड़ेंगे और चूँकि वे घबराए हुए होंगे, वे स्तब्ध रह जाएँगे और यह हमारा पहला ही सीजन था। मैंने उन्हें पहले ही सवाल बता दिए और वे हैंपर जीत गए। मैंने धोखा किया। लेकिन मैंने ऐसा और किसी के साथ नहीं किया, न तो बच्चन साहब के साथ, न शाहरुख के और न सलमान के साथ। बल्कि किसी ने मुझसे ऐसा करने के लिए कहा भी नहीं।

'कॉफी विद करण' में चार ब्रेक थे। मैंने यह सिस्टम निर्माता फजीला और कामना के साथ मिलकर बनाया था, जो सोल कंपनी के लिए काम करती थीं। इसमें हरी लाइट चेतावनी थी और जब लाल बत्ती होती तो मैं ब्रेक ले लेता। मुझे केवल इसी से पता चलता था कि बातचीत को कहाँ पर रोकना है। हमें मात्र यह सुनिश्चित करना था कि हम अधिक शूटिंग न कर लें। अन्य शो के विपरीत जहाँ लोग अनर्गल बातें करते हैं, मेरे ब्रेक डिजाइन किए गए थे। मुझे कैमरा या दर्शकों से डर नहीं लगता। मैं इनसे शरमाता नहीं हूँ। कैमरा लगाइए और मंच सजाइए, मैं जैसे भी संभव होगा, रंग जमा दूँगा। मुझे इसपर पूरा भरोसा है।

कुछ एपिसोड बहुत अनोखे रहे, जैसे राखी सावंत का आना। उन्होंने मुझे पागल कर दिया। मुझे याद है, मैं खूब हँसा। बल्कि 'कॉफी विद करण' के दौरान मैं इतना हँसता था कि कई बार मेरी आँखों में आँसू आ जाते। राखी ने बहुत सी अजीब और अद्भुत बातें कहीं।

मुझे दीपिका-सोनमवाला एपिसोड भी याद है। वे दोनों ही निरंकुश और सीमा से बाहर जानेवाली हैं। वे ऐसी ट्रेन की भाँति चालू हो गईं, जो रुकी ही नहीं। वे बहुत मजाकिया थीं। लेकिन मैं जानता था कि अप्रत्याशित प्रभाव होंगे। फिर भी मुझे उस एपिसोड में बहुत मजा आया।

निस्संदेह, शाहरुख और काजोल भी बढ़िया रहे। लेकिन शो के दौरान की बहुत सी घटनाएँ अप्रत्याशित थीं। सलमान का आना बहुत मजेदार रहा। मैं जानता था कि 'मैं कुँवारा हूँ' वाली लाइन काम कर जाएगी। और फिर करीना और रानी थीं। नरगिस और फ्रीडा पिंटो थीं। जब भी दो लड़कियाँ आतीं, मेरे लिए वह बहुत मजेदार रहता। ये मेरे पसंदीदा एपिसोड रहेंगे। नरगिस सचमुच बेहद मजाकिया थीं। उनके इस नटखट हास्यबोध से सभी अपरिचित थे। निश्चित ही, इस एपिसोड के बाद उनके फैंस की संख्या बढ़ गई होगी। मैं रेटिंग की परवाह नहीं करता, लेकिन हर सीजन के साथ मुख्यधारा की मीडिया और सोशल मीडिया में हमारी रेटिंग बढ़ती जा रही थी। इसलिए मुझे नहीं पता कि सबसे अच्छा सीजन कौन सा रहा, हर बार यही लगता कि इस सीजन का पिछले सीजन से अधिक शोर सुनाई दे रहा है।

'कॉफी विद करण' का प्रदर्शन हमेशा बेहतरीन रहा। लोगों को इसे देखना अच्छा लगा। अतिथि वही रहे, लेकिन उनके प्रेमी, शत्रु और विवाद बदल जाते थे। लेकिन मैंने उन लोगों से हमेशा केवल वही सवाल किए, जिनके बारे में सब जानते थे। मैंने दोस्ती की सीमा कभी पार नहीं की। मैं कभी भी किसी सेलिब्रेटी की गुप्त रूप से बताई बातों पर सवाल नहीं करता था। लेकिन समाज में उनके बारे में प्रचलित बातों पर सवाल अवश्य पूछता था। मैं उनसे वे किसे डेट कर रहे हैं या उनके किसी व्यक्ति से हुई संभावित बहस से संबंधित सवाल पूछता। मेरे सवाल पूछने का तरीका अलग था। मैं कभी-कभी उनके साथ बदमाशी भी कर बैठता, जो पत्रकार कभी नहीं कर सकते थे।

मैं उनसे कहता, 'नहीं, आप झूठ बोल रहे हैं, सच बताओ।'

पत्रकार ऐसा नहीं कह सकते। लेकिन मेरे अतिथि मेरा ऐसा कहना स्वीकार कर लेते। अगर किसी न्यूज चैनल का रिपोर्टर किसी फिल्मी सितारे से कहे कि 'आप झूठ बोल रहे हैं,' तो वह कहेगा, 'तुम्हारी इतनी हिम्मत!'

पी.आर. वाले हमें नए अदाकारों को लाने के लिए कहते रहते थे। लेकिन मैं मना कर देता था। 'कॉफी विद करण' पर आने के लिए यथोचित प्रतिष्ठा होना आवश्यक था। आलिया को राष्ट्रपतिजी का नाम नहीं पता होना, उनके लिए काम कर गया। कई बार ऐसी बातों के चलते फिल्मी सितारों के लिए दर्शकों में अजीब सा प्यार उमड़ आता है। तत्पश्चात् उन्होंने ऑल इंडिया गप्पबाजी के साथ एक लघु फिल्म कर इसे और पुख्ता कर दिया। उन्होंने अपना मजाक खुद उड़ाया। सबको वे बहुत प्यारी और सुंदर लगीं। आलिया भट्ट घर-घर में पहचानी जाने लगीं। यह बस ब्रांड बनाने की बात है। कई बार ब्रांड बनाने में नकारात्मकता भी काम कर जाती है। अचानक सब लोग इसी बारे में बात करने लगे कि उन्हें देश के राष्ट्रपति का नाम नहीं मालूम है। मेरे खयाल से यह उनके पक्ष में गया। वे अपना उल्लू खुद खींचने पर राजी थीं। वैसे वे कतई बुद्धू नहीं हैं। वे काफी होशियार हैं। उन्हें बस राजनेताओं के नाम नहीं पता। उनका देश के शीर्ष व्यक्ति के नाम से अनजान होना हास्यास्पद है, मैं जानता हूँ। लेकिन वे बहुत समझदार

हैं, बहुत प्रतिभाशाली हैं और वे किसी भी दृश्य पर पहले ही विचार कर लेती हैं। वे किताबें पढ़ती हैं। वे महेश भट्ट की बेटी हैं, इसलिए वे किताबों के महत्त्व से परिचित हैं।

मैं सभी अभिनेताओं को जानता हूँ। इसलिए पहले बीस एपिसोड में उन्हें जोड़े से बुलाने में कोई समस्या नहीं आई।

मैं हमेशा से रैपिड फायर और हैंपर जैसे तत्त्व रखना चाहता था। इस हैंपर में कई बार कंप्यूटर होता तो कई बार फोन या चॉकलेट या ऐसी ही मजेदार चीजें हुआ करतीं। यह हैंपर बेहद शानदार होता।

लेकिन मैंने कभी नहीं सोचा था कि 'कॉफी विद करण' इस ऊँचाई पर पहुँच सकेगा। मैं इसे केवल अपने शौक के लिए कर रहा था। मुझे बातचीत करने के लिए पैसे मिल रहे थे, जो बहुत अच्छा था, क्योंकि मैं पहले से ऐसा कर रहा था।

चार सीजन के बाद यह एक बड़ा ब्रांड बन गया। मुझे अंदाजा भी नहीं था कि इससे मेरी ब्रांड वैल्यू में कितना इजाफा हो सकता है। आज भी मुझसे अकसर इसी शो के बारे में सवाल किए जाते हैं। मैंने इतनी सारी फिल्में बनाई हैं, लेकिन सब बस केवल 'कॉफी विद करण' के बारे में ही बात करते हैं। मुझे एहसास भी नहीं था कि मेरे और फिल्म बिरादरी के अन्य सदस्यों के बीच की यह अनौपचारिक और बेअदब चुहलबाजी वैश्विक दिलचस्पी का कारण बन जाएगी। इस शो की योजना बनाते समय मैंने जिस ताक-झाँक की प्रवृत्ति के बारे में सोचा था, वह काम कर गई। आपको इस व्यक्तिगत चुहलबाजी में ताक-झाँक होती दिखाई देगी। मैंने इसे ऐसे ही बनाया है। अतः बेहद मजेदार और गप्पबाजी जैसा रहा। यह दिमाग लगानेवाला शो कतई नहीं था।

मुझे याद है कि कुछ निर्देशक मेरे पास आए और बोले, "क्या वाकई आप दूसरों के सामने इतना खुलकर आना चाहते हैं? एक फिल्म-निर्माता को अप्रकट रहना चाहिए।"

मैंने कहा, "नहीं, इसे ऐसा नहीं होना चाहिए।"

सौभाग्यवश, आज हर कोई टीवी पर है। हर सेलिब्रेटी रिएलिटी शो में जज बना हुआ है या किसी शो को होस्ट कर रहा है। मुझे लगता है, इसकी शुरुआत मुझसे हुई है।

आमतौर पर शो अपनी मूल पटकथा से जुड़ा रहता है। इसका प्रारूप बदल गया है, लेकिन सार वही है। अपने पहले सीजन के दौरान मैं अधिक सावधान था। प्रत्येक सीजन बीतने के साथ मैं अधिक-से-अधिक अनूठा होता गया। किसी अनजान कारण से यह और अधिक सेक्सुअल होता गया। ऐसा प्रतीत होता था, मानो हर नए सीजन के साथ मेरे पंख और मजबूत होते जा रहे हैं। मुझे लगता है कि शो इसलिए अधिक 'सेक्सी' हो गया है, क्योंकि मैं अब अधिक 'सेक्सी' हो गया हूँ। 'कॉफी विद करण' के चारों सीजन के साथ ही आप मुझे भी परिपक्व होता देख सकते हैं। एक व्यक्ति के तौर पर मेरे बदलाव दिखाई देते हैं। पहले सीजन में, मैं अधिक नाजुक व भोला-भाला बच्चा लगता हूँ और चौथे सीजन में आने तक मैं कामुक मध्य-उम्र का व्यक्ति

लगता था। मैं यह सब मजे के लिए कर रहा था। मैं निम्फोमेनीक नहीं हूँ। इसके निकट भी नहीं। बल्कि इसके उलट हूँ। लेकिन मुझे अब इसकी कोई परवाह नहीं है। यह नरम बातचीत से किसी की परवाह न करने तक पहुँच गया है। इसलिए अगर आप मुझे परिपक्व होते देखना चाहते हैं, तो आपको इसे पहले से चौथे सीजन तक देखना होगा। पहले सीजन का एक एपिसोड और चौथे सीजन का एक एपिसोड देखने पर भी आपको यह अंतर समझ आ जाएगा। क्योंकि इसमें एक दशक का अंतराल है और मुझे यह बदलाव महसूस होता है। हम इसमें बहुत सी बातें किया करते थे। कई अभिभावकों ने मुझे बताया भी कि वे नहीं चाहते कि उनके बच्चे ऐसी बकवास देखें। मैं स्टारडस्ट या सिने ब्लिट्ज जैसा लेकिन कुछ अधिक गरिमापूर्ण बन गया था।

'कॉफी विद करण' में मैं नटखट, मजाकिया और प्यारा हूँ। समस्या तब आती है, जब साथ बैठे दो लोग किसी तीसरे व्यक्ति के बारे में बात करने लगते हैं। एक बार शोभा डे मुझसे नाराज हो गई थीं, क्योंकि सोनम और दीपिका ने उनके बारे में कुछ कहा था।

तो मैंने उनसे कहा, 'आपके बारे में उन्होंने बोला है, इसमें मेरी कोई गलती नहीं।'

तब वे समझ गईं।

मैंने कहा, 'उनकी अपनी राय हो सकती है।' लेकिन ये चीजें अस्थायी होती हैं। किसी कार्यक्रम में उनकी मुलाकात हुई और उनके बीच सबकुछ ठीक हो गया। यह ऐसी कोई बड़ी लड़ाई नहीं थी।

'कॉफी विद करण' के पहले सीजन में हम खुलकर बातचीत किया करते थे। लोग बहुत कुछ कह जाते, क्योंकि एक समय के बाद उन्हें याद ही नहीं रहता कि कैमरा चल रहा है। अब सभी लोग काफी तैयारी के साथ आते हैं, क्योंकि वे इस शो के प्रभाव से परिचित हैं। कुछ लोगों ने कुछ विवादास्पद बातें कहीं, जो कुछ झगड़ों का कारण बनीं। अचानक मीडिया का ध्यान हमपर केंद्रित हो गया, क्योंकि रैपिड फायर राउंड में मैं लोगों को अन्य अदाकारों को रेट करने को कहता था। मेरी नजर में यह नारद मुनि जैसा काम है। बहुत से अतिथियों ने मुझसे कहा, 'क्या आप इसे काट सकते हैं ? मैंने कुछ ऐसा कह दिया, जो मुझे नहीं कहना चाहिए था।' पहले सीजन में ऐसा नहीं था। इसकी शुरुआत दूसरे सीजन से हुई। इसका कारण यह है कि पहले सीजन में लोग बस आते और बोलकर चले जाते, वे इसके प्रभाव से परिचित नहीं थे। लेकिन दूसरे सीजन में वे कहने लगे, 'हे ईश्वर, आप मुझसे इस बारे में सवाल न करें।' और मैं कहता, 'मैं आपसे पूछूँगा और आप इससे इनकार कर देना।' लेकिन मैं इस इनकार को मजाक में ले लेता। उनके इनकार करने पर मैं कहता, 'चुप रहिए, आप झूठ बोल रहे हैं।' मैंने विराट कोहली के बारे में पूछकर अनुष्का शर्मा की हालत दयनीय कर दी थी। मैंने उन्हें चोट पहुँचाई। लेकिन अंत में वे ठहाके लगा रही थीं, क्योंकि मैं लगातार बोले जा रहा था और वे समझ नहीं पा रहीं थी कि इससे कैसे इनकार करें। मैंने कहा कि वे क्रिकेट की प्रथम महिला के जैसी हैं। मैंने ऐसी ही बहुत सी हास्यपूर्ण बातें कहीं।

'कॉफी विद करण' शो में शामिल होनेवाले और न होनेवालों का पैमाना बन गया। लेकिन इससे मेरे उनके साथ रिश्तों पर कोई प्रभाव नहीं पड़ा। हाँ, ऋषि कपूर नाराज हो गए थे और यह ठीक भी था, क्योंकि हमारी कंपनी ने उनके साथ सर्वाधिक काम किया था। तीसरे सीजन में रणबीर पर की गई दीपिका-सोनम की टिप्पणियों ने उन्हें और नीतूजी को परेशान कर दिया। इससे रणबीर को कोई परेशानी नहीं हुई, लेकिन उनके माता-पिता नाराज हो गए, और यह ठीक भी था। उन्हें लगा कि लड़कियों को मैंने उकसाया था, जबकि वे दोनों जो भी कहना चाहती थीं, उसके लिए तैयार होकर आई थीं। ऋषि कपूर ने आधिकारिक तौर पर कहा, 'मैं धर्मा प्रोडक्शंस के साथ कभी काम नहीं करूँगा।' लेकिन उन्होंने इसके फौरन बाद हमारे साथ काम किया, क्योंकि इससे पहले मैं उनसे मिला और कहा था, 'देखिए, मैं इसके लिए माफी माँगता हूँ। मैं आपको नाराज नहीं करना चाहता था। यह मजाक व बेअदबीवाला शो है। शो देखने पर आप भी इस प्रभाव को समझ सकेंगे। इसका उद्देश्य किसी को हानि पहुँचाना नहीं है।' विडंबना देखिए कि जब लड़कियाँ शो पर यह बोल रही थीं, उस समय रणबीर वहीं बैठे थे। वे अच्छी तरह समझ रहे थे कि वे क्या कह रही हैं। लेकिन उन्हें यह नहीं पता था कि इसका यह परिणाम आएगा। इंडस्ट्री में हमारे आस-पास ऐसा ही पागलपन छाया रहता है—'इन लड़कियों ने ऐसा कैसे कह दिया? करण को कुछ करना चाहिए था। करण ने रोका क्यों नहीं।' मैं मेल-मिलाप के लिए नीतूजी से भी मिला। वे दोनों मुझसे बड़े हैं। मैं उनका बहुत सम्मान करता हूँ। रणबीर ने मुझसे कहा था, 'इसे आपको ही सुलझाना होगा।' इस विवाद के बावजूद इसके फौरन बाद मैंने ऋषि कपूर के साथ 'अग्निपथ' और 'स्टूडेंट ऑफ द ईयर' में काम किया और अंत में सब ठीक हो गया। इस शो के कारण मुझे केवल इसी परेशानी का सामना करना पड़ा था। अंतरतम से मैं जानता हूँ कि हर किसी को किसी से या एक-दूसरे से समस्या है। मीडिया भी इस आग में घी डालने का काम करती रहती है।

इंडस्ट्री के लोगों से मेरे मजबूत रिश्ते हैं। फिर चाहे मैंने उनके साथ काम न भी किया हो। मैं उन्हें अच्छी तरह से जानता हूँ। लेकिन चौथे सीजन में मैंने आमिर से कहा, 'आपको मेरे लिए यह करना ही होगा, अन्यथा मैं आपसे नाराज हो जाऊँगा।' इसपर उन्होंने कहा, 'इस बार मैं आपको मना नहीं करूँगा।' तो वे और उनकी पत्नी किरण, शो पर आए। इंटरव्यू के दौरान जब मैंने आमिर से पूछा कि वे पहले क्यों नहीं आए तो उन्होंने कहा कि वे मुझे पसंद नहीं करते थे। उन्होंने आगे कहा कि फिर उन्हें एहसास हुआ कि वे गलत हैं। वे इसे लेकर काफी स्पष्ट रहे। मुझे भी लगता था कि वे मुझे पसंद नहीं करते। वे मेरे पिता का बहुत सम्मान करते थे, लेकिन किसी कारण, मुझमें कुछ ऐसा था, जिसे वे स्वीकार या पसंद नहीं करते थे। हालाँकि मेरे मन में उनके लिए बहुत सम्मान है। उन्होंने कहा कि उन्होंने मेरी एक छवि बना ली थी, जो सर्वथा गलत थी कि मैं अगंभीर, विचित्र सोशलाइट फिल्म-निर्माता हूँ, जो पार्टियों में ही...ही हा...हा करता रहता है, जिसमें जरा भी गहराई, आस्था और ईमानदारी नहीं है। लेकिन मैं ऐसा व्यक्ति

नहीं हूँ। इस टॉक शो ने मेरी किट्टी पार्टीवाले थोड़े शोख, अगंभीर, खेमेबाज, गप्पी और बातूनी व्यक्ति की छवि बना दी। मेरी गहराई खो गई। इस शो के शहरी, धनाढ्यों के और दंभपूर्ण होने की हवा उड़ गई। लोग 'कॉफी विद करण' को इसके मजाकिया अंदाज और धृष्टतापूर्ण खिंचाव के कारण देखते हैं। इसका नुकसान मेरे शो में शामिल होनेवाले लोगों और मेरे बीच के रिश्ते को नहीं, बल्कि मेरी अपनी छवि को हुआ। इसके बावजूद मुझे इस शो से प्रेम है। इसी के कारण मैं लाइमलाइट में बना हुआ हूँ।

अब मैं इसका पाँचवाँ सीजन बनाने में जुटा हूँ, जिसमें हमारी एपिसोड संख्या 100 तक पहुँच जाएगी।

वास्तव में ए.आई.बी. रोस्ट का हिस्सा होना मेरे लिए खेदजनक है। इसका कारण मैंने इसमें जो कहा वह नहीं बल्कि इसके बाद जो हुआ, वह है। विवाद पनपने के बाद मुझे पुलिस कमिश्नर और वकीलों के साथ बैठना पड़ा। मैं इनसे छह माह या अधिक समय तक जूझता रहा। मुझे सिर्फ इसी कारण इसपर खेद है। मैंने अपनी कंपनी, अपने वकीलों, अपनी कानूनी टीम, जिसका काम स्टूडियो के सौदों में अनुबंध नियमों से संघर्ष करना था, उन्हें इस मुद्दे पर परेशान कर दिया। अब वे रोस्टवाले मामले में मेरे लिए लड़ रहे थे।

ए.आई.बी. रोस्ट को होस्ट करने की हामी भरते समय मैं जानता था कि मैं क्या कर रहा हूँ। ए.आई.बी. के चारों लड़के, जो मुझे बेहद मजाकिया लगे, मेरे पास केवल इसलिए आए थे कि उन्हें मैं सबसे बेहतरीन 'रोस्ट-मास्टर' लगा था। वे चारों मेरे ऑफिस में घबराए हुए बैठे थे कि कहीं मैं उन्हें बाहर न फिंकवा दूँ। लेकिन मैंने उनसे कहा कि मुझे इसे करने में खुशी होगी। मैं स्वच्छंद वृत्ति का हूँ। मैं ज्यादा आगा-पीछा नहीं सोचता। मैं अपने बारे में कही गई किसी भी बात पर शर्मिंदा नहीं होता।

शो के दौरान मैंने कभी भी मंच पर मौजूद लोगों के अलावा कि सी और का मजाक नहीं उड़ाया। सब लोग जानते हैं कि मैं क्या कहनेवाला हूँ। वे मेरे बारे में बातें कहते हैं, जिनकी मैं कोई परवाह नहीं करता। मैं उनसे कहता हूँ कि वे जितना चाहे मेरा मजाक उड़ा लें, लेकिन मैं कतई नहीं चाहता कि वे मेरे साथ किसी ऐसे व्यक्ति का नाम लें, जो रोस्ट का हिस्सा न हो। मैं खुद भी किसी और के बारे में बात नहीं करता, क्योंकि मुझे ऐसा करने की जरूरत नहीं है?

मुझसे कहा जाता है, 'आप एक बड़े फिल्म-निर्माता हैं। आप इसे क्यों कर रहे हैं?' लेकिन मैं अपने आप को इतनी गंभीरता से क्यों लूँ? मुझे ऐसा बड़ा फिल्म-निर्माता क्यों माना जाता है, जो रहस्य व गोपनीयता बनाए रखे। मुमकिन है कि मुझे रहस्यपूर्ण बने रहनेवाले आदर्शों में शामिल होने में कोई रुचि न हो। मुमकिन है कि मैं रेखाजी जैसा नहीं बनना चाहता। मुमकिन है कि मैं सबके सामने रहने का इच्छुक हूँ। मैं पॉप संस्कृति से हूँ। मुझे ए.आई.बी. पर केवल इसके कानूनी परिणामों को लेकर खेद है, न कि शो के दौरान कही गई बातों के लिए। आज भी अगर कोई

मुझे ऐसा करने के लिए कहे और इसमें कोई कानूनी अड़चन न हो तो मैं ऐसा फिर से करूँगा।

सच कहूँ तो मैं नहीं जानता कि मैं क्या करने के काबिल हूँ। आज मेरा दिमाग एक खुले स्थान के जैसा है, यह सर्वथा रिक्त है, जहाँ मैं हर तरह के विचारों को कुलबुलाने देता हूँ। मैं अपने को समेटे रहता हूँ, क्योंकि कई बार मेरा हास्यबोध आपको अपमानजनक लग सकता है। इसलिए मैं यह सुनिश्चित रखता हूँ कि मेरे सभी मजाक खुद पर ही हों। मैं किसी को चोट नहीं पहुँचाना चाहता। कोई फिल्म पसंद न आने की बात मैं किसी इंटरव्यू में नहीं कहता। यह उस व्यक्ति के लिए ठीक नहीं है। लेकिन अपने बारे में बात करते समय मुझे इसकी पूरी स्वतंत्रता है।

मेरी माँ रोस्ट में आईं। वे पूरे शो के दौरान बैठी रहीं, लेकिन उन्होंने एक शब्द भी नहीं कहा। हम एक साथ वापस लौटे, डिनर किया। इस दौरान हमने ज्यादा बात नहीं की। इसलिए मुझे नहीं पता कि इस बारे में उनके क्या विचार हैं। उन्होंने इसके बारे में किसी से कुछ नहीं कहा। वे आधुनिक हैं, परिपक्व हैं और सबसे बढ़कर, वे मेरी मित्र और जीवन में भागीदार हैं। वे जानती हैं कि मैं दिल का सच्चा हूँ। मैं अच्छा बेटा हूँ, मैं लोगों के लिए अच्छा दोस्त भी हूँ, मैं अच्छा बॉस हूँ और उन्हें मुझपर बहुत गर्व है। उन्हें इस बात पर गर्व है कि मैंने अपने पिताजी की विरासत को काफी बेहतर ढंग से आगे बढ़ाया है। माँ को कभी मुझे मेरी गलती समझाने के लिए साथ बैठने की आवश्यकता नहीं पड़ी। वे मेरे साथ हँसती हैं। जब मैंने उन्हें रोस्ट पर न आने के लिए कहा तो उन्होंने कहा, 'तुम नेशनल टेलीविजन पर डांस कर चुके हो, इससे ज्यादा अपमानजनक और क्या हो सकता है?' उनमें भी मेरे और मेरे पिताजी जैसा हास्यबोध है। हमारा मजाकिया लोगों का परिवार है। माँ सपाट चेहरा लिये मजाक करती हैं। और लोग उन्हें इसलिए पसंद करते हैं कि वे अधिकतर मेरी ही निंदा किया करती हैं। मेरे दोस्तों के बीच माँ बेहद लोकप्रिय हैं। वे अपने मजाकिया लहजे में मेरे लिए काफी कुछ बुरा कह जाती हैं।

वे मेरी अधिकांश उपलब्धियों को सिरे से नकार देती हैं। मुझे लगता है वे ऐसा इसलिए करती हैं, जिससे मेरे कदम जमीन पर ही रहें। अगर मैं उनसे कहूँ कि मुझे मोस्ट स्टाइलिश पर्सन का अवॉर्ड मिला है, तो वे कहेंगी कि वे तुम्हें यह अवॉर्ड क्यों दे रहे हैं? तुम कहीं से भी स्टाइलिश नहीं हो। वे ऐसी ही बातें कहती हैं। मैं जानता हूँ कि वे जानबूझकर ऐसी बातें कहती हैं, जिससे मैं आसमान पर न उड़ने लगूँ। मैं जानता हूँ कि वे मेरे बारे में गर्व सहित बात करती हैं, लेकिन मेरी पीठ के पीछे। कई बार मैं कुछ बातें थोड़े घमंड सहित कह जाता हूँ। थोड़ा इसलिए क्योंकि मैं घमंडी प्रवृत्ति का नहीं हूँ। ऐसे अवसर पर वे मुझे पाँच अन्य लोगों द्वारा की गई पाँच ऐसी चीजें गिना देती हैं कि मेरी बोलती बंद हो जाती है।

लोगों का कहना है कि मैं पारंपरिक समलैंगिकों का मजाक उड़ाता हूँ। लेकिन मैं कहता हूँ, 'ऐसा नहीं है, मैंने समलैंगिकता को चर्चा का विषय बनाया है। मुझे हजारों की संख्या में समलैंगिक लड़के व लड़कियों के पत्र आते हैं, जो मुझे 'दोस्ताना' बनाने के लिए धन्यवाद देते हुए कहते हैं कि अब कम-से-कम लोगों को इस बारे में जानकारी तो है। मैंने 'बॉम्बे टॉकीज'

बनाई, जिसमें विवाह समलैंगिक पुरुषों के बारे में है, जो वस्तुत: समाज और अपने माता-पिता के दबाव में अपने को दबाए-छिपाए रहते हैं। यही इस फिल्म की पृष्ठकथा थी।'

मैंने समलैंगिकता का मजाक नहीं उड़ाया, मैंने इसे हास्य सहित पेश किया, और मेरे ऐसा करने के पीछे उद्देश्य भी था। अब बहुत सारे लोग इसके बारे में खुलकर बात करते हैं। बल्कि मैंने एंकर मनीष पॉल के साथ डांस शो 'झलक दिखला जा' में फ्लर्ट भी किया। मैं एक पुरुष के साथ फ्लर्ट कर रहा था, फिर यह आरोप कहाँ तक विश्वसनीय या स्वीकार्य रह जाता है? पारिवारिक लोग कहते हैं, 'हमें आपकी और मनीष की नोकझोंक पसंद आती है।' एक बार एयरपोर्ट पर कोई पारंपरिक महिला मेरे पास आईं और बोलीं कि उन्हें मेरी मनीष के साथ की गई छेड़छाड़ अच्छी लगती है। क्या नैतिकता के ठेकेदार यह नहीं समझते कि इस देश में केवल हँसी-मजाक द्वारा ही किसी विचार को प्रविष्ट कराया जा सकता है। इसे गंभीरता के आवरण में लपेट देने से यह उद्देश्य की लड़ाई जैसा बन जाता है, जिससे कुछ हासिल नहीं होता। और आपको कदम पीछे खींचना पड़ जाता है।

हमारे जैसे देश में सेक्सुअलिटी पर बात करने के लिए विशिष्ट विधि अपनानी पड़ती है। यह बेहद दुखद है, लेकिन हमें संवाद के लिए विभिन्न रास्ते अख्तियार करने होते हैं। जब उस महिला ने मेरे और मनीष के बीच की छेड़छाड़ पसंद आने की बात कही तो मैंने सोचा कि यह कितना बढ़िया रहा? इससे वे नाराज नहीं हुईं। वे संभवत: अपने पति से अधिक प्रगतिशील हैं, जो वस्तुत: समलैंगिक हो सकता है। मुझे हमेशा महसूस होता है कि इस देश के सबसे बड़े होमोफोबिक पुरुष व स्त्री निश्चित ही दमित समलैंगिक होंगे। हमारे देश में कई किस्म की सेक्सुअलिटी मौजूद है। अपने निजी अनुभव के चलते मैं जानता हूँ कि सेक्सुअलिटी की विभाजन रेखाएँ बेहद धुँधली हैं। प्रत्येक व्यक्ति प्रयोग कर रहा है। हर एक व्यक्ति या तो ऐसा कर चुका है या करना चाहता है। यह विचार उनके दिमाग पर हावी है। यह मनुष्य के दिमाग में अकसर आनेवाले सामान्य विचारों जैसा नहीं है। हर व्यक्ति सभी तरह की चीजों को तन से नहीं तो मन से अवश्य आजमाता है।

ए.आई.बी. रोस्ट की बात करें तो यह पहला अवसर था, जब मंच पर रहते हुए मैंने 5000 लोगों को जोर से हँसते और अचरज से 'ओह!' कहते सुना, जिनकी व्यापकता ने मुझे चमत्कृत कर दिया। मैं इन चीजों के बारे में अधिक नहीं सोचता। मैंने कभी भी बैठकर अपनी ब्रांड वैल्यू की रणनीति बनाने का कार्य नहीं किया। मैंने कभी भी अपनी ऐसी तसवीर नहीं पेश की, जिस कारण मुझे लगता है कि इसे पेश करने पर बहुत से अन्य निर्देशक मुझे गंभीरता से नहीं लेते हैं। मैंने अपने कॅरियर में कई तरह के काम किए हैं। मैंने रिएलिटी शो में डांस किया है, मैंने रोस्ट किया है और मैंने एक टॉक शो भी होस्ट किया है। एक समय के बाद न तो इंडस्ट्री और न ही दर्शक मुझे गंभीरता से लेते हैं। पता नहीं, ऐसा क्यों है? शायद मैं खुद अपनी तसवीर का शिकार बना हूँ। शायद मुझे परदे पर बनाए मेरे शाहकारों का श्रेय कभी नहीं दिया जाएगा, जैसा राजू हिरानी को मिलता है। मुझे लगता है, बाकी सभी फिल्म-निर्माताओं को मेरे मुकाबले कहीं

अधिक आसानी से माफ कर दिया जाता है। मैं वह व्यक्ति हूँ, जिसे उसके कामों के लिए हमेशा निशाना बनाया जाता है। मैंने गंभीर व्यक्ति बनने के महत्त्व को कम आँका। मैं राजू हिरानी की तरह गंभीरता सहित एक कोने में खड़ा नहीं रह सकता या संजय लीला भंसाली की भाँति अपने प्रोजेक्ट को लेकर पागलपन या इम्तियाज अली जैसी गंभीरता व सूफियानापन या जोया अख्तर जैसी बौद्धिक क्षमता नहीं ला सकता। मैं एक भाँड़ हूँ, जो मनोरंजन करता है।

वास्तविकता यह है कि मैं वही करता हूँ, जिसमें मुझे खुशी मिलती है। मैं यहाँ संरचित विरासत तैयार करने नहीं आया हूँ। मैं यहाँ हर क्षण का आनंद लेने आया हूँ। अगर उस क्षण में मेरी कुछ करने की इच्छा होती है, तो मैं वह करूँगा। यदि मेरा रिएलिटी शो में डांस करने का मन होगा तो मैं वह करूँगा फिर चाहे मैं ऐसा करते हुए मूर्ख ही क्यों न लगूँ। मैं कभी भी खुद को टी. वी. पर नहीं देखता। किसी फिल्म या शो में अभिनय करने के बाद आप मुझे कंट्रोल रूम में यह देखने जाते कभी नहीं देखेंगे कि मैं कैसा लग रहा हूँ। मुझे इसकी कोई परवाह नहीं है। शॉट देने के बाद मेरा काम समाप्त हो जाता है। मैं सहज ढंग से डांस करता हूँ, बस। अब इसे देखने और फैसला करने का कार्य दुनिया का है। मुझे याद है, अनुराग कश्यप इसे देखकर पूरी तरह दंग रह गए थे। उन्होंने मेरे बारे में पूर्णतः अलग राय कायम कर ली थी। मुझे निर्देशित करते समय उन्हें लगता था कि मैं बारंबार मॉनिटर पर खुद को देखने आऊँगा। लेकिन मैं एक बार भी नहीं गया। जब तक एक दिन उन्होंने खुद मुझे इसे देखने के लिए मजबूर नहीं किया। किसी फोटो शूट के दौरान मैं तसवीरें देखने नहीं जाता। मुझे खुद पर पूरा विश्वास है और मैं ऐसे ही खुश हूँ। इसी कारण मैं परवाह नहीं करता कि फिल्म की नामावली में मेरा नाम कहाँ आता है। मैंने देखा है कि किसी तरह कुछ फिल्म-निर्माता अपना नाम हर विभाग में डलवाना चाहते हैं। मुः। ऐसा करने की जरूरत नहीं महसूस होती। बतौर निर्देशक मेरा नाम आ जाए, मेरे लिए वही काफी है। यद्यपि एक निर्देशक होने के कारण हर चीज में योगदान देना आपका दायित्व है। मैं अपने पेशेवर जीवन को लेकर असुरक्षित नहीं हूँ। मैं अपने व्यक्तिगत जीवन को लेकर असुरक्षित हूँ और मैं ऐसा ही हूँ।

□

# मध्यवय की घबराहट

बीते कुछ सालों से मैं जिस अवस्था से गुजर रहा हूँ, उसे मैं 'शहरी घबराहट' कहा करता हूँ। मैं अच्छा प्रर्दशन करने का दबाव महसूस करता हूँ। कई बार मैं वैसा मनुष्य बनने की जरूरत महसूस करता हूँ, जैसा मैं हूँ, तो कई बार मुझे अपने आस-पास की किसी चीज की परवाह नहीं रहती। मन करता है कि सबसे कह दूँ, भाड़ में जाओ।

पिछले साल मैं एक मनोचिकित्सक से मिलने गया। मैं अपने हालातों को लेकर परेशान था और आखिरकार मुझे बताया गया कि यह चिंता का दौरा था। इसे कार्य का दबाव कहिए, लोगों को सँभालने का तनाव कहिए, खालीपन का डर, अकेलापन और संभवत: अकेले बूढ़ा होने का एहसास, कुछ भी कहा जा सकता है। माँ का स्वास्थ्य खराब था। उनके तीन घंटी बजने के बाद भी फोन न उठाने पर बुरे-बुरे खयाल आने लगते। उम्र बढ़ने के साथ ही मैं और अधिक असुरक्षित होता जा रहा हूँ। मुझे अपने परिवार के एकमात्र व्यक्ति से अलग होने का डर सताने लगा है। वास्तव में बीता साल भावनात्मक रूप से मेरे लिए बेचैनी भरा रहा जबकि इसका कोई विशेष कारण नहीं था।

तब मुझे महसूस हुआ कि मैं शायद बाकी लोगों से कुछ पहले ही ठेठ मध्यवय की घबराहट के दौर से गुजर रहा हूँ। मनोचिकित्सक के साथ बिताए यह सत्र बहुत सार्थक रहे। मैंने एक ऐसे व्यक्ति के सामने अपना आवरण उतार दिया, जिसका मेरी जिंदगी से कोई लेना-देना नहीं था। वे बहुत प्यारी और विशिष्ट महिला हैं। लोग थेरेपी और मनोविज्ञान के बीच का अंतर नहीं समझते। थेरेपी में आप अपने बचपन में लौट जाते हैं, आदि। जबकि मनोवैज्ञानिक वस्तुत: आपको दवाएँ सुझाते हैं और मैं पिछले साल से दवाएँ ले रहा हूँ। मुझे खुद को शांत रखने और अपने दिल की धड़कनें तेज होने और नींद में कमी के कारण दैनिक कार्य स्तर में कमी को समझने के लिए इनकी जरूरत महसूस हो रही थी। मेरे साथ यह सब हो रहा था। मैं ध्यान केंद्रित नहीं रख पा रहा था। इसलिए मेरी मनोचिकित्सक ने मुझे दवाएँ दीं। मुझे एलोपैथी पर पूरा भरोसा है। मैं होम्योपैथी आदि पर भरोसा नहीं करता। सिरदर्द होने पर मैं फौरन दो गोलियाँ खा लेता हूँ। हाँ, यह गलत है, आगे चलकर इसका आपके सिस्टम पर बुरा असर होता है, कोई बात नहीं। आप केवल इसी पल में जी रहे होते हैं। संभव है, कल मैं ही न रहूँ। फिर मैं सिरदर्द के लिए हर्बल

थेरेपी या होम्योपैथिक दवाएँ क्यों लूँ? नहीं, मैं दवाएँ लेता हूँ। मैं खूब दवाइयाँ खाता हूँ। नींद न आने पर मैं नींद की गोली खा लेता हूँ। मुझे पता है कि स्वास्थ्य की दृष्टि से यह ठीक नहीं है और न ही मैं दूसरों से ऐसा करने के लिए कहता हूँ। लेकिन मैं ड्रग्स नहीं लेता (हालाँकि मैं रेस्टिल लेता हूँ, जो नींद की दवा है)। मैंने अपनी जिंदगी में केवल एक बार एम.डी.एम.ए. लिया है। उस समय मैं गोवा में था और इसे 'हैप्पी ड्रग' कहा जाता है। माना जाता है इससे आपका सेरोटोनिन का स्तर बढ़ जाता है, जिससे आप प्रसन्न रहते हैं। लेकिन इसकी जगह मुझे नींद आ गई। यह मुझपर कामयाब नहीं रही। यह मेरे जीवन का ड्रग्स से जुड़ा सबसे बेकार और इकलौता अनुभव था। लेकिन इंडस्ट्री में हर कोई यही समझता है कि आप चार्ली सूँघा करते हैं। एक बार मुंबई-दिल्ली की फ्लाइट पर मैं एक धनाढ्य बैंकर के साथ था और उसने पूछा, 'आप सब लोग खूब ड्रग्स लेते होंगे।'

मैंने पूछा, 'आप सब का मतलब?'

उसने कहा, 'आप और आपकी इंडस्ट्री के लोग।'

लोग सोचते हैं कि हम कमजोर दिमागवाले एलियंस हैं, जो अय्याश, पतनशील और हर वह काम किया करते हैं, जो गलत और जेल जाने योग्य है।

उसने पूछा, 'आप चार्ली नहीं लेते?'

मैंने कहा, 'नहीं!'

उसने कहा, 'मूर्ख मत बनाइए। आप हर समय इतने उत्साहपूर्ण, इतने ऊर्जावान रहते हैं और वह भी ड्रग्स के बिना?'

और मैंने कहा, 'नहीं, कतई नहीं। मैं ड्रग्स नहीं लेता। लेकिन मैंने एक बार एम.डी.एम.ए लिया था।'

पता नहीं मैंने उसे यह बात क्यों बताई। शायद मैं चाहता था कि वह मेरी बात पर विश्वास करे। मुझे पता है कि मैं उस इंडस्ट्री से हूँ, जहाँ कुछ लोग ड्रग्स लेते हैं। लेकिन ऐसा तो दुनियाभर में बहुत से लोग कर रहे हैं। मुझे यह अच्छा नहीं लगा और मैं ऐसा कभी नहीं करनेवाला। मेरे लिए मेरी मनोचिकित्सक की बताई दवाएँ ही काफी हैं। उन्होंने मेरी दवाएँ छुड़वाने के लिए अब इनका डोज न्यूनतम कर दिया है। मैंने इन्हें आठ महीने लिया। मुझे लगता है कि मेरी चिंता, तनाव, डर व असुरक्षा का कारण मेरे भीतर का रासायनिक असंतुलन था। मेरा पेशा काफी गहन है, मेरे आस-पास मुझे प्यार करनेवाले ढेर सारे लोग हैं, हालाँकि मैं इनमें से अपने लिए उपयोगी व अनुपयोगी लोगों को छाँट रहा हूँ, लेकिन किसी को इसका एहसास भी नहीं है।

दीपिका के अपने तनाव के बारे में बताने पर मुझे उनके साथ पूरी हमदर्दी है। मैं बेचारा अमीर लड़का लगना नहीं चाहता। मैं ऐसा नहीं हूँ। कई बार दूर के ढोल सुहावने लगते हैं और कोई नहीं जान पाता कि आप किन हालातों से गुजर रहे हैं। मैं दिखावा बहुत करता हूँ और इतना अधिक दिखावा करना आपको बुरी तरह थका देता है। आपसे प्रसन्न रहने की उम्मीद की जाती

है। आपसे सामाजिक होने की उम्मीद रखी जाती है। आपसे लोगों के बीच रहने की उम्मीद होती है। और ये सभी उम्मीदें आपको बुरी तरह थका देती हैं।

पिछले साल मैंने कुछ समय आत्मबोध करते हुए बिताया। कोई नहीं जानता था कि मैं हफ्ते में एक बार मनोचिकित्सक के पास जाता हूँ। मेरे ऑफिस में कोई नहीं जानता था। मेरी माँ को नहीं पता। वे समझती थीं कि वह महिला व्यावसायिक कारणों से मुझसे मिलने आती हैं।

मैंने पुतलु को फोन किया और कहा कि मुझे मदद की जरूरत है। जिस रात मैंने उन्हें फोन किया मैं खुद को बेहद कमजोर महसूस कर रहा था। मैंने उन्हें बताया कि मेरे साथ कुछ हो रहा है। वे चिकित्सकीय जानकारी रखने के अलावा बहुत से लोगों को जानती हैं। मैंने कहा, 'पुतलु, मुझे मदद की जरूरत है।' उन्होंने कहा कि मुझे इस महिला से मिलना चाहिए। वे मेरी हालत समझ गईं, क्योंकि उन्हें पहले से ही इसका अंदेशा था। अगले दिन वह महिला आ गईं। अब मैं बहुत नियंत्रित और अच्छा महसूस कर रहा हूँ। मैं तकरीबन पचास फीसदी अच्छा महसूस कर रहा हूँ और यह काफी बड़ा सुधार है। मेरा दिमाग खराब होता जा रहा था।

मुझे लगता है कि लोगों का व्यक्तिगत प्रसन्नता को पैसे से जोड़कर देखना सरासर गलत है। वास्तव में आपका काम, आपकी रचनात्मकता, आपका व्यावसायिक कार्य आपके भीतर जो कुछ भी चल रहा है, उससे बिल्कुल अलग है। जब आप अपने बेडरूम में सोने जाते हैं, तो नींद आने के ठीक पहले अगले दिन या उससे संबंधित विचार आपकी आँखों के आगे कौंध जाते हैं। आपके दिमाग में जो कुछ भी चल रहा होता है, उससे दूसरे लोग तब तक वाकिफ नहीं होते, जब तक आप उन्हें रोजाना व्यक्त नहीं कर देते। मैं मिथुन राशि का हूँ। घर से बाहर निकलते हुए मेरे मन में बहुत कुछ चल रहा होता है। मैं अपनी विभिन्न भूमिकाओं के बारे में सोच रहा होता हूँ। मैं मीटिंगों में जाता हूँ, जरूरत हो तो आकर्षक रहता हूँ, अगर जरूरत पड़े तो कमजोरी दिखाता हूँ, आवश्यकता हो तो अति-आत्मविश्वास दिखाता हूँ तथा जरूरत हो तो ताकत भी दिखाता हूँ। मैं यह सब कर सकता हूँ। मैं कोई भी भूमिका निभा सकता हूँ। लेकिन इस इंडस्ट्री में या दुनिया में कहीं पर भी आप अपने वास्तविक स्वरूप से बच नहीं सकते। मैं एक कंपनी चलाता हूँ, जहाँ मेरे मातहत बहुत से लोग काम करते हैं। आप अपने अकाउंटेंट को अपनी कमजोरी नहीं दिखा सकते। आप अपने मार्केटिंग हेड को नहीं जता सकते कि आपके साथ कोई नहीं है या आप दुःखी हैं या किसी व्यक्ति ने आपको नीचा दिखाया है या आपने प्रेम में चोट खाई है या आपका दिल टूटा है या आप बिल्कुल अकेले हैं। मैं अपने संस्थान के लोगों को यह कैसे दिखा सकता हूँ? मैं इसे अपनी माँ को भी नहीं दिखा सकता वरना वे चिंतित हो जाएँगी, वैसे भी फिलहाल उनका स्वास्थ्य खराब चल रहा है।

तो मैं इसे किसको दिखाऊँ? आप इसे अपने दोस्तों के सामने अभिव्यक्त करते हैं। फिर वे नियमित रूप से प्रतिदिन यह जानने का प्रयास करते हैं कि आप ठीक हैं या नहीं। स्वभाव से स्वतंत्र होने के कारण आपको उनकी यह बात परेशान करने लगती है। तो आखिर आपको चैन

कहाँ मिलेगा? एक डॉक्टर से। कुछ लोग ज्योतिषियों के पास जाते हैं, कुछ पंडितों के पास तो कुछ गुरुओं के पास। मैं मनोचिकित्सक के पास जाता हूँ। मैं अपने आंतरिक तनाव और समस्याओं से आधुनिक ढंग से निपटना चाहता हूँ। मैं सीधे चिकित्सकीय मदद लेता हूँ। मैं किसी बाबाजी के पास नहीं जाता। मैं किसी मंदिर में नहीं जाता। मैं किसी टैरो कार्ड रीडर के पास नहीं जाता। मेरा मानना है कि ऐसे में चिकित्सकीय सहायता लेनी चाहिए।

आपने दिल की धड़कनें तेज होने की बात सुनी होगी, मेरे साथ ठीक यही हो रहा था। मेरी साँसें गहरी, उथली और मुखर हो रही थीं। यह घबराहट थी। मुझे लग रहा था, मानो शरीर की सारी ऑक्सीजन चूस ली गई हो। ऐसा लग रहा था, जैसे मैं लद्दाख में हूँ। मुझे हालात के अनुकूल होने की आवश्यकता महसूस हो रही थी। दिमाग दौड़ रहा था, सपने दौड़ रहे थे। आप सपना देखते हैं, जागते हैं, फिर सपना देखते हैं, फिर जाग जाते हैं। यह घबराहट है। हमें पता नहीं होता कि अवसाद व घबराहट चिकित्सकीय सहायता लेनेवाले हालात हैं। इसका कारण आपका पागल होना या अपने पर से नियंत्रण हटना नहीं है। यह आपके शरीर में सेरोटोनिन स्तर में बदलाव के संकेत हैं। हम सब एक निश्चित सेरोटोनिन स्तर के साथ जन्म लेते हैं। कुछ लोगों में यह प्रचुर मात्रा में होता है, वे धन्य आत्माएँ हैं। कुछ लोगों में यह संतुलित मात्रा में होता है, वे भी धन्य आत्माएँ हैं। कुछ लोगों में सेरोटोनिन का स्तर कम होता है और उनका उदासी की ओर झुकाव रहता है। लेकिन उदासी और अवसाद दो बिल्कुल अलग चीजें हैं। उदासी का निवारण है, लेकिन अवसाद के लिए दवाएँ लेनी होती हैं। आपके सेरोटोनिन स्तर में समस्या हो सकती है। इससे रासायनिक असंतुलन आ जाता है, जिसे लोग समझ नहीं पाते। पश्चिम इसे कुछ अधिक महत्त्व देता है तो भारत में हम इसका महत्त्व कम समझते हैं।

मुझे नहीं लगता कि मैं अवसादपूर्ण मनुष्य हूँ। मुझे लगता है कि मैं घबराया हुआ रहता हूँ। और यह घबराहट मेरी दिन-प्रतिदिन की कार्य क्षमता को प्रभावित करती है और मुझे इसका निवारण करना था। मेरी इस घबराहट का कारण निश्चित ही मेरा डर और असुरक्षा का स्तर है, जिसका संबंध पेशे से नहीं बल्कि निजी जीवन से है। मैं पेशेवर असफलता को सह सकता हूँ। मैं जानता हूँ कि ऐसा कैसे करना है। मैं कर लेता हूँ। लेकिन निजी समस्याओं से उत्पन्न घबराहट से निपटना आसान नहीं होता। ऐसा नहीं है कि मैं किसी संकट से उबरने का प्रयास कर रहा हूँ। छह साल पहले अपने पिता के देहांत के समय भी मैं ऐसे दौर से गुजरा था। लेकिन उस समय मैंने आत्म-निदान नहीं किया। मुझे एहसास भी नहीं हुआ कि वह क्या था। मैंने अपनी मनोचिकित्सक से बात की। उन्होंने पूछा कि क्या मैंने इससे पहले कभी ऐसा महसूस किया है और मैंने बताया कि मुझे छह साल पहले भी यही अनुभव हुआ था। उन्होंने कहा कि यह मेरे पिता के देहांत की विलंबित प्रतिक्रिया है। उन्होंने बताया कि यदि मैंने उस समय इसका उपचार करवा लिया होता तो संभवत: मुझे अब इस दौर से नहीं गुजरना पड़ता।

इसलिए जब मैंने दीपिका के अवसाद के बारे में पढ़ा तो मुझे उनसे पूरी हमदर्दी थी। मैं भी

इससे गुजर चुका था। कुछ लोग कहते हैं, वाह! वे कितनी बहादुर हैं, जो इस बारे में बात कर रही हैं। वहीं कुछ लोगों का कहना था कि वे ध्यान आकर्षित करना चाहती हैं? ये दूसरे किस्म के लोग हर चीज के पीछे किसी उद्देश्य के होने में विश्वास रखते हैं। कुछ ऐसे भी लोग हैं, जो उदासी से पूर्णत: अपरिचित रहते हैं। मेरे दोस्त मनीष मल्होत्रा ऐसे ही हैं। उनका सेरोटोनिन स्तर अत्यधिक है। वे समझ नहीं पाते कि लोग उदास क्यों होते हैं। वे उदासी के विचार से सर्वथा अपरिचित हैं।

वे मुझसे कहते हैं, 'दीपिका को अवसाद क्यों हुआ? वे इतनी प्यारी हैं! इतनी खूबसूरत हैं, उनके पास सबकुछ है, कॅरियर, सफलता, सौंदर्य।'

मैं उन्हें समझाने का प्रयास करता, 'ये सब निरर्थक हैं।'

संभवत: रात को सोने तक और जगने के बाद वे अपने को नितांत अकेला पाती हों। मैं पक्का नहीं कह सकता। मैं उनसे कई अवसरों पर बात कर चुका हूँ। मैं इसे समझता हूँ। सुंदरता का आपकी अंतरात्मा से कोई संबंध नहीं। इस धरती पर सबसे खूबसूरत लोग संभवत: सबसे परेशान व्यक्ति होंगे। सुंदरता जितनी बड़ी संपत्ति है, उतना ही बड़ा श्राप भी हो सकती है। इस शहर में वे अकेली रहती हैं, अपना घर सँभाल रही हैं, कॅरियर सँभाल रही हैं, वह भी अपने माता-पिता से दूर रहते हुए, यह आप पर हावी हो जाता है। जिस तरह सफलता होती है। कई बार सफलता जितनी बड़ी असफलता कोई नहीं हो सकती। आखिरकार, उम्मीदें बढ़ती जाती हैं और उनपर खरा उतरना तनाव भरा होता है। असफलता बेहद खूबसूरत एहसास है। क्योंकि यहाँ से आगे बढ़ने की गुंजाइश रहती है। सफलता एक बंधन जैसी होती है। आप उस चीज को कैसे पकड़े रह सकते हैं, जो लगातार आपके हाथों से फिसल रही हो? आप इसे मजबूती से पकड़े रहते हैं। लेकिन किसी चीज को मजबूती से पकड़ने पर आपका पूरा शरीर तनाव से भर जाता है। सफलता में यही होता है। यह आपमें इतना तनाव भर देती है कि आपका मन, शरीर, हृदय, आत्मा और सबकुछ तनाव में आ जाता है। और असफल होते ही यह आपके हाथ से फिसल जाती है। तब सबकुछ आसान हो जाता है। यह काफी आरामदेह स्थिति है—ओह! मैं असफल हो गया, मैं दु:खी हूँ, तीन दिन बाद मैं फिर खड़ा हो जाऊँगा, मैं फिर से प्रयास करूँगा। लेकिन जब आप इसे मुट्ठी में जकड़े रहते हैं, तो आपके शरीर की नस-नस तनाव से भर जाती है। सफलता जिंदगी के लिए एक बड़ा, बहुत बड़ा बोझ होती है। ये आसान नहीं होता। मैं इससे परिचित हूँ। मैं इससे काफी गहराई व अवचेतन स्तर तक परिचित हूँ।

□

# आज का बॉलीवुड

आज के बॉलीवुड में एक नवीन किस्म की ताजगी है—एक नई ऊर्जा, नए फिल्म-निर्माता और नए लेखक। ये विचारों का नवीन युग है, जो धीरे-धीरे पुरानी निरर्थकता की जगह लेता जा रहा है। अब मुख्यधारा की प्रचलित व पारंपरिक मसाला फिल्मों का वैसी गर्मजोशी से स्वागत नहीं होता, जैसा कभी हुआ करता था। अब सब अलग है। अब दर्शक मल्टीप्लैक्स और सिंगल स्क्रीन में बँटे हुए हैं। अभी भी आम लोगों के लिए बनी फिल्में कमाई कर रही हैं। इसके बावजूद हम बेहद दिलचस्प समय की ओर बढ़ रहे हैं।

बॉलीवुड मंदी के दौर से गुजर रहा है। मल्टीप्लैक्स में टिकट के दाम अधिक होने से दर्शकों की संख्या घट रही है। साल 1990 की 'अग्निपथ' के दर्शकों की संख्या 2011 की 'अग्निपथ' से अधिक थी, जबकि दूसरीवाली हिट रही। ऐसा लगता है, जैसे गणित में कोई गलती हो। इसके अलावा सिनेमा को डिजिटल मीडिया, टेलीविजन और मनोरंजन जैसे और बहुत से मंचों से जूझना पड़ रहा है। ऐसा केवल बॉलीवुड में ही नहीं हो रहा बल्कि हॉलीवुड भी इन्हीं सब से जूझ रहा है। जहाँ टेलीविजन परेशान करनेवाली सास बना हुआ है, वहीं डिजिटलीकरण परिवार का नया कुलपति बन गया है और मुझे लगता है कि फिल्में ऐसे परेशान बच्चे की भाँति हैं, जिसे इलाज की जरूरत है।

भारत में अंतरराष्ट्रीय स्टूडियो को समझ आ गया है कि हिंदी फिल्में बनाना वैसा मुनाफे का सौदा नहीं है, जैसा वे समझ रहे थे। फिल्मी सितारे बहुत पैसा लेते हैं, निर्देशक खूब खर्च करते हैं, दर्शकों की संख्या निरंतर घटती जा रही है तथा लागत-लाभ अनुपात समझ से बाहर है। इसलिए हम हॉलीवुड की फिल्में रिलीज करेंगे। इससे हमारी फिल्मों की विषयवस्तु में भी सुधार आया है। अब लोग अधिक बेहतर फिल्में बनाने लगे हैं। क्योंकि ऐसा करने पर ही कमाई संभव है। पैसे कमाने के लिए विशाल-सेट और बड़े सितारों को लेकर फिल्में बनाई जाती हैं। सच तो यह है कि इस तरह कमाई करवा सकनेवाले सितारों की संख्या बहुत कम है और बुरी फिल्में बनाने से कोई लाभ नहीं होता। पहले स्टार के नाम पर फिल्म पहले ही हफ्ते में निश्चित कमाई कर लेती थी। लेकिन अब ऐसा नहीं होता। सिर्फ अक्षय और तीनों खान ही भरोसेमंद सितारे हैं। लेकिन मात्र चार सितारों की बदौलत फिल्मी अर्थव्यवस्था को कैसे चलाया जा सकता है ? और ऐसी गारंटी कुछ ही निर्देशक दे सकते हैं। कुछ लोग बड़ी गलतियाँ कर बैठते हैं—मैंने भी की हैं; कई बार हम फिल्म

पर इतना खर्च कर देते हैं, जितना औचित्य नहीं होता। लेकिन हमने कम गलतियाँ की हैं, अन्य स्टूडियो इससे भी बड़ी गलतियाँ कर चुके हैं। आप किसी एक व्यक्ति पर दोष नहीं लगा सकते। उसमें सभी शामिल होते हैं।

लेकिन मुझे लगता है कि इस अंतरिम मार्ग पर चलकर हम महान् और बेहतरीन सिनेमा तक पहुँचनेवाले हैं। लोगों को फिल्म बनाने के लिए पैसा मिल जाता है, लेकिन उन्हें लागत कम रखनी पड़ती है। यह क्रिकेट जैसा नहीं है। देश में क्रिकेट के लिए दीवानगी हमेशा से रही है। देश में क्रिकेट की दीवानगी उत्पन्न करने के लिए उसे कबड्डी से संघर्ष नहीं करना पड़ा। लेकिन हम इंटरनेट, पायरेसी और टेलीविजन से जूझ रहे हैं। सेटेलाइट बाजार में केवल इसलिए गिरावट आ गई, क्योंकि उन्हें लगता है कि वे निर्माताओं को बहुत अधिक पैसा दे रहे हैं। अब आप क्या कर सकते हैं ? आपको बजट में कटौती करनी होती है। वहीं दूसरी ओर यह इसलिए उत्साहवर्धक रहा कि इससे फिल्म इंडस्ट्री में बहुत से नए, युवा ऊर्जा और प्रतिभाओं का उदय हुआ। अब भाई-भतीजावाद नहीं है। फिल्म निर्माता अपनी फिल्म-निर्माण शैली में नई संस्कृति को पेश कर रहे हैं। हिंदी सिनेमा में उत्तर भारत की घुसपैठ, दरअसल घुसपैठ नहीं बल्कि समावेशन है। 'तनु वेड्स मनु' जैसी फिल्मों का कलेवर बिल्कुल नया है। बीते दशक में अचानक ही एक बिल्कुल अलग तरह का रचनाक्रम उदित हो गया है। एक बिल्कुल नई तरह के विश्वास की स्थापना व सराहना हो रही है। जहाँ पहले के ढर्रेवाली फिल्में चल रही हैं, वहीं 'पीकू' जैसी फिल्में भी आपका दिल जीत रही हैं। 'तनु वेड्स मनु रिटर्न्स' के पात्र को बेहद खूबी से गढ़ा गया और कँगना ने भी उसे उम्मीद से बेहतर निभाया। 'क्वीन' में भी उन्होंने ऐसा ही किया। वास्तव में यही वे फिल्में हैं, जिन्होंने लोगों की दिलचस्पी कायम रखी, बल्कि 'तनु वेड्स मनु रिटर्न्स' तो व्यावसायिक रूप से भी सफल रही।

आनेवाले वर्षों में भारतीय सिनेमा वैश्विक पटल पर और अधिक प्रासंगिक होनेवाला है। भारतीय सिनेमा की ऐसी धूम मची है, जैसी पहले कभी नहीं थी। इसी वजह से सभी बड़े स्टूडियो भारत आ चुके हैं। हमने वैश्विक क्षेत्र में पहले ही एक अलग किस्म की उत्तेजना उत्पन्न कर दी है। 'पीके' जैसी फिल्म का चीन से 20 मिलियन डॉलर कमा लेना सभी स्टूडियो के लिए आँखें खोल देनेवाला रहा। यह बहुत बड़ी रकम है। फिल्में जैसा प्रदर्शन घरेलू स्तर पर नहीं कर पातीं, वैसा इसने दूसरे देश में कर दिखाया। 'लंचबॉक्स' जैसी फिल्म के यूरोप में अच्छा बिजनेस कर जाने पर लोगों का इसकी ओर ध्यान जाता ही है। ऐसे में आप भविष्य में बहुत से सह-निर्माण, सहयोग और एकीकरण होते देख सकेंगे। यह बीते पाँच साल में हुआ है। वैश्विक सिनेमा में हॉलीवुड के बाद जिन दो देशों की धमक सुनाई दे रही है, वे चीन और उसके बाद भारत है। मैं गोल्डन ग्लोब या एकेडमी अवॉर्ड्स की बात नहीं कर रहा। मैं खालिस व्यावसायिक व्यापार की बात कर रहा हूँ। आखिरकार, व्यावसायिक होने पर ही कला प्रचारित होती है, फिर चाहे वह चित्रकारी हो या फिल्में। इनका महत्त्व धन से ही आँका जाता है। यहाँ तक कि वही समानांतर फिल्में याद रहती हैं, जिन्होंने अच्छी कमाई की हो। दुर्भाग्यवश हमेशा से ऐसा ही रहा है। इस दुनिया में एकमात्र

बैरोमीटर धन व संपत्ति ही है। मूल्य से ही आपका मूल्य निर्धारित होता है। यह इतनी सीधी सी बात है। आप चाहे कितनी भी गजब की फिल्में बनाएँ, अगर कोई इसे देखेगा नहीं तो इसकी कमाई भी नहीं होगी और न ही इसे याद रखा जाएगा। आज केवल धन-संपत्ति को ही इतिहास में स्थान मिलता है। जब 'लंचबॉक्स' फ्रांस, जर्मनी और स्पेन में अच्छा प्रदर्शन करती है, तब आप सोचते हैं, अरे! इस फिल्म ने तो खूब कमाई कर ली।

शाहरुख खान, सलमान खान और आमिर खान कहीं नहीं जा रहे। वे अपने बदलाव के दौर में हैं, जहाँ से वे विजेता के तौर पर सामने आएँगे। वे अभी जल्दी कहीं नहीं जा रहे और उन्हें जाना भी नहीं चाहिए। लोग अकसर कहते हैं, 'ये लोग कब रुकेंगे?' लेकिन क्या कोई यह जानता है कि वे यहाँ अभी तक टिके कैसे रहे? क्योंकि उन्होंने कभी अपने कॅरियर की अत्यधिक पड़ताल नहीं की। निस्संदेह, उन्होंने गलतियाँ की हैं और उतार-चढ़ाव भी देखे हैं। फिल्मों का बड़ा स्टार बनने के लिए आपको गिरकर फिर उठना होता है। दर्शकों को आपकी यात्रा से परिचित होना चाहिए। आप पाँच फिल्में करेंगे, जिनमें से तीन बेकार रहेंगी और दो बढ़िया जाएँगी। आपको इस गिरावट का सामना करना ही होगा।

बहुत से सितारे असफलता को लेकर चिंतित रहते हैं। लेकिन अगर आप महान् बनना चाहते हैं तो आपको असफलता की चिंता नहीं करनी चाहिए। सफल होने के लिए आपको असफल होना ही पड़ेगा। ये लोग भी असफल हुए हैं। उन्होंने फ्लॉप के बाद फ्लॉप और हिट के बाद हिट और फिर फ्लॉप के बाद फ्लॉप दी हैं। पच्चीस साल तक कायम रहने में आपका ग्राफ निश्चित ही बनेगा। आप अटल नहीं रह सकते। यह केवल मृत्यु होने पर संभव है। मजबूत दिल के ई.सी.जी. में उतार-चढ़ाव अवश्य होंगे। लेकिन युवा पीढ़ी असफल होना नहीं चाहती। यह इनकी सबसे बड़ी समस्या है। वे अति-सचेत रहते हैं, वे हर फिल्म बेहद सावधानी से चुनना चाहते हैं। वे चाहते हैं कि उनकी हर फिल्म हिट रहे, वे एक के बाद एक हिट दें और ऐसा ही चलता रहे। नहीं, मैं कहता हूँ, एक फ्लॉप फिल्म भी बनाएँ। अपने आवेग पर फैसला लें और एक बुरी फिल्म भी करें। मैं रणबीर, रणवीर, सिद्धार्थ या वरुण सबसे यही कहता हूँ कि आप लोग बहुत अधिक चौकस रहते हैं। 'बॉम्बे वेल्वेट' के बाद रणबीर काफी परेशान थे, मैंने उनसे कहा, 'यह अच्छा हुआ। आपने अपनी फ्लॉप फिल्म दे दी। अब जब आप हिट फिल्म देंगे तो लोग आपको और अधिक प्यार करने लगेंगे। ऐसा लगेगा कि आप फिर से रंग में हैं, अपने कॅरियर को पुन: ऊर्जान्वित कर रहे हैं। आप गड़बड़ करने और गिरने को बाध्य हैं। इसलिए आपको साहस से काम लेना होगा। आपने 'बॉम्बे वेल्वेट' की। यह नहीं चली, मान लीजिए यह दुनियाभर में खराब रही। लेकिन आपने एक जोखिम लिया, क्या नहीं? यह अच्छी बात है। आप सुरक्षित होकर नहीं खेले। आपने एक मुख्यधारा से अलग फिल्म में थोड़ी अलग भूमिका निभाई। इससे स्टूडियो को नुकसान हुआ, लेकिन बतौर अभिनेता, आपने यह जोखिम लिया। आपने 'बर्फी' में जोखिम लिया, 'वेक अप सिड' में जोखिम

लिया और आपने 'रॉकेट सिंह—सेल्समैन ऑफ द ईयर' में भी जोखिम लिया।' मैं उन सभी से कहता हूँ, आगे बढ़कर जोखिम उठाएँ। अधिक फिल्में करें, खूब काम करें। हॉलीवुड की तरह काम करें। वे लगातार काम करते हैं। वे एक के बाद एक फिल्में बनाते रहते हैं। प्रत्येक फिल्म दर्शनीय नहीं होती, न ही हर फिल्म भव्य होती है। सीखने के लिए आपको असफल होना पड़ेगा। असफल होकर सीखने पर आप बने रहना सीख जाएँगे। सफलता और असफलता जीवन को आगे बढ़ाती है। केवल सफल होने पर यह संभव नहीं है।

तीनों खानों ने लगातार काम किया है और साथ ही उन्होंने अपने आपको दर्शनीय भी बनाए रखा है। उनमें जादू है। वे अलग हैं, लेकिन मुझे लगता है कि उनके दिमाग काफी हद तक एक जैसे हैं। उनमें से दो को प्रेम मिला तो एक को सम्मान, जो प्रेम से अधिक नहीं तो उसके जितना महत्त्वपूर्ण अवश्य है। वे सभी एक ही साल में पैदा हुए हैं, वे सभी एक ही साल के विभिन्न महीनों में पचास साल के हुए हैं। लेकिन वे अभी भी मौजूद हैं और बड़ी फिल्में कर रहे हैं। अगले पाँच साल तक वे बतौर प्रमुख अभिनेता काम करते रहेंगे और कहीं नहीं जानेवाले। इसके बाद भी वे ऐसी फिल्में करेंगे, जो उनके आस-पास ही केंद्रित होंगी।

मैं जिसे 'व्यवहारिक अहं' कहता हूँ, वह इन तीनों में है। इसी के बल पर वे आगे बढ़ते हैं। उनका अहं उन्हें प्रासंगिक बनाए रखता है और यह उन्हें कुछ करने से या आत्म-विनाश से रोकता है। इसे उनके भीतर नियंत्रित मेगालोमेनिया (अहंकारोन्माद) की मौजूदगी के तौर पर भी देखा जा सकता है। यह सही दिशा में चालित है और वे जानते हैं, उन्हें कब इससे पीछा छुड़ा लेना है। वे जानते हैं कि उन्हें कब सुलभ और सौम्य होना है और कब स्टार की तरह व्यवहार करना है। वे जानते हैं। ये तीनों लोग विशिष्ट हैं। वे जानते हैं कि किस तरह मूवी स्टार बनना है और किस तरह अपने तरीके से लोगों का चहेता व्यक्ति बन जाना है।

क्या युवा पीढ़ी में कोई ऐसा सुपरस्टार है? ईमानदारी से कहूँ तो मुझे ऐसा कोई दिखाई नहीं देता। मुझे अब स्टारडम का जीवन अधिक लंबा प्रतीत नहीं होता। आज का उपभोक्ता बहुत अस्थिर है। आपको जिन लोगों से समर्थन चाहिए, वे अस्थिर हो चुके हैं। वे मुट्ठी में बंद रेत की तरह बह जाते हैं। स्टारडम का संबंध इसपर निर्भर करता है कि परदे से इतर आप कैसे हैं। सलमान ने गलतियाँ कीं और उनके लिए माफी भी माँगी। उन्होंने अपना प्रभामंडल कायम रखा, फिर चाहे वह बीइंग ह्यूमन के मार्ग का अनुसरण हो या उनका अपने परिवार का साथ देना हो। उन्होंने अपने व्यक्तिगत एहसासों को सहज रूप से प्रकट किया है। बुरे लड़के को अच्छा बनता देख लोग अपने को उनकी सुरक्षा के प्रति तत्पर महसूस करते हैं। शाहरुख अपने माता-पिता को खोने के परिणामस्वरूप उत्पन्न घबराहट के बारे में बताते हैं। वे अपने बच्चों से अपने रिश्तों के बारे में बात करते हैं। आमिर एक मसले से जुड़ाव महसूस करने के कारण टी.वी. पर ही रो पड़े थे। उन्होंने अपनी भावनात्मक ऊर्जा दरशाई। युवा पीढ़ी अपने को इस तरह प्रकट नहीं करती। वे आपको उन्हें जानने की अनुमति नहीं देते। आप नहीं जानते कि बतौर इनसान वे कैसे हैं। आप परदे

पर उन्हें जैसा देखते हैं, उन्हें वैसा ही मान बैठते हैं। मैं उन्हें व्यक्तिगत रूप से जानता हूँ। मैं जानता हूँ कि वे कैसे हैं। लेकिन उपभोक्ता होने के कारण आप उन्हें नहीं जानते। रणवीर असलियत में कैसे हैं ? क्या आप उनकी कमजोरियों से परिचित हैं ? क्या आप उनकी कमियों को पहचानते हैं ? क्या आप उनके कमजोर हिस्सों से वाकिफ हैं ? या उनकी ताकत, उनकी असुरक्षा ? आप नहीं जानते। यह सब न जानने पर आप उन्हें हमेशा प्यार कैसे दे सकते हैं ? आप शाहरुख को कुछ हद तक जानते हैं। आप उन्हें महसूस कर सकते हैं, छू सकते हैं। आप आमिर की निर्विवाद सत्यनिष्ठा से परिचित हैं। आप जानते हैं कि सलमान अच्छे दिलवाले बुरे लड़के हैं। लेकिन आप मौजूदा पीढ़ी को नहीं पहचानते। मैं आशा करता हूँ कि वे भी लोगों को खुद को जानने का अवसर दें। आपको लगता है कि वरुण बहुत मजाकिया हैं, क्योंकि वे हास्यजनक फिल्में करते हैं। आपको लगता है कि रणबीर बहुत आकर्षक हैं, क्योंकि वे स्क्रीन या रिएलिटी शो मैं ऐसे दिखते हैं। वे किसी महिला का हाथ बहुत नरमी से पकड़ते हैं और उन्हें बाहर तक छोड़कर आते हैं, वे बहुत शिष्ट हैं। आप जानते हैं कि रणवीर सिंह थोड़े पागल और ऊर्जा से भरपूर हैं। लेकिन क्या आप जानते हैं कि वे अवसादग्रस्त हैं। आपको पता होना चाहिए कि उनकी ऊर्जा उनकी आंतरिक उदासी से स्रावित होती है। मैं आशा करता हूँ कि ये लोग अपने को थोड़ा और सामने लाएँ। केवल इसी तरह वे अपने को देशभर के दर्शकों से जोड़ सकते हैं। विडंबना यह है कि आज हम जिस तरह के मीडिया और संचार के युग में हैं ऐसे पहले कभी नहीं रहे। आज सभी लोगों के लिए दूसरों की आँखों में चढ़े रहना दबाव जैसा बन गया है। शाहरुख, सलमान और आमिर इसे तोड़ सके, क्योंकि उन्होंने उस दौर में इंटरव्यू दिए या चर्चा की, जब मीडिया की उपस्थिति इतनी प्रबल नहीं थी। आज वे बीते समय में तैयार किए उन हालातों का लाभ ले रहे हैं। आज किसी की भी कही बात को बहुत गंभीरता से लिया जा रहा है। अब कोई भी पहले की तरह इंटरव्यू नहीं देता, हर कोई अपने निजी जीवन से जुड़े ट्वीट, इंस्टाग्राम, बकवास बातें करने के अलावा हर चीज के प्रति प्यारा बनने की कोशिश कर रहा है। यह बेहद बचकाना है।

मुझे अनुष्का का विराट के बारे में बात करना अच्छा लगा। मुझे उनका अपने को प्रकट करना अच्छा लगा। या जैसे दीपिका ने अपने अवसाद पर बात की। मैं आशा करता हूँ कि वे रणवीर के बारे में भी बात करें। मैं आशा करता हूँ कि रणबीर और कैटरीना सामने आकर अपने रिश्ते के बारे में खुलकर बात करें। मैं आशा करता हूँ कि यह सब हो। मुझे समझ नहीं आता कि वे ऐसा क्यों नहीं कर रहे। शायद उनका मानना हो कि स्टारडम को यथास्थिति बने रहने देना चाहिए। हमें इस बारे में इसलिए बात नहीं करनी चाहिए, क्योंकि यह हमारा निजी जीवन है। लेकिन मैं उनसे कहना चाहता हूँ, 'अरे यार, अब आप लोग सार्वजनिक शख्सियत हैं। इसे पहचानें, अपनी परतें खोलें, इसे स्वीकार करें, इसे अपनाएँ, अपने को प्रकट करें और अपने बारे में बात करें। आपने खुद इस पेशे को चुना है, अब आप सार्वजनिक संपत्ति हैं। खुलकर सामने आएँ। आप अपने द्वार केवल सप्ताहांत में ही नहीं खोल सकते। आप यह नहीं कह सकते कि सोमवार से शुक्रवार तक मैं अनुपलब्ध हूँ,

आप मुझसे केवल शनिवार और इतवार को ही मिल सकते हैं। नहीं।

आप कोई स्मारक नहीं हैं। आप सेलिब्रेटी हैं, आप स्टार हैं, जनता को आपको जानना चाहिए। अन्यथा वे आपको हमेशा कैसे प्यार करते रह सकते हैं?'

मुझे यह गुमनामी समझ नहीं आती। जब तक सचमुच उनका यही मानना हो—ऐसा है नहीं। किसी सार्वजनिक स्थान पर जाने पर कोई उनकी फोटो न खींचे तो वे परेशान हो जाते हैं। मुझे कुछ हॉलीवुड के फिल्मी सितारों से रु-ब-रु होने का अवसर मिला, जो इस ध्यानाकर्षण से सचमुच नफरत करते हैं। एक बार मैं अपने दोस्त क्रिश्चियन लुबोटिन के साथ डिनर कर रहा था। उनके साथ ब्रिटिश अदाकारा क्रिस्टिन स्कॉट थॉमस भी थीं (वे इंग्लिश पेशेंट और फोर वैडिंग ऐंड ए फ्यूनरल में हैं), वे टी-शर्ट और जींस पहनकर आई थीं और सचमुच लोगों के आकर्षण का केंद्र नहीं बनना चाहती थीं। डिनर के बाद वे एक टैक्सी में बैठकर चली गईं। उनमें से कुछ लोग इसे केवल अपना काम मानकर चलते हैं। लेकिन हमारे फिल्मी सितारों को ध्यानाकर्षण चाहिए। वे सभी ऐसा चाहते हैं। मैं ऐसे एक भी फिल्मी सितारे को नहीं जानता, जो इस ध्यानाकर्षण से दूर रहना चाहता हो।

कँगना बेहतरीन अभिनेत्री हैं, लेकिन उन्होंने लाइमलाइट से दूर रहने का फैसला किया। वे किसी पुरस्कार समारोह में नहीं जातीं (वे केवल राष्ट्रीय पुरस्कारों में जाती हैं)। उन्होंने अपनी अनुपस्थिति को ही अपनी पहचान बना लिया है। लोगों की शानदार उपस्थिति होती है तो उनकी शानदार अनुपस्थिति होती है। कँगना के लिए यह अच्छा रहा।

मैं अपनी बात कहने, चर्चा करने, संवाद रखने और अभिव्यक्त करने का पक्षधर हूँ। आप केवल अपनी परदे की छवि के कारण लोगों का प्यार नहीं पा सकते। सब लोग शाहरुख को समानानुभूति के लिए पसंद करते हैं और बतौर इनसान प्यार करते हैं। लोगों ने केवल एक व्यक्ति को बिना उनके मन की बात जाने प्यार दिया है और वे हैं अमिताभ बच्चन। उन्होंने इस मिथक को तोड़ दिया था। उनकी गोपनीयता और रहस्यपूर्णता सर्वोपरि है। लेकिन उनकी उपस्थिति दमदार है। और मुझे लगता है कि यह अच्छा ही है कि लोग अमिताभ बच्चन जैसे प्रतिभाशाली व्यक्ति के मन की बात से अपरिचित हैं। उनका संपूर्ण कॅरियर चुप्पी और व्यवहार कुशलता तथा आकर्षक रहस्यपूर्णता पर निर्मित है। अमिताभ बच्चन सुपरस्टारों से भी बड़े सुपरस्टार हैं, क्योंकि आप अंदाजा भी नहीं लगा सकते कि उनके मन में क्या चल रहा है। मुझे लगता है कि वे मेरे जैसे इनसान द्वारा समझे जाने के लिहाज से बहुत बड़े हैं। यही उनकी विशिष्टता है। लेकिन वर्तमान पीढ़ी के लिए यह ठीक नहीं है। आप एक बार दबाव में आए नहीं कि बाहर हुए। अपने को सुरक्षित करने का अधिक प्रयास सफल नहीं होनेवाला। अमिताभ बच्चन अलग समय के व्यक्ति हैं। लेकिन आज भी वे उतने ही प्रासंगिक हैं। आज भी किसी आयोजन में उनके दिखने पर उनके पास जाकर कुछ अच्छी बातें करने का मन होता है।

मैं ट्विटर का बतौर पेशेवर औजार उपयोग करता हूँ। मेरे लगभग सत्तर लाख फॉलोअर्स हैं और मैं इन सत्तर लाख लोगों को अपनी फिल्मों के पोस्टर और प्रोमो दिखाना चाहता हूँ। मैं ट्विटर

से जुड़नेवाले शुरुआती लोगों में से हूँ। अब जब मेरे साथ इतने सारे लोग जुड़ चुके हैं तो मैं इसपर अपने रोजाना के विचारों को लिखने से परहेज करता हूँ। यह लोगों का ध्यान अपनी ओर खींचने के जैसा है, जो मुझे अजीब और असहज लगता है। किसी मौजूदा विषय पर अपनी राय रखना और फिर उसपर लोगों की प्रतिक्रिया लेना मेरी समझ से बाहर है। आप इंस्टाग्राम पर अपनी तसवीरें इसलिए डालते हैं, जिससे दूसरे भी इसे देख सकें।

आज यह बहुत आम बात है। चूँकि आप फिल्म को रिलीज होने से पहले देख चुके हैं, इसलिए आपको फिल्म का समर्थन करना चाहिए। ट्विटर पर उसके बारे में अच्छी बातें लिखें, फिर भले ही वे झूठी क्यों न हों। मैंने सैकड़ों बार झूठ लिखा है। आज लोगों ने मेरे ट्वीट पढ़कर मेरी छवि बनाना आरंभ कर दिया है। ठीक है, ट्रॉलिंग कोई बुरी बात नहीं, इस तरह कम-से-कम वे अपनी भड़ास निकाल देते हैं, शेखी बघारते हैं और आपके खिलाफ बातें लिखते हैं। कई बार मैं उनकी उन्मादपूर्ण बातों को पढ़कर हँसता हूँ। लेकिन अधिकांश मुझे उबाऊ और बेहूदा लगती हैं। आज भी कभी-कभार जब मुझे कोई विचार आता है तो मैं उसे लिख देता हूँ। लगभग बीस ट्वीट में एक बार ऐसा कोई मूर्खतापूर्ण दार्शनिक विचार होता है, जिसे मैं शेयर करता हूँ। लेकिन इसपर रोजाना सक्रिय रहना मेरे बस की बात नहीं। मेरी इसमें कोई दिलचस्पी नहीं कि मैं लिखूँ 'अलसाया हुआ रविवार फिर आ गया, मैं समुद्र को ताक रहा हूँ' मुझे यह लिखने में कोई दिलचस्पी नहीं है।

पहले मैं अपने से जुड़े बहुत से ट्वीट करता था। बाद में मुझे एहसास हुआ कि यह कितना मूर्खतापूर्ण था। मैं लाखों अजनबियों को अपने विचार क्यों बताना चाहता हूँ? इससे मुझे क्या फायदा होगा? हाँ, जब भी मैं किसी चीज पर टिप्पणी करने से बचना चाहता हूँ, मैं इसे ट्विटर पर लिख देता हूँ। अगर कोई विवाद हुआ, जैसा ए.आई.बी. रोस्ट को लेकर हुआ था, मैं बस यह लिख देता हूँ, 'अगर आपको पसंद नहीं, तो इसे न देखें।' और इसे हर जगह पेश कर दिया जाता है। अगर आप इसमें थोड़ा तड़का लगा दें तो यह मुख्य समाचारों में भी शामिल हो सकता है।

'बॉम्बे वेल्वेट' में अभिनय करना मेरे लिए बहुत खास रहा। फिल्म के फ्लॉप होने पर मुझे अनुराग कश्यप और रणबीर के लिए बुरा लगा। इसका मुझपर कोई प्रभाव नहीं पड़ा। इसमें मेरी छोटी सी भूमिका थी। मैंने अपना काम कर दिया और लगता है कि फिल्म देखनेवालों को मेरा काम पसंद आया होगा। इसमें मेरी कोई गलती नहीं थी। बल्कि समीक्षा में मेरे लिए अच्छी बातें लिखी गईं।

मुझे यह देखकर अच्छा लगता है कि मेरे लिए महत्त्व रखनेवाले समीक्षकों को मेरा काम पसंद आया। मुझे नहीं पता कि 'बॉम्बे वेल्वेट' के बाद मुझे अभिनय के ऑफर मिलेंगे या नहीं, लेकिन मैं इसके लिए तैयार हूँ। मुझे सेट पर बतौर अभिनेता उपस्थित रहना और अनुराग और रणबीर के साथ काम का अनुभव अच्छा लगा। मुझे लगता है कि मुझे उनसे काफी फायदा हुआ है।

कैमरे का सामना करने पर मुझे एहसास हुआ कि मैं अभिनय कर सकता हूँ। मुझे यह सोचकर अच्छा लगा कि मैं जिंदगी में एक और काम करने में सक्षम हूँ। अवसर मिलने पर मैं ऐसा फिर से करना चाहूँगा। लेकिन मैं खुद को निर्देशित नहीं कर सकता। मुझमें इस स्तर का मेगालोमेनिया नहीं

है। मैं एक व्यवहारिक व्यक्ति हूँ। मैं एक निर्देशक हूँ, मैं फिल्में बनाता हूँ। लेकिन इसके अलावा मैं जो कुछ भी करता हूँ, मुझे उसकी कीमत चुकानी होती है। तब वह मेरी नहीं किसी और की आस्था होगी। और वह आस्था मुझसे अधिक मजबूत होनी चाहिए। अन्य निर्देशक मुझे चिढ़ाने के लिए कहते हैं कि आपने एक फ्लॉप फिल्म में काम किया है। मैं हँसते हुए उत्तर देता हूँ, 'मेरी पहली फिल्म दिलवाले दुलहनिया ले जाएँगे थी।' यह बात ठीक है कि मेरे लिए वह सप्ताहांत बहुत खराब रहा, जब यह लुढ़की, लेकिन निजी तौर पर मुझे कोई आश्चर्य नहीं हुआ। मैं जानता हूँ कि यह फिल्म व्यावसायिक तौर पर क्यों सफल नहीं हुई। मुझे पता है। जब मैंने फिल्म देखी थी, मैं तभी समझ गया था कि यह नहीं चलेगी। लेकिन इतनी नकारात्मकता? अनुराग ने अपनी सोच से इसे खुद आमंत्रित किया। मुझे लगता है कि उनमें और मुझमें काफी कुछ एक जैसा है। मुझे लगता है कि मेरे साथ ऐसा अनर्थ होने पर मुझपर भी यही आरोप लगते। मुझे लगता है कि लोग अपनी असफलता भूलकर मेरी असफलता का जश्न मनाते हैं। अनुराग के साथ भी यही हुआ। उन्होंने एक बेहद महँगी फिल्म बनाई, जो मुख्यधारा की नहीं थी और इसके लिए उन्हें सजा मिलनी चाहिए।

मुझे 'बॉम्बे वेल्वेट' की असफलता के बाद रणबीर का इसका खुलकर समर्थन करना अच्छा लगा। आनंदित होना बहुत आसान है। यह इसपर निर्भर करता है कि आप उदासी और अवसाद या चिंता या घबराहट या असफलता का कैसे सामना करते हैं और आपने इनसे क्या सीखा। जीवन ऐसी घटनाओं से भरा पड़ा है। वस्तुतः जिंदगी में चढ़ाव से अधिक उतार हुआ करते हैं। यह उस गीत जैसा है, जिसमें मुझे उदासी में भी सकारात्मकता दिखाई देती है—

राही मनवा दुःख की चिंता क्यों सताती है, दुःख तो अपना साथी है,
सुबह छाँव ढलती जाती है, दुःख तो अपना साथी है।

उदासी को अपना साथी बनाने से यह आपके जीवन का हिस्सा बन जाती है, तभी आप इससे निपट सकते हैं। मैं आशा करता हूँ कि ये फिल्मी सितारे अपनी असफलताओं और असुरक्षाओं को लेकर खुलकर बात करें। मैंने आज तक इनमें से किसी भी फिल्मी सितारे का एक भी इंटरव्यू नहीं पढ़ा। मैं मनोरंजन पृष्ठ नहीं पढ़ता, क्योंकि मुझे वह बहुत उबाऊ लगता है। मेरे खयाल से अब किसी के पास कहने के लिए कुछ भी प्रासंगिक नहीं रह गया है। वे सभी इतना बुरा इंटरव्यू देते हैं कि मेरा उन्हें चाँटा लगाने का मन करता है। वे अपने आपको एक प्यारे और भोले-भाले व्यक्ति के तौर पर दरशाते हैं। वे पेरिस हिल्टन की तरह व्यवहार करते हैं। इन स्त्री-पुरुषों को क्या हो गया है? उनकी गहराई कहाँ गई? आप शाहरुख का इंटरव्यू देखिए और आप सोचेंगे कि शुक्र है कि ऐसे लोग भी हैं। वे पत्रकारों के चहेते क्यों हैं? सिर्फ इसलिए, क्योंकि उनके पास कहने को बहुत कुछ है। वे बुद्धिमान हैं, वे संवादात्मक हैं और वे संबद्ध हैं। मुझे कई बार लगता है कि जब आप इस पीढ़ी से कोई सवाल करते हैं तो उनके जवाबों में कोई संबद्धता दिखाई नहीं देती। आप उनसे कुछ सवाल पूछें और वे उसका कुछ और जवाब देते हैं। अपने चुटकुलों पर वे खुद ही हँसते हैं, जो कतई हास्यप्रद नहीं होते। उनके पास कहने को कोई बुद्धिमत्तापूर्ण बात नहीं होती। यह बहुत

दुखद है। उनमें से कुछ तो अत्यंत प्रतिभाशाली हैं, फिर भी उनके पास कहने को कुछ नहीं होता।

फिल्म इंडस्ट्री में बहुत कुछ बदल गया है। आदित्य चोपड़ा के साथ ही मैं उन कुछ लोगों में से हूँ, जिन्होंने बीते बीस सालों में इस बदलाव को देखा है। नब्बे के दशक के अंत में हम युवा हुआ करते थे और हम नई तरह से फिल्म बनाने, सिनेमा में अनुशासन, मार्केटिंग में बदलाव, सिंगल स्क्रीन का मल्टीप्लैक्स बन जाने के साक्षी रहे हैं। चालीस की उम्र के दशकवाले हम सभी फिल्म निर्माताओं ने श्याम-श्वेत फिल्मों को रंगीन होते, टेलीविजन को वीडियो और वीडियो को एल.डी. तथा एल.डी. को डी.वी.डी. में तब्दील होते देखा है। मुझे लगता है कि जल्दी ही कोई ऐसी छोटी चीज बन जाएगी, जिसे कान में लगाकर आप फिल्म देख सकेंगे! आज तकनीक उस बिंदु पर पहुँच गई है, जहाँ सबकुछ बहुत छोटा होता जा रहा है। मुझे याद है, एक समय वॉकमैन लोकप्रिय हुआ करते थे और आज उनकी जगह मिनी आई-पैड ने ले ली है। जल्दी ही यह इतनी छोटी डिवाइस बन जाएगी, जिसे आप अपने अंडरवियर में रख सकेंगे।

मैं इन सभी बदलावों का साक्षी रहा हूँ। आज मैं कुछ फिल्मी सितारों को सेट पर उनके मैनेजर, प्रचारक, फैशन डिजाइनर और हेयरस्टाइलिस्ट से घिरा देखता हूँ। इसे देखकर मुझे याद आता है कि मेरे पिता मेकअप और हेयरस्टाइलिस्ट को लेकर कितने परेशान रहते थे, वे हैरान होते थे कि पुरुषों को हेयरस्टाइलिस्टों की क्या जरूरत है (वे कहते, मर्द है, अपने बाल क्यों इतना कंघी कर रहा है?) आज पुरुष भी अपने बाल ब्लो-ड्राय और सेट करवा रहे हैं। हर किसी का अपना स्टाइलिस्ट, मैनेजर और प्रचारक है। अचानक आपसे मिलने के लिए नौ लोगों को पार करना पड़ता है और मैं सोचता हूँ, अच्छा इस तरह यह हॉलीवुड बन रहा है? या यह इनका अहं प्रदर्शन है? या इनका असुरक्षित स्टारडम है? यही आज की रीत है? पता नहीं। मैं इसे लेकर भ्रमित हूँ, क्योंकि मैं आज भी उन लोगों में से हूँ, जो पार्टी में अकेले ही जाते हैं। मैं अपने साथ अपने मैनेजरों को नहीं ले जाता। मुझे पार्टी में अकेले जाते हुए असुरक्षा का एहसास नहीं होता। मैं यह नहीं कहता, क्या तुम मेरे साथ में चलोगे? मुझे अपनी स्वतंत्रता बहुत प्रिय है। मैं ऐसा ही हूँ। मेरे काम मैट्रिक्स देखती है, रेशमा शेट्टी और विवेक कामत की यह कंपनी सलमान, कैटरीना, करीना और मेरे तीनों बच्चों सिद्धार्थ, वरुण और आलिया का काम सँभालती है। वे कानून व साधन संबंधी सारे काम देखते हैं। लेकिन अगर आप मुझसे पूछें तो मेरे साथ किसी के न होने पर मैं प्रसन्न रहता हूँ। मुझे अपनी जगह मैनेजर का बात करना पसंद नहीं है। मैं लोगों के साथ सीधे बात करना चाहता हूँ। मुझे 'झलक दिखला जा' और 'इंडियाज गॉट टैलेंट' के दौरान मैनेजर की अहमियत समझ आई। लेकिन मुझे इस तरह का फायदा लेने की जरूरत नहीं थी। मैं अपने आप एयरपोर्ट जा सकता हूँ। हाँ, लोगों का आपके साथ सेल्फी खींचने आना खीज दिलानेवाला होता है। सेलिब्रेटी होना भी एक मुसीबत है। लोग इसका मतलब नहीं समझते, फिर भी इस शब्द का उपयोग करते रहते हैं। 'हम आपके साथ एक सेल्फी लेंगे,' और फिर वे कैमरा किसी और को पकड़ा देते हैं। ये सेल्फी लेना

नहीं फोटो लेना है। लेकिन अब 'सेल्फी' शब्द ने 'फोटो लेना' की जगह ले ली है। और सेल्फी लेने पर हमारी टेढ़ी-मेड़ी तसवीरें आती हैं, जिन्हें वे ऑनलाइन कर देते हैं। यह कोई बड़ी बात नहीं? मुझे स्टोर्स में अकेले जाना पसंद है। मैं नीलम फूडलैंड गया था, वहाँ मैंने कम-वसावाला खाखरा और कुछ और चीजें खाने के लिए लीं। बीस लोग मुझे देख रहे थे। शायद वे सोच रहे होंगे कि करण जौहर खुद स्टोर में खरीदारी करने क्यों आया है। मैं कुछ काम खुद ही करना पसंद करता हूँ। मुझे स्टारबक्स में अपने आप जाना अच्छा लगता है। वहाँ मैं अपनी कॉफी लेता हूँ और हाँ, वहाँ भी लोग मुझे घूर रहे होते हैं। इसमें बड़ी बात क्या है? आप इस पेशे में खुशामद और ध्यान आकर्षित करने के लिए ही तो आए थे। नहीं क्या? ये दिखावटी स्टारडम को देखकर मुझे खीज होती है। इस इंडस्ट्री के महान् लोग वे हैं, जो सच में अपना फोन खुद उठाकर आपसे बात करते हैं। अमिताभ बच्चन, यश चोपड़ा, शाहरुख खान, आमिर खान, सलमान खान इन सबसे मेरी बात होती रहती है और मेरे फोन करने पर वे खुद फोन उठाते हैं। यश चोपड़ा सुबह सात बजे उठ जाते थे, वे कॉस्ट्यूम के लिए भी खुद ही फोन करते थे।

अभिनेताओं का एक मध्य-क्रम भी है। मेरे खयाल से असुरक्षा चरम पर होने के कारण यह सबसे बुरी जगह है। तीनों बच्चों को लॉन्च करते हुए मैंने उनसे कहा था कि अगर मैंने कभी भी वरिष्ठ लोगों के साथ बात करने और समय तय करने के लिए तुम्हारे मैनेजरों को फोन करते देखा तो तुम्हें चाँटा लगाऊँगा।

मैंने सिनेमा को बॉलीवुड में प्रवेश करने से लेकर अब तक देखा है। अब यह अधिक संरचनात्मक, अधिक अनुशासित हो गया है, लेकिन इसके साथ ही यह पूरी तरह आत्माविहीन भी हो गया है। हाँ, युवा पीढ़ी एक-दूसरे के साथ कुछ अधिक रहती है, लेकिन साथ ही वे एक-दूसरे के प्रति उदासीन भी हैं। वे पार्टी करते हैं, साथ ड्रिंक करते हैं, मजे करते हैं और शायद किसी समय वे एक-दूसरे के बॉयफ्रेंड व गर्लफ्रेंड के साथ सोते भी होंगे। मैं आलोचना नहीं कर रहा, मैं जियो और जीने दो में विश्वास करता हूँ, आप जो चाहें वह करें और जिसके साथ चाहें उसके साथ सोएँ। ऐसा हर इंडस्ट्री में होता है। लेकिन बॉलीवुड के बारे में यह अधिक सुनाई देता है, क्योंकि हम सबके सामने अधिक रहते हैं। 'पिंकविला' और 'मिस मालिनी' जैसी सैकड़ों साइटों पर सभी लोगों का जिक्र है।

आज हर पार्टी में किसने क्या पहना है, यह भी बड़ा मसला है। पीत पत्रकार वस्तुतः आपके बाथरूम तक पहुँच चुके हैं। अब सबकुछ लोगों के सामने है। मेरी इन सबपर कोई राय नहीं है, मुझे बस लगता है कि आज यह इंडस्ट्री स्पष्ट रूप से महत्त्वाकांक्षी, आत्माहीन और गला-काट प्रतियोगितावाली हो गई है। क्या आप ऐसे बन सकते हैं? या अगर आप उन्हें हरा नहीं सकते तो उनमें शामिल हो जाएँगे? या इन्हें सिरे से नजरअंदाज कर देंगे? या इनमें शामिल होंगे, लेकिन अपनी निजता बनाए रखेंगे? यह कश्मकश हमेशा जारी रहती है।

□

# उपसंहार

मैं लंबे समय से बच्चा गोद लेने पर विचार कर रहा था। फिलहाल मेरे दिमाग में यह भावपूर्ण विचार छाया हुआ है। मेरी उम्र बढ़ती जा रही है। मैं अपनी लगभग आधी जिंदगी गुजार चुका हूँ। ऐसे में आप उन सभी कार्यों का आकलन करते हैं, जो आपने किए या नहीं किए हैं। आप जो कर सकें, वह सब ठीक है, क्योंकि वह बीत चुका है। लेकिन उन कामों का क्या जो आपने अभी तक नहीं किए हैं ?

इन दिनों मुझे महसूस हो रहा है कि मैं अकसर बुजुर्ग लोगों को देखता रहता हूँ। इससे पहले मैं ऐसा कभी नहीं करता था। मैं हमेशा व्हीलचेयर पर बैठे स्त्री व पुरुषों और उनके आस-पास खड़े उनके परिवार को देखता रहता हूँ। यदा-कदा माँ की तबीयत खराब होने पर मैं अकसर अस्पताल आता-जाता रहता हूँ। अब मेरा ध्यान ऐसे दृश्यों की ओर पहले से अधिक जाता है। पहले जब मैं छोटा था तो किसी व्यक्ति को व्हीलचेयर पर बैठा देखकर थोड़ी देर उसे टकटकी लगाकर देखता और फिर अपने काम में व्यस्त हो जाता। आज मैं सोचता हूँ कि आज से दो या तीन दशक बाद मैं खुद व्हीलचेयर पर हो सकता हूँ ? अगर ऐसा हुआ तो मुझे उस व्हीलचेयर पर लेकर कौन  घूमेगा ? ये विचार बेहद डरावने हैं। फिर मैं सोचता हूँ कि क्या मुझे केवल अपनी जरूरतों को पूरा करने के लिए ही बच्चे चाहिए ? और तब मुझ सत्य का भान होता है, हाँ, मुझे ये सिर्फ अपने लिए चाहिए। आशा करता हूँ कि मेरा यह भावपूर्ण निवेश जरूरत के समय प्रचुर भावपूर्ण लाभांश के रूप में प्राप्त होगा। मैं इसे केवल इसी दृष्टि से देख रहा हूँ। मैं इसे उसी तरह देख रहा हूँ, जैसे लोग किसी सी.ई.ओ. या घरेलू कर्मचारियों को नौकरी पर रखते हुए देखते हैं। वस्तुतः मुझे बच्चा अपने वृद्ध-काल की रक्षा के लिए चाहिए।

मुझे लगता है कि यह आत्म-स्वीकृति है। यह सबकुछ स्वीकार कर लेने के जैसा है। यह एक झूठ को जीने से बाहर निकलना है। यह अपनी समस्याओं को स्वीकार करना और उनका किसी दूसरे के नहीं बल्कि अपने स्तर पर हल खोजने के जैसा है। मेरे खयाल से मैंने भी यही किया है। मैंने बस कर डाला। जैसे काजोल के बारे में बोलना, मैंने बस कर डाला। मैं अपने बहुत से भावनात्मक बंधनों को खोल रहा हूँ। कुछ लोग मेरे जीवन पर काबिज होते जा रहे हैं, मैं अब उन्हें अपने निकट नहीं चाहता, बाहर करना चाहता हूँ।

साफ काम करना मेरी संचालक शक्ति है। पहले मैं कहकर या कुछ करके चीजें समाप्त करता था, क्योंकि मैं दूसरे व्यक्ति की सुरक्षा का ध्यान रखता था, लेकिन इस तरह मैं उन्हें अधिक चोट पहुँचा देता था। अब मैं पूरी ईमानदारी बरतता हूँ। अगर आपको पटकथा पसंद नहीं आई तो साफ कह दें। इसे घाव बनाकर सड़ने न दें।

मेरा स्वास्थ्य खराब हो रहा है। मनोवैज्ञानिक समस्याओं के अलावा मुझे शारीरिक समस्याएँ भी होने लगी हैं। मुझे बवासीर नाम की बीमारी है। मेरे पिता को चौथे चरण का कैंसर था, उनके गले में ट्यूमर था और मुझे लगता है, उन्होंने बहुत कुछ छिपाए रखा। लेकिन यह आपके शरीर में भी हो सकता है। मुझे इस बात पर पूरा विश्वास है कि आपके स्वास्थ्य का आपकी सोच से गहरा संबंध है। मुझे लगता है कि अब मुझे चीजों को अधिक सहजता से लेना होगा। जैसे जो बातें आप कहते हैं। हमें दो आँखें और दो कान दिए गए हैं। मनुष्य का शरीर इस तरह से बनाया गया है कि जिससे आप दो भिन्न चीजें देख सकते हैं—दो आँखों के माध्यम से। आप दो पक्ष देख सकते हैं। इसी तरह आप दो तरह की बातें भी सुन सकते हैं। लेकिन मुँह बस एक है। इसलिए जब बात मुँह की आए तो आपको वही कहना चाहिए, जिसे आप महसूस करते हैं। इसका अर्थ यह नहीं है कि जो मुँह में आए, वह बोल दें। लेकिन जो चीज आपको परेशान कर रही है, उसे जरूर व्यक्त करें। और कई बार हम देखते कुछ हैं और समझते कुछ और हैं। मेरा कहने का मतलब है कि हमें और अधिक संवाद कायम रखना होगा। हमें वही कहना होगा, जो हम महसूस करते हैं। निश्चित ही मैं उस स्तर पर पहुँच गया हूँ।

मेरा शाहरुख से यह कहना कि 'मुझे आपकी याद आई,' ऐसी बात है, जो मैं उनसे आठ महीने या शायद दो साल पहले से कहना चाह रहा था। मुझे उस समय भी उनकी याद आती थी, मैं बस इसे कह नहीं पाया। क्योंकि मुझे यह नहीं पता था कि वे इसपर कैसी प्रतिक्रिया देंगे। मुझे हर तरह का डर था। मेरे लिए संवाद का यही अर्थ है। कई बार लोगों से यह कहना बहुत महत्त्वपूर्ण होता है कि आप उनसे प्यार करते हैं। अभी हाल ही में मैं लंदन से वापस लौटा और अयान से मिला। हमने साथ में ड्रिंक की और बातें करने लगे।

मैंने उन्हें बताया कि मुझे उनके साथ बातें करना कितना अच्छा लगता है। हम आमतौर पर ऐसा नहीं कहा करते। लेकिन उस वक्त मैं एक अलग ही लोक में था। मुझे लगता है कि मैं जेन की तरंग में, जेन में संवाद कर रहा था।

निस्संदेह मैं अपने स्वास्थ्य का पूरा खयाल रखता हूँ। मुझे कोई बीमारी नहीं है। मैं नजर नहीं लगाना चाहता, लेकिन सच तो यह है कि आज तक मैं एक दिन भी अस्पताल में नहीं रहा। आज तक मैं अस्पताल में केवल एक रात रहा हूँ, वह भी अपने जन्म के समय। मैं अन्य लोगों के लिए अस्पताल में रुक चुका हूँ। मतलब अपने माता-पिता के लिए। मेरी माँ की नौ सर्जरी हो चुकी है। मेरे पिताजी को भी कई सारी स्वास्थ्य समस्याएँ थीं। अस्पताल के गहन चिकित्सा कक्ष के साथ मेरा पुराना नाता है, हालाँकि मैं खुद इसमें कभी नहीं रहा। और आशा

करता हूँ कि ऐसा कभी न हो। मैं इसकी अधिक चिंता करनेवालों में से नहीं हूँ। मुझे पता है कि शायद एक उम्र के बाद मुझे यह चिंता अवश्य होगी। लेकिन फिलहाल, मैं इसके बारे में ज यादा नहीं सोचता। जिम के साथ मेरा रिश्ता कभी-कभार का है। मैं साल में तीन महीने कसरत करता हूँ। मेरा ध्यान कहीं और केंद्रित रहता है। अब मुझे लगता है कि मुझे इस ओर अधिक ध्यान नहीं देना चाहिए। क्योंकि मैं पागल हो जाऊँगा। विदेश जाने पर मुझे अच्छा महसूस होता है, क्योंकि मैं वहाँ खूब पैदल चलता हूँ। मुझे लगता है, कसरत तो हो ही रही है। मैं इसी तरह सक्रिय रहता हूँ। मेरा दिमाग सक्रिय रहता है। मैं अधिक दौड़-भाग करने और एक बार में तीन काम करने में सक्षम हूँ। मुझे कभी थकान महसूस नहीं होता। मैंने जिंदगी में आज तक कभी मालिश नहीं करवाई। मुझे मालिश करवाना अच्छा नहीं लगता। मुझे स्पा अच्छे नहीं लगते। मुझे फेशियल करवाना या मैनीक्योर-पेडीक्योर करवाना पसंद नहीं है। मैं केवल अपने बाल रँगवाने के लिए ही कुरसी पर बैठता हूँ। वह भी यातना जैसा है। लोगों का मानना है कि मैं बहुत बन-ठनकर रहता हूँ। किसी सार्वजनिक आयोजन में जाने के लिए आप अपना केश विन्यास करवाते हैं और समारोह स्थल पर पहुँच जाते हैं। वास्तव में मैं ऐसा नहीं कर सकता। मुझे इससे खीज आती है। मुझे कैमरे के सामने रहना अच्छा लगता है और इसके लिए तैयार होना परेशानी का सबब है। कई बार मैं त्वचा-उपचार के बारे में सोचता हूँ, लोग अपने चेहरे में क्या डलवा रहे हैं ? बोटॉक्स और कोलेजन की क्या आवश्यकता है ? मैं यह नहीं करवाना चाहता। शायद जब मुझपर थोथा गुरूर और पागलपन हावी हो जाएगा तो मैं ऐसा करवा लूँ, पता नहीं। मैं अपनी मौजूदा परिस्थितियों में ही बेहद आत्मविश्वासी हूँ।

मुझे अपनी माँ को लेकर ग्लानि है। उन्हें लेकर मेरे भीतर हमेशा संघर्ष चलता रहता है। मुझे लगता है कि मैं उनको उतना समय नहीं दे पाता, जितना देना चाहिए। वे अकेली हैं और अकेलापन महसूस करती हैं। मुझे समझ नहीं आता कि मैं इसके लिए क्या करूँ। कई बार मैं इससे उत्पन्न उदासी से दूर भाग जाने का प्रयास करता हूँ। कई बार जब मैं अपनी माँ को उदास देखता हूँ तो मुझे लगता है कि अगर मैं उनके पास बैठा तो मैं भी उदास हो जाऊँगा। इसलिए मैं ऐसा नहीं करता। जो कतई ठीक नहीं है। मैं उन्हें उतना सहारा नहीं दे पाता, जितनी उन्हें जरूरत है। हाँ, उनके अनुसार मैं दुनिया का सबसे अच्छा बेटा हूँ, क्योंकि मुझे हमेशा उनकी परवाह रहती है। मैं उनके साथ रहता हूँ। मैं चवालीस साल का हो चुका हूँ, इसके बावजूद हम एक ही घर में साथ रहते हैं। हमारी रोज सुबह और शाम को बातचीत हो जाती है। मैं उनके साथ इतना समय गुजारता हूँ, जितना संभवत: इस इंडस्ट्री का कोई बेटा अपनी माँ के साथ नहीं गुजारता होगा। लेकिन यह न तो उनके लिए पर्याप्त है और न ही यह मेरे लिए पर्याप्त है। फिलहाल मैंने इसमें सुधार का प्रयास आरंभ किया है। मैं उनसे लगातार शिकायत करता रहता हूँ, 'माँ आपमें पहले जैसा जोशोखरोश नहीं रहा।' इसके लिए मैं उन्हें दोष नहीं देता, उनके जीने का मैं एकमात्र सराहा हूँ। ऐसे में मेरा उन्हें अपने तनाव के बारे में बताना, उनके तनाव

का कारण बन जाएगा। इसलिए उनके आस-पास रहते हुए मैं हमेशा खुश दिखने का प्रयास करता हूँ। प्राय: घर जाने पर आप अपना सुरक्षा आवरण उतार देते हैं। लेकिन मैं उनके समक्ष अपना सुरक्षा आवरण नहीं उतार सकता, क्योंकि जिस भी क्षण वे मुझे कमजोर पड़ता, दु:खी, उदास या थका हुआ देख लेंगी, वे परेशान हो जाएँगी। अगर मैं उन्हें बताऊँ कि मेरा पेट खराब है, तो वे मुझे दिन में पाँच बार फोन करेंगी। इसलिए मैं उन्हें कुछ नहीं बताता। मुझे बीमार होना पसंद नहीं, क्योंकि बुखार के कारण जिन तीन दिनों मैं बिस्तर पर लेटा रहा, उस दौरान वे बेहद तनाव में आ गई थीं।

अपनी माँ के साथ मेरा रिश्ता बहुत खास है। हम बहुत नजदीक हैं। उनके लिए मेरा प्यार भावनाओं से परिपूर्ण है। उन्हें घर से बाहर जाना अधिक पसंद नहीं है। इसलिए मुझे यह सोचकर बुरा लगता है कि वे उस सुख से वंचित हैं, जो यात्रा आदि के रूप में उन्हें मुझसे प्राप्त हो सकता है। वे बहुत कम यात्रा करती हैं, उनके स्वास्थ्य ने उन्हें सीमित कर दिया है। हमारे फिल्म शूट के दौरान वे अपने दोस्तों के साथ आती हैं, हमारे साथ ही रहती हैं और हमारे क्रू का हिस्सा बन जाती हैं।

लेकिन मेरे मन में अथाह ग्लानि है और मुझे लगता है कि यह ग्लानि परिस्थितियों को और खराब बना रही है। इसके चलते मैं और दूर हो गया हूँ। मेरे लिए यह काफी दुखद है, क्योंकि मुझे लगता है कि मुझे उनके साथ और अधिक समय बिताना चाहिए। वे आज भी मेरे पिता की कमी को महसूस करती हैं। मुझे नहीं लगता कि उनके इस एहसास में रत्ती भर भी कमी आई है। समय के साथ आपको अपने जीवनसाथी के बिना रहने की आदत पड़ जाती है। लेकिन उन दोनों का वैवाहिक रिश्ता बेहद अच्छा व मजबूत था, वे एक-दूसरे के अत्यंत निकट थे, वे अच्छे व घनिष्ठ दोस्त और साथी थे। वे साथ मिलकर चुटकुलों पर हँसते और टी.वी. पर कार्यक्रम देखते। मेरे पिता उनके साथ इस लहजे में बात करते थे, जिसे माँ आज भी याद करती हैं। वे लगभग रोजाना मेरे पिता की तसवीर से बातें करती हैं। उन्होंने अपने कमरे में पिताजी की बड़ी सी तसवीर लगा रखी है, जिससे वे बातें किया करती हैं। मेरे खयाल से वे मेरी शिकायतें किया करती हैं। लेकिन साथ ही वे यह भी कहती हैं कि उन्हें मुझपर कितना गर्व है। कई बार मैं ठीक उस समय उनके पास पहुँच जाता हूँ, जब वे उनसे बातें कर रही होती हैं।

वास्तव में नया घर अपने साथ नया उत्साह लेकर आया है। अब हम अधिक लोगों को बुलाया करते हैं। उनसे मिलने लोग आते हैं, दोस्त आते हैं और मेरे सभी दोस्तों को वे बहुत पसंद हैं। वे आकर उनके पास बैठते हैं। माँ को उनका साथ अच्छा लगता है। तिहत्तर साल की होने पर भी उनमें युवाओं जैसा उत्साह है। वे तकनीक को भी काफी समझती हैं। वे फेसबुक, ट्विटर पर हैं, वे आई-पैड इस्तेमाल करती हैं, चीजें डाउनलोड करके देखती हैं। वे इसमें व्यस्त रहती हैं। उन्हें पता है कि किस कार्यक्रम में किसने क्या पहना था, वे इन सबपर टिप्पणी करती हैं। वे इंटरनेट पर चुटकुले पढ़ती हैं, वे हर समय व्हाट्सएप्प, बी.बी.एम. और इ-मेल पर ऑनलाइन रहती हैं।

मुझे यह बात बहुत प्रिय है कि मेरे पास एक नया व खूबसूरत घर है। इसे मेरे दोस्त रितेश देशमुख ने डिजाइन किया है। वे प्रशिक्षित आर्किटेक्ट व इंटीरियर डिजाइनर हैं। वे इसे व्यवसाय नहीं बतौर शौक करते हैं। उन्होंने बेहतरीन काम करते हुए मेरे लिए यह खूबसूरत घर बनाया है। मैं उनका बहुत शुक्रगुजार हूँ। उन्होंने बहुत मेहनत की है। माँ हमेशा से घर में टैरेस चाहती थीं और इस घर में विशाल टैरेस है। अपने जूतों और कपड़ों के जुनून के चलते मैं एक बड़ी सी अलमारी चाहता था। वास्तव में यह अलमारी नहीं है, बल्कि यह एक पूरा कमरा है, जिसमें मेरे कपड़े रखे हैं। मुझे एक बड़ा सा बाथरूम चाहिए था। मुझे तैयार होने में पचपन मिनट लग जाते हैं। मैं अपने पर पूरा समय लगाता हूँ। सुबह उठने के बाद मैं शौच के दौरान अखबार पढ़ता हूँ, नहाता हूँ और बाकी सब काम करता हूँ। मुझे इसमें काफी वक्त लगता है। इसलिए मैं एक बड़ा सा बाथरूम चाहता था। मुझे यह सबकुछ चाहिए था।

क्या मुझे इस घर से लगाव है? नहीं, मुझे कोई लगाव नहीं। मुझे घर खरीदने या ऐसी किसी चीज पर कोई गर्व नहीं है। मुझे दोस्तों का यहाँ आना अच्छा लगता है, आमोद-प्रमोद के लिए इतनी जगह तो होनी ही चाहिए। मैं इसे अपनी सफलता का प्रतीक नहीं मानता। मैं इसे गंभीरता से नहीं लेता। हम 9 अप्रैल, 2014 को यहाँ आ गए थे। मेरे पास इस घर से जुड़ी कोई यादें नहीं हैं। मैं इसमें पला-बढ़ा नहीं हूँ, न ही मैंने यहाँ अधिक समय गुजारा है। मेरे पास अभी तक इससे जुड़ी कोई महत्त्वपूर्ण स्मृति नहीं है। मैं संभवत: अपनी बाकी जिंदगी यहीं गुजारूँगा, यह संभव है। लेकिन फिलहाल यहाँ की ऊर्जा के साथ मेरी ऐसी कोई याद नहीं जुड़ी, जिस कारण मुझे इससे लगाव हो जाए।

मैं किसी के साथ रिश्ते में नहीं हूँ, विवाह की तो खैर कोई संभावना ही नहीं है। लेकिन मैं अकेला नहीं मरना चाहता? फिलहाल मेरे परिवार में माँ के अलावा और कोई नहीं है। मेरा कोई अतिरिक्त परिवार भी नहीं है। मेरे रिश्ते के दो भाई और एक मौसी हैं, जिनके मैं काफी नजदीक हूँ। बस इतने ही लोग हैं। इसलिए जब मैं सोचता हूँ कि ओह! मैंने यह कंपनी, यह प्रोडक्शन हाउस, यह स्टूडियो बनाया है, तो मैं यह भी चाहूँगा कि इसे कोई वैसे ही आगे बढ़ाए, जैसे मैंने इसे अपने पिताजी के बाद बढ़ाया है। देहांत के पूर्व उनका सबसे बड़ा सपना अपनी कंपनी को नई ऊँचाइयों पर ले जाना था, जिसके लिए जितना मुझसे संभव था, उतना प्रयास मैंने किया। लेकिन अब आगे क्या? मेरे बाद इसे कौन आगे बढ़ाएगा? मेरी उम्र बढ़ रही है। दो दशक के भीतर मैं साठ के दशक में पहुँच जाऊँगा। मेरे काम की गति धीमी होने लगेगी। अपनी इस रचना को मैं किसी को सौंपकर जाना चाहता हूँ। जब मेरे सी.ई.ओ. और स्कूल के पुराने दोस्त अपूर्व ने मुझे अपनी वसीयत बनाने की सलाह दी तो मैं बहुत डर गया। तब मेरे दिमाग में यह विचार आया। आप सोचते हैं कि आप हमेशा रहनेवाले हैं। मेरे दिमाग में मेरी उम्र हमेशा बीस के दशक में ही रहती है। मुझे आज भी अपने भीतर बीस की उम्र जितनी ऊर्जा का एहसास होता है। मैं निरंतर उम्र बढ़ने की प्रक्रिया से जूझ रहा हूँ। मुझे यह पसंद नहीं। क्योंकि मेरा दिल और

दिमाग इसके लिए राजी नहीं है। लेकिन सच्चाई यही है कि मुझे इसे स्वीकार करना ही होगा।

फिलहाल इन हालातों में मैं एक बच्चे की चाह रखता हूँ। निश्चित ही यह सेरोगेसी से होगा या मैं गोद लूँगा। मेरे सामने ये दो विकल्प हैं। इसके अलावा मुझे और भी बहुत से निर्णय लेने हैं, जैसे—क्या मैं पिता बनने के लिए तैयार हूँ? क्या मैं अपनी भाग-दौड़ कम करके एक और जिंदगी की देखरेख कर सकता हूँ? जाहिर है, अभिभावक बनना एक बड़ी जिम्मेदारी है। क्या मैं इसके लिए तैयार हूँ? क्या मैं भावनात्मक रूप से तैयार हूँ? क्या मैं व्यवहारिक रूप से तैयार हूँ? क्या मैं पेशेवर रूप से धीमे होकर जगह बनाने के लिए तैयार हूँ? और सबसे बढ़कर, मैं कैसा पिता बनूँगा? मुझे बस यही एहसास है कि मैंने इतने सारे युवाओं का कॅरियर बनाया है, सो मुझमें पिता बनने की संवेदना तो पनप ही चुकी है, इसलिए संभवतः मैं तैयार हूँ। क्या मैं अपनी जिंदगी के बारे में अपने कॅरियर की तरह विचार कर रहा हूँ? लेकिन मैं दूसरों के भरोसे जीनेवालों में से नहीं हूँ। मैं हमेशा कहता हूँ, आगे बढ़ो। एक काम पूरा हो जाने पर दूसरे की ओर बढ़ जाओ। मैं ऐसा व्यक्ति हूँ। मैंने कभी भी बैठकर अपने जीवन या कॅरियर पर पुनर्मूल्यांकन नहीं किया। यह कुछ ऐसा है कि मैं फिलहाल जो होनेवाला है, केवल उसी के बारे में सोच रहा हूँ। मैं अपने आस-पास परिवार की अनुभूति लिये मरना नहीं चाहता। अपने स्वार्थ के चलते मैं एक बच्चे की इच्छा रखता हूँ, जो मेरी देखभाल करे, क्योंकि मुझे अकेले बूढ़ा होने से डर लगता है। यह मेरा सबसे बड़ा डर है। मुझे मौत से डर नहीं लगता, लेकिन कई बार जिंदगी से लगता है।

□□□